中国学术论著精品丛刊

历代社会风俗事物考

尚秉和 著

中国书籍出版社
China Book Press

图书在版编目（CIP）数据

历代社会风俗事物考 / 尚秉和著 . -- 北京：中国书籍出版社，2022.1
ISBN 978-7-5068-8722-9

Ⅰ . ①历… Ⅱ . ①尚… Ⅲ . ①风俗习惯—考证—中国—古代 Ⅳ . ① K892

中国版本图书馆 CIP 数据核字 (2021) 第 200703 号

历代社会风俗事物考

尚秉和　著

责任编辑	王　淼　马丽雅
责任印制	孙马飞　马　芝
出版发行	中国书籍出版社
地　　址	北京市丰台区三路居路 97 号（邮编：100073）
电　　话	（010）52257143（总编室）（010）52257140（发行部）
电子邮箱	eo@chinabp.com.cn
经　　销	全国新华书店
印　　刷	三河市顺兴印务有限公司
开　　本	710 毫米 ×1000 毫米　1/16
字　　数	438 千字
印　　张	32.5
版　　次	2022 年 1 月第 1 版
印　　次	2022 年 1 月第 1 次印刷
书　　号	ISBN 978-7-5068-8722-9
定　　价	98.00 元

版权所有　翻印必究

中国学术论著精品丛刊编委会

总 策 划：史仲文　王　平
主　　编：史仲文　张加才　郭扶庚
编　　委：（姓氏笔画为序）
　　　　　　马　勇　王文革　王向远　王清淮　王德岩　王鸿博
　　　　　　邓晓芒　何光沪　曲　辉　余三定　单　纯　邵　建
　　　　　　赵玉琦　赵建永　赵晓辉　夏可君　展　江　谢　泳
　　　　　　解玺璋　廖　奔　颜吾芟　檀作文　魏常海
常务编委：王德岩　王鸿博　曲　辉　赵玉琦　赵晓辉
秘 书 长：曲　辉　颜吾芟

引 言

中国历代典章制度，详于朝专史，而统纪于"三通"诸书，灿乎备矣！然一国之事，有巨有细。其巨者，固宜考定，以为法戒；其细者，又何莫不然？社会之推移，风俗之演变，一事一物之沿革，可以考人群之进化，防弊害于未然。其事虽小，其所关则甚大。且历代风俗事物，真象不明，一读古书，则生扞格。目前一事一物，虽通儒达士，有不能道其所以然者矣！昔之人如程大昌之《考古编》，叶大庆之《考古质疑》，高承之《事物纪源》，彭大翼之《山堂肆考》，或语焉不详，或强说而误。盖中国历代风俗之演变，事物之改革，从古学者，以其微细，忽焉不察，无一书可为资借。非多读古书，不能知其事；第多读古书，不旁征曲证，钩深索隐，仍未易会其通而得其真象也。

吾师行唐尚节之先生，凡所著述，皆发前人所未发。其注焦氏《易林》也，得失传之象百五十余，于是《周易》二千年之不能解，或解之而误者，一一正之。《左传》《国语》之言易象，杜预、韦昭不能解，或解之而误者，亦一一正之。兹复以其余暇，成《历代社会风俗事物考》四十四卷。近取诸身，如周秦时之下体无衣，则于《墨子》《吕氏春秋》《拾遗记》证明之。于是《礼记》之"不

历代社会风俗事物考

涉不撅，暑月不褰裳"得解。"履而无袜"，从《左传》之卫褚师证明之。于是《史记》王生履行雪中，其下留足迹；后汉向栩、管宁坐床久，床有足趾痕得解。由是而推及于社会，凡家庭之琐屑，起居之早晚，民气之朝暮，张弛之深意，下而至于更衣之状况，遗后拭秽之用筹用纸，防鼠之用犬用狸用猫，无不详稽其起源，及其成功之历史。而于古令节人民活泼之气象，古游戏锻炼身体之方法，古灯节鳌山星桥高五十余丈之伟观；春秋两社，全国箫鼓之腾沸，一切繁华，统亡于蒙古时代之钳束禁忌，尤涕洟慨叹，痛恨于外族之蹂躏！至宋以前，家庭女子必习音乐；上九下九，斗草迷藏。士夫宴会，乐妓咏歌；少妇失夫，必为改嫁，具见古人于家庭节宣之得宜，于礼制人情，并行而不悖。自南宋诸儒，倡"女人无才便是德"之说，而家庭之和乐无。自明初，方、胡诸儒，扬严气正性之波，而官吏狎妓之风寂。而文化因以低落矣！文化既低，道德亦因以日降，至末世遂生反响，而越轨之事，层出而不穷。此先生所尤痛恨腐儒之说之误我人群，蠹我社会，致使有今日悲惨之风俗也。他若此书考订之精详，征引之繁富，及剖驳汉唐古注之讹误，虽起古人质之，亦不得不俯服也。真读古书者之管钥，祛疑惑者之蓍龟，而究研古社会状况者之渊海也。至其文章之宽博，词藻之华赡，论断之宏通公允，一洗考据家呆滞之病，使人读之，有顺流看山之乐，尤古文家之余事也。

民国二十六年（1937年）三月，受业杜琨谨识

目录

例　言 ·· 1

卷一　有巢燧人时社会状况 ·· 1
卷二　伏羲神农黄帝时社会状况 ·· 4
卷三　五帝时社会状况 ·· 16
卷四　三代以来首服 ·· 22
卷五　身服 ··· 48
卷六　足服 ··· 79
卷七　饮食 ··· 91
卷八　周时车马 ··· 121
卷九　汉以来车马 ··· 137
卷十　屋室 ·· 157
卷十一　灯烛 ·· 167
卷十二　城郭 ·· 175
卷十三　都城街衢 ·· 179

卷十四	市肆………………………………………………	185
卷十五	闾里………………………………………………	195
卷十六	祠祭………………………………………………	202
卷十七	学校………………………………………………	213
卷十八	农田………………………………………………	221
卷十九	嫁娶………………………………………………	229
卷二十	丧事………………………………………………	244
卷二十一	葬………………………………………………	258
卷二十二	坟墓……………………………………………	267
卷二十三	坐席……………………………………………	274
卷二十四	拜跪……………………………………………	285
卷二十五	讼狱……………………………………………	292
卷二十六	笔墨纸砚之沿革………………………………	300
卷二十七	迷信　禁忌……………………………………	310
卷二十八	厕溷　便旋……………………………………	325
卷二十九	取水　取火　取材木…………………………	331
卷三十	官吏休沐　佩印　受杖　多虱………………	340
卷三十一	古贵贱之观察…………………………………	347
卷三十二	历代物价………………………………………	355
卷三十三	历代称呼………………………………………	367
卷三十四	奴婢佣赁………………………………………	376
卷三十五	治病　傩疫……………………………………	383
卷三十六	赋税　力役　户籍……………………………	390
卷三十七	行旅……………………………………………	400
卷三十八	兵事……………………………………………	409

卷三十九	岁时伏腊	414
卷四十	各种游戏	428
卷四十一	家庭状况	453
卷四十二	社会杂事、杂物	464
卷四十三	平民仕进	481
卷四十四	妓	490

附：滋溪老人传…… 500

例　言

一、中国书籍皆详于国家章制，至社会情状、风俗变迁，无专书记录。兹编因经史百家之言，追想其社会情状，类别区分，捃拾荟萃。凡人所习焉不察者，均择出研究，以期易明。

二、古社会真状不明，故一读古书则生隔阂，如《礼》"夏月忌褰裳，不涉不撅"，一再言之，夫褰裳亦偶然之事耳，胡谆谆若是？而不知古下体无衣，褰则露矣；而注疏恐伤雅，只以不敬为说。又如《左传》："褚师袜而登堂。卫哀公怒。褚师曰：'臣有疾，异于人，若见之，君将殼音却之。'"又，《史记补传》："东郭王生，履有上无下，人笑之。生曰：'孰能履行雪中？'视之，其上，履也；其下乃似人足者乎。"初读之莫明其故，不知古人足无袜，脱履即赤足，故惧见而殼；履无下，足即亲地，故印成足形。从来注释家，皆不详其故，在古人作注时，或以为无须说明，今则茫然矣。推之拜跪、坐席、乘车等事亦然。故夫古社会真状不明，则古书难读。兹编本自幼读书经过之困难，力为剖析，纵伤大雅，亦所不避。

三、社会事物，汉唐以前则详，以后则略，因事物变迁，大概至唐而极。如灯烛至晋则油灯、蜡烛具备，后即不详；履至隋唐，以长靿靴为官服，鞋为便服，后即不述，其余例推。

四、"三通"等书专纪大事。兹编则专察小。例如周时，下体无衣，撅即骞外衣则露体，则于《墨子》之"是犹裸者，谓撅之不恭也"证明之。又如汉魏时坐床，床上铺席与否？古无言者，则于《后汉·向栩传》"床上有膝踝足趾痕"，及《魏书·管宁传》"榻上当膝处皆穿"，证明其无席，复证明其仍跪坐。又汉魏时士夫仍脱履即赤足，亦于《向栩传》"床上有膝踝足趾痕"证明之。盖若着袜，任何年久，不得有足趾痕也。借甲以证乙，因乙以明丙，以是考沿革，察变迁，自知琐碎，无关宏博，倘大雅君子加以匡正，则幸甚矣！

五、前三卷只有上古社会，衣、食、住之创造，及礼教缘起，不能如周以后之分类，阅者谅之。

行唐尚秉和识

卷一　有巢燧人时社会状况

上　古 无父时代

社会状况，历代不同。自黄帝至今四千余年，其世次略可考。由黄帝溯炎帝，由炎帝溯伏羲，当又有千余年。合黄帝以来，共五千余年。此五千余年中，社会嬗变之情状，岂惟古之人不能料今，今之人苟不追研推测，亦不能见古也。孔子赞《易》，始述伏羲，删《书》断自《尧典》。太史公作《史记》首黄帝，后儒辄因以争论，岂知《书经》乃孔子古文之选本，而非《史记》。《史记》必详世次，自黄帝以上，世次尤不明，非谓尽无稽也。兹编所述，重在社会状况，凡可考见者著于篇，故断自伏羲。其伏羲以前人群状况，散见百家，无事实可征者，皆理想之词，并不取。惟有二氏，有事实功德在民，故附及以为卷首。

历代社会风俗事物考

上古穴居，有巢氏始架屋

《礼运》："昔者先王未有宫室，冬则居营窟。"疏："营，累其土而为窟，地高则穴于地，下则窟于地上。"又，《庄子》："古者禽兽多而人民少，于是民皆巢居以避之。"《始学篇》："上古皆穴处，有圣人教之巢居，号有巢氏。"《三坟》云："有巢氏俾人居巢，积鸟兽之肉，聚草木之实，天下九头，咸归有巢，始君也。"按《始学篇》：人皇九头。九头者，九酋长也。

按：穴居之苦，不得光，一也；暑湿，二也；不得空气，三也；易为猛兽所害，毒虫所螫，四也。而民智未启，睢睢盱盱，无如之何。有巢氏出，架木巢居，出幽谷，迁乔木，置身高旷，诸害尽除，以此功德，民尽归之，宜矣。

后之宫室，亦巢也，进而益精耳。有巢氏之巢，不必在树上，垒土石，上架以木，简陋有类于巢，实即屋也。

燧人氏始造火，始炮食

《尸子》："燧人上观星辰，下察五木以为火。"《拾遗记》："遂明国有大树名遂，屈盘万顷。后有圣人，游至其国，有鸟啄树，粲然火出，圣人感焉，因用小枝钻火，号燧人氏。"《古史考》："太古之初，人吮露精，食草木实，山居则食鸟兽，衣其羽皮，近水则食鱼鳖蚌蛤，未有火化，腥臊多，害肠胃。于使有圣人出，以火德王，造作钻燧出火，教人熟食，铸金作刃，民人大悦，号曰燧人。"《三坟》："燧人氏教人炮食，钻木取火，有传教之台，有结绳之政。"

按：火自无而有者也，其发明至为难能。燧皇感森林自焚，知木实藏火，不知几经攻治，几经试验，始钻木得之。其功又进于有巢，而即以是为帝号，可见当时之诧为神圣，而利赖之深矣。

或谓火化而食始于庖羲，故以为号，岂知燧人既发明出火，其智慧岂尚不知炮食？况炮者裹肉而烧之，燎其毛使熟耳。在熟食中，为至粗之法。燧人去伏羲近，伏羲益发达美备耳。其创于燧人，无疑也。

由今追想未有火之先，凡肉皆生食，其有害于人而夭折者，不知凡几，且不知味。及得熟食，肉之腥臊者忽馨香矣，草木实之淡泊寡味者忽甘腴脆美矣，水之冰者可燠饮，居之寒者可取温矣。至黑夜燔柴以御虎豹，犹后也。当夫登台传教，广播火用之时，万民之感戴庆幸为何如，真惊天动地之伟业矣。既有火则可冶金作刃及他器用。未有火之先，凡器皆以石为之，今所谓石器时代也。

上古之时，无所谓风俗，无所谓纲常，人但知有母，不知有父，食住略有基础，衣服尚未虑及，亦生活之程序然也。至于廉耻礼义，相去尚远，其情状略与南洋诸岛之土人同，尚不及滇、黔之苗瑶。于此之时，有能于衣、食、住生活上创一新法，以利生民者，民自然归之，而奉以为君，听其号令。此时之君殊无所利于民，以无富贵荣华之念，故亦无争帝位者，如有巢、如燧人，皆以功致帝也。

卷二　伏羲神农黄帝时社会状况

伏　羲 有父时代之始

始制嫁娶，有夫妇

《白虎通》云："古之时未有三纲六纪，民人但知有母，不知有父，衣能覆前，不能覆后，卧之详详，起之吁吁，饥即求食，饱即弃余，茹毛饮血，而衣皮苇。于是伏羲仰观象于天，俯察象于地，因夫妇，正五行，始定人道。"又，《古史考》："伏羲制嫁娶，以俪皮为礼。"

按：俪者，并也，偶也。自太昊以前，男女随遇匹配，初无定偶，朝暮更易，或女弃男，或男弃女，弃则相仇；其姣而艾者，或女争男，或男争女，争则相杀，不见夫犬乎？春秋婚媾之际，日夜斗争，狰狞牙之声，中夜不绝，何况于人。当时社会，因此相仇相杀者，日不知几千百起。不惟于礼教有伤，且于治安有碍。太昊仰观天，俯察地，首定夫妇一伦，而礼教基矣。

· 4 ·

自开辟至伏羲，人始知有父

《新语》云："先圣仰观天，俯察地，图画乾坤，以定人道，民始开悟，知有父子。"《礼·郊特牲》："男女有别，然后父子亲；父子亲，然后义生；义生，然后礼作。"

按： 由开辟至太昊，其年虽不可考，然据百家所常称道者，有天皇、地皇、人皇、女娲氏、大庭氏、赫胥氏、葛天氏、无怀氏、有巢氏、燧人氏，中间不显著之氏尚不知凡几，而夫妇一伦讫未有定。无夫妇则无父子，只有母子。太昊制为嫁娶，以礼迎聘，于是男女别而夫妇定。其非夫妇而相悦者，则必有禁矣；且必以为耻矣。夫妇定而生子，然后父子一伦，相因而生。若以前，则妇无定夫，子无定父。

始创网罟，以佃以渔

《易》曰："伏羲作结绳而为网罟，以佃以渔，盖取诸离。"《汉书》云："作网罟以佃渔，取牺牲，故天下号曰炮牺氏。"《尸子》："宓牺氏之世，天下多兽，故教民猎。"

按： 此时虽火化而食，然五谷尚未发明，仍以动物为主要食料。而动物之获颇艰，猎兽之器，虽有兵刃，而无弧矢，佐之以罟，获兽易矣。至水中动物，非网不得，太昊由结绳而为网罟，为谋食之唯一利器。

始创陶器

《拾遗记》："均土为埙。"《世本》："暴辛公作埙。"《通志》："伏羲作瓮。"

按： 埙者，乐也，《诗》所谓"吹埙吹篪"也。锐上平底，以土为之，燥以火，音大如叫呼。且既能作瓮，其他日用之陶器必多矣，记载失之耳。

始名事物

《春秋命历序》："伏羲始名物虫鸟兽。"

按： 凡事凡物须皆有名，然后能识别。草昧之世，甲历未作，人知有寒暑而已，年之名无有也，知月盈亏而已，月之名无有也。推之天空地上，山登之而怵其高，水荡之而骇其流。金石草木、虫鱼鸟兽、日月星辰、风云雨露，日相见相接相用而不可离，不有定名胡由取携、胡由指目？太昊知之，几百事物皆与以名，由少及多，由甲推乙，以定民志，以一民称，由是谈虎而色变，说梅而舌津矣，则名之效也。

更创八卦，以代结绳

《易·系》："古者庖羲氏之王天下也，仰则观象于天，俯则观法于地，观鸟兽之文与地之宜，近取诸身，远取诸物，于是始作八卦，以通神明之德，以类万物之情。"《拾遗记》："伏羲和八风以画八卦，分六位而正六宗。"《古史考》："庖羲氏作卦，始有筮。"

按： 结绳为识，其变化甚难。代以八卦，则肆应不穷，较结绳进矣。《三坟》云："命飞龙氏造六书。"《三坟》号称伪书，难尽信。然以理揣之，太昊始名草木禽兽虫鱼，后神农尝百草，必有详细记载。若六书至黄帝始有，将无法以纪物名及百草之味矣。故谓六书至黄帝改造增修则可，谓黄帝以前无书契则不可。矧太昊既能作八卦以为筮，必能再由八卦增造六书，以纪事无疑也。

始创为音乐

《世本》："庖羲氏作瑟五十弦。瑟，洁也，清洁于心，淳一于行。"《史记》："太帝使素女鼓五十弦瑟，悲，帝禁不止，故破其瑟为二十五弦。"《拾遗记》："太昊立礼教以导文，造干戈以饬武，丝桑以为瑟，均土以为埙，礼乐于是兴。"《前汉·律历志》："八音曰埙，大如雁卵。"

按： 乐也者，心之所乐者也，盖所以平和性情，宣导抑郁，发于心之所不容已。太昊首创丝、土二音，后八音以次生矣。

由今追思，伏羲之世人群状况，居处则由巢穴渐进为庐室矣，饮食则由炮燔渐进而烰炙矣。至衣服，既可以蚕丝制为瑟弦，编为网罟，则必能织为衣服，史失之耳。而最大之更革，在能对男女淫乱无别之状况制为夫妇。《易》曰："有夫妇然后有父子，有父子然后有君臣上下。"故夫妇者，人道之起源，风化之根本也。春夏秋冬，孰界之哉？东南西北，孰定之哉？自太昊定名，凡百事物昭著明晰，无隔阂之虞。盖至是世界称谓大定，文明之启，十已五六矣。

神 农

始艺五谷不专肉食，始作耒耜

《白虎通》："古之人民，皆食禽兽肉。至于神农，人民众多，禽兽不足，于是神农因天之时，分地之利，制耒耜，教民农作。"《易·系》云："伏羲氏没，神农氏作。斫木为耜，揉木为耒。"

按：《月令》："季冬之月，命农计耦耕，修耒耜。"注：

"耜者，耒之金也。"《周礼·冬官·考工记》："耜广五寸，二耜为耦。"疏："耜谓耒头金，金广五寸。"《释名》："耜者，似也，似齿之断物也。"是耜者金器，戴于耒足以耕地，故云似齿，今北方民犹用之。神农之时，金器尚未大行，故斫木为之，后方易以金也。

又，《新语》："民人食肉饮血，衣皮毛。至于神农，以为行虫走兽难以养民，乃求可食之物，尝百草之实，察酸苦之味，教民食五谷。"

又，《淮南子》："古者民茹草饮水，采树木之实，食蠃蚘之肉，时多疾病毒伤之害，于是神农乃始教民播种五谷，相土地，宜燥湿，尝百草之滋味、水泉之甘苦，令民知所避就。当此之时，一日而遇七十毒。"

按：由太昊至神农，不知若干年，而人民日益众者，势也；禽兽为人所害，必曰益寡，其不能供给于人者，亦势也。且谋食而必猎，猎有获有不获，何其难哉！故尝百草，择其可久食而无病者，种而食之；又不知试验比较若干年，而始得五谷之最良也。因尝草之故，一日遇七十毒，是直以身殉民也。后世思其功，血食数千年，宜矣。

时织布已大盛

《文子》神农之法曰："丈夫丁壮不耕，天下有受其饥者；妇人当年不织，天下有受其寒者。故其耕不强者，无以养生；其织不力者，无以衣形。"

按：《吕氏春秋》《汉书》皆引此教，而吕氏"织"作"绩"。绩，绩麻也。并曰身亲耕，妻亲绩，男女工作，似此时已分。章身之具，至此已大有进步，盖已不衣皮韦，彬彬有文矣。

始教民凿井

《本草经》:"神农问于太一曰:'凿井出泉,五味煎煮,口别生熟。'"盖古圣所居皆在大河左右,不能处处有水泉,故必凿井以济其穷。《水经注》曰:"神农既诞,九井自穿。"是亦凿井之证,当时之人必甚骇怪,神之曰自穿耳。

始有医药以救人

《本草经》:"神农从太一尝药,以救人命。上药一百二十种为君,久服不伤;中药一百二十种为臣,有毒无毒,斟酌其宜,欲遏病补虚羸者本之;下药一百二十种为佐使,不可久服,欲除寒热邪气破积聚愈病者本之。"

按: 所谓上药无毒可久服,必五谷之属也。中药、下药,即今日药肆所有之药也。既有药必有医,为民诊治疾病。

时市政益发达

《易》曰:"神农日中为市,致天下之民,聚天下之货,交易而退,各得其所。"

按: 此时百姓于衣、食、住既日臻美备,嗜欲亦日益多,交易有无,生活始便,而钱币未兴,只以物易物耳。日中为期,路远者可往返也。法实创于伏羲,但其时未大盛耳。

时已有城

《汉书》神农之教曰:"有石城十仞,汤池百步,带甲百万,而无粟不能守也。"

按： 人有欲必有争，争则战，故筑城以为卫。惟创于神农，或神农以先即有之，无从考也。

按：《帝王世纪》："神农在位百余年。"此百余年中，救济人民生活者甚众：发明谷食，救肉食之穷，一也；穿井汲水，济自然水之穷，二也；夫耕妇织，救衣皮之穷，三也；尝百药医民疾，四也；创耒耜以便耕耨，五也；大市政以便民，六也。由是百姓非猎不得食之苦免。既有井，则无河流之地亦可移居，以前地无泉水即无居民之困亦免。未有药之先，百姓有疾，任其夭折。神农殉身制药，于是疾始有医。农器以耒耜为最重，织绩以机杼为最繁，耒耜人知为神农所创，机杼纺车，亦必创自神农，史失纪耳。衣食备而不通工易事，则有匮乏积滞之患，为之市以通有无，济困乏，民皆得所矣。盖自开辟至神农，其间圣哲皆致力于衣、食、住之创造，至是已大备。在今日视之，而觉为寻常者，在创造之始，皆列圣焦神劳思，而后有此效果也。

黄帝时代

始造舟车，始役使牛

《汉书》："黄帝作舟车以济不通。"《古史考》："黄帝作车，引重致远。少昊时略加牛，禹时奚仲加马。"《吕氏春秋》："舟车之始见也，三世然后安之。"《世本》："黄帝臣骸作服牛。"

按：《易》"刳木为舟，剡木为楫，及服牛乘马"之事，不专属之黄帝，盖黄帝创之于始，尧舜增修于后也。始有车时，必先以人力推挽，既而牛马渐驯，更用牛马也。自黄帝以前，无役使牛马之纪录，亦无牧畜鸡犬羊豕明文，疑其时皆为野兽，尚未驯熟，至此时役使之事，始及于牛，尚未及马；迟至禹时，始以马引车。以此见马之驯熟，难于牛也。今之谈中国古史者，自黄帝以前，辄曰游牧时代。吾疑中国古时，并未游牧，何言之？神农之时，民族人口虽渐增多，而地皆荒芜，到处皆牧场；若其时牛羊犬豕之属，可以牧畜，足可供给民食而无匮，胡以神农遽代以五谷哉？可见此时牛羊皆为野兽，不服于人，非佃猎不能得食，故必以五谷济其穷。观役使牛马，至黄帝时始试验，而马尚不能引车，是其证已。

凡今之以游牧时代谈中国古史者，皆未详考，而服从于发达最晚民族之理想学说，须知晚起民族之必有游牧时代者，乃我民族驯服禽兽，既成功以后之事也。

始修官道

《史记》："黄帝披山通道，未尝宁居。"

按：披者，开也。或刘榛莽，或移土石，以利交通。交通利则文明易于传播。

始造年历起甲子

《史记正义》："黄帝命大挠造甲子，容成造历。"

按：炎帝既教民艺五谷，五谷之生，与天时有莫大关系，其时春夏秋冬、节气寒燠，必已明晰。至黄帝更作历颁之民，所谓敬授民时也。既有历，则宜有甲子以为标识，六十年一更，六十日一易，计算便矣。

历代社会风俗事物考

时男女始有别

《淮南子》："黄帝治天下，别男女，异雌雄。"

按： 神农时始盛织布，当时之民，由衣皮进而衣布，既便且观美。然其服制，必男女为一，往来动作，社会上必有许多误会，或因以召乱。别雌雄，异服式，风俗易以整齐矣。

时宫室已有栋宇

《易·系》云："上古穴居野处，圣人易之以宫室，上栋下宇。"《新语》："天下人民与鸟兽同域，黄帝乃伐木构材，筑作宫室，上栋下宇。"

按：《说文》："栋，极也。"《尔雅·释宫》郭注："栋，即屋脊也，即今日屋式也；宇，即今日之廊檐也。"《诗》："八月在宇。"笺："宇，檐下也。"盖自有巢创为屋室，苟简朴陋；至黄帝则上有屋脊，以壮观瞻，旁为廊檐，以为掩护，以便憩息，至于今四千余年，仍而不改，则其制之大备可知矣。

始服垂衣冠履

《拾遗记》："黄帝始垂衣服冕。"又，《世本》："黄帝作旃冕，伯余作衣裳，於则作扉履。"《通典》："上古衣毛帽皮，黄帝始用布帛。"

按： 神农始织布帛，其时尚贵，只短衣蔽体，尚无威仪。至黄帝始讲求仪式，襟袖宽博，彬彬下垂矣。百姓化之，渐褒衣博带也。黄帝以前，只努力于衣服之构造，至冠履则未闻。至黄帝衣服垂垂，既已完备，遂渐及于首足。帝既服冕，人民必冠帻矣。足无衣则寒，且不利行走，于是以草制扉，以皮制履，盖足衣之发明为最后，较衣服更难也。

时字已大备

《拾遗记》："轩辕始造书契。"《淮南子》："仓颉作书，天雨粟，鬼夜哭。"《荀子》："故好书者众矣，而仓颉独传者壹也。"

按： 书契断非一时所能造成，诸书多言始于轩辕。余以为伏羲能画八卦，必能造书契。神农若无字，百草之名，胡从而记？不过初尚少，至轩辕增修大补耳。轩辕时有史官纪录其事，后人不察，以为轩辕命仓颉始创耳，脱《荀子》可证已。

又，仓颉不定为黄帝时人。《马氏逸史》引《外纪》曰："仓帝名颉，始创文字，在伏羲前。"又按：《春秋元命苞》："仓帝史皇氏，名颉，姓侯。仰观奎星图曲之势，俯察龟文鸟羽山川指掌而创文字，天为雨粟，鬼为夜哭。治百有一十载，都于阳武。"是则仓颉为古之皇帝，史皇乃其号，而在伏羲前。是说也颇可信。仓颉惟在伏羲前，所以能开伏羲易学。又自伏羲至神农事渐详，足征有纪录。其称曰史皇者，以能造字为史所自起耳，犹燧人造燧，即曰燧皇也。

时八音已大备

《汉书·律历志》："黄帝命令泠《吕氏春秋》作"伶伦"，疑后世"伶人"本此。为律。自大夏之西，昆仑之阴，取竹之嶰谷生，其窍厚均者，断两节间而吹之，以为黄钟之宫。注：律之最长。制十二筒以听凤之鸣，其雄鸣为六，雌鸣亦六，比黄钟之宫，而皆可以生之，是为律本。"《礼·乐记》："咸池备矣。"《庄子》："帝张咸池之乐。"注："咸池者，黄帝乐也。"

按： 黄帝即创为律管以候气，六阴六阳，上下相生。阳谓之律，阴谓之吕，故亦曰十二律：曰黄钟，十一月律管。太簇，正月。姑洗，三月。蕤宾，五月。夷则，七月。无射，九月。六律也；大吕，十二月。夹钟，二月。中吕，四月。林钟，六月。南吕，八月。应中，十月。六吕也。律以黄钟为最尊，而黄钟之宫声，实五音之本。帝既定律，于是诸乐备作，金、石、丝、竹、匏、土、革、木、八音咸备，承用至今。

始以黍粒创度量衡

《汉书·律历志》："度者，分、寸、丈、引也，所以度长短也。本起黄钟之长。以子谷秬黍黑黍。中者，一黍之广，度之九十分。讹字，《隋书》引作黍。黄钟之长，言九十黍为黄钟之长。一为一分。言一黍为一分，黄钟长九寸。

量者，龠、合、升、斗、斛也，所以量多少也。本起于黄钟之龠，用度数审其容，以子谷秬黍中者千有二百实其龠，以井水准其概。合龠为合，十合为升，十升为斗，以次量也。

衡者，称杆。平也；权，称锤。重也，所以称物知轻重，分铢、两、斤、钧、石也。本起于黄钟之重。一龠容千二百黍，重十二铢；两之即二十四铢。为两。十六两为斤。"

按：《说苑》云："度量权衡以粟生。"一粟为一分。一粟者，一黍也。时市政久已发达，交易繁多，不有度量衡，胡由交易？而度量衡不有根本，胡能齐一？黄钟与黍，皆永久不变者也，故以为本，古人立法之精如此。晋荀勖作乐，自谓谐调，独阮咸心不谓然，无一言。勖忌咸，出为始平太守。后田父耕得周玉尺，勖持以校己所作钟磬，觉皆短一黍，始服阮神识。周尺即律尺也。是千百世后，仍可以黍正误也。

时陶器木器已大备

《通考》:"神农作瓮瓶缶,黄帝作釜甑碗碟。"

按: 自伏羲烧土作器,为陶之始。炎黄继作,器用益备,利赖至今。

盖中国社会之制造,至黄帝时,不惟衣、食、住皆备,且有文有章矣。而其最大最深之创作,为年历、为甲子、为律,万世赖之。而六律尤能辨阴阳之气,识造化之微。武王伐纣,吹律听声,便知吉凶;师旷知《南风》之不竞,亦以律知。《周礼》所谓太史执同律以听军声是也。又,历代制作之不能决定者,则以律考定之,而其源实创于黄帝。其深微奥妙,为何如哉!

卷三　五帝时社会状况

五帝时代

太史公列黄帝为五帝首,而灭少昊氏。后人颇议其轻信《大戴礼》,致舜禹世次,权枒不合。然观太史公后叙,不谓无疑,特以《大戴礼》文尚雅驯,故依据之耳。后世重行论定,大概以少昊、颛顼、帝喾、帝尧、帝舜为五帝。今从之。

始以斗杓指寅为正月

《逸史》:"颛顼以斗杓建寅为岁元。"《古史考》:"颛帝以孟春正月为岁元。"

按: 建者,指也;寅,东北方也。盖自黄帝以来,考定星历,建立五行,起消息,正闰馀,节四时之度而已,无正月之名。正月者,政教之始,故不曰一月,而曰正月。元者,长也;首也。即以正月为岁首也。正月之名始此,即夏时也。

时男女之别益严，女遇男须避行，不避则辱之

《淮南子》："帝颛顼之法，妇人不避男子于路者，拂之于四达之衢。"

按：黄帝之时，但曰别男女而已。此云妇人须避男子，不云男子避妇人，不公甚矣！拂之者，以手摩其肌肤。四达之衢，人众之地。以女既不避男，即令男子拂其肌肤，又何妨哉？罚太酷矣！

时始有祭祀

《史记》："颛顼依鬼神以制义，治气以教化，洁诚以祭祀。"

按：颛顼以前，无祭祀之名，至颛顼始以神道设教也。第所祭为何，尚不详耳。

尧时以华表_{今牌楼}标识都城衢路

《古今注》："尧立诽谤之木，今之华表木也。以横木交柱头，若花也。形若桔槔，大路交衢悉施焉。或谓之表木，以表王者纳谏也，亦以表识衢路也。"又，《尸子》："尧立诽谤木于四达之衢。"

按：《古今注》所言古华表之形，与今之牌楼无以异。然则今北平城内之东四牌楼、西四牌楼，仍唐虞之制也。

时父母丧三年

《书·尧典》："二十有八载，帝乃殂落，百姓如丧考妣，三载四海，遏密八音。"《史记》："尧崩，百姓悲哀，如丧父母。三年，四方莫举乐。"《孟子》："尧崩，三年之丧毕。"

是可证唐虞时，父母之丧，行之三年，已成定礼，故书以父母喻君也。

始有流刑、鞭刑、扑刑、赎刑

《通考》："自黄帝以来，不用命者则征之以兵，无所谓刑。刑之作始于唐虞。"《虞书》："流宥五刑，鞭作官刑，扑作教刑，金作赎刑。流者，流之远方，今所谓充军也；鞭扑者，挞也；赎刑者，以金赎罪也。"《史记·集解》："以墨、劓、剕即刖足、宫、大辟当五刑。"或谓此时只有大辟，尚无上四刑，不知果如何耳！

时商贾已发达

《孟子》："舜迁于负夏。"《益稷谟》："懋迁有无化居。"《尚书大传》："舜贩于顿丘，就时负夏。"

按： 就时者，逐时射利，即《益稷谟》所谓"懋迁有无化居"也。时民尚愚鲁，只知耕田为农，至为贾为商，则不能也。观舜之所为，则当时社会商贾之状况，可知矣。

时已有绘画

《书》："予欲观古人之象，日、月、星辰、山、龙、华虫，作会。"

按： 注："会者，绘也，画六章于上衣也。"六章者，即日、月、星辰、山与龙、雉即华虫也。又，《孟子》："及其为天子，被袗衣。"注："袗衣，画衣也。"是可证当时画学已盛。

时已有刺绣

《书》："宗彝、藻、火、粉米、黼、黻、絺绣，以五采章施于五色。"

按： 絺绣者，以絺绣六章于下裳也。六章者，宗彝、藻、火、粉米、黼、黻也。五采者，言无论绘衣绣裳，色皆有五色。

自黄帝制为垂衣即长衣。较以前进化矣。然至尧时尚服素衣，未有服色，史所谓黄收，纯衣也。至舜则加以五色，绘绣兼施，上衣下裳，文采彪炳，而六章之制，承用至清末，抑可谓久矣。

时葬用瓦棺，始不用薪

《礼·檀弓》："有虞氏瓦棺。"注："始不用薪。"

按：《易·系》云："古之葬者，厚衣之以薪，葬之中野，不封不树，丧期无数。后世圣人易之以棺椁。"盖有虞氏有棺而无椁。郑注："盖以进化程序考之，故曰始不用薪。"

时学校已大备

《书》："命汝典乐，教胄子，直而温，宽而栗，刚而无虐，简而无傲，诗言志，歌永言。"此言学校教学子之宗旨也。《礼·王制》："有虞氏养国老于上庠，养庶老于下庠。"郑玄云："上庠、右学，大学也，在西郊；下庠、左学，小学也，在国中。周之小学，为有虞氏之庠制，是以名庠云。"观此则舜时之学制，实已大备，故至周犹采用其法。而《虞书》但言教胄子之法，不详其制，由是知唐虞遗法，为后世所知者，百不及一也。

时五礼咸备

《虞书》："修五礼，五玉，三帛，二生，一死贽。"

按： 五礼者，注云："吉、凶、军、宾、嘉各礼也。"修者，言旧有此五礼，舜巡狩所至，考察其是否举行也。《史记·五帝纪》："三帛。"注云："郑玄曰：'帛所以荐玉，高阳氏后用赤缯，高辛氏后用黑缯。'"是高辛、高阳时已有此礼，故其后沿用之。然则谓五礼至唐虞咸备则可，谓始于唐虞则不可也。唐虞以前，皆失纪耳。

始以详历授民，以日月星辰鸟兽为识时标准

《尧典》："乃命羲和，钦若昊天，历象日月星辰，敬授民时。"

按： 此时识时之法，尚不能如《夏小正》《月令》之详，而以春分、秋分、夏至、冬至为定四时之最大关键，详仲春仲夏仲秋仲冬。其孟、季则不详，因仲月定，其孟、季亦定也。

其定仲春之法，曰"日中星鸟，以殷仲春。厥民析，鸟兽孳尾"。

按： 日中者，春分也。星鸟者，言至春分，昏则鸟星毕见，此一识也；乳化曰孳，交接曰尾，言至春分，则鸟兽自然孳乳交接，此又一识也。殷者，定也。仲春定，则孟、季可知。

其定仲夏之法，曰"日永星火，以正仲夏。厥民因，鸟兽希革"。

按： 日永者，夏至。星火者，言至夏至，则昏时火星正中也。希革者，言夏时热，鸟兽毛羽脱落也。亦以星辰鸟兽为识。

其定仲秋之法，曰"宵中星虚，以殷仲秋。厥民夷，鸟兽毛毨"。

按： 宵中星虚者，注云："虚星见，则正秋分也；毨者，理也。"言毛更生若整理然。

其定仲冬之法，曰"日短星昴，以正仲冬。厥民隩，鸟兽氄毛"。

按：日短者，冬至也。昏昴星中，则冬至到矣。氄毛者，言温柔也。时天寒，鸟兽氄以自温。

按：此时识时，尚未及于草木，不能如《夏小正》《月令》之详。然以闰月定四时成岁，岁历之成，至尧已大备，《虞书》纪事简，想尚有其他标识，未备举耳。

然其时历法实略，远方日月不免错误，故中央常为订正

《虞书》："协时月正日，同律度量衡。"

按：自黄帝以来，用甲子纪日、月、年，每六十则一周。《史记》称纣为长夜之饮，忘其日辰。春秋时各国月日，亦每有错误，况简略如唐虞。远方节候，差错不齐，因以误民者多矣。舜因巡狩，协同时日，使之齐一，非为奉行正朔，亦利民要政也。至于度量衡之制造，皆原本于律，执黄钟律，随所至而同之，不忧不齐一矣。

盖唐虞之时，社会状况：其属于风俗者，夫妇、父子、尊卑、上下，已秩然有章；其属于政教者，已五礼、五刑，定有常制；其属于音乐者，已声律克谐，八音咸备；其属于技艺者，则绘画刺绣，黼黻文章。孔子曰："大哉！尧之为君。巍巍乎其有成功，焕乎其有文章。"惜其详细状况皆失载，仅《礼记》中溯各事源流，偶尔及之，为可惜耳。

又，唐虞时洪水为灾，当其未平，草木畅茂，禽兽逼人，兽蹄鸟迹，遍于中国，人与兽杂处，水与人争地。观禹鼎所铸及《山海经》所述，魑魅魍魉及殊形诡状，不可名言。害人之禽兽，如巫支祁属者，不可胜数，盖极恐怖之时代也。及夫大禹疏导，注入东海，万派顺流；益更烈山泽，以与逼人之禽兽战，然后稷播百谷，益夔兴礼乐，唐虞之郅治乃成。

卷四　三代以来首服

三代社会状况

夏殷礼俗，捃拾所得，不及周之十一，仅名物制度，散见于"三礼"而已！社会状况，欲窥其全要难。虽然，孔子云："周监于二代，郁郁乎文哉！"又曰："周因于殷礼，殷因于夏礼，其损益可知也。"孟子述三代井田学校，名异实同。是周之礼俗，即夏殷礼俗。夏殷社会，与周无大异也，故并述之。

三代首服状况

欲知古人首服，须先明古人留发状况。古人发皆上挽，约之以笄。_{音鸡}。《说文》："笄，簪也，所以连冠于发，使不坠也。"然其详至汉郑康成作注时，已云不能尽详。兹所述者，特其形状之概略耳。

——大礼冠状况

《王制》云："夏后氏收而祭，殷人冔而祭，周人冕而祭。"似夏、殷无冕。然《论语》云："禹致乎黻冕。"《书·太甲》："惟三祀十有二月朔，伊尹以冕服奉嗣王归于亳。"是夏、殷亦冕也，特异其名曰收、冔耳。至冕之形象，据《后汉书》引大小夏侯说，皆广七寸，长尺二寸，前圆后方，前垂四寸，后垂三寸，系白玉珠为十二旒。《通考》云："冕惟卿大夫以上得服之，以旒数多寡为等差：天子十二旒，大夫三旒，大夫以下不得服。即今所谓平天冠也。"民国初年，常采用其制，以为祭服，而无垂旒。盖冕之制起于黄帝，至周而大备，故孔子取之，曰："服周之冕。"冕之制至明尚承用，中国冠服，沿袭至数千年之久者，惟此耳。

冕之表里颜色及其高低

按：《周礼·夏官》："弁师掌王之五冕，皆玄冕、朱里、延、纽。"注："延之覆在上，故名延。皆玄表覆之，在冕上也。"疏云："爵弁前后平，故得弁称。冕则前低一寸余，故得冕名。冕则俛也，以低为号也。"由上说考之，是冕之上色玄，里则色朱，前檐较后檐低一寸余也。

——常礼冠状况

按：《通考》云："弁亚于冕，《郊特牲》所谓周弁、殷冔、夏收是也。自天子至于士，皆得服之。"《周礼·夏官·弁师》疏云："爵弁前后平，故得弁称。"观经传所载，国君及卿士大夫，除大朝大祭外，皆御弁，弁固为常礼服。《通考》谓为冕之亚者，信矣。

弁之物质及其形状之颜色

弁之形前后平，前既言之矣。至其物质颜色，据《白虎通》云："皮弁者，何谓也？所以法古，至质冠名也。弁之言樊也，所以樊持其发也。以鹿皮者，取其文章也。"又，《左传·僖二十八年》："初，子玉自为琼弁、玉缨。"杜注："弁以鹿皮为之，须琼玉为饰。"是古之弁者以鹿皮为之，且必以鹿皮之带毛者为之。鹿毛斑驳可爱，故曰文章。又，《释名》云："弁，如两手相合抃时也。象形。以爵韦为之，谓之爵弁；以鹿皮为之，谓之皮弁。以韎赤色韦为之也。"

按：《释名》之说与《白虎通》稍异。《白虎通》谓必以鹿皮者，取其文章，明皮而有毛也。《释名》则谓以韎韦为之，似用赤色之皮而去毛者，是鞈也，鞈则何必鹿皮。又，爵弁，《后汉书》谓象形，《释名》谓以爵韦，疑《释名》或误也。

——燕居冠服状况

按：《通考》云："冠亚于弁，所谓委貌、章甫、毋追是也。"按《郊特牲》云："委貌，周道也；章甫，殷道也；毋追，夏道也。"《士冠礼》郑注云："委，安也，言所以安正容貌；章，明也，言所以表明丈夫；毋，发声，追，犹堆也。皆言冠之形。道者，言常所服以行道之冠也。"《正义》曰："行道，谓养老、燕饮、燕居之服。若视朝，则皮弁也。"《晋书·舆服志》云："委貌，形如覆杯，与皮弁同制。"清时夏日服委貌，形正如覆杯，殆采周制欤?

《通考》云："周以前冠冕之制，其详不可得闻，惟《虞书》言章服，《戴记》言冠制耳。"然冠之制有三：曰冕，曰弁，曰冠。弁与冠自天子至于士，皆得服之；冕则卿大人以上服之，而可以兼服弁；弁则士以下服之，而不可以僭服冕。

春秋时视冠极重，去冠则失礼，以为大耻

《韩非子》："齐桓公饮酒，醉，遗其冠，耻之，三日不朝。"

按：《韩诗外传》："齐景公纵酒，醉而解衣冠，鼓琴以自乐。顾左右曰：'仁人亦乐此乎？'晏子曰：'自齐国五尺以上，力皆能胜婴与君，而不敢者，畏礼也。今君先失礼矣。'"据此，虽燕居不冠，亦非礼也。

古制冠有模，至求之于外国，以为冠法

《左传·昭二十三年》："晋范献子求货于叔孙，使请冠焉，取其冠法，而与之两冠。"注："冠法者，作冠模法也。"以是为国际交际品，其重可知矣。

春秋吊，用白冠

《说苑》："楚孙叔敖为楚令尹，一国吏民皆来贺，有一老父衣粗衣、冠白冠而吊。"

冠若非法，可至杀身

《左传·僖二十八年》："楚子玉自为琼弁、玉缨。"人知其将得祸，后果然。然其杀身之故，不尽在冠也。《左传·僖二十四年》："郑子华之弟子臧出奔宋，好聚鹬冠。鹬，翠鸟，羽可为饰。郑伯闻而恶之，使盗诱而杀之。"则直以冠杀身矣。

春秋战国时冠样可随意制，有獬豸冠

《左传·成九年》："南冠而絷者谁也？"《正义》曰："南冠，楚冠，即今獬豸冠也。獬豸，触不直，故法冠象其形。"

按：《后汉书》："獬豸，神羊，能别曲直。楚王常获之，故以为冠。秦灭楚，以其君服，赐执法近臣御史服之。"夫獬

豸既为羊，则有两角，冠状如是，怪甚矣。而春秋时楚人，全国服之，故一望而知为南冠也。楚灭，只法官服之，沿至汉唐不改，盖冠式以此为最久矣。

有鸡冠

《史记·弟子列传》："子路性鄙，好勇力，志伉直，冠雄鸡，佩猳豚。"是又以雄鸡为冠，取其勇猛。其形状之可畏，亦獬豸之亚。

有鹖冠

《真隐传》："鹖冠子，楚人。隐居幽山，衣被屡空，以鹖为冠。著书言道家，庞谖常师事之，后显于赵。鹖冠子惧其荐己，乃与谖绝。"又，《坊记》云："赵武灵王制鹖冠以表武士。"

按：《正字通》："鹖，色黄黑而褐，首有毛，角有冠，性爱侪党；有被侵者，直往赴斗，虽死不置。"是亦鸟之勇猛者，取其状以为冠，亦犹鸡冠之义也，状愈奇矣。

其固冠之法，则有纽武，贯之以笄，而以紘约其发

《周礼·夏官·弁师》"延纽"注云："纽，小鼻在武冠卷也。《礼·玉藻》：'缟冠玄武。'上，笄所贯也。今时冠卷当簪者，广袤以冠缨，同缅。《释名》云：'以韬发者。'《前汉·江充传》：'冠襌缅步摇。'注云：'缅，织丝为之，即今方目纱也。盖未冠之前，先以缅约束其发也。'其旧象欤？"疏："古之纽武，笄贯之处，若汉时冠卷，当簪所贯者，于上下之处，及随缅之袤《博雅》：'长也。'以冠缨者，贯簪之处，当冠缨之中央。云旧象者，是周冕垂纽于武，贯缨之旧象也。"《士冠礼》："缁缅，广终幅，长六尺。"是缅长之度也。

然服冠亦有不同笄贯者，但必围以组

《仪礼·士冠礼》："缁布冠缺项。"又，《诗·小雅》："有频者弁。"郑康成直读"频"为"缺"，以为弁貌。《六书通》云："冠无笄者用频，以组围头，以系冠缺。其当项处，以俟系束也。"据此是以组围头，以期冠固，而组之两端，盖当脑后冠缺处，使下垂以为系束。若有笄之弁，则屈组为纮，冠卷。垂为饰，不用频。

而系冠之法，缨尤为重

《士冠礼》："缁布冠缺项，青组缨属于缺。"《左传》："子玉为琼弁、玉缨。"《说苑》："楚庄王与群臣夜宴，尽醉，烛灭，有人牵王之夫人，夫人绝其缨，语王云：'顷有人无礼于妾，妾断其冠缨，请罚之。'庄王遂令于群臣曰：'今日饮，须尽断冠缨以为乐。'于是群臣尽断其缨。"按：《说文》："缨，冠系也。"《释名》："缨，颈也，自上而系于颈也。"以故《左传·哀十五年》："以戈击之，断缨。子路曰：'君子死，冠不免。'结缨而死。"结缨于颈，则冠固，故曰不免。《战国策》："淳于髡仰天大笑，冠缨索绝。"头仰后则缨急，急则绝也。《庄子》："曾子居卫，缊袍无表，正冠而缨绝。"冠久则缨敝，敝而顿之，故亦绝也。愈见缨与冠所系之重已。

缨上有饰

《左传》："楚子玉为琼弁、玉缨。"是饰缨以玉也。《仪礼·士冠礼》："其緌也。"注云："緌，缨饰也。"是缨上更缀以緌，以为美观。

周庶人首服状况

以上所言弁冕，皆士以上所服，庶人不与，然则古庶人首服，果何如乎？

按：蔡邕《独断》云："帻，古者卑贱执事不冠者之服。"又，《释名》云："巾者，谨也。二十成人，士冠，庶人巾。"据是则厮役帻而庶人巾。巾为普通商民之首服，然庶人有事亦冠，《郊特牲》"黄衣黄冠而祭"是也。

周庶人亦露髻，髻在项后不在顶

《庄子》："支离疏者，驼背。肩高于顶，会撮指天。"注："会撮，髻也。"古人髻在项中，脊曲头低，故髻指天。据是则古人或露髻，髻在项后，不似后人之在顶也。

汉冠服状况。冕仍周制

《后汉书·舆服志》："冕皆广七寸，长尺二寸，前圆后方，朱绿里，玄上，前垂四寸，后垂三寸，系白玉珠为十二旒。"是仍周制也。惟周冕里朱，汉增以绿为小异。又，周制大夫以上方服冕，《汉志》未言限制。然据《赵喜传》："不得已，解巾之郡。"注云："既服冠冕，故解幅巾。"是太守即可服冕也。

有爵弁 爵同雀

《后汉书·舆服志》："爵弁，一名冕。广八寸，长尺二寸，如爵形，前小后大，缯其上似爵头色。"

按：周弁纯以鹿皮为之，不言加缯帛其上，亦未云后大前小。盖汉弁视周，小异其状矣。

时仍有獬豸冠

《后汉书》:"法冠,或谓之獬豸冠。"又,《淮南王传》:"作汉使节法冠。"又,《张敞传》:"且当以柱后惠文冠,弹治之耳。"注:"汉法冠也。"是獬豸神羊之象,至汉,仍存也。

有刘氏竹皮冠

《史记·高帝纪》:"高祖为亭长,乃以竹皮为冠,时时冠之,及贵常冠,所谓刘氏冠也。"后诏曰:"爵非公乘以上,不得冠刘氏冠。"即此,但史只言其质,未详其形。

有高山冠

《后汉书》:"高山冠,盖齐王冠也。"注:"以其形似山。"

时学者皆服进贤冠

《后汉·舆服志》:"进贤冠,文儒者之服也。前高七寸,后高三寸。"以梁多少别贵贱。自博士以至私学弟子,皆一梁。是凡学者皆服之,魏晋六朝,承用不改。

汉仍重视冠

《汲黯传》:"丞相弘燕见上,或时不冠。至如黯见,不冠,不见也。"

汉冠卷

《周礼·弁师》"延纽"疏云："古之纽武，笄贯之处，若汉时冠卷，当簪所冠者。"

汉帻状况

《后汉·舆服志》："古者有冠无帻。"至战国时，"秦雄诸侯，乃加其武将首饰为绛袙，同帕。以表贵贱，其后稍稍作颜题。额也。汉兴，续其颜，却摞理也之，施巾连题，却覆之。""至孝文乃高颜题，续之为耳。崇其巾为屋，合后施收，上下群臣贵贱皆服之。文者长耳，武者短耳。"又，蔡邕《独断》云："帻，古者卑贱不冠者之服，元帝额有壮发，不欲令人见，始服之，群臣皆随焉。然尚无屋，至王莽内加巾，故言王莽秃帻施屋。"又，《刘玄传》："侠卿为制绛单衣，半头赤帻。"注："帻，巾所以覆髻也。"《续汉书》曰："童子帻无屋，示未成人也。半头帻即空顶帻也，其上无屋。"《广韵》："弁缺四隅为帢"。夫既有四隅，则形方也。

按：帻之起，《独断》谓始于元帝。《后汉书》谓始于战国，盛于文帝，并谓崇其巾为屋。《独断》则谓至王莽始加巾，微有不同。然帻之始起，以绛帕首，盖与巾无异。后始加颜，加耳为屋，形状又略同于冠矣。然前汉时不多见，至东汉末则大盛。《集异记》云："汉延熹中，京师帻额短耳长，短上长下。时中常侍单超、徐璜、左悺至于家贫，不能自办，自号无头，就人借头。"此其沿革之大略也。

屋者，隆起而空上。今戏剧之冠，色青，顶后半隆起，有两耳横于左右者，殆即帻之遗制也。《续汉书》谓半头帻即空顶帻，其上无屋。然则帻之平顶者，虽空其上，不得谓之屋。屋则有脊高起，前后渐低如屋形也。

汉卷帻及帻梁状况

《士冠礼》："缁䌍，广终幅，长六尺。皮弁笄，爵弁笄，缁组纮。"郑康成注云："䌍，今之帻梁也。"又云："今未冠笄者，着卷帻。"疑其形与冠卷类也。

汉头巾贵贱前后不同

《正韵》云："巾，蒙头衣也。"《玉篇》云："佩巾本以拭物，后人着之于头。"《急就篇》注云："巾者，一幅之巾，所以裹头也。"《释名》云："巾者，谨也。二十成人，士冠；庶人巾，当自谨修于四教也。"在两汉时，巾纯为庶民所服。《郭泰传》注云："巾以葛为之。"居士野人所服是也。《朱博传》："皆罢斥诸病吏，白巾走出府门。"《冯衍传》："乃共罢兵，幅巾降于河内。"是甫罢官即须白巾，不得服官帻。《赵喜传》："诏书迫切，不得已，解巾之郡。"是既为官吏，即须脱去白巾，不得仍庶人服。《赵咨传》："太尉杨赐特辟，咨使饰巾出入，请与讲议。"是既非官吏，须特许其服巾，然后能出入府门。是两汉四百年间，只庶人服巾，其界甚严。至东汉末，虽王公学士亦服之，遂无区别。《魏武纪》注云："傅子曰：'汉末王公，多委王服，以幅巾为雅。'"是以袁绍之徒，虽为将帅，皆着缣巾。王公且然，官吏可想。《郭泰传》："常于梁陈间行，遇雨，巾一角垫。下也，溺也。时人乃故折巾一角，以为林宗巾。"其见慕皆如此。《孔融传》："融幅巾奋袖，谈词如云。"名士且巾，儒雅风流，效慕益众，于是自周迄汉，以下等社会之头服，至此乃遍于朝野，而周代礼秩之等差，遂淆然莫辨矣。彼《晋书·舆服志》

谓巾古尊卑共服者,非也。

汉官吏谢罪则免冠,士庶则脱巾

《周亚夫传》:"景帝视而笑曰:'此非不足君所乎?条侯免冠谢。'"《后汉·高凤传》:"邻里有斗者,解之不已,乃脱巾叩头固请。"是无论贵贱,皆以脱冠巾表示待罪之意,且服过也。

汉以前士庶尽白巾,不忌白色

汉以前只官吏冠服有色,或青、或玄、或缃,浅黄。余士庶尽白巾,成为风俗,不似后世必持服而后服白也。观汉末妖贼,以黄为巾,亦所以别于白,自为标识。

魏晋六朝冠服状况

天子冕旒,历代皆然,故不更详。兹所重者,燕居之服及社会真状也,故略于冠冕,而详于帽帢。

魏晋时帽帢大行

帢,《玉篇》云:"帽也。"《广韵》云:"弁缺四隅曰帢。"《类篇》:"帢或作帕。"帕,《玉篇》云:"帽也,同帢。"然则帢也、帕也、帽也,一物也。《魏志·太祖纪》注云:"汉末公卿,多委王服,以幅巾为雅。魏太祖拟古皮弁,裁缣帛以为帢。"以色别其贵贱,是为帽之所自始。

《晋书·舆服志》:"帢,本未有歧,荀文若名盛巾之,行触树枝成歧，谓之为善，因而弗改。"

按：触树枝而成歧者，中陷。

魏帢有歧，六朝尚白帽

两边高也，晋因之。《舆服志》云："汉仪，立秋日猎，服缃浅黄帻，后哀帝改用素白帢。"又，"咸和九年，制听尚书八座丞郎、门下三省侍官乘车，白帢低帏，出入掖门。"又，"二宫直官，着乌纱帢。然则往往士人燕居皆着帢矣。"又，《隋书·礼仪志》："宋、齐之间，天子燕私着白高帽，太子在永福省着白纱帽；南齐桓崇祖守寿春，着白纱帽，肩舆上城。"至隋，以白帢通为庆吊之服，国子生亦服白纱巾。是六朝至隋，上白天子，下至士庶，皆白巾帽之证也。

晋时以帻为礼服，帽为便服

《世说》："王镇西往尚书墓还，葬后三日反，哭，诸人要之，便回驾，把臂下车，裁得脱帻，着帽酣宴，乃觉未脱衰。"是帻为礼服，帽为燕服，故脱帻着帽。又，《晋书·谢安传》："安为桓温司马，温诣谢，值谢梳头，遽衣帻。温命以帽见。"是亦以帻为礼服，帽为便服，故温令帽见，以示优异。

晋帻质劲，帽质软

《世说》："时庾颓然已醉，帻堕几上，以头就穿取。"可证帻为劲质，故可以头穿取。又，"桓宣武少家贫，戏大输，求救于袁耽。耽遂变服，怀布帽，随温去。"可证帽为软质，故可怀也。

晋帽无缨

《世说》:"孟参军九月九日从桓公游龙山,风吹落帽。"是晋帽无缨,有缨则不至风吹落也。

六朝至隋帽有裙

《南史·和帝纪》:"百姓皆着下屋白纱帽,而反裙覆顶。"又,《隋书·礼仪志》:"帽自天子下至庶人皆服之。以白纱者名高顶帽,又有缯皂杂纱为之,高屋下裙。"又云:"其制不定,或为卷荷,或为下裙。"

按: 帽有裙为古所未见。《五代史补》云:"僧谦先饮酒,食肉,尝曰:'但愿鹅生两掌,鳖留两裙足矣。'"是以瞥边下垂者为裙也。又,《释名》云:"裙,连接裾幅也。"六朝至隋时,或于帽檐下缀横幅以为饰,故反裙可覆顶也。

唐尚乌纱帽

《唐书·车服志》:"乌纱帽者,视事及燕见宾客之服也。"是官吏视事及燕居,皆乌纱帽也。又,《云溪友议》:"李回谓魏谟曰:'如今脱却紫衫纱帽秀才,仆为试官,依前不送公。'"是秀才亦服纱帽也。

唐宋头巾形尖为美

《闻奇录》:"又将巾子射覆云:'近来好裹束,各自竞尖新;秤无三五两,因何号一斤?'"是唐庶人仍以巾裹头,而以尖新为美观。又,《归田录》陶谷诗云:"尖檐帽子卑凡厮。"是宋初帽子亦尖形。

宋头巾带垂前

《老学庵笔记》:"予童子时,见前辈犹系头巾,带于前,作胡桃结背子。"是头巾之裹束,亦以带为固,且必垂带于前,以为饰也。盖至宋已以帽为礼服,巾为便服,与六朝时之以帻为官服、以帽为便服者异矣。

周以来笠之状况

《诗·小雅》:"彼都人士,台笠缁撮。"传云:"台所以御暑,笠所以御雨也。"郑笺:"台,夫须也。都人之士,以台皮为笠。"

按:《小雅》云:"南山有台。"传:"台,夫须也。"疏:"夫须,莎草也,可为蓑笠。"是笠之质以草织成也。

笠无贵贱皆服之

《左传》注:"兵车无盖,笠人执笠,依毂而立,以御寒暑。"名曰笠毂,是贵人用笠也。《诗·小雅》:"何蓑何同荷笠。"是下至牧人亦服笠也。然后世之笠,皆用以御风日及雨,夏秋用之,冬日则否,而杜注兼云御寒,则不得其义矣。

古笠有柄

《史记·平原君传》:"虞卿者,游说之士也。蹑蹻担簦,说赵孝成王。"徐广曰:"笠有长柄者谓之簦。"又,《篇海》:"簦笠以竹为之,无柄曰笠,有柄曰簦。"

古簦笠即今之伞

《急就篇》注云:"簦笠皆所以御雨。大而有把,手执以行,谓之簦;小而无把,首戴以行,谓之笠。"是以古逸诗《越谣》云:"君担簦,我跨马,他日相逢为君下。"由是证之,《左传》"笠毂之笠"。既云笠人手执,亦必为有柄之簦。簦较笠大而广,形盖与今伞无异。惟今伞能开阖,簦能开阖与否,载籍未言,不知果何如耳?

晋时有曲柄笠

《世说新语》:"谢灵运好戴曲柄笠。"

按:《急就篇》:"簦有柄,手执以行;笠无柄,方戴于首。"兹虽曲柄而仍戴之,其真状不能明也。

唐以笠御雪

唐宋以来诗歌言笠者极多。太白云:"饭颗山头逢杜甫,头戴笠子日卓午。"又云:"箬笠青茫茫。"箬亦竹类,以无异义并不录。惟柳子厚云:"千山鸟飞绝,万径人踪灭,孤舟蓑笠翁,独钓寒江雪。"是以笠御雪。《左传》注所谓"御寒"者,或即此欤?

清时草帽

古为笠或以台草,或以竹,或以箬,至清时以麦茎编为辫,盘缀成笠,光泽轻松柔软,广约二尺,极为外国所羡,于是草帽辫为出口大宗。

周时沐发义意

《韩非子》:"为政,犹沐也。虽有弃发,必为之爱。爱弃发之费,而忘长发之利,不知权者也。"又,《淮南子》:"今沐者堕发,而犹为之不止,以所去者少,所利者多。"夫曰"忘长发之利",曰"所利者多",则沐者不惟去垢取洁,亦所以沃发,使舒长也。

周沐发状况

《左传·僖二十四年》:"头须求见,公辞焉以沐。谓仆人曰:'沐则心覆,心覆则图反。'"是沐时须平身低头,平身故心覆也。又,"叔武将沐,闻君至,喜,捉发走出,前驱射而杀之。"是沐时须解发,发已解而迎客,故捉以出也。

周沐发洗面盥手去垢之法,惟恃米汁。至汉犹然

《左传·哀十四年》:"陈氏方睦,使疾,而遗之潘沐,备酒肉焉。"注:"潘,米汁,可以沐头。"又,《内则》云:"沐稷而靧粱。"注:"沐发用稷汁,取其滑也。靧,洗面。洗面用粱汁,取其洁也。"盖古时发之上覆以缁,缁之上加以冠,不勤沐则发垢腻,垢腻多则虮虱生矣。滑则去垢易也。又,《史记·外戚传》:"丐沐沐我,请食饭我,乃去。"注:"沐,米潘也。"是汉仍以米汁沐也。

古栉发盥沐靧面次数

《内则》:"子事父母,鸡初鸣,咸盥漱,栉缞,笄总拂髦。"然则每日晨起,须理发一次也。又,《内则》云:"日五盥,盥者

以手沃水，取净也。"手操作多，则生垢易，故曰五盥手。又云："三日具沐，其间面垢，燂温也潘请靧。"盖发沐而干，干而栉，须时甚久，故不能日日为，须隔三日。至面垢则随时可洗，绎经义或日一为之。其间者，言三日之间也。

晋时澡豆

《世说》："王敦初尚主，如厕还。婢擎金澡盘盛水，琉璃碗盛澡豆，因倒箸水中而饮之，谓是干饭，群婢莫不掩口而笑。"

唐宋人用澡豆者仍少

《酉阳杂俎·贬误》云："予门吏陆畅娶童溪女，群婢捧匜，以银奁盛澡豆。陆不识，辄沃水服之。其友生问：'君为贵门女婿，几多乐事？'陆云：'贵门礼法，甚有苦者，日俾予食辣面，殆不可过。'"又，《渔隐丛话》："王荆公面黑，夫人为置澡豆。公曰：'天生黑于予，澡豆其如予何？'"以是证唐宋人沐浴，不尽用澡豆，尚与今异也。

古沐后晞发状况

《庄子》："孔子见老聃，老聃新沐，被发而干，慹干。慹然，似非人。"盖古人发多而长，被发下垂，形状诡怪，故曰非人。又，《淮南子》："今沐者堕发，而犹为之不止，以所去少，所利者多。"

晋、唐晞发状况

《世说》："谢万造王恬，坐少时，王便入门内，谢以为厚待已，良久，乃沐头散发而出，亦不坐，仍据胡床，在中庭晒头，神气傲迈，了无酬对意。"唐杜甫诗云："当风晞白发。"是亦沐后，欲发得风易燥也。

周栉发器

《内则》："栉用椫注：白理木。栉，注：梳也。发晞用象栉。"注："沐发为除垢腻，故用涩木以为梳也。晞燥也。沐已干则发涩，故用象梳以取滑也。"

汉、唐理发用梳

《说文》："梳，理发也。"《释名》："梳，言其齿疏也。"《长杨赋》："头蓬不暇梳。"《唐书·吴兢传》："朝有讽谏，犹发之有梳。"

若周时越人则剪发不冠

《韩诗外传》："越王勾践使稽廉献民于荆王，荆王使者曰：'越，夷狄之国，请欺其使者。'荆王曰：'勾践，贤人也。其使者必贤，子慎之。'使者出见稽廉曰：'冠则得以俗见，不冠不得见。'稽廉曰：'夫越，亦周室之列封也。处江海之陂，与鼋、鳣、鱼、鳖为伍，文身剪发，而后处焉。今来至上国，必曰"冠得以俗见，不冠不得见"，如此，则上国使适越，亦将劓墨、文身、剪发，而后得以俗见乎？'荆王闻，披衣出谢。"

周以来重须状况

《左传·昭七年》："楚子享公于新台，使长鬣者相。"是以长鬣为美，故使相君行礼。又，《左传·昭十七年》："吴公子先谋藉取馀皇，船名。众许之。使长鬣者三人伏于舟侧，诈为楚人。"尤足证楚人长鬣之多。

周时以无须为耻

《孔丛子》："子思适齐。齐君之嬖臣，美须眉，立乎侧。齐君指之而笑，且言曰：'假貌可相易，寡人不惜此之须眉于先生也。'子思曰：'非所愿也！人之贤圣，在德不在貌。吾性无须眉，天下侯王，不以此损其敬，伋患德之不昭美也，不病毛发之不茂也。'"此可证子思无须，齐王以为可耻，故欲以其嬖臣之须，移于子思。则当时之风尚可想矣。

汉仍以须多为美

《后汉书·光武纪》："是美须眉者耶？"又，《东平王传》："为人美须髯，要带十围。"《赵壹传》："美须豪眉。"《蜀志·关羽传》："犹未及髯之绝伦也。"羽，美须髯，故云。又，《史记·张良传·赞》："观其像乃如妇人女子。"是子房无须，故太史公讥之也。

六朝人之保护须法

《南史》："刘文仲尝献齐高帝缠须绳一枚。"《世说》："陆云诣张华。华为人多姿制，又好帛缠须，云见大笑不已。"夫以绳缠、以帛缠者，恐须或着污而点尘土也。又，《后汉·温序传》：

"序受剑，衔须于口，顾左右曰：'既为贼所迫杀，勿令须污土。'"是将死而仍护须也。

六朝时面脂

《世说》："江淮以北，谓面脂为面泽。"
按： 面为风日所吹曝，涂以脂则光泽。

汉以来口脂

《释名》："唇脂，以丹作之，象唇赤也。"《正字通》："燕脂，以红蓝花汁凝脂为之。燕国所出，后人用为口脂。"

汉初男子傅粉

《史记·佞幸传》："孝惠时，郎侍中皆冠鵔鸃，贝带，傅脂粉。"

周以来妇女首饰状况，周妇人不冠

《内则》："妇事舅姑，鸡初鸣，咸盥漱，栉縰，笄总。"
按：《释名》："总，束发也。总而束之也。"《诗·齐风》："总角丱兮。"注："总束其发，以为两角。"又，《仪礼·丧服》："总六升。"注："首饰象冠。"縰，注云："韬发者也。"盖妇每日晨起理发，既韬之以縰，更以笄簪也总约其发，使整齐也，与男无异也。所异者男冠，女则否耳。《内则》：妇事舅姑礼节，与子事父母同。惟男冠缕缨，妇则否。故知周妇不冠。

周妇笄衡，头上饰以玉

《诗·鄘风》："君子偕老，副笄六珈。"传："副者，首饰，编发为之。笄，衡笄也。垂于副之两旁。珈，笄饰之最盛者，所以别尊卑。既笄而加饰，如今步摇上饰。"孔氏曰："珈，加也。王后之衡笄，皆以玉为之，垂于副之两旁，当耳其下，以纮系瑱。由副既笄，而加此饰，故谓之珈。"据此见周时妇人，虽王后祭祀，亦不冠。只以笄衡于副之两旁，系之以玉垂于耳际以为瑱。此女最盛礼服之状况也。

周时以发黑为美

《诗·鄘风》云："鬒发如云。"传："黑发也。"又，《左传·昭二十八年》："有仍氏生女，发黑而甚美。"注："服虔云：'发美为鬒。'"是古以发多而黑者为美观。

古又以敛发为庄重

《曲礼》："敛发毋髢。"注："毋垂馀如髢。"《诗经》注："髢，益发也。"言取他人之发，以益己之发，即假发也。垂馀则有假发之嫌，不庄雅，故礼以为戒。

然周初贵妇人已有假发

《礼·少牢馈食礼》："主妇被锡。"注："被锡，读为髲鬄。古者或剔贱者、刑者之发，以被妇人之紒同结为饰，故名髲鬄焉。"是周初贵妇已以假发为饰，《曲礼》之言，不必拘也。

至春秋妇人假发盛行

《诗·鄘风》:"鬒发如云,不屑髢也。"言己发甚美,不屑以假发为饰。又,《左传·哀十七年》:"初,公自城上,见己氏之妻发美,使髡之,以为吕姜髢。音剃。"注:"髢,髲也;假发也。"是竟以暴力剔贱者之发,而益其妻发。其重视假发为何如哉!

古以油沐发使光泽

《诗·卫风》:"自伯之东,首如飞蓬。岂无膏沐,谁适为容?"

按: 膏者,油也。以油涂发,发即光泽,至今犹然。

春秋贵妇人时髻样

《诗·小雅》:"彼君子女,卷发如虿。"又,"匪伊卷之,发则有旟。"《通俗》云:"虿,蝎也。"笺:"虿尾上翘。妇发卷起如虿尾也。"旟,笺云:"扬也。"盖髻样卷起,如旟之扬空,生动飞舞也。兹二语写当时妇发结束状况,可谓神妙入微。而"发则有旟"四字,能意会不可言传,尤奇绝,为后人百思所不到,经文之可贵如此。

古妇人理发器

《诗·鄘风》:"玉之瑱也,象之揥也。"笺:"揥,所以摘发也。"即今之梳也。有齿,以象牙为之,取其洁而滑。然此只贵妇人能办,若庶人则以木为梳,所谓樿栉也。

周时妾不得笄

《国语》："司马子期欲以其妾为内子，访之左史倚相曰：'吾有妾而愿欲笄之，其可乎？'"

按： 笄者，簪也。《士昏礼》："女子许嫁，笄而醴之。"又，《内则》："十有五年而笄。"女之有笄礼，犹男之有冠礼。妾贱，故终身不得笄。笄则可衡笄于首，系六珈以为饰，服最贵之首服矣。司马子期以其非礼，故访于左史倚相。古人之不敢放肆如此！

汉妇首上步摇

《诗》："副笄六珈。"传云："既笄而加饰，如今步摇上饰。"钱氏曰："今人步摇加饰，以珠饰之。小者六，多者倍蓰至三十六。"疏云："步摇，副之遗象。"又，《周礼·天官·追师》，郑注："副以覆首，若今步繇。"《释文》："繇本作摇。"据是则汉之步摇，周副之遗也。

汉步摇状况

《前汉·江充传》："冠禅纚步摇。"注云："冠禅纚，故行步则摇。"由是证之，步摇女饰，以行步颤动为美，故以为名也。

汉假髻

《宋书·礼制》："皇后谒庙，首饰假髻步摇，八雀九华。"假髻者，即《诗》所谓鬈也。

汉妇人画眉

《汉书·张敞传》:"又为妇画眉,长安中传张京兆眉怃。"苏林云:"怃,妩也;媚也。"

按:《诗》云:"蓁首蛾眉。"眉与目,自周以来为妇容所最重。眉欲其细而长,或广而短、疏而薄,则以黛画之,令其浓翠弯长,以增妩媚,远望之与真无异。观"蛾眉"之语,殆自周时已画眉,不然无由与蛾类也,而至今未已。以些微之事,传之数千年,可谓久矣。

周妇人以粉黛为饰

《韩非子》:"故善毛嫱、西施之美,无益吾面,用脂泽粉黛,则倍其初。"

汉美人傅粉状况

《广川王传》:"延画工画舍,望卿王姬名袒裼,傅粉其旁。"傅者,涂也。涂粉于面及项也。凡美人晨起梳洗妆饰,须褫去长衣,方动作灵敏,故袒裼也。

晋妇人仍重假发

《世说》:"陶公侃也少有大志,家酷贫。同郡范逵举孝廉,投侃宿。时冰雪积日,室如悬磬。母湛氏曰:'汝第出外留客。'湛头发委地下为二髲,卖得数斛米,斫诸柱割半为薪,剉诸荐以为马草。逵感其意,到洛称荐,终得其力。"

后齐时妇人至贵假发，贱真发，髻状如飞鸟

《集异记》："后齐时妇人，皆剪剔以着假髻，而危邪之状如飞鸟。至于南面则髻心正西，始自宫内，被于四远。"盖不剪剔真发，则假发碍于安放。飞鸟之状，殊不易得也。

春秋时美人项领眉目口齿姿态

《诗·卫风》："硕人其颀，领如蝤蛴，齿如瓠犀，螓首蛾眉。巧笑倩兮，美目盼兮。"此诗状美人首上之姿态，可谓千古绝调矣。蝤蛴者，《尔雅》注："木中虫，白而长，故诗人以比妇人之颈。"犀，坚也。《前汉·冯奉世传》："器不犀利。"言坚利也，瓠犀者，言美人齿如瓠子之洁白而坚利也。螓首者，传云："螓首，颡广而方。"蛾眉者，《前汉·扬雄传》："何必飏累之蛾眉。"师古云："影若蚕蛾眉也。倩者明媚，盼者分明，言目黑白分明也。"读此诗，千载下如睹其貌、如面其人矣。

战国美人眉目朱唇姿态

宋玉《神女赋》："眸子炯其精朗兮，瞭多美而可观。眉联娟以蛾扬兮，朱唇的其若丹。"

东汉时美人首部时妆姿态

《集异记》："汉桓帝元嘉中，京都妇女作愁眉、啼妆、堕马髻、折腰步、龋齿笑。愁眉者，细而曲折；啼妆者，薄拭目下若啼痕；堕马髻者，作一边；折腰步者，足不在体下；龋齿笑者，若齿痛，乐不欣欣。始自大将军梁冀家所为，京师翕然，诸夏皆放。"

唐时美人粉黛之重致印眉痕

《北里志·颜令宾传》："令宾卒,诸客挽词颇多。其一章云:'昨日寻仙子,辒车忽在门。人生须到此,天道竟难论。客至皆连袂,谁来为鼓盆。不堪襟袖上,犹印旧眉痕。'"又,《妆楼记》:"徐州张尚书建封也诸妓多涉猎书史,人有借其书者,往往粉脂痕印于青编。"夫以黛画眉而痕能印于襟上,虽今日演剧之女妆,其浓无以过之;而指尖涂粉,则今日之所无,想见古美人涂抹浓重,状态骇人也。

自周以来妇女穿耳

《庄子》:"为天子侍御,不剪爪,不穿耳。"又,《吴志·诸葛恪传》注:"母之于女,恩爱至矣,穿耳附珠,何伤于仁?"夫曰:"不穿耳。"可见普通穿耳者多。耳有孔可缀物,故可附珠。

卷五　身服

三代以来衣服状况，殷尚白衣

《礼·王制》："殷人冔而祭，缟衣而养老。"传："殷尚白而缟衣裳。"

按：《诗》："缟衣綦巾。"传："缟衣，白色。"是殷时以白色为极重，故以养老也。

周时单衣

《礼·玉藻》："禅为绚。"注："有衣裳而无里曰禅。"

按：《说文》："禅，衣不重。"即今所谓单衣也。《诗》曰："衣锦尚䌹。"言锦外覆以单衣，即今所谓袍罩也。

周时夹衣

按：《急就篇》："衣裳施里曰袷。"《玉篇》："袷衣，无絮也。"《韵会》："袷，夹衣也。"《诗·邶风》："绿衣黄里。"既有里，则袷同夹衣矣。又，《礼》："以帛里布，非礼也。"

尤周御夹衣之明证。

周时绵衣

《左传·宣十二年》："申公巫臣曰：'师人多寒'。王巡三军，拊而勉之，三军之士皆如挟纩。"注："纩，绵也。"古时无棉，皆以蚕丝为絮。挟纩者，言于夹衣之中，絮以蚕丝，轻而暖，故巫臣取以为喻。然此只富人能为之，一般军民，盖不能也。

周时裘服之杂、等级之分

《中论》："救寒莫如重裘。"《周礼·天官》："司裘，掌为大裘，以供王祀天之服。"《诗·小雅》："彼都人士，狐裘黄黄。"《豳风》："取彼狐狸，为公子裘。"《玉藻》："君衣狐白裘。"《战国策》："千金之裘，非一狐之腋。"是最贵者，狐白裘也，故云士不衣狐白。《玉藻》云："君之右虎裘，厥左狐裘。君子狐青裘，羔裘。"是士大夫次贵之裘也。《诗·小雅》："舟人之子，熊罴是裘。"《玉藻》云："犬羊之裘，不文饰也。"是最次之裘，庶人所服也。

周时裘服毛外向

《礼·玉藻》："大裘不裼。"裼者，袒而有衣。大裘以黑羊皮为之，虽只天子服以祭天，然黑黯无文采，故无庸裼以增美，是可证文外向也。《诗》曰："狐裘黄黄。"盖狐皮惟腋纯白，馀黄色者多，惟毛向外，故视之有黄黄之色。《论语》："羔裘玄冠不以吊。"吊主哀，不以美为敬。羔裘鲜洁华美，炫人瞻视，故于吊不宜。又，周时以裘分等级，毛若不外向，级何由分哉？

历代社会风俗事物考

惟裘毛外向，故服有裼袭之分

《礼·玉藻》："君衣狐白裘，锦衣以裼之。君子狐青裘，玄绡衣以裼之。麑裘袖，绞衣以裼之，羔裘，缁衣以裼之，狐裘，黄衣以裼之。裘之裼也，见美也。"注云："裘上加裼衣，裼衣虽加他服，犹开露裼衣，示见裼衣之美，以为敬也。"又云："袒而有衣曰裼，示威猛之卫也。"盖裘美矣，更称裘之色加以裼，襌飘扬飞舞以助其美。其制今剧场犹有之，披于肩上而无袖，但于领处结项以为固，披拂威风，里衣尽露，故注曰"袒而有衣"，又曰"犹开露"也。是于裘之外，裼以助裘美也，吉服也。

袭者，《玉篇》云："重衣也。"《礼·玉藻》："服之袭也，充美也。"注："充，覆也。充美者，掩塞其美也。"又，《玉藻》云："吊则袭，不尽饰也。"是袭者即今之衣罩。清时吊丧，以石青单褂罩于外，使内美不著，是其遗制也。

又，《檀弓》："曾子袭裘而吊，子游裼裘而吊。曾子指子游而示人曰：'夫夫也。为习于礼者，如之何其裼裘而吊也？'主人既小敛，袒、括发。已成服。子游趋而出，袭裘带绖今孝条而入。曾子曰：'我过矣，我过矣！夫夫是也。'"注："主人始丧，未变服之前，吊者吉服，故裼裘。及主人变服后，吊者虽着朝服，而加武以绖，故袭裘。"是衣裘者当吊，则以袭掩覆其裘之美，使不著也。

周时暑衣状况

《诗·周南》："为絺为绤。"注："精曰絺，粗曰绤。"疏："煮葛为之。"盖古时皆以麻布为寻常衣品，夏日御暑则以葛，葛布较麻布尤爽健也。若今日则棉布盛行，至夏日则以麻衣御暑，而兼用葛。麻布较棉布亦清爽，故今日冬春无衣麻者。又，《周礼·天官》："内司服：缘衣素纱。"注："素纱者，今之白缚也。汉时俗名，今不知其义。"按《玉篇》："纱，縠也。绉纱曰縠，纺丝而成之。"又，宋玉《神女赋》："动雾縠以轻步。"是周时御暑之衣，葛縠织品有绨绤，丝织品有纱縠，已大备也。

周时大礼服状况，国君礼服

《玉藻》云："玄端而朝日于东门之外。"《周礼·春官》："其斋服有玄端、素端。"《穀梁·僖三年》："桓公委端、摺笏而朝诸侯"。注："端，玄端之服。"疏："其色玄而制，正幅无杀，故谓之玄端。"

卿大夫礼服

《左传·昭公元年》："刘子曰：'吾与子弁冕端委以治民。'"又，《昭公六年》："晏平仲端委立于虎门之外。"服虔云："礼衣端正无杀，文德之衣尚袖长，故曰委。"

大礼服形状如帷

由上考之，是君臣大礼服，皆曰端委。服虔所谓"端正无杀"者，按：《论语》云："非帷裳必杀之。"注："杀者，削也；剪也。帷裳，礼服以正幅制，不剪缝，端正若帷。"盖礼服既以整幅制，则上下宽狭如一，不能如深衣下畔之宽倍上畔也。

周深衣状况

深衣者，疏："衣、裳相连，被体深邃，故谓之深衣。"《经》云："古者深衣，盖有制度，以应规、矩、绳、权、衡。"盖大礼服之外，卿士大夫最重要之服也。

深衣去地高度

《深衣》云："短毋见肤，长毋被土。"盖周时下体之衣未备，衣太短则下体露矣，太长则拖地。观汉时朱博令掾史衣去地三寸，则周时衣去地至多不过寸耳。

深衣袖口尺寸

《礼·玉藻》云："祛尺二寸。"注："祛，袂口也。"又，《郑风》："掺执子之祛兮。"疏："袂是祛之本，祛是袂之末。"《玉篇》云："袂，袖也。"袂末者，袖口也，宽尺二寸，围之则二尺四寸也。

深衣腰深尺寸

《玉藻》云："深衣三祛。"注："三祛者，谓要中之数也。祛尺二寸，围之为二尺四寸，三之七尺二寸。"古腰，要同。深之度也。

深衣下摆尺寸

《玉藻》："缝齐倍要。"注："齐者，裳下畔今名下摆。要者，裳上畔，其广度即上文所云'深衣三祛'，七尺二寸也。

倍之则一丈四尺四寸。"又，《深衣》云："要缝半下。"注："裳下畔一丈四尺四寸。"是古衣下摆之宽度也。惟今之所谓腰深下摆只度其半，此则其全度也。

深衣袖长尺寸

《深衣》云："袂之长短，反诎之及肘。"注："衣幅自肩下垂，及肘而尽，接之以袂，长二尺二寸。自肘至腕，长一尺一寸。而袖长二尺二寸为自腕以下。袂尚余一尺一寸也，故回诎之，祛可及肘也。"

按：今日度袖长，自领起至袂末，共尺寸若干。古则命肘以下者为袖，肘以上仍谓之衣。所以然者，古衣当腋处最肥，望之仍与上衣为一，故自肘以上，不谓为袖。若今衣则当腋处，衣与袖分，故度之起不同也。

深衣抬肩宽窄尺寸

《礼·玉藻》云："袂可以回肘。"《深衣》云："袼音各之高下，可以运肘。"注："袼，衣袂当腋之缝也。即今抬肩。运肘者，祛当腋处，使稍宽可以回转其肘。"

按：身体或须抑骚，必肘能回转入内，然后如意。古人袂口既一尺二寸，以今例古，则当腋处必二尺始可回肘，然无明文，不能臆断。

古袖下余衣尺寸

《礼·玉藻》："袂可以回肘。长中继掩尺。"注："长衣、中衣，继袂之末，掩余一尺。"疏："言袂下尚余衣一尺也。"

深衣前后幅交接处皆在旁

《玉藻》:"衽当旁。"注:"衽,裳幅所交接处也。"又,《深衣》:"续衽钩边。"注:"衽在裳旁者也。钩边若今曲裾也。言汉时。"疏:"深衣,裳一旁则连之相著,一旁则有曲裾掩之,与相连无异。"郑以后汉之时,裳有曲裾,故以续衽钩边。似汉时曲裾,是古人前后裳之连结,皆在两旁,而连接处又有钩边以为掩护,使若相连,至为美观也。

周时衣方领,其高二寸

《玉藻》:"袷二寸。"注:"曲领也。"又,《深衣》:"曲袷音劫如矩以应方。"注:"袷,交领也。古者方领,如今汉时小儿衣领。"疏:"汉时领皆向下交垂,故郑云'古者方领'。似今唐时拥咽。今俗名围脖。故云'若今小儿衣领'但方折之也。"是周时衣领,其高二寸,形方,故云如矩。如矩则曲矣。

周蔽膝状况,蔽膝尺寸

《说文》:"韠,韍也,所以蔽前者,以韦。"《礼·玉藻》:"韠,下广二尺,上广一尺,长三尺,其颈五寸。"是蔽膝之广,狭于裳之上下畔数倍也。

蔽膝异名

《诗·小雅·采菽》笺:"芾,太古蔽膝之象。冕服谓之芾,其他服谓之韠。"疏云:"韍、同芾。韠,俱是蔽膝之象。"是蔽膝因事而异名,实则一也。

蔽膝颜色以贵贱而分

《礼·玉藻》："韠，君朱，大夫素，士爵韦。"注："爵韦者，爵色之韦也。"又，《诗·桧风》："庶见素韠兮。"又，《说文》："一命缊韠，再命赤韠。"又，《玉藻》："一命缊绂幽衡，再命赤绂幽衡，三命赤绂葱衡。"注："缊，赤黄之间色，所谓韎也。衡者，佩玉之衡也。"

按：《诗·小雅》："韎韐有奭。"传："韎韐者，茅搜染草也，其色盖亦赤黄。"佩玉之衡者，按：《周礼·冬官·玉人》："大璋、中璋九寸，边璋七寸，衡四寸。"注："衡，勺柄，龙头也。"盖以衡系玉，佩之使不坠也。是蔽膝以朱色为最贵，赤与素次之，缊又次之，爵色之韦为最次也。

古衣不定身长尺寸之故

凡经传所记衣裳尺寸，皆有广狭而无长度，盖以人身高矮不同，人人各异，故不能预定也。

周时束带高下之度

《礼·深衣》："带下毋厌髀，胯骨。上毋厌胁，当无骨者。"

按：《汉书·杜邺传》注："厌，压也。"髀胁皆有骨，带压于骨则不固，且不适，故戒之。

周带之颜色等级及缘饰等级

《礼·玉藻》："天子素带朱里，终辟。诸侯素带，终辟。大夫素带，辟垂。士练带，率音律下辟。居士锦带。弟子缟带。"注：

"辟，缘也。终，竟也。天子终此带尽缘之也。辟垂者，言带之下垂者。缘饰之由纽及末鞶，束于腰者为鞶。则否也。下辟者只缘饰带末，即绅也。"

周带结束真象

《礼·玉藻》："弟子缟带，并纽约用组三寸，长齐于带。"注："纽，谓带之交结之处。约者，以物穿纽，约结其带也。三寸者，组之广也。"盖古者带不自结，自结则两端或参差不美观，而纽有定处，外用组约之以为固；而组之长复与带齐，故又曰绅、鞶、结三齐也。又，《列子》："管夷吾射中小白带钩。"《孟子》："岂谓一钩金？"注："带，钩也。"是春秋时又以钩为带结也。

周垂绅尺寸

《论语》："子张书诸绅。"疏："以带束腰，垂其余以为饰，谓之绅。"《玉藻》云："绅长制：士三尺。有司二尺有五寸。"

绅下垂过裳

《玉藻》："凡侍于君，绅垂，足如履齐。"盖侍君以磬折为敬，绅下垂及足，则出裳之下畔矣。

周时观衣裳缘饰，即知父母存否

《士冠礼》："服纁裳，纯衣。"注："纯衣，缘衣也。"《曲礼》："父母存，冠衣不纯素。"注："纯，缘也。"又，《深衣》："具父母、大父母，言俱在。衣纯以缋。具父母，衣纯以青。

如孤子，衣纯以素。"是无论父母在否，衣皆有缘饰，特以色为别，望即知之。

古庶人布衣

《史记·田单传》："王蠋，布衣也，义不北面于燕，况在位食禄者乎？"又，《蔺相如传》："臣以为布衣之士尚不相欺。"

按：古所谓布，麻布也。纯为庶人服，不染，后世谓之白衣，亦谓之褐。

春秋时紫色衣服最贵，僭服则杀身

《左传·哀十七年》："良夫紫衣狐裘，至，袒裘，不释剑而食。太子使人数以三罪而杀之。"杜注："紫衣，君服。"

按：《论语》："恶紫之夺朱也。"可见紫非正色，杜所谓君服者，必春秋之时尚，非周制也。

春秋六国时惟儒服宽大守周制

《礼·儒行》："鲁哀公问于孔子曰：'夫子之服，其儒服乎？'孔子曰：'丘少居鲁，衣逢掖之衣。'"注："逢，大也，肘腋之所特宽大也。"又，《孔丛子》："子高衣长裾，振褒袖，见平原君。平原君曰：'子亦儒服乎？'"盖时代久则服式改，独儒者仍守周旧制，宽博异众，故咸异之。是儒服之宽博，特异于众也。

周以灰水洗衣

《礼·内则》："冠带垢，和灰请漱；衣裳垢，和灰请浣。"

又,《礼·深衣》:"完且弗费。"注:"锻濯灰治。"疏:"锻濯谓打洗,用灰治理,使和熟也。"

按: 以灰水洗衣,今乡民犹然。盖以灰水腻滑去垢,而不知仍周遗法也。

周时虽不忌白衣。然事若可哀。则白衣而不采衣

《曲礼》:"大夫去国,逾境,为坛位,向国而哭,素衣,素裳,素冠,彻缘。"又,《史记·荆卿传》:"太子及宾客知其事者,皆白衣冠以送之。"是凡凶事皆衣白也。

周时内衣

深衣之内,必有里衣,近身取暖,无古今一也。《礼·内则》:"衣不帛襦袴。"《急就篇》注:"短而施要腰同曰襦。"《说文》:"短衣也。"《释名》:"襦,耎也,言温耎也。"又,"单襦如襦,无絮也。"据是则襦纯为里衣,里衣不外露,故不帛,此上身之里衣也。

袴者,《急就篇》注:"胫衣也。"《释名》:"跨两股各跨别也。"盖上身长有深衣,短有襦,既足取暖。而两股无所卫,深衣虽长,仍不能御下体之风寒,故着袴以卫两胫,胫以上至膝即无矣。故刖者不着袴。《韩非子》:"齐有狗盗之子,与刖危子戏而相夸。盗子曰:'吾父裘有尾。'危子曰:'吾父冬不失袴。'"注:"刖足者不衣袴,虽终其冬夏,无所损失。"

按: 古胫以上无衣,故刖足即不袴。注曰:"胫衣,言胫以上不衣也。"其制大概如今之套袴,每股各一,不相连也。然在内不系观瞻,故办不帛也,此下身之里衣也。

周下体无衣，故防露下体

周时下体，只有胫衣，胫以上无衣。《说苑》："晋平公以蒺藜布堂上，召师旷。旷至而上堂。平公曰：'安有履而上堂者乎？'师旷解履刺足，伏刺膝。"夫惟膝无衣，故伏而刺膝也。又，膝以上无衣，下体易露，故时时防之。《曲礼》："暑毋褰裳，褰则下体露。"《论语》："当暑袗绤绤，必表而出之。"盖绤绤透明露体，表之则实而不露。又，《曲礼》："不涉不撅。"注："撅，揭衣也。"《说文》："揭，高举也。"言涉水揭衣露体，不得不尔，否则忌高举也。又，《墨子·公孟篇》："是犹裸，谓撅者不恭也。"裸体全露，撅则只露下体，故取以为喻。若撅不露体，而以裸为喻，则不合矣。是尤下体内衣不备，隐微易露之确证也。又，《吕览》："是犹倮，谓高撅者之不恭。"义与《墨子》同。又，《拾遗记》："苏秦、张仪同志好学，遇见坟籍，行路无所题记，以墨书掌及股里，夜还而写之。"夫惟股无衣，故不书于臂而书于股。若有衣，股如何书？又，《三国志·贾逵传》注："逵贫，冬常无袴，过其妻兄柳孚宿，天明，着孚袴去。"是汉时贫者，有时不着袴，尚与周同也。

古振衣致敬状况

《说苑》："田忌至舍，王北面正领、齐袪。"

按：袪者，袖末也。将致敬于人，使两袖或有参差，则不庄。故既正领，复齐两袖。想见古人振衣鹄立情形也。

汉单衣、纱衣、夹衣

《前汉·江充传》："初，充召见犬台宫，衣纱縠禅衣。"

师古曰："禅衣，若今之朝服之中禅也。"

按： 中禅者，于朝服之内着一单衣，清时谓之趁衣，即单衫也。衣纱縠禅衣，即纱衫，必夏日也。又，《史记·匈奴传》："服绣袷绮衣。"注："言绣表绮里。"又，《贾谊传》："白縠之表，薄纨之里。"夫既有表里，则夹衣也。

汉絮衣

《前汉·文帝纪》："九十以上，帛人二匹，絮三斤。"师古曰："絮，绵也。"

按：《急就篇》注："渍茧擘之，精者曰绵，粗者曰絮。"今则谓新者为绵，故者曰絮。帛二匹，絮三斤，言以帛制夹衣，中置絮以御寒，所谓挟纩也。

汉衣青紫最贵

《汉书·夏侯胜传》："经术苟明，其取青紫，如拾芥耳。"又，《后汉·耿弇传》："弇兄弟六人，并垂青紫，省侍医药，当代以为荣。"可证两汉贵人，皆服青紫，故俗尚荣之。

汉白衣贱

《汉书·龚胜传》："闻之白衣，戒君勿言也。"师古曰："白衣，官府趋走贱人也。"

汉士夫仍宽博

《隽不疑传》："不疑褒衣博带。"师古曰："言着褒音岫大之衣，广博之带。"

按：自周以来，儒者皆裒衣博带，与世俗殊。故平原君见孔子，高衣长裾，振裒袖，即曰："子亦儒服乎？"是儒者之服，自古宽大，故一望而知，汉仍如此也。

汉官吏衣长拖地

《汉书·朱博传》："敕功曹：'官属多裒衣大祒，不中节度，自今掾史衣皆令去地三寸'"师古曰："祒，大袴也。"夫特敕令去地三寸，则未敕之先，衣袴之拖地可想也。又，《朱云传》："有荐云者，召入，摄斋登堂。"师古曰："斋，衣下裳也。"摄之使离地，以防失足。又，《盖宽饶传》："初拜司马，未出殿门，断其襌衣，令短离地。"此又汉官吏衣拖地之确证也。

汉学者犹方领，余则圆领交而下垂

《后汉·马援传》："（朱勃）常候援兄况。勃衣方领，能矩步。"注：《前书音义》曰："颈下施衿领正方，学者之服也。"是两汉士人皆方领也，余则皆圆领。《礼·深衣》："曲袷。"郑注云："古者方领。"既云古方领，以见汉圆领多也。圆领者，自项后交于前下垂。今僧道衣领，其遗象也。

汉官吏不吏服，则罚

《景帝纪》六年诏曰："夫吏者，民之师也，车驾衣服宜称。""亡度者或不吏服，出入闾里，与民亡异。令长吏二千石朱两轓，千石至六百石朱左轓。车骑从者不称其官衣服，下吏出入闾巷无吏体者，二千石上其官属，三辅举不如法令者。"是官吏不吏服，则必罚也。

汉仍有蔽膝

《史记·武安侯传》："坐衣襜褕入宫，不敬。"注云：《尔雅》：'今蔽前谓之襜。'"郭璞云："蔽膝也。"然古冕服尚有蔽膝，名芾。是蔽膝亦礼服之一。兹云不敬，似汉时已为燕居操作之服矣。

西汉朝服尚单衣

江充召见犬台宫，衣纱縠襌衣；盖宽饶拜司马，未出殿门，断其襌衣。俱见前。是皆朝天子也，而皆襌衣。

按：《说文》："襌衣，不重也。"《礼·玉藻》："襌为絅。"注云："有衣而无里曰襌。"盖西汉朝服，未有定制，故见天子者多以襌衣。襌衣盖与周深衣同也。

东汉朝服状况

《晋书·舆服志》："西汉二百余年，未能制立。中兴后，明帝始采《周官》《尚书》《礼记》及诸儒记说，制天子、三公、九卿、特进之服。衣皂上，绛下，前三幅，后四幅，衣画而裳绣，凡十二章。素带广四寸，朱里，以朱绿裨饰其侧。中衣以绛缘其领袖。赤皮为韨，绛袴袜，赤舄。"

按：前三幅者，古人忌胸前衣缝当中。后四幅者，又《深衣》所谓"负绳及踝"，使衣缝正当正中也。六朝皆用之。

汉时里衣、单襦

扬子《方言》："汗襦，或谓单襦。"

按： 今则曰汗褂。夫曰汗，则为亲身内衣可知。然至后汉则又有长襦，《后汉书·李忠传》注"上使忠解浣长襦"是也。夫既曰长襦，则为外衣，与袍盖同。

汉裤开裆如今日小儿

《汉书·上官皇后传》："帝时体不安，左右及医皆阿意，言宜禁内。虽宫人使令皆为穷裤，多其带。"服虔曰："穷裤，有前后当，不得交通也。"可证未穷裤之时，裤裆皆开露如今日小儿。多其带以为约束，则交通绝矣，虽欲施无礼不得也。由此推之，周时只有裤以衣胫，自膝以上即无衣。故《礼》戒暑月褰裳，孔子缔绤必表诚，以下体只有外衣遮护，若高揭外衣，或外衣透明，固不便。即汉时之开裆裤，衣服若不宽博稳重，有时亦或露不雅也。又以证周时虽欲禁内而无术也。旧说解褰裳为不敬，不敬之事多矣，胡独注意于此！固别含深意也。特其故不可明言耳。

汉时之裈

《玉篇》："裈，亵衣。"《说文》："亵，私服。"言私处所服也。《急就篇》注："合裆谓之裈。"《释名》："裈，贯也，贯两脚，上系腰中也。"

余尝详考之，《急就篇》所言，既云有裆，则犊鼻裈也。《释名》所言，则一直筒，无裆，故贯两脚，上系于腰，而两股则承以裤也。皆周时所无，以下证明之。

犊鼻裈

《史记·司马相如传》:"相如身自着犊鼻裈,与佣保杂作。"刘奉世曰:"犊鼻穴在膝上,为裈则令至膝,习俗因以为名,非以其形似也。"

余按: 刘说非也。鼻者裈裆,《急就篇》所谓"合裆"者也。鼻之旁有两孔,两股穿之,短而在膝上,与当中之裈裆齐,以便动作,形正与犊鼻相似,胡言非乎?试观今日学生运动时,所着之裤岔,音叉。正其制也,不过古肥今瘦耳。

贯脚裈与裤不连,非若今日之为一

若《释名》所谓"贯两脚上系腰中"之裈,亦有一事,可证明其形象。考《魏志·裴潜传》注:"黄初中,韩宣为尚书郎,尝以职事当受罚于殿前,已缚,束杖未行。文帝辇过,问:'此为谁?'……特原之,遂解其缚。时天大寒,宣前以当受杖,豫脱裤,缠裈面缚。及其原,裈腰不下,乃趋而去。"

按: 小裤若今之套裤而长,以碍于受杖,故脱之。而裈则上系于腰,下覆乎臀,受杖仍碍,故缠向上,使臀露可受杖,故不须脱。以是知寻常裈无裆,惟犊鼻裈有。为一直筒,故能贯两脚,上系腰中,如有裆则不能缠向上矣。惟能缠向上,故既原宥,乃曰"裈腰不下而去也"。其形大概如今之裤腰,特垂下者长,不与裤连,以便私溺耳。

汉时袍大行

按: 袍之见于经者,皆为里衣。《礼·玉藻》:"缊为袍。"《丧大记》:"袍必有表。"注云:"亵衣。"在内为亵衣,故以缊为之。缊者,败絮也。《论语》"衣敝缊袍"是也。是袍在周时虽有其名,纯为内衣，与襦无异。至汉时则着于外。《后汉·李忠传》注："上使忠解浣长襦，忠更作新袍裤鲜支小单衣袜而上之。"则为长袍也。故《释名》云："袍，丈夫着，下至跗者也。"跗者，据郑《士丧礼》注："足上也。"袍长而至足，则为外衣矣。《释名》又云："袍，苞也，苞内衣也。"尤为外衣之证。是袍之名与周同，实则异也。《释名》为汉人刘熙作，则当时所尚也。

汉禁贾人衣锦

《高帝纪》诏曰："贾人不得衣锦绣、绮縠、絺纻。"

按：贾人惟利是视，汉初重农，故为是苛禁以抑末，令财多无所用之。

魏晋时之裙

《魏志·管宁传》："常着布襦裤、布裙。"《世说》："王子敬为人书练裙。"

按：裙即下裳。盖襦之下接以裙，取美观，若袍则连衣裳为一矣。

魏晋时裤褶

《吴志》裴注："吕范释䪐，着裤褶，诣阁下。"按䪐者，《史记·张耳传》："赵王袒䪐蔽，自上食。"注："臂捍也。"以缚左右手，于事便也。褶，《丧大记》注："袷也。"又，《急就篇》注："褶，谓重衣之最在上者也。其形若袍，短身而广袖。"《类篇》云："裤褶，骑服。"夫短身而广袖，则便于骑射，故曰骑服。《晋书·舆服志》："弓弩队各五十人，黑裤褶。"然则范之着裤褶诣阁下，是以戎服见也。又以证其时戎服，皆短身而广袖也。其形大概如今马褂。

晋时单衣、夹衣

《世说》:"晋孝武年十二时,不着复衣,但着单练衫五六重。"是晋时天虽寒,不着绵衣,殆以绵衣不若单衣之飘扬适体,且美观,不然以天子尚不能挟纩哉!

晋时之复裈、复襦

《世说》:"韩康伯数岁,家酷贫,大寒只得襦。母殷夫人自成之,令康伯捉熨斗,谓康伯曰:'且着襦,寻作复裈也。'儿云:'已足,不须复裈也。'母问其故。答曰:'火在熨斗中而柄热,今既着襦,下亦当暖,故不须裈耳。'"

按: 母曰"寻作复裈",知襦亦复襦也。大寒只得复衣取暖,知当时贫家得絮衣之难。

六朝时衣服宽博

《颜氏家训》:"梁世士大夫,皆尚褒衣博带,大冠高履。出则舆马,入则扶持。"

按: 周时只儒者褒衣博带,梁则士大夫无不然,此又文之过也。

六朝时尚白衣冠

《南齐·豫章文献王传》:"宋元嘉时,诸王出入,得白衣裙帽,见人主。上与嶷友爱,令依元嘉,嶷固辞不奉敕。唯上幸第,乃白服乌纱帽,以侍宴焉。"又,程大昌《演繁露》曰:"《隋志》:宋齐之间,天子宴私,着白高帽。太子在永福省则白纱帽。隋时以白帢通为庆吊之服,国子生亦服白纱巾也。晋着白接䍦。接䍦,巾也。南齐桓崇祖守寿春,着白纱帽,肩舆上城。

今人必以为怪，古未有以白色为忌也。郭林宗遇雨垫巾，李贤注云：'巾以葛为之，本居士野人所服。魏武造帽，其巾乃废，今国子学生服焉。'以白纱为之，是其制皆不忌白也。今世人丽妆，必不肯以白绔为衣。古今之变，不同如此。"

由是证之，宋齐时燕服，必白色者多，故帝特令白服，依元嘉故事，是六朝燕居之服尚白之证也。又观程氏所述，宋齐天子，燕居皆着白高帽。至隋，以白帢通为庆吊之服。是六朝迄隋，士庶皆服白巾；天子燕居，亦白帽之证也。至唐，只国子学生白纱。可见唐时虽不忌白，而服白帽者已少，不与隋同也。程大昌宋人，曰古今之变，不同如此，又以证伊时已忌白也。

唐官服颜色

《隋唐嘉话》："旧官人所服，惟黄紫二色而已。贞观中，始令三品以上服紫，四品以上朱，六品、七品绿，八品、九品以青焉。"

隋唐士庶白衣

《隋书·礼仪志》："隐居道素之士，被召入见者，白单衣。"又，《李泌外传》："时号白衣宰相。"又，《猎狐记》："卢龙节度使张直方欲令秀才张知古同出猎。时方雪，知古有祁寒意。直方出皂袍令服之，知古乃加麻衣其上焉。"

按：麻衣者，白衣也。皂袍为八品官服，知古秀才不敢僭服，故加麻衣其上。又，沈蕃《梦游录》："显宦三十年，忽然梦觉，仍着白衣。"亦其证也。

唐皂袍短后

《猎狐记》："知古脱麻衣，露皂袍短后。保姆曰：'岂有逢掖之士，而服短后之衣乎？'"盖袍之短后，原以便骑射，武士所服，故姆讶之也。

唐宋以袍为朝服

《唐书》："天子袍衫，皆用赤黄。"《朝野杂记》："大臣夺情者，服惨紫袍。"《归田录》："陶穀为学士，常晚召对便殿。穀望见上，将前而却者再。太祖笑曰：'此措大索事。'顾左右，取袍带来。上已束带，穀遽趋入。"是君臣皆以袍为朝会之礼服也。

汉庶人以索韦为带

《后汉·张霸传》："玄霸子自田庐，被褐带索，要说张温。"又，《周盘传》："乃解韦带，就学廉之举。"是士人常以索为带，又以韦为带也。索者麻绳，韦者熟皮，然此自庶人无常之服。若士夫以上之带，自周以来，皆以帛为之，以迄六朝。皆宽四寸，朱里，故有锦带、绣带、缟带诸名。至唐而以坚韧之物为带。

唐宋有犀带、玉带、金带

《摭言》："裴晋公质小、眇小，有相者云：'观公形神，不大贵则当饿死。'一日游香山寺，见一妇人，致一缇缯于僧伽蓝楯上，祈祝良久，掷筊而去。少顷见缇缯在故处，知其遗忘，度追已不及，乃守至暮不至，次晨仍至其处俟之。俄见前妇人来，公问即与之。盖有玉带二、犀带一，假于人遗要津以救父。

欲以一遗公，不顾而去。后见相者曰：'公必有阴德及物，前程未可量。'"又，《五灯会元》："东坡留玉带镇山门。"《老学庵笔记》："靖康末，括金赂虏，诏群臣服金带者，权以通犀带易之。"

按：犀带者，以犀角制为板；玉带者，上嵌以玉；金带者，镂金为之。陆游云："执政正透，从官倒透。"皆墙而坚韧，其约束皆在背后，而前不垂绅，今戏剧所服者是也。

宋时犹以不束带为不敬

《归田录》："陶穀夜召见，却望不前者再。太宗笑曰：'此措大索事。'顾左右，取袍带来。上已束带，穀遽趋入。"是君不束带，则失见大臣之礼，故不敢进。《老学庵笔记》云："散腰则谓之不敬。"盖古人于袍之外不再加衣，而袍又宽博，散腰则衣襟汗漫矣，故曰不敬也。

宋时裹肚 今云兜兜

《老学庵笔记》："裹肚则紫地皂绣。"

按：襦裤不帛，以其为亵衣也。裹肚则愈亵矣，施之以绣，殆非古也。

宋时背心

《老学庵笔记》云："往时执政签判文书，衣盘领，紫背子。"又云："冷则着背心。"背子、背心盖一物，今俗所谓坎肩是也。盘领者，即圆领也。

历代社会风俗事物考

周以来服剑状况

《礼·玉藻》："必佩剑。"又，《少仪》云："君子之衣服，服剑弗贾。同价。"又，《左传·哀十七年》："良夫祖裘，不释剑而食。"是贵者皆服剑也。《史记·孟尝君传》："冯先生甚贫，犹有一剑耳，又蒯缑。"裴骃曰："蒯，茅类，可为绳。缑，剑把。蒯缑者，言其剑无物可装饰，但以蒯绳缠其把也。"是贫贱者亦服剑也。盖古人尚武，必佩剑以防身，亦所以壮其威仪，故贵贱皆服之。

古佩剑在左

《礼·少仪》："执君之乘车则坐。仆者右带剑。"

按：古人立乘，仆居中，君居左，右佩剑，则无妨于君。然由此可证佩剑者之皆左。左佩，所以便右手拔剑也。

春秋时佩剑为必须之礼饰

《新序》："季札西聘晋，带宝剑以过徐君。徐君不言，而色欲之。季札为有上国之使，未献也。使归，徐君已死，乃以剑带徐君墓树而去。"夫以使上国未献，可知剑在当时为威仪所必须，与衣裳而并重矣。

汉人仍带剑成俗

《史记·萧相国世家》："乃令萧何赐带剑履上殿，入朝不趋。"又，《史记·补传》："魏相好武，令诸吏带剑前奏事。或有不带剑者，至借剑而后敢入。"又，《萧望之传》："当见者露索去刀兵。"《隽不疑传》："门下欲使解剑。"又，《龚遂传》："民有带剑者。"又,《后汉·赵喜传》："自王莽篡乱,旧章不存,皇太子与东海王等,杂止同席,宪章无序。喜乃正色,横剑殿阶,扶下诸王,以明尊卑。"是汉四百年,无论官吏庶民,皆佩剑也。

晋佩木剑

《晋书·舆服志》："汉制,自天子至于百官,无不佩剑,其后惟朝带剑,晋世始代之以木。"六朝因之,则纯为装饰品矣。于是古人带剑之风,从此遂绝。

周以来搢笏状况

《礼·玉藻》："凡有指画于君前,用笏。造往也受命于君前,则书于笏。"又,"将适公所宿,斋戒居外寝,沐浴,史进象笏,书思对命。"是笏有二用:一则受君命,备遗忘,暂书于笏;一则将入朝,有所敷奏,亦书于笏,备临时遗漏也。《释名》云:"笏,忽也,备忽忘也"。

周时子事父母亦搢笏

《礼·内则》："子事父母:鸡初鸣,冠、绥、缨、端、韠、绅、搢笏。"搢者,插也。插于腰带,备受亲命,过时遗忘,立书于笏。

周笏等级以质为差

《礼·玉藻》："笏,天子以珠玉,诸侯以象,大夫以鱼须文竹,士竹本象可也。"竹本象者,言以象牙饰竹也。

历代社会风俗事物考

周笏尺寸

《礼·玉藻》："笏度二尺有六寸，其中博三寸，其杀六分而去一。"然今所传之古笏，大概宋明物为多，实微作弧形，以便揩而不坠。《礼》但言其尺寸，不知周制果如何也。疑亦微弧。

汉晋名手版谒长官用之

《后汉·范滂传》："滂执公仪诣蕃，蕃不止之。滂怀恨，投版弃官而去。"注："版，笏也。"又，《风俗通》："陈蕃上冢，令刘子舆会其冢上。蕃持版迎之，长跪。令徐下车坐，不令去版，辞意又不谦让，蕃深怨之。"又，《吴志·凌统传》："统将精兵万余人，过本县，步入寺门，见长吏怀三版，恭敬尽礼。"是皆以长官礼待本县吏，故执版。

汉时谒长官持版，不许垂臂入门

《三国志·赵岐传》注："常侍唐衡弟为京兆虎牙都尉，初之官，不修敬于京兆尹，入门不持版。郡功曹赵息呵廊下曰：'虎牙仪如属城，何得放臂入府门？'促收其主簿。衡弟顾促取版。"

按：不持版则垂臂，故曰放臂入府门。若持版入门，则以两手奉版鼻间，伛偻鞠躬，状至恭谨，即《范滂传》所谓执公仪也。滂嫌陈蕃不辞公仪，示优礼，故恚而去官。

晋时笏头有笔

《晋书·舆服志》："笏，古者贵贱皆执笏，其有事则揩之于腰带。所谓搢绅之士者，搢笏而垂绅带也。绅垂长三尺，笏

· 72 ·

者，有事则书之，故常簪笔。今之白笔，是其遗象。"又，"手版即古笏矣。尚书令、仆射、尚书手版头复有白笔，以紫皮裹之。"

按：簪笔者，以笔簪于头也。至晋不簪笔，安笔于笏头，以便记事，惟名曰白笔，则不得其义也。六朝皆如此。

三国及晋时又名笏曰簿

《蜀志》："秦宓见太守，以簿击颊。"注："簿，手版也。"版故能击，则为笏明矣。又，《左传·桓二年》："衮冕黻珽。"杜预注："珽，玉笏也，若今吏之持簿。"是晋初亦谓笏为簿也。

晋时参谒长官仍以执笏为公仪

《世说》："赵王伦为相国，羊忱为长吏，乃版以参相国。"又，"桓温止新亭，大陈兵卫。王入失厝，倒执手版。"是晋时谒长官公仪，仍与汉同也。

唐时在家庭仍搢笏

韩愈《曹成王碑》："出则囚服就辩，入则拥笏垂鱼，坦坦施施。"是处家亦笏，与周时同。

五代时执笏，有笔无笔之分

《舆服杂事》："五代以来，惟八座尚书执笏，以笔缀手版头，紫囊裹之。其余王公卿士，但执手版，主于敬，不执笔，示非记事官也。"

按：此与六朝制正同，惟裹笔用紫囊，不用皮，较六朝稍进，然仍无今日之铜冒。又，王公贵人，版而不笔，唐以前亦未闻有此区别。

宋外官亦执笏

《宋史·孔道辅传》："为泉州军事推官。有蛇出天庆观真武殿中，一郡以为神。州将率官属往莫拜之，欲上其事。道辅径前以笏击蛇，碎其首。观者初惊，后莫不叹服。"是不惟参谒持笏，寻常出入亦笏也。

明笏之等差

《正字通》："明制，笏四品以上用象牙，五品以下用木，以粉饰之。"归有光《项脊轩志》云："顷之，持一象笏至，曰：'此吾祖太常公宣德间执此以朝。他日，汝当用之。'"

按：明太常寺卿正四品，故用象笏。然自元明以来，似只官吏用笏，寻常已不执，亦犹晋时佩木剑，只入朝佩之，以为礼饰，余则否也。至清，虽入朝亦不用矣。然参谒长官，仍云执版，其实递红纸手本耳，非古手版也。

周以来之重长爪

《韩非子》："韩昭侯握爪，而佯亡其一爪，求之甚急。左右或割其爪而效之，昭侯以此察左右之臣不忠。"据此，是侯之左右皆长爪也，不惟昭侯。昭侯如此，则其国之风尚可想矣。又，《庄子》："为天子侍御，不剪爪。"是亦以爪长为贵也。

汉末仍重长爪

《神仙传》:"汉末仙人王方平,降东海蔡经家。俄,麻姑亦至,其爪甚长。经私念以麻姑爪搔背痒良佳,而方平已知,大怒,命跪于庭,数而笞之。"夫蔡经为仙人弟子,乃犹羡长爪,而至于受笞,其重为何如?

周以来妇女衣服状况

《诗·郑风》:"缟衣綦巾。"传:"缟衣,白色;綦巾,苍艾色;是庶女所服也。"然则周庶民妇女尽白衣也。又。《卫风》:"衣锦褧衣。"又,《郑风》:"裳锦褧裳。"笺云:"褧,禅也。"中衣锦,为其文之太著,上加禅縠,庶人之嫁服也。然则庶民女嫁时,亦可衣锦,但须加以縠耳。则周时妇女社会之服色,可推想而可知。

周女衣表里之色

《诗·邶风》:"绿兮衣兮,绿衣黄里。""绿兮衣兮,绿衣黄裳。"传:"美庄姜也。"是周时贵妇人衣绿色,裳黄色,而衣之里亦黄也,与庶女异矣。

周士人妻服色

《士昏礼》:"女次,纯衣纁袡。"注:"次,首饰也;纯衣,丝衣;袡,缘也;纁,玄色。"士较庶人为贵,故其妻可衣丝衣,且可以玄色缘饰其四周,而中仍缟色,不能如贵妇之衣黄绿衣也。

古妇人尚长袖

宋玉《神女赋》："奋长袖以正衽兮，立踯躅而不安。"又，《史记·货殖传》："赵女郑姬揄长袂。"袂，袖末也。古深衣之袖，自腕下余尺余。想女衣亦然也。

古袿衣，以肩瘦为美

宋玉《神女赋》："振绣衣，被袿裳。"又，《汉书·元后传》："是时政君坐近太子，又独衣绛缘诸于。"师古曰："诸于，大腋衣，即袿衣。"又，《后汉·皇后纪》："簪珥光采，袿裳鲜明。"《释名》云："妇人上服曰袿。其下垂者，上广下狭，如刀圭也。"

按： 刘熙说，非也。曹子建《洛神赋》云："肩若削成。"唐《画诀》曰："美人莫画肩。"盖古妇人以无肩为娟秀，圭正上狭下广，故袿字从衣从圭，纯以形似；且衣亦无下狭于上之理。今戏剧所衣宫衣，犹仿佛近之。故知《释名》误也。

西汉时贵妇衣曳地

《史记》："文帝常衣绨衣，所幸慎夫人，令衣不得曳地。"是可证妃嫔衣皆曳地也。又，《汉书·王莽传》："莽母病，公卿列侯遣夫人问疾，莽妻迎之，衣不曳地，布蔽膝，见之者以为僮。"是可证公卿列侯之夫人，衣皆曳地，故见莽妻不识，以为僮婢。近法国前数十年，侯、伯爵夫人，衣皆曳地长丈余，正与我汉代同也。

汉妇衣尚缘饰

《汉书·贾谊传》："今民卖僮者，为之绣衣丝履遍诸缘。是古天子后服，而庶人得以衣婢妾。"服虔曰："遍诸缘者，加牙条以为缘也。"

按：牙条者，即今日妇女所用之绦带，俗所谓绦子也。而汉即有之，想见当时女饰之大备已。

唐宋妇人着裙之风盛于古

《李娃传》："容貌妍丽，宛若生平，着旧石榴裙，紫褾裆，红绿帔子。"又，张泌《小金传》云："有妇人年四十余，着瑟瑟裙。"又，《唐人杂句》："红裙妒杀石榴花，新换霓裳月色裙，白妆素袖碧纱裙。"又，宋·苏轼诗："从来不解醉红裙。"以"红裙"为娼妓之代名词，是宋时妇人殆无不服裙者。沿至明清，更以裙为礼服，于是蛱蝶裙、九霞裙、柳丝裙、百缯裙等名，不可胜数矣。自裙行而袿衣遂废，此妇女衣服沿革之大略也。

周以来妇人下体之里衣

周之时男女衣无甚区别，男下体里衣不全，既详于前矣，女亦然也。故衣服不得不宽博，不宽博则护下体不密。彼夫桑间濮上、野田草露之咏时有者，势使然也。诚以其时下体只有胫衣，两股间无内衣，故外衣不可褰举，礼以为戒。晋平公以蒺藜布地，师旷步则刺足、伏则刺膝、刖则不裤，其故可想也。

唐女裤仍开裆，如今日小儿

《汉书·上官皇后传》："虽宫人使令皆为穷裤，多其带。"师古曰："穷裤，即今之绲裆裤。"

按：《诗·秦风》："竹闭绲縢。"毛传："绲，绳也。"《说文》："绣带也。"《集韵》："绲，缝也。"是唐之绲裆裤，中有缝，但结以带，使不开张，以便私溺。若汉则两裆虽合，尚开拆如今日小儿，故多其带以防强暴。若唐则平时皆如此也，故曰绲裆。今俗语缚物犹曰绲物。绲裆者，即将裆缝结以绳。使不开露。唐以后何时成今制，则不可考也。

卷六　足服

周时足衣种类

《周礼·天官·屦人》:"掌王及后之服履。为赤舄、黑舄……素屦、葛屦。"注:"复下曰舄,禅下曰屦。夏则用葛,冬则用皮。"

按:《古今注》云:"复下曰舄,以木置。备行礼久立,地泥湿,故复其下,使干腊也。"据是,是舄者,履下为薄木板,两层,中空,四围有墙,故泥湿不能及足。若夫屦,或曰履,或曰鞮,同袜。或曰扉,均禅下,与舄异。禅者,单也。《诗》所谓"纠纠葛屦,可以履霜;公孙硕肤,赤舄几几"者是也。

周时,登堂即脱履户外

《曲礼》:"户外有二人,履,言闻则入,言不闻则不入。"又,"侍于长者,履不上于堂。"又,《庄子》:"脱履户外,膝行而前。"《列子》:"无几何而往,则户外之履满矣。"又,《说苑》:"晋平公谓师旷曰:'安有履而上堂者乎?'"

按:古人席地而坐,登堂则就席,故履则不恭。今日本、朝鲜皆如此,仍周制不变,兹可谓真守旧矣!

不脱履则可得大祸

《左传·哀二十五年》："卫侯与诸大夫饮酒，褚师声子袜而登席，公怒。戟其手，曰：'必断而足！'"《吕氏春秋》："齐王疾痏，使人之宋迎文挚。文挚至，不解屦登床，问王之疾。王叱而起，将生烹文挚。"夫因不脱履而至于断足、遭烹，古人之重视为何如哉！

周时，处室内皆跣足

《左传·宣十四年》："楚子闻之，投袂而起，屦及于窒皇。"注："寝门也。"古人处室皆跣足，言王出不及屦，屦人追及于窒皇，始进履也。又，《襄三年》："公读其书，跣而出。"注："恐绛死，故不及履。"又，《列子》："宾者以告列子，列子提履，跣而走。"是古人燕居，无不赤足也。

周无袜之证

《说苑》："晋平公不悦于师旷，置酒祁虒台，使郎中马章布蒺藜于阶上，令人召师旷。旷至而上堂。平公曰：'安有履而上堂者乎？'师旷解履刺足，伏刺膝，仰天而叹。"夫惟无袜，故刺足难忍。又，《左传·哀二十五年》："卫侯为灵台于藉圃，与诸大夫饮酒焉。褚师声子袜而登席，公怒。辞曰：'臣有疾，足疾。异于人，若见之，君将嗀音呕，却也。之，是以不敢，不敢解袜。'"袜者仍履，褚师之足，时有恶创，溃烂污秽，解履则全露矣，故云不敢。是益可证解履则赤足也。或者谓周人于威仪最尚恭敬，赤足不亵乎？岂知古人衣服宽博，下垂及地，坐作皆不露足，无不敬也。或又谓冬月不寒乎？岂知人手常外露，虽冬月不寒，足亦如此耳，况覆衣于上乎！

古户外解履、着履状况

《曲礼》："解履不敢当阶，防后升。就着也履，跪而举之，屏于侧。"又，"君赐爵，卒饮，退则坐取屦，隐辟避同而后屦，坐左纳右，坐右纳左。"

按：古人之坐皆跪，而坐于足，虽纳履亦如此。若两股前伸而纳，则箕踞矣。古最忌之。

古履有綦束缚取固 今谓鞋带

《礼·内则》云："履着綦。"郑玄曰："綦，履系。"又，《冠礼》云："黑履，青钩。"郑云："钩之言拘也，以为行戒，状如刀衣，鼻在履头。"疏："即用物穿履头为钩，相连为行戒也。"又，《曲礼》："解履。"注云："即解系也。"古者履头鼻綦绳相连结之，将升堂解之也。又，《庄子·盗跖篇》："丘得幸于季，愿望见履綦。"

按：古人履状，大概如今日皮鞋，于脚面用绳连结之，使固而不坠，故郑云："以为行戒也。"《韩非子》："文王伐崇，至凤黄虚，履系解，因自结。"又，"晋文公与楚战，履系解，自结之。"是其证也。

古人饰履之侈

《晏子春秋》："景公为履，黄金之綦，饰以银，连以珠；良玉之钩，其长尺，冰月服之以听朝。晏子朝，公迎之，履重仅能举足。"又，《史记·春申君传》："其上客皆蹑珠履。"

按：后世女子，常以珠饰履，男则无有，然其状可想像得之。至于黄金为綦，良玉为钩，则颇不得其真状。或曰黄金可为索，曩妇女缠足时，常以小连环金索为鞋绊，景公之綦，或亦如之。而玉钩讫不能得其仿佛也。

秦时脱履状况

《新序》："秦二世胡亥之为公子也，昆弟数人，诏置酒飨群臣，诸子赐食先罢。胡亥下阶，视群臣陈履状，善者因践败而去，见者莫不太息。"是秦时解履于阶下也。

西汉时仍脱履户外

《汉书·隽不疑传》："胜之跣履起迎。"师古曰："履不着跟曰跣。跣谓纳履未正，曳之而行，言其遽也。"

按： 暴胜之时为直指使，居传舍中，而不疑有盛名，故见不疑来，曳履而出，惶遽不及着跟也。是虽居传舍室中，仍脱履也。

西汉时仍无袜，脱履后即赤足

《史记·滑稽传》："东郭先生贫困，衣敝，履不完。行雪中，履有上无下，足尽践地。道中人笑之，东郭先生应之曰：'谁能履行雪中，令人视之，其上履也，其履下处乃似人足者乎？'"

按： 履无底，又无袜，趾印雪中，足迹宛然，与履印异，故曰"似人足"。是可证西汉仍赤足着履，与周同也。

西汉多以革为履

《汉书·贡禹传》："孝文皇帝衣绨履革。"又，《郑崇传》："每见曳革履，上曰：'吾识郑尚书履声。'"

按： 师古注："革，生皮。"不用柔韦，示俭。生皮坚韧，故有履声。

卷六　足服

西汉履仍有系

《汉书·张释之传》："王生老人曰'吾袜解'。顾谓释之：'为我结袜！'释之跪而结之。既已，人或让王生：'独奈何廷辱张廷尉如此？'"又，《哀帝纪》："成帝令中山王诵《尚书》，又废。及赐食于前，后饱。起下袜系解。"又，《王莽传》："受句同绚履。"《礼》郑注："绚之言拘也。"是自汉初至汉末，履皆有系也。

西汉有罪则徒跣不履

《汉书·匡衡传》："衡免冠徒跣，待罪，天子使谒者诏衡冠履。"又，《董贤传》："诣阙免冠徒跣谢。"是可证汉罪人不履，故待罪者皆跣足。

西汉有织履，如今之毛绳鞋

《汉书·翟方进传》："方进辞后母，至京师受经。母怜其幼，随之长安，织履以给方进。"

按： 后世之履，皆裁布帛为之。即汉时有草履、韦履，皆不用织，兹言织履，必以丝绳为之，《周礼》所谓丝履也。疑与今日冬月所服之毛绳鞋相类。或曰草履亦织。

东汉末有鞋

刘熙《释名》："鞋，解也。着时缩其上，如履然。解其上则舒解也。"

按： 既曰缩、约也。曰解，则鞋亦有系也。即文义揣之，似鞋之制，较履为轻便，故曰"舒解"，然着之者不数见也。

东汉末男女皆着木屐

王褒《僮约》云："若残，当作俎机、木屐及彘盘。"是以残木屑为屐，其贱可知，盖只粗人服之。至《后汉·戴良传》："初，良五女并贤，有求姻者，便许嫁，疏裳布被，竹笥木屐以遣之。"又，《高士传》："袁闳身无单衣，足着木屐。"

按：木屐，见中国人服者少，惟日本人服之，前后有齿，行则托托有声，而妇人尤多，其状殊不庄。故自东汉以前，服之者皆穷寒下士，富贵则否也。

魏晋仍入室脱履赤足

《魏书·曹真传》："赐剑履上殿。"是可证上殿者皆脱履也。又，《邴原传》注："太祖北征，归。原至，通谒，太祖大惊喜，揽履而起，远出迎原。"是旅行亦入室脱履。《世说》："王子猷、子敬兄弟共坐一室，上忽发火，子猷遽走避，不惶取履，子敬徐扶侍者出。"又，"谢遏夏月尝仰卧。谢公清晨卒来，不暇着衣，跣出户外，方蹑履。"夫曰："户外方蹑履。"是入室时即脱履户外也。曰："不惶取履。"是入室必跣足也。又，《会稽典录》："贺循与人交久而敬，在官常着袜，人鲜见其足。"是尤为脱履赤足之证。

晋时屐大行

《世说》："王子敬兄弟见郗公，憘也。蹑履问讯，是不在室内。甚修外生礼。及嘉宾死，皆着高屐，仪容轻慢。命坐，皆云有事不暇坐。"又，"阮遥集好屐。或有诣阮，见自吹火蜡屐，因叹曰：'未知一生，当着几两屐？'"。又，"谢公闻淮上捷报，面无喜色，惟入室屐齿忽折。"又，"谢家宾客，登山则去屐前齿，下山则去后齿。"是晋时亦以屐为不庄，而高屐则尤轻慢。然当时卿大夫皆着之者，则以晋时风俗轻佻，人物高旷，故独喜之也。

刘宋时尚着赤舄

《宋书·舆服志》："绛裤赤舄。"是舄之制，至六朝尚存，唐以后则不见矣。

自南北齐始有长靿靴，古履制一变

《南齐书·豫章文献王传》："性泛爱，不乐闻人过失，有投书相告，置靴中竟不视，取火焚之。"夫靴若无靿，胡能置书？又，《梦溪笔谈》："中国衣冠，自北齐以来，全国窄袖绯绿，短衣长靿靴。"

按： 周秦以来只有履，履有系无靿。据《释名》："赵武灵王好着短靿靴。"盖武灵胡服，胡服之履有靿，并胫装入，名曰靴。不用系，一可取暖，一自然稳固。然武灵之靴靿短甚，且偶为之，殁则已，当时未行。北齐之祖高欢亦胡种，故有长靿靴。靿长益暖，益不用系，然至隋仍不通行。《隋书·舆服志》云："长靿靴，田猎、豫游则服之。"可知非田猎仍不长靿也，岂非以其违古制而不庄雅哉？然后世遂因而不改矣。

隋唐鞋始大行，然非官服且有带

《隋书·舆服志》："紫丝鞋，田猎服之。"田，本游戏，故可服鞋。《隋唐嘉话》："郑愔为吏部侍郎，赃污狼藉，有选人系百钱于鞋带上，愔问其故。答曰：'当今之选，非钱不行。'愔默然不语。"又，杜甫诗："青鞋布袜从此始。"是唐时常着者尽鞋也。惟鞋有带以为固,似今日小儿式也。

唐时仍登堂脱履

《国史补》:"韦陟有疾,房尚书琯使子弟问之,延入卧内,行步悉藉茵毯。房氏子袜而登阶,侍婢皆笑之。"是笑其不脱履也。又,《酉阳杂俎》:"明皇于便殿召见李白,时白方醉,因召纳履,白遂展足与高力士曰:'脱靴!'力士失势,遽为脱之。"是白醉不知脱靴履,上故召之也。白着官服入见,明皇令去靴而纳履耳。

唐以长勒靴为官服

《唐书·韦斌传》:"朝会常大雪,在廷者皆振裾更立。斌不徙足,雪甚,几至靴。"

按:有勒方谓靴。几至靴者,言几至靴勒口也,谓雪深也。不然,靴已着地履雪矣,胡云"几至"?又,《唐书·李光弼传》:"将战,纳刀于靴曰:'战,危事也。吾位三公,不可辱于贼。'"夫勒不长,那能容刀?又,《酉阳杂俎》:"张评事摸靴,得银一锭。"是可见唐时,无论朝服、军服,凡官家皆着长勒靴,已与清时同,清时固常装置杂物于靴勒内也。

唐靴皆黑色

《摭言》:"会高力士终以为李翰林脱乌皮六缝为耻,因谮之于贵妃。"又,唐人诗:"趁朝把笏着乌靴。"又,《灵鬼志》:"韶自外入,着黑介帻幽履。"是靴纯为黑色,自唐而已然也。

唐时制靴状况

颜真卿诗："缝靴蜡线油涂锥,急逢龙背须且骑。"夫线蜡则滑而易抽,以油涂锥,亦取其滑而易入。以今日视之,似为迂拙,然古人工艺之坚实可想。

唐时避雨。湿不用舄用钉鞋

《通鉴》:"德宗出幸奉天,天大雨,从者皆着钉鞋。"

按:钉鞋今日尚有之,一则不滑,一则底高,遇泥水不畏,惟皆以桐油敷布上,使水不能侵入,故名曰油鞋。兹名曰钉鞋,似尚未知以油浸也。

唐木屐仍大行

《唐摭言》:"京师长者,皆着木屐。"夫长者皆着,少年可知。想见长安街上,橐橐之声盈耳也。

五代及宋以靴为朝服,鞋为便服,鞋仍有带

《归田录》:"冯道与和凝同在中书。一日,和问冯曰:'公靴新买,其值几何?'冯举左足曰:'九百。'和性褊急,遽回顾小吏曰:'我靴何得一千八百?'因诟责久之。冯徐举右足曰:'此亦九百。'于是哄堂大笑。"又,《老学庵笔记》:"淳熙己酉,车驾幸候潮门,从驾臣僚皆厣带子着靴。"是自五代至南宋,皆以靴为朝服。又,《归田录》:"往时学士,循唐故事,见宰相不具靴笏,系鞋坐玉堂上。"是言惟学士清贵,可着鞋坐玉堂,见宰相,他人须具靴笏也。是以鞋为便服,靴为礼服,自宋初而已然,至清不改。又,宋陶穀诗云:"短勒靴儿未厌兵。"

是宋靴之有勒益明，又鞋而曰系，是宋鞋之有带，殆与唐同。

周以前足无里衣，有之自汉始

周以前不履则跣，前已详之矣。至汉初，履之内复加里衣。《淮南子·说林训》："钧之缟也，一端以为冠，一端以为袜。冠则戴致之，袜则蹑音展，践也。履之。"又，《后汉·礼仪志》："绛裤袜。"

按：《集韵》："袜所以束衣也。"《类篇》："袜足衣也。"依两训诂之，"袜"亦有约束意，似即《急就篇》注所谓"裹足之巾"也，是为足上里衣之创始。

至后汉而有袜，仍之至今

《后汉书·李忠传》注："光武衣垢，使忠解浣，忠更作新袍小单衣袜以上之。"又，《蔡文姬传》："时且寒，赐以头巾、履、袜。"又，《宋书·舆服志》："绛裤绛袜。"唐人《李娃传》："特为生制新履袜。"又，《灵鬼志》："韶自外入，着白袜幽履。"又，杜甫诗："青鞋布袜从此始。"盖至是而足之里、外衣皆备。

周以来妇女足服

周之时男女履舄，盖无殊异。是以周官屦人所掌王及后之赤舄、黑舄、素屦、葛屦、句繶皆同，即下至命夫命妇之命屦、功屦、散屦亦同。其他经传，言及妇足服者甚少也。

古妇女仍上堂脱屦跣足

《淮南子》："古者家老异饭而食，殊器而享，子妇跣足上堂，跪而斟羹。"是周时妇女入室亦脱履也。

秦汉时妇女履始有锐形

《史记·货殖传》："今夫赵女郑姬，揄长袂，蹑利屣，目挑心招，出不远千里。不择老少者，奔富厚也。"说者谓利屣为妇人缠足之始，此不然。自古女体弱于男体，而女子服饰，贵轻纤，忌重拙，惟履亦然。利屣者，不过较方形之男履稍狭，以期妍媚耳，与后世之锥形异也。

六朝时男女靴可换着

《北齐书》："任城王湝为并州刺史，有妇人临汾水浣衣，有乘马人换其新靴而去。妇人持故靴诣州言之。湝召城外诸妪，以靴示之，绐曰：'有乘马人于路被劫，遗此靴。'一妪抚膺哭曰：'儿昨着此靴向妻家。'如其语捕获，时称明察。"据此则男子与妇人靴可换着也，是六朝时男女履尚无异，亦何怪魏武赐蔡文姬履袜，不以为亵哉！

六朝时之女皮履

《南齐书》："高帝令官人着紫皮履。"

唐时女着木屐、皮屐

《摭言》："京师妇女始嫁，作漆画屐，五色采为系。"又，张泌《小金传》："蓬发曳漆履。"夫可漆可画，则木屐也。《云溪友议》："崔涯，吴楚狂士，与张祜齐名。每题诗倡肆，举之则车马盈门，毁之则杯盘失措。常嘲一妓云：'布袍皮袄火烧毡，纸补筜篌麻接弦，更着一双皮屐子，纥梯纥榻到门前。'"今日日本妇女在街上行，隔数十武，即闻"纥梯纥榻"声者，木屐子也，岂知其为唐制哉？读此诗，唐时妇女步履声音，如耳闻目睹。

宋时妇人鞋底已成尖形，与清无异

《老学庵笔记》："宣和末，妇人鞋底尖，以二色合成，名错到底。"夫鞋而有尖，非缠足不如此也，是确证已。又，刘改之《咏美人足》云："衬玉罗悭，销金样窄，载不起盈盈一段春。又有时自度歌声，悄不觉微尖点拍频。又知何似？似一钩新月，浅碧笼云。"味此词，是宋时女足形，已与清时无异。盖自隋唐以来，妇女妆饰以纤丽为尚，变本加厉，至宋而已极。必谓缠足起于某时者，固执之论也。袁子才《随园随笔》辨之甚详。兹从略。

卷七　饮食

周时制造食物之法炮豚

《礼·内则》："炮，取豚若将同牂，牡羊也。刲之刳之，实枣于其腹中，编萑以苴之。苴，裹也。涂之以墐涂，炮之。涂皆干，擘之，濯手以摩之，去其皽。音展，膜也。为稻粉糔，音修，汁也。溲浸也之以为酏，粥也。以付豚。糊之也。煎诸膏，膏必灭之。油深没豚。巨镬汤，以小鼎芗脯于其中，使其汤毋灭鼎，三日三夜毋灭火，而后调之以醯醢。"

按：《说文》："炮，毛炙肉也。"《广韵》："裹物烧也。"经言造炮肉，先取豚若羊杀之，实枣于腹肉；再裹之以苇，涂之以泥，炮之使干，擘而摩去其油膜；再以稻米粉为糊，糊豚四周，煎于油镬中，使干，置小鼎中；再将小鼎置大镬沸汤中。"汤毋灭鼎"者，惧水浸入小鼎，败肉味也。煮三日三夜而后调醯醢食之，可谓费矣。然不知发明若干年，而后能制法繁复若此也。

周制杂肉糜法名捣珍

《礼·内则》："捣珍：取牛、羊、麋、鹿、麇之肉，必脄。

注：夹脊肉也，今所谓里脊。每物与牛若一。捶，反侧之，去其饵。注：筋腱也。熟出之，去其皽，柔其肉。"

按：捣珍者，捣取牛羊等肉使烂。必膴者，膴肉，肥美也。每物与牛若一者，言四者肉之多寡与牛等也。反侧捶之，其筋可去，筋去则肉和，熟而去其膜，调以醯醢，则肉柔矣。此制法甚奇，不用刀切，椎捣使烂，和五种肉为一，且筋膜尽去，均匀和合，调而食之，其有异味可知也。

周食生牛肉法 古名曰渍

《礼·内则》："渍：取牛肉必新杀者，薄切之必绝其理，湛同沈诸美酒，期朝而食之，以醯若醢、醷。"

按：必绝其理者，言切肉时横断其纹理也，横断则生肉易嚼；渍以美酒，至明朝方食，则美味生而膻味去矣；更调以梅酱，注：醷，梅酱。适口可知。

周制干肉糜法 古名熬

《礼·内则》："为熬：捶之，去其皽，编萑布牛肉焉，屑桂与姜，以洒诸上而盐之，干而食之。施羊亦如之。施麇、施鹿、施麋，皆如牛羊。欲濡湿也肉，则释以盐水润释而煎之以醢。欲干肉，则捶而食之。"

按：《说文》："干煎曰熬。"为熬者，言为熬肉之法也，亦不刀切，捣之使烂，晾于苇簿之上。诸者，菹也。洒以姜桂盐菹，俟其干，煎食之。然亦可濡食，煎以醢则润而释矣。此种食法，有类于今日之腌肉，可久存。不过古人捣肉使烂，今则块腌，古较今尤精耳。

周煎肉饼法 名糁

《礼·内则》："糁，《说文》：以米和羹也。取牛、羊、豕之肉，三如一。小切之与稻米，稻米二、肉一，合以为饵煎之。"

按： 今日用麦粉和肉煎为饼，饼即饵也，见《说文》。兹用稻米，必煮米使极烂，然后能和肉为饵。惟今日煎时用油，古则无之，是今较古胜也。

周制炙肝法 名肝膋

《礼·内则》："肝膋：取狗肝一，幪之以其膋，脂膏即油。濡炙之，举焦其膋，不蓼。"

按： 幪之者，覆之也。言覆肝于铛，再以脂油炙之。举者，皆也。皆焦，然后食之。蓼者，辛菜。不蓼者，不用辛也。经不言用醯醢，且不刀切，或食时割之，和酱食也。

周制薄粥法

《礼·内则》："黍酏。"又曰："馆酏。"注："馆，厚粥；酏，薄粥。"贾逵曰："酏为粥清，清者，粥而去米也。"又曰："取稻米，举糔溲之。小切狼臅胸臆膏，以与稻米为酏。"是又于薄粥内加狼膏以益其味。其制法大概与今之牛油茶相类也。

周人拌饭之香料 名淳熬、淳母

《礼·内则》："淳熬：煎醢加于陆稻上，沃之以膏，曰淳熬。淳母：煎醢加于黍食上，沃之以膏，曰淳母。"是盖以稻米、黍米为饭，既加以煎醢，复以膏沃之，味厚极矣，故曰淳。

历代社会风俗事物考

周配制食味之法

《礼·内则》："脍，《说文》：细切肉为脍。春用葱，秋用芥。芥酱。豚，春用韭，秋用蓼。辛菜。脂用葱，膏用薤，和用醯，兽用梅。鹑羹、鸡羹、鴽，酿之蓼。鲂鱮蒸，雏烧，雉，芗无蓼。""雉，芗无蓼"者，言食雉但可投以芗。不可和以辛菜也。其配置之法，有用之至今者，在当时亦可谓精矣。

周食物所忌

《礼·内则》："不食雏鳖。狼去肠，狗去肾，狸去正脊，兔去尻，狐去首，豚去脑，鱼去乙，腮形。鳖去丑。窍也。牛夜鸣则庮。同羭。羊泠毛而毳，膻。狗赤股而躁，臊。鸟皫色而沙鸣，郁。臭也。豕望视而交睫，腥。马黑脊而般臂，漏。"观以上之研究，亦可谓精细矣。不过狗、兔、狐狸等物，自隋唐以来已不食，而马尤为粗品。然周时人皆食之，似不如后人检择之精也。

周人制酸菜、泡菜之法 名菹

《周礼·天官》："醢人掌四豆之实。韭菹、菁菹、注：蔓菁。茆菹，注：即凫葵。葵菹，即白菜。芹菹、箈菹、注：水中鱼衣。笋菹。注：竹萌或稚蒲。"

按：《侯鲭录》："细切曰齑，全物曰菹。"又，《释名》："菹，阻也。生酿之，遂使阻于寒温之间，不得烂也。"即今之泡菜、咸菜也，又今之酸菜也。观醢人掌七菹，醢者，醋也，故知菹亦为酸菜也。《诗·小雅》："疆场有瓜，是剥是菹。"是也。

周时肉酱种类之多今只遗虾酱一法

《礼·曲礼》："毋歠醢。"疏："肉酱也。"《周官·醢人》："掌四豆之实。醯醢、注：肉酱。蠃醢、注：蚳螝。蠯醢、注：小蛤。蜃、大蛤。蚳醢、鱼醢、兔醢、雁醢。"注："凡作醢者，必先膊干其肉，乃后莝之，杂以粱曲及盐，渍以美酒，涂置瓶中，百日而成。有骨为臡，无骨为醢。"

按： 周醢共有八种之多，其见于《诗》者，《大雅》云："醓醢以荐。"是也。醢尚充祭品，其珍贵可知。盖古人食肉，淡煮者多，殽蒸是也。故食时酱最需要，孔子所以不彻也。今只有虾酱是其遗法，馀则不数见矣。

周时纯以豆米所为之饼饵

《周官》："笾人掌四笾之实。糗饵、粉餈。"注："糗，豆米所为。饵、餈皆饼也。"

按： 是三物，盖皆以豆米之粉为之，如今日之小米面饼、杂花面饼，皆蒸熟食之。

周专置调和食味之官，名曰食医

《周礼·天官》："食医掌和王之六食、六饮、六膳、百羞、百酱、八珍之齐。同剂。""凡和，春多酸、夏多苦、秋多辛、冬则咸，调以滑甘。""凡会膳食之宜，牛宜稌，羊宜黍，豕宜稷，犬宜粱，雁宜麦，鱼宜苽。"注："食医和其剂者，酌天时与王体气之宜也。"然则周时调和五味，皆有专门之学以为之，宜其精矣。

历代社会风俗事物考

周时制造糖果之法

《礼·内则》："枣、栗、饴、蜜，以甘之。堇、荁、枌、榆、免、薨，免，新生而干者。滫瀡以滑之。"

按：今日制糖果之法，皆渍以冰糖及蜜，无庸再沃以枌、榆等汁。周时不尔者，冰糖、沙糖等物，皆尚未有，取甘之法只用饴。饴者，饧也，黍汁造，今腊月之糖瓜是也。

周时置食次序

《曲礼》："凡进食之礼：左殽带骨曰肴右胾。切肉。食音佀，饭也。居人之左，羹居人之右，脍细切肉会合之炙处外，醢酱处内，葱渫蒸葱，音涤。处末，酒浆处右。"古人尚右，故取食皆以右手。其数取者置在右，为便也；而醢酱每食必用，故置在内，俾尤近，以便沾濡。

古弟子尚食、侍食、彻食礼节

《管子》："弟子职，先生将食，弟子馔馈，注：馈谓选具其食。摄衽盥漱，跪而坐馈，置酱错食，陈膳毋悖。凡置彼食，鸟、兽、鱼、鳖，必先菜羹，注：先菜后肉。羹胾中别，愚按：别疑列之讹。胾在酱前。注：远胾近酱。其食要方，注：陈设食器要令成方。饭是为卒。左酒右浆，告具备也而退，奉手而立。"

按："胾在酱前"者，即《曲礼》"脍炙处外，醢酱处内"之意也；陈设食器要方者，贵整齐也；"饭是为卒"者，言最后具饭也。注言"既饭而食"，则"卒"者误也。此皆言陈设食物先后次序，至陈设既华，故下云告具也。告具者，言食品具备，请先生食也，故知注非也。此尚食之礼节也。

又云："三饭二斗，注：三食饭，二毁斗。吴云："方本作叶，叶当为汁，

· 96 ·

即所谓飧。左执虚豆，右执挟匕；注：挟匕以载肉。周还而贰。注：云再益。惟嗛之视，同嗛以齿；注：类也。周则有始，柄尺不跪，是谓贰纪。注：豆有柄。长尺则立而进之，此是再益之纲纪也。先生已食，弟子乃彻，趋走进漱，拚前板祭。"

按： 前三句谓侍食者应备之器："二斗"者，备既饭而污，更替取洁，犹今之食番菜必易器也；"左执虚豆"者，豆有柄，左手执之而中空，备食时承接淋漓也；"右执挟匕"者，言以二匕载肴肉，右手所执，侍食者须预置二斗，并置虚豆挟匕于左右也。"周还而贰，惟嗛之视"者，"嗛者，尽也，尽则益之。""同赚以齿"者，齿者，序也。言数食若同时并尽，则按次序益之也。"拚扫也前板祭"者，板者，敛食之器。《公羊传》所谓"眱而刻其板者"是也。古食必祭，食罢则以板敛其祭，扫而清洁之。此侍食、彻食之礼节也。

周宾主食时礼节

《曲礼》："侍食于长者，主人亲馈，进食。则拜而食；主人不亲馈，则不拜而食。"

《曲礼》："客若降等，注：大夫食于卿则等卑。执食兴辞。注：欲食于堂下。主人兴辞于客，然后客坐。主人阻客，客复坐也。主人延客祭。注：古食必祭先农；延，导也。祭食，祭所先进，肴之序，遍祭之。三饭，注：三食也。《礼》：食三飧而告饱，须劝乃更食。主人延客食胾，然后辩肴。注：凡食肴，初脊辩于肩，至肩乃饱也。"

若君赐食则礼节益谨

《礼·玉藻》："豆，去席尺。注：恐污席。若赐之食，而君客之，则命之祭，然后祭。注：祭敌体方得。先饭，辩尝羞，饮啜饮以利喉，非饮酒。以俟。若有尝羞者，则俟君之食，然后食。饭饮而俟。

· 97 ·

君命之羞，羞近者，命之品遍也尝之，然后唯所欲。凡尝远食，必顺近食。"

按： 今日会食，食远者，主人必推致之，不然客不远取。又，初尚一羹，主人不导客，客辄不先尝，犹古礼之遗。

侍食于尊长礼节

《礼·玉藻》："侍食于先生，异爵者后祭先饭。注：若为尊者尝食。客祭，主人辞曰：'不足祭也。'注：祭者，盛主人之馔。客飧，主人辞以疏。"

古将食罢最重飧礼

《礼·玉藻》："侍食于君，君未覆手，不敢飧。"

按： 覆手者，注云："以手循口边肴粒，恐污着也。飧，谓用饮浇饭于器中也。礼食竟，更作三飧以劝，助令饱实，使不虚也。"又，《玉藻》："侍食于先生。""客飧。"疏云："飧是已食饱。"饱犹美食，故作三飧，示仍欲食也。饱仍欲食，则食之美可知。由前解则飧助腹内饱实，由后解则兼以悦主人，是飧有为己为人二义也。

若食于敌体者主人失礼，客可不食而飧

《礼·杂记》："孔子食于少施氏而饱，少施氏食我以礼。吾祭，作而辞曰：'疏食不足祭也。'吾飧，作而辞曰：'疏食也，不敢以伤吾子。'"《玉藻》："孔子食于季氏，不辞，不食肉而飧。"疏："凡礼食，先食胾、次食肴、乃至肩，至肩则饱，乃飧。不食肉而飧，乃主人不辞故也；不辞则失礼。"

《家语》云:"从主人也。主人不以礼,客不敢尽礼;主人尽礼,客不敢不尽礼也。"

按:今日食罢,恒对主人言食太饱,犹有飧之遗意,而祭礼之亡则久矣!

古食罢以酒漱口礼节

《曲礼》:"主人未辩,食肴未毕。客不虚口。"注:"虚口谓酳也。"疏:"食罢以酒荡口曰酳。敌以上可不俟主人;主人恒让客,不自先饱;故客须俟主人辩,乃漱口也。"又,《仪礼》:"公食,大夫礼;宾卒食,会饭三饮。"注:"三漱浆也;食竟漱口也。"

按:《曲礼》:"客不虚口。"疏云:"谓食竟饮酒荡口,使清洁及安食也。用浆曰漱,用酒曰酳。"然公食虽设酒优宾,不得用为酳,但以浆漱口而止也;若私客则可用酒酳。

按:今日食罢漱口,用清水而略温,太寒则激齿,不惟不以酒,亦不以浆,而古人不尔者。今则漱而吐之,古似漱而下之也,古盖以吐为不敬。

古食罢,彻馔情景

《曲礼》:"卒食,客自前跪,彻饮齐,注:齐,酱属也。卑客如此,敌则否。以授相者。主人替馔者。主人兴,起也。辞于客,不听自彻。然后客坐。"是食于尊者之前,主人不听自彻,可复坐也。《玉藻》云:"君既食,又饭飧。饭飧者,三饭也。君既彻,执饭与酱,乃出授从者。"注:"授已之从者,食于尊者之前,当亲彻也。"是主人益尊,听自彻,出授己之从者也。又,《玉藻》:"主人自置其酱,则客自彻之。"注:"敬主人也,彻奠于序端。"是食于敌平等者之家，主人敬客自尚食，故客亦自彻以敬主人，所谓礼因地异也。

古极重礼食不能食

《左传·宣十六年》："王享有体荐，宴有折俎。"注："半解其体而荐之，所以示共俭。""折俎者，体解节折，升之于俎，物皆可食，所以示慈也。"

按： 古者飨同享礼最盛，宴礼次之，示俭示慈，即《左传》所谓"飨以训恭俭，宴以示慈惠"也。示惠故可食，示俭不可食，犹大羹不调，用以祭神，礼益恭也。

古燕食共器，以手取饭

《曲礼》："共食不饱。注：共，羹饭之大器。共饭不泽手。注：古礼。饭以手，不用箸。毋抟饭，注：共器若以饭作抟，则多得不谦。毋放饭，疏：手就器中取饭，若粘着，不得拂放本器中。毋反鱼肉。注：同器食已，啮残不可反器中，为人秽。"然燕食如此，若礼食则不共器也。

古食时所忌，犯则不恭

《曲礼》："毋流歠，注：饮也。大歠若流水嫌疾。毋咤食，注：若嫌薄。毋啮骨，毋投与狗骨，毋固获，毋扬饭，扬之使凉。饭黍毋以箸，嫌速，当以匕。毋嚃音踏。不嚼也，亦嫌速。羹，毋絮羹，加盐梅。毋歠醢。为嫌淡。客絮羹，主人辞以不能烹；客歠醢，主人辞以窭。"

古食须释剑

《左传·哀十七年》：卫君召浑良夫食，"至。袒裘，不释剑而食。太子使牵以退,数之以三罪而杀之。"

按: 古者剑不去身,独食时不脱则不敬,况又袒裼乎?然以此为罪,可见古威仪关系之重。

古礼食不共器,器之多少以爵秩而分

《礼·礼器》:"上大夫八豆,下大夫六豆。"又,《乡饮酒》:"六十者三豆,七十者四豆,八十者五豆,九十者六豆。"又,《左传·昭六年》:"季孙宿如晋。晋侯享之,有加笾。武子退,使行人告曰:'得贶不过三献。今豆有加,下臣弗堪。'"是古礼专器而食,故器有多寡,因年爵而异也。

古贵人燕食,每食奏乐

《礼·檀弓》:"知悼子卒。未葬,平公饮酒,师旷李调侍,鼓钟。注:君食则乐。"是国君食时必奏乐也。又,《左传·哀十四年》:"左师每食,击钟。闻钟声,公曰:'夫子将食。'既食,又奏。"是大臣食亦奏乐也。不惟食时奏,罢食亦奏。清时督抚提镇署外,辄有钟鼓楼,峙列东西,然日久成具文,只督抚出时鸣炮吹笛,食时无奏乐者。而边荒提镇衙署,建树威严,食时辄吹笛三声,擂鼓三声,俾市民闻知,俗所谓三吹三打,岂知仍成周遗意哉!

春秋时贵人尽肉食

《左传·襄二十八年》:"公膳,日双鸡,饔人窃更之以鹜。御者知之,则去其肉,而以其洎馈。子雅、子尾怒。"注:"谓公家供卿大夫之常膳,是不宴会常食,亦肉也。"又,《左传·庄十年》:"齐师伐我,公将战,曹刿请见。其乡人曰:'肉食者谋之,又何间焉?'刿曰:'肉食者鄙,未能远谋。'"又,《昭

公四年》："肉食之禄，冰皆与焉。"又，《说苑》："晋献公时，有祖朝者上书，公使告之曰：'肉食者已虑之矣。'"是可见公家皆肉食，故以肉食为代表公卿之名词也。

食时祭先礼节

《礼·内则》："君赐食，命之祭，然后祭。"《玉藻》："后祭先饭。"《论语》："虽蔬食菜羹，必祭必齐如也。"《左传·襄二十八年》："叔孙穆子食庆封，庆封泛祭，穆子不悦。"注："食有祭，示有所先也。泛祭，远散所祭，不共。"故穆子恶之。然则祭亦有礼节，远散所祭则失礼。似将祭品置于食案，不以器盛。今农家馌南亩食于野者，将食必先以勺酌饭洒之，犹周礼之遗。而士大夫则否，孔子曰："礼失求诸野。"岂不然欤！

古食器类别：载食器、造食器、取食器。箸尚不重

《周礼·天官》："笾人掌四笾之实。""醢人掌四豆之实。"又，《左传》："染指于鼎。"《论语》："一箪食，一瓢饮。"《说苑》："鲁有俭者，瓦鬲煮食而美，盛之土铏，以进孔子，孔子如受大牢之礼。弟子曰：'瓦甂，陋器也；煮食，薄膳也。先生何喜如是乎？'"又，《考工记》："夫人享诸侯，案十有二寸。"是皆载食之器也。笾与箪皆竹制，豆则木制，鼎则金，瓢则瓠。以鼎为最贵，子路所谓"吾亲殁之后，南仕于楚，累茵而坐，列鼎而食"也。以瓢为最俭，庄子所谓"剖之以为瓢"也。又，《礼运》疏："中古之时，虽有火化，未有釜甑。"釜甑与鬲皆造食之器。又，《曲礼》："饭黍，毋以箸。"《易》："不丧匕鬯。"《考工记》："梓人为饮器，勺一升。"《汉书·礼乐志》："勺椒浆。"勺者，酌浆而饮之也；匕者，载食；箸者，挟食；皆

· 102 ·

取食之器也。又，《曲礼》："羹之有菜者用梜，无菜者不用梜。"梜者，箸也。是周时箸尚不要也。

周时以鱼、稻、黍为美食

《论语》："食夫稻，衣夫锦，于汝安乎？"《孟子》曰："鱼我所欲也，熊掌亦我所欲也。"夫以鱼与熊掌并称，其贵重可知。又，《汉书·地理志》："吴楚之民食鱼、稻。"盖鱼、稻皆产于水乡，而中原少水，虽有而不多，然吴楚之民皆食之，"志"之正异之也。又，《诗·小雅》："其镶伊黍。"注云："丰年虽农人亦得食黍。"可见黍之贵重，田家不常食。

周穷民至食蒺藜实

《说苑》："由侍二亲之时，常食藜藿之实。"又。"晋献公谓东郭民祖朝曰：'食肉者已虑之矣，藿食者尚何与焉？'"又，《庄子》："孔子穷于陈蔡之间，七日不火食，藜羹不糁。"

按： 糁者，《说文》："以米和羹也。"不糁者，言只有藜而无米也。又按，《说苑》："晋平公布蒺藜于庭，师旷行则刺足，伏则刺膝，仰天叹曰：'夫殿庭非生藜藿之地！'"由此证之，藿食藜羹，皆以蒺藜实为之，子路所食者是也。但以蒺藜为米煮食之乎，抑舂其实为粉和粟米食之，因后世久不食此，故其详亦无从揣测也。

又按： 蒺藜皆旅生，无艺之者，性恶雨喜旱。旱年五谷焦枯，独蒺藜益肥茂，沿阡陌蔓生，实累累坚实有粉，固可食也。古荒地多，此物益盛，穷民值歉岁多收食之，故晋公以藿食为穷民之代名词。今则视为恶草，虽遇荒年，无知其可食者，故备论之。

周时已普食百菜

《诗·豳风》：" 七月烹葵及菽。"又，《仪礼·士虞礼》：" 夏秋用生葵。"又，《列女传》：" 漆室女曰：'昔晋客舍吾家，系马园中，马佚驰走，践吾葵，使我终岁不食葵。'"

按：王祯《农书》：" 葵为百菜之主，备四时之馔。"又，《左传·成十七年》：" 鲍庄子之知不如葵，葵犹能卫其足。"夫叶能卫足，又四时可食，则今日之百菜也。或名曰蓤，所谓秋末晚蓤也。

古食盐种类之多，而以虎形为尤奇

《周礼·天官·盐人》：" 祭祀，供其苦盐、散盐；宾客，供其形盐、散盐；王之膳羞，供饴盐。"注：" 苦盐，出于池，盐为颗，不涷治味苦。散盐即末盐。"又，《天官·笾人》：" 朝事之笾，其实形盐。"注：" 形盐，筑盐为虎形也。"

按：苦盐出于盐池，今河东盐池所出者是也；散盐者，今海盐或井盐，碎为粉者是也；形盐者，即《左传·僖三十年》所谓" 盐虎形"者是也。原以供宾客，礼场用之，取其美观，今则无矣。

周时男女及小儿食盐量数

《管子》：" 凡食盐之数，一月丈夫五升少半，妇人三升少半，婴儿二升少半。"

按：小儿食盐少于大人宜也，至妇人少于男子则不可解，岂古妇人食量，较男子减少几及半乎？不然胡食盐量数，相差若是？

古食盐，防身肿

《管子》：" 无盐则肿。"又，" 民恶食而无盐则肿。"

按： 五味辛苦酸甘，皆可不食，独不食盐则身肿生毛，至今犹然。故中国古人，于食盐法发明最早。《说文》云："夙沙初作煮海盐。"考宿沙尚在五帝前，至春秋已数千年。管子治齐，煮海为盐，富擅天下。故穷究盐之利害，俾民知不食则肿，而恶食者肿尤甚也。

周食狗之剧，且以祭神

《月令》："天子乃以犬尝稻。以犬尝麻，先荐寝庙。"《周礼》："供其犬牲。"又，《礼·内则》："狗去肾。""狗赤股无毛而躁臊。音骚。"又，《史记·聂政传》："家贫，客游以为狗屠，可以旦夕得甘毳。"又，《荆轲传》："爱燕之狗屠及善击筑者高渐离。"夫至以屠狗为专业，则当时社会食狗之风尚可知矣。

汉时食麦饭，以葱为菜

《后汉·冯异传》："仓卒无蒌亭麦饭。"又，《高士传》："阴就请井丹，设麦饭葱菜。"

按： 今日为麦饭者，皆取将熟之麦而实未坚实者，煮以为饭，香嫩可口，无以干麦为之者。光武过滹沱时当十月，则无鲜麦，而亦为之者，可见古人常以麦实为饭，与粟等也。葱菜者，咸葱为菜以下饭也。

汉时仍贵黍，常炊黍饷客

周时黍稷用以祀神。《论语》："子路拱而立，杀鸡为黍而食之。"是以黍饷客也。《后汉·庞公传》注："司马德操尝诣德公，值其渡沔上先人墓，德操径入其堂，呼德公妻子，使速作黍。"又，《三国志》注："钟茂尝诣姊，姊为杀鸡炊黍，而不留也。"是至汉时仍以黍饷客，则黍之贵于常食可知。

汉时烧饼贩子

《三国志》注："赵岐遭家祸，诣北海贩胡饼。孙宾硕过市，疑其非常人，问曰：'自有饼耶？贩之耶？'岐曰：'贩之。'"

按：胡饼者，即今日之烧饼。贩饼即叫卖于市者也，汉已与今同。

汉时食品繁于古

《汉书·孔光传》："太师入省中用杖，赐餐十七物。"师古曰："食具有十七种物。"

按：周时虽大宴飨，食品不过数种。兹有十七种之多，较周时已进步矣。

汉时食器，箸最要

其盛食之器，据《汉书·主父偃传》："丈夫生不五鼎食，死则五鼎烹耳！"张晏曰："五鼎食，牛、羊、豕、鱼、麋也。"又，《霍后传》："许后五日一朝皇太后于长乐宫，亲奉案上食。"又，《史记·张耳传》："敖自持案上食，礼恭甚。"又，《后汉·梁鸿传》："妻为具食，不敢仰视，举案齐眉。"《三国志·魏武传》："及欢悦大笑，至以头没杯案中，肴膳沾污巾帻。"

按：杯者，碗也。案者，上食所用，四边有矮墙，下有矮足。《公羊传》："睋而刻其板。"板即案也，用以敛食器。今朝鲜人款客，席地坐，食时宾主各一案，犹古制也。今中国人上食之案，有墙无足，只上食用之，食时则否，因不席地坐也。

其取食之器，《史记·留侯世家》："臣请借前箸为大王筹之。"又,《周亚夫传》:"上召亚夫赐食。独置大胾,无切肉,又不置箸。亚夫心不平,顾谓尚食取箸。"又,《三国志·刘先主传》:"先主方食,失匕箸。"

按: 周时食用箸甚少,至以手奉饭。汉则无不用箸,观亚夫顾尚食不索他器,独索箸,可知其重矣。若今日则箸尤要也。

汉食时忌后饱

《汉书·哀帝纪》:"及赐食于前,后饱。起下,袜系解,帝由此以中山王为不能。"

按: 今日子弟赴宴,父母亦辄以后饱为戒,后饱令人疑贪食,古人尤重。

汉时炊饭已用箪蒸

《世说》:"宾客诣陈太丘,宿。太丘使元方、季方炊。客与太丘论议,二人俱委而窃听,炊忘着箪,饭落釜中。太丘问:'饭何不馏?'元方、季方长跪曰:'大人与客语,乃具窃听,炊忘着箪,今饭成糜。'"

按:《说文》:"馏,饭气蒸也。"由此可证汉时炊饭之法与今时同,即以米置釜煮之,再以笊篱捞出,置箪上蒸之。元方等忘着箪,及既觉知,已成糜矣。糜与粥不同,粥米少而稀,糜则浓厚也。

汉魏晋之豆粥、粟粥

《后汉·冯异传》:"光武至饶阳无蒌亭,异上豆粥。"《汉书·公孙弘传》:"食一肉,脱粟之饭。"《世说》:"石崇为客作豆粥，咄嗟便办。""许允为魏明帝见收，举家号哭。允妇曰：'勿忧！作粟粥待。'顷之允至。"

按：北方少稻，人常食者曰谷，谷即粟。脱粟者，言去壳不精凿也，即今之小米也。

晋时仍不共器食

《世说》："顾荣在洛阳，尝应人请，觉行炙尚食者人有欲炙之色，因辍已施焉。"夫辍已而与他人，则不共器可知，否则不便专主如此也。

六朝时食饭多用漆器

六朝时已有瓷器。《齐民要术·合面脂法》云"以绵滤着瓷漆盏中"是其证。然瓷器盖甚寡，多用漆器。《齐民要术·种漆》云："凡漆器，送客之后，须以水净洗，置床薄上，于日中晒之使干，则坚牢耐久。若不即洗，盐醋浸润，气彻则皱，器便坏矣。"观此，是六朝时食饭皆用漆器也。又，《种榆》云："十年之后，镞作魁、碗、瓶、榼、器皿。"又以证漆器皆以榆木旋成也。

晋时贵人以五盘碗为俭食

《世说》："殷仲堪既为荆州，值水俭食，尝五碗盘，外无馀肴。"夫肴至五碗五盘，下饭亦足矣，而犹以为俭，甚矣，晋人之奢！

晋人已食韭菜花

《世说》："石崇饭客，恒冬天得韭蓱齑。"

按：此即今日之咸韭花也。七月采之，加以姜瓜，捣为泥，渍以盐，过秋开瓮，馨香扑鼻。而晋人则食新制者，观其合麦苗、韭根捣之。因冬月韭无叶，而麦则有苗，可伪韭叶，加韭根复有韭味，纯食鲜者，与今法异矣。

唐贵人犹以鼎食

《明皇杂录》："李适之既贵且豪，常列鼎于前，以备膳羞。一日，庭中鼎跃出相斗，耳足皆落，明日适之罢知政事。"

唐人鬻饼状况

《任氏传》："行及里门，门扃未发，旁有胡人鬻饼之舍，方张炭炽炉，暂往栖止。"

按：此即今日之烧饼。张炭炽炉，即今日烧饼炉之状况也。

唐时已不食狗

《汉书·樊哙传》："以屠狗为事。"师古曰："时人食狗亦与羊豕同，故哙专屠以卖。"

按：自六朝以来，不见有以屠狗为业者，然不敢确定其无有。独师古此注，惧读者不明，故曰"时人食狗与羊豕同"云云，可见唐时已不屠狗而食矣。至乡曲偷狗盗鸡、私鬻狗肉者，虽至今不免也。

宋时食品之种类

《老学庵笔记》："集英殿宴金国人使九盏：第一，肉咸豉；第二，爆肉双下角子；第三，莲花肉油饼骨头；第四，白肉胡饼；第五，群仙炙太平毕罗；第六，假团鱼；第七，奈花索粉；第八，假沙鱼；第九，水饮咸豉旋鲊瓜姜。看食枣、锢子膍饼、白胡饼、馓饼。"

按： 今去南宋时七百年耳，其馔品无一与今同者，而假团鱼、假沙鱼尤不可解。既无其物，何必假者？且宴外使，必系盛馔，而只九盏，今普通朋友宴会，尚不只此，亦足以观世变矣。

周以来饮酒状况，造酒之法

《周礼·天官》："酒正，掌酒之政令，以式法授酒材。"又，《月令》："孟冬，乃命大酋：秫稻必齐，曲蘖必时，湛馇必洁，水泉必香，陶器必良，火齐杜云：同粢必得。"皆所谓酒材，授者以其法授酒人也。

按： 秫者，今之高粱，北方以其米酿白酒，俗所谓烧酒也。馇者，黍与黏稻；湛馇者，煮稻黍为糜，俟凉再加曲蘖，盛以瓴而酿之也。今南方用稻，北方用黍，黍酒色黄，俗曰黄酒，而其法周时皆有之。

古酿酒未熟既熟之识别

《周礼·天官·酒正》："辨五齐汉·杜子春：读同粢，郑司农：读若剂。之名：一曰泛齐，二曰醴齐，三曰盎齐，四曰缇齐，五曰沈齐。"

按： 此"齐"应依杜读为"粢"。粢者，黍米。言始酿米泛起，继而滓汁相将，有若醴然；继而盎然大泛，成缇色矣，缇者，黄赤相间也；终而齐沉汁清，酒成熟矣。五者皆酿酒之识验。旧注谓祭祀不尚味，贵多品，若五齐为五种酒者，误也。

周时酒名

《天官·酒正》:"辨三酒之物:一曰事酒,二曰昔酒,三曰清酒。"

按: 事酒者,有事于祭祀,执事者得饮之,常用之酒也。昔者,久也,今所谓陈酒也。清者,藏之过久,无几微渣滓,色愈澄味愈烈也。

周时无烧酒

按: 五齐之试验及所谓湛饎,皆今时以黍为糜,加曲蘖酿酒法,故屡以清浊及滓汁浮沉为辨。若烧酒则全恃蒸气,故其色白。唐李白诗云:"呼童烹鸡酌白酒。"是唐时已有烧酒也,惟不知始于何时。考《吴志·韦曜传》:"或密赐茶荈以当酒。"茶色黄,故可当酒。是三国时仍无白酒也。

周时饮料之多

《天官·浆人》:"掌共王之六饮:水、浆、醴、凉、医、酏。"

按: 浆者,以水煮米,米汁相载,即俗所谓米汤也。醴者,甜酒,以黍糜酿之,少加曲蘖,酿数日榨出即味甘,今所谓甜黄酒,即古之醴。凉者,冰水。医者,梅浆二者,即今之酸梅汤,而镇以冰块也。酏者,饴也,即今所谓饧,和以水而饮之也。五者醴与凉、医,今皆有。浆与饴专作为饮料者,少也。

周以冰保持食味状况

《周礼·天官·凌人》:"春始治鉴,凡外内饔之膳羞,鉴焉,凡酒、浆之酒醴亦如之。"

按： 鉴者，注云："如甄，大口，以盛冰，置食于中，以御温气，使不腐也。"今都会夏日有冰之地仍如此，而开始于周，可谓久矣。

周时卖浆者独多

《庄子》："吾尝食于十浆，而五浆先馈。"又，《信陵君传》："薛公藏于卖浆家。"

按： 十浆者，注云："十家并卖浆也。"先馈者，皆先馈进于己，今所谓竞卖也。周时载记不见有卖他食物者，而卖浆者独多。浆者，饮料，古无茶，似以此供过客行旅之用也。

周时以酒为刑，至晋犹然

《周礼·地官·闾胥》："凡事，掌其比，觵挞罚之事。"注："乡饮酒有失礼者，则罚以觵酒，重则挞之。"

按： 觵者，盛酒之器，轻则饮以酒，重则挞以鞭。然则罚饮亦刑之一也。又，《世说》："谢奕作剡令，有一老翁犯法，谢以醇酒罚之。"是晋时亦以酒为罚也。

古君臣有过，皆可罚以酒

《檀弓》："知悼子卒，未葬。平公饮酒，师旷、李调侍，鼓钟。杜蒉自外来，闻钟声，曰：'安在？'曰：'在寝。'杜蒉入寝，历阶而升，酌，曰：'旷饮斯！'又酌，曰：'调饮斯！'又酌，堂上北面坐饮之，降，趋而出。平公呼而进之，曰：'蒉！曩者尔心或开予，是以不与尔言。尔饮旷何也？'曰：'子卯不乐。知悼子在堂，斯其为子卯也大矣！旷也，太师也，不以诏，告也。是以饮之也。''尔饮调何也？'曰：'调也，君之亵臣也。为一饮一食，亡君之疾，是以饮之也。''尔饮何也？'

曰：'蕢也，宰夫也，非刀匕是供，又敢与知防，是以饮之也。'平公曰：'寡人亦有过焉，酌而饮寡人！'杜蕢洗而扬觯。公谓侍者曰：'如我死，则必勿废斯爵也。'"又，《晏子春秋》："景公惭焉，举觞自罚。"又，《淮南子》："魏文侯觞诸大夫于阳曲，饮酒酣，文侯喟然叹曰：'吾独无豫让为臣乎！'蹇叔举白而进之，曰：'请浮君，罚也。'"是君有过，可罚以酒也。又，《晏子春秋》："景公饮酒，田桓子侍，望见晏子，复于公曰：'晏子衣缁布之衣，麋鹿之裘，乘栈轸之车，而驾驽马，是隐君赐也。请浮晏子。'公曰：'诺！'晏子坐，酌者奉觞而进之曰：'君命浮子。'"是臣有过，亦以酒为罚也。夫酒者，人所喜饮，而以是为罚，且以酒代刑，倘遇嗜饮者，不愈得意乎！然其风至今未已，此等习惯殊不可解已。

周时卖酒即悬旗帜，而量酒则以升概

《韩非子》："宋人有酤酒卖酒者，升概甚平，遇客甚谨，为酒甚美，悬帜甚高，然不售，酒酸。怪其故，问长者杨倩。倩曰：'汝狗猛也，人畏焉。或令孺子怀钱挈壶瓮而往酤，而狗迓而龁之，此所以不售也。'"

按： 悬帜甚高者，欲使人望而知为酒家也。升者，所以量酒。概者，横木，过升口即知酒满与否也。今以斗量豆米者犹用之，谓之斗概。而古之量酒者亦用之，今则否矣。

古礼酒必和以水

《礼·玉藻》："凡尊，必尚玄酒。""惟飨野人皆酒。"注：尊尚玄酒，"不忘古也。"野人不得依古礼，故有酒无水。

按： 此亦犹"大羹不和"之意，敬之至也。对野人无所用其敬，反得饮醇酒，此等古礼，于人情不适，故自汉以后，无行之者。

古饮时安放尊壶规矩

《礼·少仪》："尊壶者面其鼻。"又，《玉藻》："惟君面尊。"注："面尊者，尊鼻向君，君宴臣专其恩惠。若两楹相见，尊鼻向两楹间，在宾主之间夹之，不得专向君也。"

按：两楹相见者，两国之君见于两楹之间，堂之正中也。既有两君，故尊鼻不得专向国君。

古酒尊多以角制

《诗》曰："酌彼兕觥。"《左传》："觵曲沃人。"《礼》："扬觯。"皆酒尊也，而皆从角。今角尊犹有存者，底敛口哆，径约三寸余，上有华纹，其遗制也。

古盛酒多用皮壶

扬雄《酒箴》："自用如此，不如鸱夷。鸱夷滑稽，腹大如壶，昼日盛酒，人复夜酤，常为国器，托于属车。"又，《史记》："夫差怒，盛以鸱夷投之江中。"

按：鸱夷，制以皮，腹大、口小、形扁，用以盛酒，旅行携之，挂于车箱，无震宕撞碎失酒之患，今出行携酒者仍用之，故子云云"托于属车"也。至夫差以鸱夷盛子胥尸，不过形较大耳，殆如今之酒篓矣。

汉人之赛酒多少须平均

《史记·灌夫传》："夫与长乐卫尉窦甫饮，轻重不得，不平。

夫醉，搏甫。"

按： 此必卫尉饮少，不肯再饮，而灌夫饮多，故云不得其平，恚而搏之也。今饮者犹然，俗名曰对钟，其黠者骗他人先饮，己则不饮。灌夫之用武，想亦如此也。

汉时贵人恃势不肯多饮

《史记·魏其侯传》："灌夫起行酒，至武安，武安膝席曰：'不能满觞。'夫怒，因嘻笑曰：'将军贵人也，毕之！'时武安不肯。"

按： 古人跪坐，以臀压足，故两膝外向。若致敬于人，身直竖则膝着席，故谓之膝席。然人为我酌酒，应避席伏。武安恃势，只膝席，又声言不能满觞，傲极矣，故夫不悦，而责其毕饮也。

汉人行酒时礼节

《史记·魏其侯传》："武安起为寿，坐皆避席伏。已，魏其侯为寿，独故人避席，馀皆半膝席。灌夫不悦。"

按： 是时武安为相，起为寿者，为斟酒毕饮，以祝寿为名，今所谓敬酒也。避席伏者，言离坐席而伏于地也。今为人行酒，人起立离坐致敬。古人不尔者，因席地坐，起立反不恭也。人以丞相故，皆避席伏，示不敢当。魏其侯亦曾为丞相，则避席者少，膝席者多。膝席较避席傲多矣，夫感世态炎凉，故不悦也。细读此文，汉时士夫酬酢状况，有如目睹。

古饮酒一饮须一杯，不尽则有罚

《汉书·叙传》："赵、李诸侍中皆引满举白。"孟康云："举白，见验饮酒尽不也。"即今日饮罢倒杯示人，以见其尽也。

师古曰:"一说,白者,罚爵之名也。饮有不尽者,则以此爵罚之。魏文侯与大夫饮酒,令曰:'不釂音醮,饮酒尽也。者,浮以大白。'"然则古饮酒一饮须尽一杯,否则受罚,自周末已然,不似今人之可徐饮也。

古少者与长者饮,亦一饮一杯但有后先

《礼·曲礼》:"长者举未釂,少者不敢饮。"

按:此益足证古人饮酒,一饮须尽一杯,不然长者尊未尽,少者先尽,则不恭矣。若如今日习惯可徐徐饮之,则长者之尽爵须时,少者永俟之不敢饮,则不合矣。釂,《说文》云:"饮酒尽也。"

唐时仍一饮一杯,故有酒巡

张说《虬髯客传》:"酒既巡。"《博异记》:"食毕命酒,才一巡。"王建诗:"劝酒不依巡。"黄辉诗:"玉烛抽看记饮巡。"巡者,遍也。依次尽爵,遍饮为一巡。盖一人饮讫,再及一人,非若今日之一齐干杯。是以《灵应传》云:"酒至贵主。"《集异记》云:"酒至溪神。"《摭异记》云:"上为临淄王时,游昆明池,会诸豪家子饮,酒及于上。"夫曰至曰及,则依次也。依次则一饮一杯,非若今日之可任意也。后又读任蕃《梦游录》:"见五六人方宴饮,酒至紫衣、至白面年少、至黑衣、至绿衣、至黑衣胡人、至张妻。"叙饮状尤悉,愈足证前说之不谬。

汉魏人之闹酒与今同

《史记·游侠传》:"郭解姊子负解之势,与人饮,使之釂。非其任,强灌之。"又:"陈遵招人饮,投辖井中不使去,至

登堂拜太夫人而逃。"又，《吴志·韦曜传》："皓每宴飨，坐无能否，率以七升为限，虽不悉入口，皆浇灌取尽。"观此则汉时酗酒之风，比今尤烈也。

唐凡宴饮皆设酒纠掌罚筹

《玉泉子》："昨日坡下郎官集送某官出牧湖州，饮饯邮亭，人客甚众。有仓部白员外末至，崔骈郎中作录事下筹。白自以卑秩，人乘凌竞，更固辞。上次酌四大器，白连饮三器。"又，"崔郢为京兆尹，三司使在永达亭子宴丞郎，崔乘醉突饮，众人皆延之。时谯公夏侯孜为户部使，问曰：'尹曾任给舍否？'崔曰：'无。'公曰：'若不曾历给舍，尹不合冲丞郎宴。'命酒纠来，要下筹，且吃罚爵，取三大器物，引满饮之。"

按：杜诗云："罚筹如猬毛。"筹，盖酒纠掌之。酒纠即录事，专司觞政，凡遇应罚者，皆酒纠执行。故皇甫嵩《醉乡日月》云："欢之征有十三，录事貌毅而法峻，八也。"此尤足征凡宴饮必设录事以司觞政。录事貌庄罚严，不徇私，故欢乐也。又，郑哲才《鬼记》："翘翘时为录事，独下一筹，罚蔡家娘子。"是虽女郎宴会，亦有录事司罚筹也。

汉行酒不用侍从

《史记·魏其侯传》："魏其侯为寿。"又，"武安起为寿。""灌夫起行酒。"

按：为寿者特敬人酒，宜自斟，灌夫亦客，乃自行酒。又，《后汉·马武传》："世祖见之甚悦，每劳飨诸将，武辄起斟酌于前，世祖以为欢。"是君臣宴会，亦自起行酒也。

古至尊亦行酒

《吴志·虞翻传》:"权既为吴王,欢宴之末,自起行酒,翻伏地阳醉,不持。权去,翻起坐。权于是大怒,手剑欲击之。"时权为吴君已二十余年,以如是尊位,君臣宴会犹自起行酒,可见古人酒礼至为郑重。故虞翻阳醉,伺权去而又起坐,以示不醉,致权怒也。

汉时禁三人以上饮酒

《汉书·文帝纪》:"赐大酺五日。"文颖曰:"汉律:三人以上无故群饮酒,罚金四两。"文帝施恩于民,使民得酺酒,五日以内可群饮也。

宋时主人劝酒必冠带

《老学庵笔记》:"前辈置酒饮客,终席不褫带,后稍废,然犹以冠带劝酬。"

按:劝酒,欢燕事耳,而犹必冠带。赵宋时士夫威仪,犹敦谨如此。

古皇帝临幸臣家,必为君具酒食,至唐犹然

《史记·卫皇后传》:"上被霸上还,过平阳公主。……既饮,讴者进。"又,《东方朔传》:"帝过馆陶公主,主亲上食奉觞。"又,《世说》:"晋武帝尝降王武子家,武子供馔,并用琉璃器,食蒸豚肥美,异于常味。"又,《大唐新语》:"房玄龄避位归第,时大旱,太宗将幸芙蓉园观风俗。玄龄敕其子亟洒扫具馔,曰:'乘舆必至。'既而,帝果幸其第,载入官。"

按:后世人主过臣第,既无宿设,仓卒具馔,必俭而不恭矣。即能丰美,而非饭时,犹不敬也。而古人不尔者,似当时以饮馔为

一定礼节，不然玄龄胡为亟敕其子哉！此等习惯，宋以后即不见，盖君威日尊，上下之情日益悬隔，此亦其一端也。

晋时迁官，往贺者皆款以酒食

《世说》："羊曼拜丹阳尹，客来早者，并得佳设。日晏渐罄，不复及精，随客早晚，不问贵贱。羊固拜临海，竟日皆美供。虽晚至，亦获盛馔。"

按： 今日贺人迁擢，无有具食者，只婚嫁有之。疑晋时贺人迁官，其周旋礼节，与今贺婚嫁同也。

古食时不饮酒，食后饮酒，唐宋犹然

今日宴会，皆先饮酒后食，古则与今正相反。观《曲礼》及《弟子职》、魏晋传记，载食事甚多，而皆不及酒，其饮酒者皆非食时。如《世说》："晋武帝幸王武子家，武子设蒸豚盛馔"。而不言饮何酒。又如："王恭欲请江卢奴为长史，晨往诣江，江犹在帐中。王坐，不敢即言。良久乃得及，江不应。直唤人取酒，自饮一碗，又不与王。王且笑且言：'那得独饮？'江曰：'卿亦复须耶？'"他纪饮酒事尚多，而皆非食时。

此等习惯，至唐宋犹然。段成式《诺皋记·许汉阳传》："食讫命酒。"又，《虬髯客传》："公访虬髯，对馔讫，陈女乐二十人，列奏于前，食毕，行酒。"又，《宣室志》："既设馔共食，食竟，饮酒。"《灵鬼志》："食毕，命酒。"又，徐嶷《物怪录》："六七人共食，食毕，命酒欢饮。"又，段成式《异疾志》："烹鸡设食。食毕，赍酒欲饮。"是唐时宴会皆食后饮酒，若今之食后饮茶。《老学庵笔记》记政和时宴北使，共九盏，每盏盛何食，皆一一详载，而亦无酒。夫宴外国使，必盛设矣。

倘有酒必与馔名并详，而竟不及，以是证宋时饮食次序仍不与今同也。

历代饮食时席地，用床、用桌之状况

此等状况，可分三期：自汉以前席地坐，即席地食，如《弟子职》所谓"坐必尽席"者，因不尽席则去食太远也。又曰："亦有据膝，毋有隐肘。"注："隐肘则身太伏，太伏则失仪矣。"凡此皆席地食之证。此一期也。自汉末至五代多坐床，食时即置饮食于床。段成式《剑侠传》："遂揖客入宴，升床当席而坐，二少年列坐两旁，陈列品味。"又，《虬髯客传》："行次灵石旅舍，既设床，烹羊肉且熟，遂环坐，食羊肉。"又，《墨昆仑传·附记》："彭博通尝会饮，日暝。独持两床，降阶就月，酒俎之类，略无倾泻。"又，孙頠《幻异志》："板桥三娘子先起点灯，置新作烧饼于食床上。"又，《五灯会元》："奉化趯倒餐床。"盖自唐以前，即置食物于坐床上，唐末五代时，别有食床，略如今之矮方桌，此一期也。至北宋，高座行，有椅子、杌子，因又有桌子。俱见后。其饮食时置列状况，遂与今同，此又一期也。

卷八　周时车马

车马部（一）

周马车箱及轮广、衡长尺寸

今人读古书，至车马，往往不能解，由不明其车马形象也，明其形象则豁然矣。按《考工记》："兵车之轮，六尺有六寸。乘车如之。"又，《舆人》云："轮崇，车广，衡长，三如一。"注："衡者，辕端横木，所以扼马领使不得脱。三如一者，言三者皆六尺六寸也。"又："三分车广，去一以为隧。"注："舆，深也。"疏："隧谓舆之纵。舆横六尺六寸，三分取二，得四尺四寸，以为纵。"即车箱广六尺六寸，长四尺四寸，与今制正相反也。

周车式高、矮、宽、广尺寸

《周礼·舆人》："三分其隧，一在前，二在后，以揉其式，以其广之半为之式崇。"注："式深尺四寸三分寸之二，高三尺三寸。"

按：车隧箱长四尺四寸三分一，则一尺四寸余也，以是为式之宽度。车广六尺六寸，半之则三尺三寸。式者，凭也。高三尺三寸，然后可凭。然古人立乘，必致敬于人方凭式，其寻常则凭较。《舆人》又云："以其隧之半，为之较崇。"注："较，两輢上出式者。"式高三尺三寸，加较高二尺二寸，共高五尺五寸。輢者，方望溪云："植于舆之两旁者为輢，横于輢间、当车前而为人所凭者为式。輢陷于隧间，式关于輢间，而不可动摇，故亦曰揉。"按较者，亦横木，高于式二尺余，立乘凭之，高矮方适宜，故《诗》云："倚重较兮。"惟较在式上，故云重也。《诗》疏云："较高于轼，同式。"輢是两旁植木，较横輢上。古者立乘，平常立则凭较。及应为敬，乃俯凭轼。吴淑和云："车箱长四尺四寸，以三分之，前一后二，横设一木，去车床即车底三尺三寸，谓之式。又于式上二尺二寸横设一木，谓之较。古人立乘，平常凭较，敬则落手，下凭式而头得俯。"由以上诸说考之，古马车制度，如目睹矣。

周马车一辕尺寸及形状，与马驾车之法

《考工记》："辀人为辀，轨前十尺而策半之。"

按：两辙之间为轨。轨前十尺者，言车辕即辀伸出隧外，当轨者长十尺也。又云："任正者，十分其辀之长，以其一为之围。"按，任正者，古马车只一辕，在正中，其后端与后轸齐，下托车床。车床长四尺四寸，合隧前之辕十尺，共长一丈四尺四寸。十分一，即一尺四寸四分，辕周围之度也。又，"衡任者，五分其长，以其一为之围。"注："衡任者，谓两轭之间也。"疏："服马有二，一马有一轭。轭者，厄马领使不得出，则当辀颈之处，费力之所者也。"故其围加倍，否则易毁。按，服马者，一辕居正中，辕之两旁，各驾一马，负衡引轭，车始能行。《诗》所谓"两服上襄"也。若驾四马，则两服马之外，各有一马谓之骖，《诗》所谓

"两骖雁行""两骖如舞"也。《左传·哀十七年》:"良夫乘衷甸两牡同乘两牧。"注:"兵车一辕,二马夹之,其外更有二骖,是谓驷马。今止两牧,盖以四马为上乘,两马为中乘。"又,《家语》:"孔子一车两马。"此皆止有两服,而无两骖。颈者,辕之前端向上作微弧形,有若颈,车行之力全在此。围若与前等,恐折也。

周车盖状况

《考工记》:"轮人为盖,达常围三寸。注:达常,盖斗柄,下入杠中者。程注:同楹,即杠也,柱也。围倍之,六寸,围倍故足,以含达常。信其程围以为部注:盖斗。广,部广六寸,径六寸,备四面凿孔以纳弓。部长二尺,程长倍之四尺者二。八尺。十分寸之一谓之枚。所以支盖。弓凿广四枚,注:弓伞骨。凿上二枚,凿下四枚。上用力小,下用力大。上欲尊而宇聜下曰宇欲卑。上尊而宇卑,则吐水疾而霤远。盖已太也尊,则难为门也;盖已卑,是蔽目也。是故盖崇十尺,良盖弗冒弗纮。冒覆布,纮系绳。殷亩而驰,不队,谓之国工。"

按:王光远云:"盖之制,上为部,中为达常,下为程,旁为弓。所以腾盖。达常小于程,程小于部。非部无以纳弓于其旁,非程无以含达常于其中。"盖古车盖竖于车中,其柄分为三部:在下者为楹。中为达常,达常围三寸,楹围六寸而有孔,故可含达常于其中。在上者为部,部径六寸,长二尺。其上端凿孔以纳弓,以为盖骨。其下端凿孔以纳枚,以支盖弓,而含达常于其中,以为张弛。部二尺,楹八尺,故知盖高一丈。盖原以避日雨,故曰上尊宇卑,则吐水疾而霤远。

盖已崇则难为门者,"门"字注疏皆不详。吾疑即车板上纳楹之穴也,穴之上必更有关以为固,太高则障风,关则毁矣,故曰难乎其为门。

古车盖可解下，至汉犹然

《周礼·夏官·道右》："王下，则以盖从。"注："以盖崇表尊。"疏："盖有二种，一者御雨，一者表尊。此则表尊之盖也。"

按： 古车盖，楹之下端插于车中，而中含达常，故可持下，以达常为柄。持覆尊者，非贵人不许御，故后世以冠盖为卿士之代称。班孟坚《西都赋》所谓"冠盖如云"也。又，《汉书·上官皇后传》："天大风，车不得行，解盖授桀。桀奉盖，虽风常属车；雨下，盖辄御。上奇其材力。"观是，则汉时车盖仍能解下，制与周同也。

周车轮状况，泽行轮如刃

《考工记·轮人》："凡为轮，行泽者欲杼，行山者欲侔。杼以行泽，则是刀以割涂也，是故涂不附。侔以行山，则是搏以行石也，是故轮虽敝，不甑于凿。"

按： 杼者，注云"削薄其践"也；侔，上下等也。轮之践地者薄，故泥不附而行速。轮上下等则坚，故石虽撞而不敝。不甑于凿者，谓不动于凿中也。

周车辋用火弯之，无锯故也

《考工记·轮人》："凡揉牙，车辋。外不廉而内不挫。廉，绝也；挫，折也。旁不肿，负起。谓之用火之善。是故规之以视其圆。"

按： 轮之外围，古谓之牙，今谓之辋，用以安辐。今制辋之法，用至坚之枣木，锯解为片，裁作弯形，衔接为规。古无锯，以火烤棘木使弯。《晏子春秋》："今夫车轮，山之直木也。良匠揉之，其圆中规。"是其证。烤失火候，则外面易崩绝，内易伤折，而旁虞肿起，复恐其不圆，度之以规，今仍如此。则轮成矣。夫锯者，木

·124·

作之不可离者，而古无之。至以火弯巨木成轮，此古木器之所以难欤。

周轮不敷铁，轮末以木为齿

《考工记·轮人》："视其绠，欲其蚤同爪之正也。"又，"六尺有六寸之轮，绠三分寸之二，谓之轮之固。"注："绠者，轮箄也。"疏："凡造车轮，皆向外箄。谓辐末出牙外。向外箄，则车不掉。震动。正也者，爪入牙中，凿孔必正直，不随邪也。"三分寸之二者，注谓"出于辐股凿之数也"。

按：出于辐股凿之数者，谓辐末穿出辋外三分寸之二，使辋不亲地，用以护辋，故谓之固。且车行稳，故曰不掉。若今世则以铁敷轮，固于古远矣。而山西所产车轮，且以铁为齿，护于四周，殆仍周箄之遗意也。

又按，绠在轮外周，注谓"轮箄曰绠"，其形状至不明了。今绎经义及孔疏，知绠者并非别一物敷于轮周，如今世之轮铁，乃辐之末端即爪出牙外三分寸之二也，故曰"视其绠欲其蚤同爪之正"。明蚤与绠非二物，即辐股末端之牙者为爪，爪穿出牙外者为绠，故视绠则知蚤正。然郑注"箄"之义仍不明了。按《说文》云："箄者，蔽也。所以蔽甑底。"盖隔饭使不亲甑。今辐末外出六分余，间一凿凸出一绠，而牙上未凿孔之处，则凹六分余。凹凸相间，有若箄形。箄着地使牙不亲地，故轮安而固。方望溪谓"今时车牙外今谓辋以铁叶裹之，绠之制疑类此"，于注疏之义全不合，盖误以绠与辐爪为二物。若为二物。则视绠与爪正有何关哉？

周牛车两辕状况

《考工记·车人》："柏车山车毂长一柯。大车，任载平地之车。崇三柯。羊车郑云："羊，善也。"有疑？二柯。彻广六尺，鬲长六尺。"注：

"鬲，辕端厌牛领者。"疏："牛车两辕，一牛在辕内，故鬲狭。"

按： 彻广六尺者，言比马车皆狭六寸也。车狭六寸，因而牛鬲比马衡亦皆短六寸，明三者皆牛车也。柯者，斧柄，三尺为柯。马车轮崇六尺六寸，牛车大则轮崇九尺，羊则轮崇六尺，柏车由渠二柯者三计之，则轮亦崇六尺也。郑说羊为善，似有安稳之意。郑恐人不明，云"若今之定张车"，而未详说。至孔作疏，又隔数百年，复不能详"定张"之义。故羊车之诂，讫不能无疑也。

牛车箱纵长横狭，与马车相反

《考工记》："大车崇三柯，绠轮算寸，牝服车箱二柯有同又三分柯之二。纵八尺。羊车二柯有三分柯之一。箱纵七尺。柏车二柯。箱纵六尺。"方望溪云："乘车崇六尺有六寸，绠三分寸之二。大车轮加崇，九尺。故绠加广。乘车之轸，六尺有六寸，又三分去一以为隧者，御与左右并乘，横排三人。必横广乃能容，六尺六。而纵不必长也。四尺四寸。大车彻广六尺，而牝服则八尺者，横狭而纵长，然后载物多而车行安也。"

按： 牛车之箱，与马车广狭正相反。所以然者，马车载人，牛车载物也。方云"绠加广"，"广"字误。绠为爪穿出者耳。绠寸者，乃长一寸也。

牛车之辕长于马车

《考工记·车人》："凡为辕，三其轮崇。三分其长，二在前，一在后，以凿其钩。"

按： 三其轮崇者，柏车、羊车轮崇六尺，而辕长则一丈八尺也。大车轮崇九尺，而辕则二丈七尺。若马车轮崇六尺六寸，辕止一丈四尺四寸，较牛车则短也。一在后以凿其钩者，疏云："言以一分托舆板。钩者，辕之钩心也，就辕凿孔纳杙，以钩车箱也。"

按： 疏说非也。牛车既两辕，每辕凿孔纳两杙，下垂以夹车轴而激轮行。非上钩车箱，因车箱两边，尽托于两辕之上，辕动箱即行，不须钩心。此其误，皆由富贵人未亲睹其物，故说每不合也。

牛车辕前端亦曲

《考工记·辀人》："凡揉以火熸之，使曲或使直。辀，辕也。欲其孙而无弧深。今夫大车之辕，挚同直其登又难，既克其登，其覆车也必易。此无故，唯辕直且无桡也。曲也。是故大车平地既节轩挚之任，前后轻重相称。及其登陁，阪也。不伏其辕，抑之使下。必絷其牛。此无故，唯辕直且无桡也。"

按： 必絷其牛者，因不伏辕则车后仰，后仰则牛吭受羁绊之缢，不能用力矣。辕曲则无是。又，故登陁者，倍任者也，犹能以登。言任虽重犹能登。及其下陁也，不援其邸，同底。必缍其牛后。此无故，辕直且无桡也。按：必缍其牛后者，因下陁时，车下行速，故以手援车底之前端，以缓其行。否则崩奔而下。牛后为鞿，《左传》注："在后曰鞿。"所缍而仆矣。辕曲则免。按：古牛车两辕，牛居中，以鬲被牛领，引车使行，与今同。而辕曲则与今异也。又观文义，似当时民多有为直辕者，故经再三言之。然曲辕难为且不坚，故今无曲辕者。

周时，立乘执绥

《论语》："升车，必正立，执绥。"惟立乘故易堕。《史记·张仪传》："张仪至秦，详同伴失绥堕车，不朝。"

按： 绥者，升车用之，《曲礼》所谓"并辔授绥"也。此云正立执绥，失绥堕车，则乘车时亦手不释绥也。释绥则倾跌随之。是绥有二用：一登车为引，一乘时恃以为安也。

惟立乘故须有骖乘

古御者居中，尊者居左，右则骖乘。骖乘者，所以护持尊者，防其危险，故亦名车右。《曲礼》云"至于大门，命车右就车，门间沟渠必步"是也。又，《左传》："逢丑父使公齐顷公下取饮。"因丑父先与公易乘，公为车右，故伪命公取饮，因以逃也。又，《襄二十三年》："'鞅请骖乘。'持带，遂超乘。右抚剑，左援带。"是范鞅意虽劫魏献子，而持带、援带，皆所以护尊者使不跌，则骖乘之职务也。又，《公羊传》："阳虎囚季孙，将出而杀之，以其弟阳越为右，至于孟衢。临南投策而坠之，阳越下取策，临南骈搚马衔走焉，季孙竟免。"以此证车右之职不惟护持尊者，即御者有事，亦车右下车为役，故得遣阳越监季孙而免季孙也。

周国君登车时状况

《曲礼》："君车将驾，则仆执策立于马前。已驾，仆展视也辂，车阑。效驾，白已驾。奋衣由右上，取贰绥，跪乘，执策分辔，驱之五步而立。先试之。君出就车，则仆并辔授绥，左右攘辟，车驱而驺。至于大门，君抚仆之手，而顾命车右就车。"

按：并辔授绥者，并六辔及策于右手，以左手转身向后，授君正绥使上也。辟者，辟行人；攘者，攘臂指挥，至大门始命骖乘登也。

古为妇人御礼节

《曲礼》："仆御妇人则进左手，后右手。"《坊记》亦云："御妇人进左手。"疏："仆在中央，妇人在左。仆御之时，进左手持辔,所以尔者,形微相背也。若进右手,则近相向,相向则生嫌。"

古乘车尚左

《史记·信陵君传》:"公子从车骑,虚左自迎侯生。"又,《战国策》及《说苑》"秦王乃自驾千乘万骑,虚左方自迎太后甈阳宫。"

按: 古人尚右,独乘车尚左,所以然者,古乘车横长而立乘,故尊者须人护持。而御者立于当中,尊者居左,骖乘从右扶持之,其势顺,易置则不顺也。若兵车,则御者居左,元帅居中。详见后。

古车盖朱色可倾仄用之

《韩非子》:"管仲出,朱盖青衣,置鼓而归。"又,《晏子春秋》:"拥大盖,策驷马。"又,《说苑》:"孔子将行,无盖。弟子曰:'子贡有盖。'"又,《家语》:"孔子遇程子于途,倾盖而语。"《志林》云:"倾盖者,道行相遇,骈车对语,两盖相切,小语之义,故倾盖也。"

按: 东坡释"倾盖",较他书得之矣,而仍不详古车盖可竖可解。此必程子车上无盖,孔子与骈车对语,解盖使倾仄,并以荫程子也。若两盖相切,胡云倾哉!

古登车时有乘名

《周礼·夏官·隶仆》:"王行,洗乘石。"注:"王所登上车之石也。"又,《诗·小雅》云:"有扁斯石,履之卑兮。"又,《淮南子》:"周公践东宫,履乘石。"是不惟君登车履石,臣亦然也。

古在车上行式礼状况

《周礼·夏官》："齐右：掌祭祀、会同、宾客前齐车，王乘则持马，行则陪乘，凡有牲事则前马。"又，《曲礼》："国君下宗庙，式齐牛。"

按：牲事者，即"式齐牛"也。古者祭祀，最重牛牲，故国君在车上遇齐牛，则致敬而式。凡式视马尾，当须端拱拱手不持绥。斯时最易倾跌，故齐右下车前马，使却行以免惊奔。

古乘车遇人多亦式

魏文侯式段干木之庐，是敬其人而式其庐也。又，《韩诗外传》："荆伐陈，陈西门坏，因其降民使修之。孔子过而不式。子贡执辔问曰：'礼过三人则下，二人则式。今陈之修门者众矣，夫子不为式，何也？'"是可证遇稠人广众亦式也。

周妇人车有衣，又不立乘，故不外露

《曲礼》："妇人不立乘。"疏："妇人质弱，不倚乘，异男子也。男子倚乘，妇人坐乘，所以异也。"又，《诗·卫风》："翟茀以朝。"又："淇水汤汤，渐车帷裳。"又，《左传·定九年》："载葱灵，寝于其中以逃。"

按：翟者，羽也。注："妇人乘车不露见，车之前后设障以自蔽，谓之茀。"葱灵者，注云："辎车名也。"《说文》："辎䡝，衣车也。"是皆妇人之车也，惟不外露，故可托妇人寝于中以逃。妇人车有衣，又不立乘，故男有车右，妇人无骖乘也。《左传·闵公二年》："归夫人鱼轩。"鱼轩者，以鱼皮为饰，亦妇车也。

古为国君及妇人御仪式

《曲礼》:"仆御妇人则进左手,后右手。御国君则进右手,后左手。"

按: 进左手者,以左手持辔也。妇人在左,左手持辔则形相背,可别嫌。御国君则反是,又以面君为敬也。由此证之,妇人不必尽乘衣车也。

古御者鞭策之端有针

《淮南子·道应训》:"白公虑乱,罢朝而立,倒杖策,錣音注,针也。上贯颐,血流至地而弗知也。"又,"今有良马,不待策錣而行;驽马虽策錣之不能进。"为此不用策錣而御则异矣。又,《韩非子》:"延陵卓子乘苍龙与翟文之乘,前则有错饰,后则有利錣。"又,《孔丛子》:"左手执辔,右手运策。"

按: 策者,马捶,端有针曰錣。倒杖策故针贯颐,流血至地也。盖古御者以策捶马,并以策端之针刺马使速行,虐亦甚矣。左手执辔、右手运策者,左司静职,右司动职,古与今同也。

古以脂油膏车

《诗·卫风》:"载脂载舝,旋车言迈。"又,《小雅》:"尔之亟行,遑脂尔车。"笺:"舝,车轴头金也,古者车不用则脱其舝。"又,《史记·齐世家》:"淳于髡曰:'狶膏棘轴,所以为滑也。'"然而不能运方穿。

按: 舝者,以铁杙插于轴头,使轮不外脱也。轴与毂相摩处皆金,得脂则滑。古无植物油,皆用兽油。棘木者,枣木也,性坚。今北人犹以为轴。

131

古栈车饰车宽狭之不同

《考工记》:"栈车欲弇,饰车欲侈。"注:"栈车无革鞔易坏,饰车谓革鞔车也。弇者车箱微向内,侈者微向外。革鞔者,以革覆舆及毂,再加漆画,坚而美观,故曰饰车。"

按:《巾车》职云:"大夫乘墨车,士乘栈车。"栈车者,柴车也。"晏子常乘以朝,不显君赐,景公欲浮以酒"者是也。栈车不坚,故箱欲狭。饰车坚,故箱宜阔。亦各因其材也。

周时已有雇车

《新序》:"宁戚欲干齐桓公,穷困无以自进,于是为商旅赁车以适齐,暮宿于郭门之外。桓公郊迎客,夜开门,辟赁车者,执火甚盛,从者甚重。宁戚饭牛于车下,望桓公而悲,击牛角而歌。"

按:赁者,借佣也,《史记·范睢传》"为人佣赁"是也。今谓之雇。为商旅赁车者,言以租赁牛车为业,为人载重也。周时无客店,故宿于门外衢旁,公出使辟也。《吕氏春秋》亦载此事,作"将任车"。高诱注云:"任,亦将也。"后儒驳之,训任为载。皆非是。任者,赁之省字。《集韵》云:"赁或作任。"是"任""赁"同义也。

周时车箱内铺席,马身上被衣

《韩非子》:"简主谓左右:'车席大美,吾将何屦以履之?'"又,《左传》:"或濡马褐以救之。"注:"马衣也。"

按:马出汗,弛驾时惧伤风,步马者因被以衣。《左传·襄二十六年》:"左师见夫人之步马者。"正兹时所用也。步马者恐马过劳,弛御后遽与刍秣,饱食致病,乃牵行空处,徐徐往还,以调其气,今谓之溜马。而杜注解"步马"为"习马",失其义矣。

周时非命，民不得乘饰车骈马

《说苑》："古者必有命民。民有能敬长怜孤、取士好让、居止方者，命于其君，然后得乘饰车骈马。未得命者不得乘，乘者有罚。"故其民虽有余财侈物，而无仁义则无所用之。故其民皆兴仁义。

古惊车状况

《荀子》："定公问于颜渊曰：'东海子之善驭乎？'对曰：'善则善矣！虽然，其马将失。'定公不悦，入谓左右曰：'君子固谗人乎？'三日而校来谒曰：'东海毕之马失，两骖列，同裂。两服入厩。'"注：两服马在中，两骖马在外，擘裂中马牵引而入于厩也。

周末贵人车从之多，因是证明数事

《说苑》："子路曰：'吾亲殁之后，南仕于楚，从车百乘。'"《韩诗外传》："田子方之魏，魏太子从车百乘迎于郊。"《吕氏春秋》："匡章谓惠子于惠王之前曰：'螳螂，农夫得而杀之，为其害稼也。今公行，多者数百乘，步者数百人；少者数十乘，步者数十人，其害稼亦甚矣！'"《孟子》："从车数十乘。"

按：古从车若是之多者，一以表威；一因古无售食物之商店，凡旅行皆自持米粮釜鬲，自造食物，而庖人之属亦须追随，故须多车载之，然亦无须数百乘。訇辖雷殷，行列数里，其状甚怪，而讫不解其义之所在，然因是又证出当时社会二事：一燃料易，随处皆有，人虽多造食不艰；一刍秣贱，马虽众易养也。

历代社会风俗事物考

战国时赏赉恒以车

《庄子》："宋人有曹商者，为宋王使秦。其往也，得车数乘。王说之，益车百乘，反于宋。见庄子曰：'夫处穷闾阨巷，困窘织席，槁项黄馘者，商之所短也；一悟百乘之主，而从车百乘者，商之所长也。'庄子曰：'秦王有病，召医破痈溃痤者，得车一乘；舐痔者，得车五乘。所治愈下，得车愈多。子岂治其痔耶？'"又，"有见宋王者，锡车十乘，以其十乘骄稚庄子。"此以今社会观之，以一寒士乍得车数十乘，其夫马何以养之？又何以用之？售于人乎？则君赐也，置于家乎？则虚耗也。而得之者反喜而骄人，则不得当时社会之真情况矣。

古兵车状况

古兵车皆以革鞠之使坚，所谓革车三千乘也。而无盖，尊者则笾人执笠，依毂而立，以御寒暑，《左传·宣三年》"又射汰辀，以贯笠毂"是也。而有扃。扃者，兵阑，排置兵器，《左传·宣十二年》"晋人或以广队不能进，楚人惎之脱扃"是也。扃脱则车轻，有旆。旆者，帅旗，竖于车上，进居前，退殿后。《左传》"少进，马还，楚人又惎之拔旆投衡"是也。拔旆卧衡上，则不帆风。车行速，而马亦被甲。《左传·成二年》："齐侯曰：'余姑翦灭此而朝食！'不介马而驰之。"注："介，甲也。"其车制广狭，皆与寻常乘车同。

古兵车尊者居中

《左传·成二年》："韩厥代御居中。"杜注云："自非元帅，御者皆在中，将在左。"可证兵车元帅及君皆在中也。又，《诗》："左旋右抽。"郑笺："左，左人，谓御者。右，车右也。中军，谓将也。"兵车之法,将居鼓下,故御者在左。

古兵车有楼车

《左传·宣十五年》:"登诸楼车,使呼宋人而告之。"楼车高,登之可与城上人语,否则不闻也。又,《成十六年》:"楚子登巢车,以望晋军。"巢车盖亦上有楼,若鸟巢然,登之则敌人动静虚实皆在望中。其高盖有数丈,不然,晋人夷灶塞井设幕,不得清晰如是。惟其高如是,其广若干,挽以马乎,推以人乎,如何而后免倾危之患,其详制则不可考矣。

兵车上建旗状况

《周礼·春官·司常》:"交龙为旂。"《释名》:"旂,倚也,画作两龙相依倚也。"又,《尔雅》:"有铃曰旂。"注:"悬铃于竿头。"又,《说文》:"旂有众铃,以令众也。"是旂者,画两龙于上,复于竿头悬铃,以为号令也。又,《春官·司常》:"熊虎为旗。"注:"画熊虎者,言其猛莫敢犯。"又,《释名》:"熊虎为旗,军将所建,象其猛如虎,与众期其下也。"是旗者,期也,画虎以象威,与众期其下,以听誓约也。而旗之末曰斿,《博雅》:"天子十二斿至地。"曲柄者曰旃,而军帅所建者曰旆,进则居前。《左传·庄二十八年》:"子元、斗御强、斗梧、耿之不比为旆。"注:"子元自与三子持建旆以居前。"疏"行军之次,旆最居前"是也。退则殿后。《左传·宣十二年》:"令尹南辕返旆。"旆者,旒之末。郭璞云:"旐帛全幅长八尺,旆帛续旒末为燕尾。"《释名》云"鱼蛇为旐,建之于后,所以察事宜之兆"者是也。

旗之长度有等差

《新序》："司马子期猎于云梦，载旗之长拖地，天子方至地。芊尹文拔剑齐诸轸而断之。子期曰：'吾有罪于夫子乎？'对曰：'臣以君旗拽地故也。'"国君之旗齐于轸，大夫之旗齐于轼。

古国君旅行以车为宫，辕为门

《周礼·天官》："掌舍掌王会同之舍，设梐枑再重，设车宫，辕门。"注："凡会同必于野，故以车为宫，以辕为门，而于其中设帷幕。"

按：以车为宫者，将车环列四周以为垣；以辕为门者，将两辕竖起于左右，上建旗帜，中出人以为门也。而今之衙署两边出入之门仍名辕门，岂不误哉！

卷九　汉以来车马

车马部（二）

西汉时车马状况

西汉时车马大致与周同而渐异。周时惟王后得坐乘，虽天子皆立乘。汉则大车立乘，安车坐乘。周时男车无有帷者；汉则男子乘辎车有襜帷。周时马车一辕，至少驾二马；汉则可驾一马，是汉时乘车亦双辕，与周牛车同也。此其大略也，至东汉末则更异矣。以次述之。

西汉仍立乘

《周亚夫传》："天子为动，改容式车。"师古曰："古者立乘，凡言式车者，谓俯身抚式，以礼敬人也。"又，《汉书·成帝纪》："升车正立不内顾。"又，《韩安国传》："安国行丞相事，引堕车，蹇。"如淳曰："为天子导引，而堕车跛蹇也。"

历代社会风俗事物考

按：惟立乘则式车，惟立乘则危而易堕。《后汉书·舆服志》所谓立车，徐广所谓"高车"者是也。若周时皆立乘，则无立车之名。立车者，所以别于安车也。

西汉初已乘辎轩车

《张良传》："上虽疾，强载辎车，卧而护之。"师古曰："辎车，衣车也。"又，《后汉书·舆服志》："旧典传车骖驾乘，赤帷裳，惟郭贺为冀州，敕去襜帷。"又，《昌邑王传》："使大奴以衣车载女子。"又，《后汉书·刘盆子传》："赤屏泥，绛襜络。"注："车上施帷以屏蔽者，交络之以为饰。"是自西汉初，男子已乘帷车，后遂衍成风俗矣。

汉时乘车两辕渐改周制

《汉书·鲍宣传》："'行部乘传去法驾，驾一马，舍宿乡亭，为众所非'宣坐免。"

按：周时乘车一辕居中，至少两马在辕左右驾之，若一马则衡偏而难用力。兹云驾一马，必双辕车而马居中也，与周载重之牛车正同。又，《后汉书·江革传》："革以母老，不欲摇动，自在辕中挽车，不用牛马。"夫既曰辕中，则两辕之间矣。可证一辕立乘车，在汉时惟法驾及礼车或有之，寻常乘车皆双辕矣。

汉时坐乘之安车，开周所未有

《汉书·申公传》："于是上使使束帛加璧，安车以蒲裹轮，驾驷迎申公。"又，《枚乘传》："始以蒲轮迎枚生。"又，《杜延年传》："赐安车驷马，罢就第。"

按：《后汉书·舆服志》："安车，立车。"徐广曰："立乘曰高车，坐乘曰安车。"又按：《晋书·舆服志》云："按周礼惟王后有安车，王亦无之。自汉乃有之，有青、黄、赤、白、黑五种。"是安车创自汉，汉以前无有也。人情好逸而恶劳，自是以后，历魏晋，至齐梁，立车遂绝迹，无不安车矣。

汉安车上有茵有凭

《汉书·周阳由传》："俱在二千石列，同车未尝敢均茵凭。"又，《世说》："汲黯与周阳由共车，未尝敢均茵凭。"又，《丙吉传》："西曹地忍之，此不过污丞相车茵耳。"又，《五行志》："或乘小车，御者在茵上。"师古曰："车小不得回避，而在天子茵上也。"苏林曰："在茵上坐也。"此皆坐乘之安车也。若立乘之车，则茵凭无所谓均。惟安车亦广，故能容二人并坐。其谦抑自下者，敛身逼处，占地遂狭，故曰不敢。然安车仍有凭者，以古人车上亦跪坐，非若今世之箕踞，得凭以为扶，则安稳不倚仄。见人亦可式，惟无重较耳。

汉时贵人皆朱轮

《汉书·杨恽传》："恽家盛时，乘朱轮者十余人。"又，《翟方进传》："遣使者以朱轮授孙贤。"又，《李寻传》："将军门九侯十二朱轮。"按《后汉书·舆服志》云："公列侯安车朱斑轮。"是朱之中尚有斑文以为美。此制相沿最久，自西汉讫清末二千余年皆如是，惟后世轮朱而不斑耳。

汉时较轼益华美

《后汉书·舆服志》:"安车倚鹿较,伏熊轼,皂盖。"注:"倚鹿较者,画立鹿于车之前,两藩外也。伏熊轼者,车前横轼为伏熊之形也。"

按:画立鹿于两藩外者,因安车无须较,故只画其形以为美观,而轼则仍旧,轼即凭也。前谓安车无重较者,以此证明也。

汉时驷马须一色

《汉书·食货志》:"自天子不能具醇驷。"师古曰:"谓驷马杂色也。"

按:此言与匈奴大战后,马多物故,虽天子驷马亦杂色,不能醇一。是可证未战前,凡乘驷马者,皆四马一色也。

西汉时仍有骖乘

《史记·袁盎传》:"上朝东宫,赵谈骖乘。"又,《卫绾传》:"诏中郎将骖乘还而问曰:'君知所以得骖乘乎?'"又,《汉书·霍光传》:"宣帝始立,谒见高庙,大将军光从骖乘,上内严惮之,若有芒刺在背。后车骑将军张安世代光骖乘,天子从容肆体。"凡此皆礼车立乘,故仍有骖乘以为护持也。

汉时对尊者登车为不敬

《汉书·佞幸传》:"莽求见太后,具言淳于长骄佚,欲代曲阳侯,对莽母上车。"师古曰:"上车当于异处,便于前上,言不敬。"

按:今日登车时,如长者在前,须回避长者登之,犹汉之遗俗也。

西汉士夫因贫始乘牛车

《汉书·食货志》："自天子不能具醇驷，而将相或乘牛车。"《朱家传》："乘不过軥牛。"晋灼曰："軥牛，小牛也。"《蔡义传》："以明经给事大将军幕府。家贫，常步行，资礼不逮众门下，好事者相合为义买犊车，令乘之。"《朱义传》："常居鄠田，乘牛车。"又，《史记·五宗世家》："其后诸侯贫者，或乘牛车也。"是皆因贫而乘。盖自武帝征匈奴后，马少，贫者不能置，故乘牛车。而诸侯王尤国之贵族，亦乘牛车，于是社会慕之，乘者渐多，演为风俗。至魏晋时，虽极富贵人家，亦无不犊车矣。

西汉时官吏法驾皆马

《汉书·朱买臣传》："买臣既为会稽太守。有顷，长安厩吏乘驷马来迎。"张宴曰："故事，大夫乘官车驾驷。"

按：驾驷者，驾四马相并，仍两服两骖也，立车也。东海于公令高大门间，能容高车驷马，诚以门不广，四马不能并入，不高亦不能容立车也。

汉宫吏不法驾则免官

《汉书·鲍宣传》："'宣行部乘传去法驾，驾一马，舍宿乡亭，为众所非。'宣坐免。"又，《韦玄成传》："祀孝惠庙，天雨淖，不驾驷马而骑至庙下。有司劾奏，等辈数人皆削爵为关内侯。"又，《后汉书·谢夷吾传》："迁巨鹿太守。后以行春乘柴车，从两吏，冀州刺史上其仪序失中，有损国典，左转下邳令。"

按：古时官威甚肃，盖以为人既为官，即有官之威仪。若放弃定制，以平民自列，即为蔑视法令，故须免官。至于骑行，自周以来无之。至汉时非行阵而骑者,乃驺从耳。若以大官而骑,则有失官仪。况祭庙重礼,尤不可乎!

汉初随从车乘仍多

《汉书·郦通传》:"武臣以车百乘,骑二百,侯印迎徐公。"是仍有战国豪侈之余习,以骑兵二百迎人,以为行列威武,虽至今有之,而车百乘,则不得其义矣。

汉贾人不得乘马车,骑马

《汉书·高帝纪》:"贾人不得乘骑马。"言不得乘马车并骑马也。又,《舆服志》:"贾人不得乘马车、除吏。"古以商贾不耕不织,惟利是图,故抑之使不得列于良民。然百货之流通,商贾是赖,便民利用,莫大于是,故先王特创市廛,以居商贾。秦汉以来,盖逐末者渐多,恐其伤农,故为是虐政,若成周则无是也。

汉车盖颜色、物质

《景帝纪》:"中六年,诏三百石以上皂布盖,千石以上皂缯覆盖,二百石以上白布盖。"

按:缯者,帛也。官尊以帛,卑以布。色则皂为贵,白为卑。

后汉时车上羽盖

《后汉书·虞延传》:"帝善之,敕延从驾到鲁。还经封丘城门,门下小,不容羽盖,帝怒,使挞侍御史。"

按:羽盖者,盖上饰以羽为美观,门下不能人。按《前汉书·黄霸传》:"赐车盖特高一丈。"天子之盖,盖亦高一丈,车高四尺,共高一丈四尺，故县城门不能入。然解下则无以表尊，故帝怒。

后汉时男子皆乘帷车而贱轺车

《后汉书·楚王英传》："遣大鸿胪持节护送，得乘辎骈。"《苍颉篇》曰："衣车也。"又，《袁绍传》："士无贵贱，与之抗礼，辎骈柴毂，填接街巷。"又，《赵岐传》："岐遂逃难四方，卖饼北海市中。时安丘孙嵩年二十余，游市见岐，察非常人，停车呼与共载。岐惧失色，嵩乃下帷。"

按：帷车在前汉时，有故或乘之，而不数见。至后汉，无论贵贱，除法驾外，尽用帷车。故《晋书·舆服志》云："汉世贵辎骈而贱轺车，晋贵轺车而贱辎骈。"轺者，《说文》："小车也。"《释名》："轺者，遥也，可四向遥望也。"《前汉·平帝纪》："征天下能知逸经、古记……，在所为驾一封轺传，遣诣京师。"注："以一马驾轺车而乘传也。"盖轺车甚小而轻，故可一马驾之。又，轺车牝服浅而无帷，其形略如今火车上之有顶敞车，故乘之可远望，尤足证汉世车皆双辕已。

汉辎骈车以平顶圆顶分贵贱

《东观汉纪》："梁冀僭侈，作平上骈车。"平上者，平顶也。平上而僭，可知皇帝车平上，臣下皆圆顶也。

汉末犊车风行，自是贵人无乘露车者

《魏略》："孙宾硕乘犊车过市。"《世说》："汉末卢充三月三日临水戏，忽见一犊车。"是城市出入皆犊车也。又，《后汉书·单超传》："其仆从皆乘牛车而从列骑。"是更以牛车为贵，谓超家虽仆从亦乘也。较西汉之因贫而乘者，风尚异矣。盖自汉魏以来，贵人车皆有屋。《金楼子》云："刘义宣就民间觅露车自载。"露车无屋，义宣战败亡命，始乘之，是其证。

汉末车有后户旁户，为西汉所未有

《三国志》注引《魏略》："孙宾硕乘犊车从骑过市，见赵岐贩胡饼，疑其非常人，乃开车后户，顾所将两骑，令下马扶上之。时岐以为是唐氏耳目也，甚怖，失色。宾硕闭车后户，下前襜，_{车帷。}谓之曰：'终不相负。'"又，《世说》："汉卢充三月三日临水戏，忽见一犊车，乍沉乍浮。既上岸，充往开车后户。"又，《说文》："庉，_{音泰。}辒车旁推户也。"

按：车之有户，不惟西汉无之，即东汉初亦不见也。汉末始盛行，至晋遂以有户无户为定制矣。

魏晋已无骖乘之名，车特大可容四五人

《世说》："晋文帝与二陈同车，过唤钟会同载。"又。"桓宣武与简文太宰同载。"是一车可乘三人，并御者共四人，而无骖乘之名。盖皆乘安车，无须骖乘以为护持。而晋文帝既与二陈同载，又唤钟会，并御者为五人，是其车特大，不惟与周异，与后代亦异也。

晋时同车并坐之证

《世说》："晋武帝时，荀勖为中书监，和峤为令。故事，监、令由来共车。峤性雅正，常疾勖谄谀。后公车来，峤便登，正向前坐，不复容勖。勖方更觅车，然后得去。"

按：此时同车坐乃并坐，非若今世之有前后也。故《汉书·宁成传》曰："不敢均茵凭。"峤坐正中，太不均矣，故不能容勖，

足征车隧犹广，非止容一人。

汉魏六朝上下车仍在车后

周时上下车皆由后，至六朝不改。《世说》："范宣未尝入公门，韩康伯与同载，遂诱俱入郡。范便于车后趋下。"

按： 此时之车有后门，故从后下。又，梁元帝《金楼子》云："齐武帝微时与刘扨不相识，尝附人车载。至扨门，同乘者与扨善，造扨，言毕辞退。扨怪之曰：'与萧侍郎同车。'扨即至车后请焉。"是亦有后门之证也。

晋世因尚牛车故贵人赛牛

《世说》："石季伦牛形状气力不胜王恺牛，而与恺出游，极晚发，争入洛城，崇牛数十步后，迅若飞禽，恺牛绝走不能及。"又，"王君夫有牛，名'八百里駮'"又，"彭城王有快牛，至爱惜之。"又，"王丞相曹夫人妒，禁丞相有侍御，久之，丞相不能堪。乃密营别馆，众妾罗列，儿女成行，会夫人登平台，见数儿甚白皙，谓左右曰：'是谁家儿？玉雪可念。'左右以实告。乃将黄门及诸婢，持食刀自出寻讨。丞相亦命驾，飞辔出门，犹患牛迟。乃以左手攀车栏，右手提麈尾，以柄助御者打牛，狼狈奔驰，劣得先至。"

按：《晋书·舆服志》云："古贵者不乘牛车，汉末诸侯寡弱，贫者至乘牛车。自灵献以来，天子至士遂以为常乘。"夫既以牛为常乘，则乘马者必绝迹矣。于是富贵家之赛牛，亦犹周时之赛马。马有千里，牛亦有八百里，岂非异闻哉！

历代社会风俗事物考

牛车之贵至隋男子仍乘之

《宋书·陈显达传》："当时快牛，称陈世子青牛，王三郎乌牛，吕文显折角牛。"可见宋齐之时，士夫之贵牛车，仍与晋同。至隋骑风虽盛，然犹有牛车。牛宏弟射杀其车牛，是其证。是自西汉迄隋，士夫皆乘牛车，至唐宋始易以妇女也。

晋非法驾礼车不立乘

《晋书·舆服志》："自二千石以上，郊庙明堂法出，皆大车立乘，驾驷。他出乘安车。致仕告老赐安车。元帝时太子释奠，制曰：'今草创，未有高车，可乘安车。'"

按：元帝初渡江，礼制未备，故无高车。高车即大车也。是行大礼时且或不立乘，他可知矣，而臣民益可知矣。

晋时车有耳

《晋书·舆服志》："诸公给安车黑耳驾三，其非持节都督者，给安车黑耳驾二。"又，"尚书令軺车黑耳有后户，仆射但有后户无耳，并皂轮。尚书及四品将军，则无后户漆毂轮。"

按：此则晋世官吏所乘者尽軺车也。軺车小轻便，不施帷，可远望。而不见有乘辎軿者，《志》所谓"晋世重軺车而轻辎軿者，信然矣"。然既有户，则四周有墙也，特浅耳，故可遥望。惟所谓耳者，为汉世所无，《志》亦不详其制，无从臆说也。

晋士大夫偶游戏骑马

《世说》："庾小征西尝出未还。妇母阮是刘万安妻，与女上安陵城楼上，俄顷翼归，策良马，盛舆卫。阮语云：'闻庾郎能骑，我何由得见？'妇告翼，翼便为于道开卤簿盘马，始两转，坠马堕地。"是可证士夫骑者绝少，故欲观也。又，"王湛停墓所。兄子济来拜墓，与语，极惋愕，自视缺然。济去，叔送至门。济从骑有一马，绝难乘，少能骑者。济聊问叔：'好骑乘不？'叔便驰骋，济益叹其难测。"又，"杜预之荆州，顿七里桥，朝士悉祖……杨济既名氏，雄俊不堪，不坐而去。须臾，和长舆来……曰：'必大夏门下盘马。'往大夏门，果大阅骑。长舆抱内车，共载归。"是可证习骑为偶然游戏也。

南北朝时，南朝多乘车不能骑，北朝多骑马少乘车

《颜氏家训》："梁世士大夫尚褒衣博带，大冠高履，出则车舆，入则扶侍，郊郭之内，无乘马者。周宏正为宣城王所爱，给一里下马，常服御之，举朝以为旷达。至乃尚书郎乘马，则纠劾之。及侯景之乱，肤脆骨弱，不堪行步，不耐寒暑，坐死仓卒者，往往而然。"

按： 北朝拓跋氏本胡人，胡人自匈奴以来，皆善骑马。拓跋氏起，抚有中原，于是卿士大夫，皆能骑马。北齐、北周，又皆胡种，至于隋，因中原之势，混一南北，于是士大夫乘车之习尚渐微，骑风大盛。至于唐，中外官吏遂无不骑马，惟妇女始乘牛车，此一变也。

唐京官上朝骑马

《朝野佥载》："周张衡位四品，退朝，见路旁蒸饼新熟，遂市其一，马上食之，被御史弹劾，降敕流外。"又，《摭言》："薛逢晚年厄于宦途，常策羸赴朝，值新进士缀行而出，团司所由辈斥令回避，逢遣一介曰：'报道莫乞相，阿婆三五少年时，也曾东涂西抹来。'"夫官至四品，在唐时亦尊甚矣！而骑马赴朝，

可见当时朝臣，殆无不骑马也。又，王昌龄诗："虢国夫人承主恩，平明骑马入金门。"是妇人入朝亦骑马也。可见当时之风尚矣。

唐外官亦骑马

《开元天宝遗事》："姚崇牧荆州三年，代日民遮道，不使去，所乘马鞭、镫皆留之，以表瞻恋。"夫既曰鞭、镫，则非乘车所用，而骑马所用也。又，韩愈《曹成王碑》："王即假为使者，从一骑，踔五百里，抵良壁，鞭其门大呼曰：'我曹王，来受良降，良今安在？'"是在外大官亦皆骑马也。

唐京官贫者无马至骑驴上朝

杜甫《逼侧行赠毕曜》："自从官马送还官，行路难行涩如棘。我贫无乘非无足，昔者相过今不得。实不是爱微躯，又非关足无力。徒步翻愁官长怒，此心炯炯君应识。晓来急雨春风颠，睡美不闻钟鼓传。东家蹇驴许借我，泥滑不敢骑朝天。"是因泥滑不敢骑驴入朝，若非雨后，则骑驴矣。又绎诗意：承平时，凡京官所骑之马，皆官马也。乱后马少，收还官，故难得骑。是诗本叙与毕君阔绝之故。然所以阔绝者，非关足无力，实恐徒步访友，为长官所见，谓失官体而触怒也。是又可证唐时京官，虽闲暇与朋友过从，亦不可徒步自轻，否则被劾也。是皆史所不载，而其风尚习惯，尽于诗中见之，故后人谓杜诗为"诗史"也。又，《隋唐嘉话》："武后初称周，恐下心不安，乃令人自举供奉官，正员外多置里行、拾遗、补阙、御史等，至有'车载斗量'之咏。有御史台令史将入台，值里行御史数人聚立门内，令史不下驴，冲过其间。诸御史大怒，将杖之。令史云：'今日之过，实在此驴，乞先数之，然后受罚。'御史许之，谓驴曰：'汝技艺可知，精神极钝，何物驴畜，敢于御史里行！'于是羞而止。"以是证京官贫者，宁骑驴不徒步也。唐盛时已如此也。

唐京官暇日出门必骑

《北里志·楚儿传》："字润娘，往往有诗句可传。近以退暮，为万年捕贼官郭锻所纳。尝一日自曲江归，与锻行相去数十步。郑光业时为补衮，道与之遇，楚儿遂出帘招之，光业亦使人传语。锻知之，曳至中衢，击以马笞，声甚冤楚，观者如堵。光业心甚悔，且虑其不任矣。明日特过其居侦之，则楚儿已在临街窗下弄琵琶矣。驻马，使人传语。润娘持彩笺送光业诗，光业取笔，于马上答之。"是锻与光业皆骑马游行，而锻之眷属则乘车也。又，《神女传》："梁警善吟咏，每公卿宴集，则遣骑邀之。"是送迎朋友亦以骑也。又，《摭言》："彭伉与湛贲，俱宜春人。伉先举进士及第，湛往贺，摈不使与官人名士同席，二人有连，其妻甚愤之。未数载，湛一举登第。时伉方跨驴纵游郊郭，忽有家僮驰报。伉闻，失声而坠。"是出游郊外亦必骑也。

唐人远行亦骑马

《宣室志》："元和中，青齐计真西游长安至陕。陕从事留饮酒，至暮方别。僮仆前去，行未十里，兀然坠马。及寤，已曛黑，马亦失去。"又，《摭言》："熊执谊赴举，次潼关，秋霖月余，滞于逆旅。俄闻邻舍吁嗟声，则前尧山令樊泽应制科至此，马毙囊空，莫能自进。执谊遽辍所骑马，倒囊济之，泽遂登科。"又，《云溪友议》："廖有方元和末下第游蜀，至宝鸡，适公馆，忽闻呻吟之声，潜听之，见暗室之内一贫病儿郎，问其疾苦行止，强而对曰：'辛勤数举，未遇知音，盼睐叩头，惟以残骸相托，拟求瘗救。'是人已逝，有方遂贱鬻所乘鞍马于村豪，备棺瘗之，恨未知其姓字，题为金门同人。"又，《摭言》："咸通末，执政病举人仆马之盛，奏请进士咸乘驴。"

按： 进士应举，皆数千里赴京师，而皆骑马。且必有仆人随之，仆亦乘马，而少乘车者。盖唐人尚武精神如此；而鬻骑救友，其顾全同类，侠义又如此！

唐女子亦乘马

徐嶷《物怪录》："从二女奴皆乘白马。"又，白行简《李娃传》："忽有人控大宛来迎娃。"又，沈既济《任氏传》："刁缅使苍头控青骊，以迓任氏。"又，王昌龄诗："虢国夫人承主恩，平明骑马入金门。"是女子出门常骑行也。又，《虬髯客传》："红拂女既夜奔卫公，乃雄服乘马，将归太原。"又，《任氏传》："任氏不得已，遂行，釜以马借之。任氏乘马居其前，郑子乘而居后。"是长途远行，女子亦骑马也。

唐时惟妇女专乘牛车，车上有帘

《明皇杂录》："玄宗将幸清华宫，贵妃姊妹竞饰犊车。饰以金翠，间以珠玉，费数百万贯，既而甚重，牛不能引。"又，《幽怪录》："陇西李旷暇游长安东市，见一犊车，侍婢数人，潜目车中，有白衣姝，绝代色也，遂尾犊车而行。"又，徐嶷《物怪录》："乃遇一车子，驾白牛，从二女奴。"又，《章台柳传》："翊至京师，已失柳氏所在，叹想不已，偶于龙首岗，见苍头以驳牛驾辎軿，从两女奴。掀帘招之，则柳氏也。"是京师风尚，凡妇女均乘犊车，亦犹魏晋时男子之乘牛车。且车上必有帘，盖其制已与今略同矣。又，《刘无双传》："'郎君可假作理桥官，

· 150 ·

车子过桥时，近车子立，无双若认得，必开帘子。'仙客如其言，至第三车，果开帘子，窥见真无双也。"是宫车亦有帘也。

唐时妇女下车以帡拥入，不使人见

唐《物怪录》："犊车入中门，白衣姝一人下车，侍者以帡拥之而入。"

按：周时乘车皆露乘，惟妇人乘帷车，而出入尚无以帡壅蔽之举。至晋时有步嶂，石崇作锦步嶂，长四十里，见《世说》。兹所谓帡，盖亦步嶂之类也。

唐车有门有锁

《霍小玉传》："李生勒马欲回，豪士遽命奴仆数人抱持而进，急走推入车门，便令锁却。"

按：此男子车也，既有门可锁，必成屋形，否则虽锁，仍可逃也。惟门在前在后抑在旁？是否与汉晋同制？无从详考耳。

宋时妇女仍乘犊车

《老学庵笔记》："京师承平时，宗室戚里岁时入禁中，妇女上犊车，皆令二小鬟持香球在旁，而袖中又自持两小香球。车过，尘土皆香。"又，"成都诸名族妇女，出入皆乘犊车。"是京师及外郡妇女乘犊车，仍与唐时同也。

宋时士夫仍骑马，与唐同

《词苑丛谈》："东坡春夜行蕲水中，过酒家，饮醉，乘月至一溪桥上，卸鞍曲肱少休，及觉已晓。"又，"东坡与子由别郑州西门外，马上赋诗寄子由云：'登高回首坡陇隔，惟见乌帽出复没；苦寒念尔衣衾薄，独骑瘦马踏残月。'"又，《宿南山诗》："横槎晚渡碧涧口，骑马夜入南山谷。"是旅行皆骑马也。又，《扈驾诗》："病马羸驺只自尘。"是京师卿士出入亦骑马也。视汉韦玄成因雨淖舍法驾而骑，即被劾失侯；梁士夫偶骑马，即目为放达，或被劾者异矣。

宋妇女仍骑马

《懒真子》云："文枢密知成都回，姬侍皆骑马，锦绣兰麝，溢人眼鼻。"是可证宋时妇人仍骑马也。

宋时轿子

《老学庵笔记》："徽宗南幸，御棕顶轿子。"盖轿之上覆以棕，可御雨也。又，"童贯既诛，传死士有欲夺其首者，张御史乃置首函于竹轿中，自坐之。"

按：童贯诛于路中，执法者张御史也。竹轿者，以竹为之，惧失贯首，故坐于轿底。凡轿皆用人舁，或二人、或四人、或八人，故亦曰肩舆。苏轼贺朱寿昌得母诗所谓"白藤肩舆帘麖绣"是也。

轿之历史

古有步辇，不用马，用人，后汉犹然。《后汉·井丹传》："就起，左右进辇。丹笑曰：'吾闻桀驾人车，岂此邪？'"夫曰驾，则止推挽而已，非舁使离地也。至晋有肩舆。《世说》："谢中郎是王蓝田女婿，尝着白纶巾，肩舆径至扬州听事。"始用人舁，然不数见。至唐有兜舆，始以人舁。《北里志》："有府吏李金者，能制诸妓，径入曲追天水入兜舆中。至则蓬头垢面，涕泗交下，搴帘一视，亟使舁回。"又，《刘无双传》："是夕更深，闻叩门甚急，及开门，乃古生也。领一兜子入，谓仙客曰：'此无双也，今死矣，后日当活。'"又，"茅山使者暨舁兜人，在野外处置讫。门外有檐子一、十人、马五匹。"檐子者即肩舆。《新五代史·卢程传》："程拜命之日，肩舆导从，喧呼道中。庄宗闻传呼声，左右曰：'宰相檐子入门。'庄宗登楼望之，笑曰：'此所谓似是而非者也。'"盖讥檐子之不称也。是可证肩舆而四周张檐，即名"檐子"。若兜子则无檐。惟在唐时无论兜子、檐子，皆妇人乘之。若男子不惟不乘轿，且少乘车。古押衙所备之檐子，为舁无双，马则备王仙客骑也。至后唐男子始多乘轿者。《新五代史·宦者传》："张承业曰：'误老奴矣！'乃肩舆归太原，不食而卒。"及"宰相檐子"，皆其证也。沿至宋，则名轿子。明清以来，自县令以上皆乘轿子，而以帷色分等差，只武官有乘马者。民气之委靡，去隋唐远矣。

骑之历史

《管子》云："殷人之王，立帛牢服牛马，天下化之。"盖自黄帝以来，即训练牛马使驾车，至夏殷始成功，风行天下也。然仍不能骑，是以春秋时有车战、步卒，而无骑兵。至赵武灵王改胡服，始招国人习骑射，是为中国有骑兵之始。是以秦始皇驾千乘万骑，自迎太后于雍。武臣以骑二百迎徐公，贵人驺从，始有骑卒。然卿士大夫，除在行阵间，仍无乘马者。赵廉颇一饭斗米，肉十斤，被甲上马，以示可用，武人耳。文臣则否。汉高帝之自鸿门逃归，舍车独骑，樊哙等四人则持剑盾步走。而其败彭城逃也，仍车而不骑。至推堕孝惠、鲁元公主，以减轻载任，是虽亡命，仍不肯骑。以故两汉四百年，以迄魏晋六朝，卿士大夫皆乘车无骑者，是不惟畏劳，诚以威仪所关，不宜轻佻若是。汉韦玄成祭太庙，以泥淖不能驾驷，骑而往，坐失侯，是其证。至隋灭陈，承北朝骑射之余风，于是卿士大夫，又以骑马为能，而以乘车为耻。自唐迄宋皆然，此其大略也。或谓《左传·昭二十五年》"左师展将以公乘马而归"是为骑马之始，是说也本之刘炫。炫谓此乘马乃单骑而归，为骑马之渐，而注疏者皆不主之。杜注云："欲与公俱轻归。"言轻车而归。孔疏："古以马驾车，不单骑也。至六国之时，始有单骑。苏秦所云'车千乘骑万匹'是也。《曲礼》云：'前有车骑者。'《礼记》乃汉世书耳。经典无骑字也。"是亦不以刘炫之说为然也。又，按《论语》："乘肥马，衣轻裘。"皆谓其驾肥马。此乘马与《论语》何以异？炫疑为单骑者，殆以公潜走。岂知古人最重威仪，公国君何至骑，且《传》何以不言骑也？

驴之历史

春秋战国无驴，至汉初陆贾作《新语》，始云"夫驴、骡、骆驼、犀、象、玳瑁、琥珀、珊瑚、翠羽、珠玉，山生水藏，择地而居"。夫以驴与珠玉、珊瑚并列，则驴之在汉初，其贵可知，其少可知。又，《汉书·西域传》："乌秅国有驴无牛。"又，"敦煌、酒泉小郡及南道八国，给使者往来人马驴橐驼食，皆苦之。"是西汉末中原虽无驴，西方极边之郡，已渐有矣。是以蜀王褒《僮约》，有喂食马牛驴之语也。至东汉末，中原已多。《世说》："王仲宣好驴鸣。既葬，文帝临其丧，顾语同游曰：'王好驴鸣，可各作一声以送之。'赴客皆一作驴鸣。"是可证驴在中原已习见。《三国志》："诸葛瑾面长，孙权在驴面上书曰：'诸葛子瑜。'恪即援笔续书'之驴'二字。"是江东亦有矣。又，《世说》："晋明帝未尝见驴。谢公云：'陛下姑言其状。'明帝以袖掩口曰：'吾以为似猪。'"是东晋江东仍未多也。至隋唐，则策蹇者之多，不可胜数，然东南边郡仍少。柳子厚云："黔无驴，有好事者船载以入，放之山下。虎见之，庞然大物也，以为神。他日，驴一鸣，虎大骇，远遁。"是唐时黔尚少。至于今不惟骑之，驾车、曳磨、驮物，遍中国矣。

骡之历史

古中国亦无骡。《吕氏春秋》："赵简子有白骡，亟爱之。其臣阳城渠胥有疾。医者曰：'得白骡肝则生，不得则死。'简子曰：'杀畜活人，不亦仁乎？'遂杀而取其肝。"《正韵》云："骡同臝。"史载此者，见骡之可贵，简子不爱惜以活人也。又，《楚词·九叹》："同驽骡与桀驵兮。"是春秋及战国时已有骡。然至汉初仍甚贵，故陆贾《新语》以驴、骡与珠玉并称。又，《汉书·卫青传》："薄暮，单于遂乘六骡，冒汉围西北驰去。"又，《常惠传》："乌孙贡驴骡橐驼。"至三国已渐多。《吴志·诸葛恪传》注："驴骡无知，伏食如故。"又，《晋诸公赞》："刘禅乘骡车降邓艾。"盖骡之为物，驴父马母，或马父驴母。汉初中国驴未多，故难孳讹，至六朝已娴驴马相配之法。《齐民要术》："驴覆马生骡，马覆驴亦生骡。"是其证。至唐末骡遂多。《闻奇录》："闻群骡撼铃声。"《李泌外传》："所乘骡忽惊逸。"《传信录》："益州进白骡。"然唐时仍甚贵。《摭言》云："咸通中，进士及第，过堂后，便以骡从，车服侈靡。时蒋泳擢第，家君戒之曰：'尔门绪寒微，慎勿以骡从！'"是其证。至于清代，满蒙与中国混一，于是骡之多过于马矣。

车轮敷铁之历史

历周、秦迄两汉，车轮皆以爪外穿为箅，以障蔽轮牙，𫐐也。而不敷铁，皆见前矣。《晋书·舆服志》："轮皆朱斑重牙。"夫既曰重牙，则晋轮之无铁可知。又，《拾遗记》："因墀国在西域之北，送使者以铁为车轮，十年方至晋。及还，轮皆绝锐。"是益可证晋世车轮尚未敷铁。

卷十　屋室

居室 取暖附、灶附

夏宫室修广丈尺

《考工记》："夏后氏世室，堂修二七，注：十四步，步六尺。广四修一，注：四分修加一。五室三四步，四三尺。"注云："堂上为五室，象五行也。三四步室，深也。言有三步者，四步者。四三尺以益广也。方三步者，广益三尺；方四步，广益四尺。木室于东北，火室于东南，金室于西南，水室于西北。其方皆三步，其广益之以三尺。土室于中央，方四步，其广益之以四尺。此五室居堂南北六丈，东西七丈。"疏云："中央之室大一尺者，以其在中，号为大室，故多一尺也。云此五室居堂南北六丈、东西七丈者，以其大室居中，四角之室，皆于大室外接四角为之。大室四步，二丈四。四角室各三步，一丈八。则南北三室十步，故六丈。东西三室，六丈外加四三尺又一丈，故七丈也。"

按： 敞者为堂，隔者为室，堂修十四步，共八丈四尺，南北除三室六丈，尚余二丈四尺，以为前后檐阶。堂广十七步半，为十丈五尺，

· 157 ·

东西除三室七丈外，余三丈五尺，以为堂之东西屋翼。盖堂之广过于修，故室所余广亦过于修也。世室者，宗庙也。

夏堂阶室窗及涂墙之色

《考工记》："九阶，四旁两夹窗，白盛。"注："九阶者，堂之南面三，三面各二。窗助户为明，每室四户八窗，户两旁各有窗。"白盛者，注云："蜃灰也。盛之言成也。以蜃灰垩墙，所以饰成宫室。"古无石灰，烧蜃壳为灰，色白，以涂墙取洁。凡三代王宫宗庙之墙，皆垩音恶以白，民不得用。《周礼·地官》："掌蜃共白盛之蜃。"《韩非子》："宫有垩，器有涤，则洁矣。"是自周初至战国，皆以蜃垩墙也。

夏门堂广修之度

《考工记》："夏门堂三之二，室三之一。"注：三之二者，言得正堂修广三之二也。即正堂修八丈四尺，门堂五丈六尺；正堂广十丈五尺，门堂七丈也。室三之一者。方望溪云："门之左右，各隔其半以为室，敞其半以为堂也。"

殷王宫高度、修度

《考工记》："殷人重屋，堂修七寻，八尺。崇三尺，四阿重屋。"注："重屋者，王宫正堂，若大寝也。阿，栋也。四阿，四面皆注霤也。重屋，重檐也。"

按：四面皆注霤者，即今所谓廊檐。凡宫殿皆四面廊也。

周明堂修广崇度

《考工记》："周人明堂，度九尺之筵，东西九筵，南北七筵，堂崇一筵。五室，凡室二筵。"注："明堂者，明政教之堂，周堂高九尺，殷三尺，则夏一尺矣。禹卑宫室，谓此一尺之堂欤与此三者。"疏云："夏言宗庙，殷言王寝，周言明堂，皆举一以见其二皆同也。"

按：殷未言广，周南北七筵，合六丈三尺，为修度；东西九筵，合八丈一尺，即广度也。由此证之，凡三代王宫，宗庙明堂同。堂上皆五室，中央一室，四隅各一室。其修广虽不同，而规模则无异也。

周王宫门高五丈，宫角楼高七丈，城角楼高九丈

《考工记》："王宫门阿之制五雉，长三丈、高一丈曰雉。宫隅之制七雉，城隅之制九雉。"注："阿，栋也。"疏："谓门之屋两下为之，其脊高五丈，"宫隅、城隅，注云："浮思也。"疏云："按汉时云'东阙浮思灾'。言灾则浮思者，小楼也。"是可证周宫门高五丈，宫城角楼高七丈，如今紫禁城。都城角楼高九丈也。

古宫室墙皆土筑

《考工记》："墙厚三尺，崇三之。"

按：崇厚以是为率。假令墙高二丈七尺，厚则九尺。周时尚不能砖石作墙，虽王宫宗庙，皆土筑，故不得不厚。《诗》云："缩版以载，作庙翼翼。"缩者，约也，言约版以筑庙墙。是古宫室皆土墙之证也。

古屋脊坡度之率

《考工记》："葺屋草屋三分，瓦屋四分。"疏："谓屋南北深一丈二尺。三分者，峻宜四尺；四分者，峻宜三尺。"方望溪云："三分屋之南北深，以其一为屋脊高，四分亦然。"

按： 古之所谓屋，专指屋脊两边下垂者而言，故疏云"深一丈二尺，三分者峻四尺，四分者峻三尺"，以是为率。倘屋更深，则峻宜更加也。茅屋与瓦屋所以不同者，因茅去水迟，故其坡度宜下降，下降则去水速。瓦去水疾，故其坡度虽少啬无妨。专指屋脊言，若今日之平顶房，古谓之无屋也。古帻亦然。其平顶者，虽上空不得谓之屋。屋则有脊高起，前后坡下矣。《礼》云："中屋履危。"《史记·魏世家》："使吏捕范痤，痤因上屋骑危。"危者，屋脊，故可骑。然则今日之屋式，仍与三代同，可谓古矣。

古庙堂亦以茅覆顶

记所谓葺屋者，非必穷民，庙堂亦然。《左传》云："清庙茅屋。"《大戴礼》："古明堂以茅盖屋，上圆下方。"是其证也。

周庭中甬路高度

《考工记》："堂涂十有二分。"注云："堂涂者，令甓祴。"疏："令甓者，今之砖；祴则今之砖道也。"《释文》云："祴音阶，即砖阶也。十有二分者，言堂高九尺，涂高一尺八寸也。"《尔雅》："堂涂谓之陈。"《诗》曰："胡逝我陈。"注："陈者，堂下至门径也，即今之甬路。"惟周堂有三阶，此正中阶下之甬路。其宾阶、阼阶下是否有涂，《礼》无明文。又，涂广亦未说，疑十有二分或兼崇广言也。

卷十　屋室

古筑墙时状况

《诗·小雅》："约之阁阁，椓之橐橐。"又，《诗·大雅·緜》"捄之陾陾，度之薨薨，筑之登登，削屡冯冯，百堵皆兴。"笺云："约，缩版也；椓，搯土也。"言以杵土而声橐橐也。削屡冯冯者，言墙筑成有凹凸不齐之处，而削之使平也。此宣王考室之诗。宗庙之墙尚以土筑，他可知矣。

古筑墙以版计功

《吕氏春秋》："楚人以两版垣也，吴起变之而见恶。"注："楚人以两版筑垣，起教之用四，用四则工省而筑多。"又，《韩非子》："宋王筑武宫。讴癸倡，行者止观，筑者不倦。王闻，召而赐之，对曰：'臣师射稽之讴又善于癸。'王召射稽使之讴，行者不止，筑者知倦。王曰：'其讴不胜如癸美，何也？'对曰：'王试度其功。'癸四板，射稽八版；擿其坚，癸五寸，射稽二寸。"

春秋时有东西厢

《左传·昭四年》："竖牛曰：'夫子疾病，不欲见人，使寘馈于个而退'"注："个，东西厢也。"

按：《公羊传》："路寝者何？正寝也。"《尔雅·释名》："无东西厢，有室，曰寝。"然则凡言寝者，皆无厢也。

周屋上加涂。敷瓦者少

《吕氏春秋》："高阳应将为室，家匠对曰：'未可也，木尚生，加涂其上，必将挠。以生为室，今虽善，后必败。'

161

高阳应曰：'木益枯则劲，涂益干则轻。以益劲任益轻，则不败。'匠人无词，后果败。"又，《韩非子》："虞庆为屋，谓匠人曰：'屋太尊。'匠人对曰：'此新屋也，涂濡而椽生。'"是古人为屋，先架椽，再以泥涂其上，而不言加瓦。盖周时瓦尚贵，虽卿士家造屋，不尽用之也。

战国时瓦屋渐多

《古史考》："夏昆吾作瓦。"《史记·龟策传》："粲为瓦屋。"盖言其侈。以故周诗状宫室者至多，而不及瓦，盖其时瓦屋实少。至战国时，赵廉颇与秦兵战。秦兵鼓噪勒兵，屋瓦皆震，似其时瓦屋已多。盖陶业日益发达，虽寻常百姓已力能为矣。

周时已有平房

《庄子》："孔子之楚，舍于蚁丘之浆，其邻有夫妻臣妾登极者。"注："极，平头屋也。"

古贫民门户状况

《左传·襄十年》："筚门圭窦之人，而皆陵其上，其难为上矣！"注："筚门，柴门；圭窦，小户，穿壁为户，上锐下方，状如圭也。言伯舆微贱之家。"又，《韩非子》："筑十版之墙，凿八尺之牖。"盖古人之墙，皆以土筑，就壁穿户，上锐则不陨。牖者，助户取明。故亦就壁凿取，形圆，贾谊《过秦论》所谓"绳枢瓮牖"也。

卷十　屋室

周时屋内取暖之法

《吕氏春秋》："卫灵公天寒凿池，宛春谏曰：'天寒伤民。'公曰：'天寒乎？'宛春曰：'公衣狐裘，坐熊席，陬隅有灶，是以不寒'"。《新序》同，陬作墺。是于屋隅筑灶，烧以取暖也。又，《左传·定三年》："邾子自投于床，废于炉炭，烂遂卒。"是装炭于炉，近床取暖，可移徙也。又，《昭公十年》："初，元公恶寺人柳，欲杀之。及丧，柳炽炭于位，将至，则去之。"是以炭温地，使元公坐其处而暖也。

古灶突形状

《说苑》："臣闻客有过主人者，见灶直突，横平。旁有积薪，谓主人曰：'曲其突，远其积薪，不者，且有火患。'"

按： 曲突者，使烟突曲而向上，火不旁溢，炊烟出易也。又按：今日从汉魏墓中掘出瓦灶之模型，皆中置大釜，四隅安小釜，或四或二，而灶门上皆有墙，隔烟煤使不落釜内。而今灶皆无之，殊不如古人也。

古户枢涂油

《淮南子》："人有少言者，犹不脂之户也。"注："不脂之户，难开闭也。"

按： 车轴涂以脂则轻，户枢亦然，故曰难启闭。

古庶人皆白屋

《汉书·吾丘寿王传》："或由穷巷，起白屋，裂地而封。"又，《萧望之传》："恐非周公致白屋之意。"《王莽传》："开门延士，下及白屋。"师古曰："白屋，以白茅覆屋也。"然则汉时士庶，尽居茅屋，无瓦屋者，故以白屋为贫贱之代名，与白衣同也。

汉唐谓里间屋为箱

《汉书·周昌传》："吕后侧耳于东箱听。"《金日䃅传》："莽何罗袖白刃从东箱上。"《袁盎传》："'臣所言，人不得知。'乃屏错，错趋避东箱。"此天子正殿之箱也。《杨敞传》："延年起，至更衣，敞夫人遽从东箱出。"此卿士家正厅之箱也。师古曰："正寝之东西室皆曰箱，言似箱箧之形。"

按：此即今正厅之东西里室，俗曰里间屋。古人以其严密似箱，故名。与厢异。厢者，正厅前之东西房，唐《会真记》所谓"待月西厢下"者是也。又，唐张说《虬髯客传》："引公入东厅，厅之陈设，穷极珍丽，箱中妆奁冠镜首饰之盛，非人间所有。"此箱中即东厅之里室也。若《世说》所云："陆机兄弟住参佐廨中，三间瓦屋。士龙住东头，士衡住西头。"既未云箱，是无里室，又官廨，故屋有瓦也。

后汉始以叠砌墙，不纯用版筑

《后汉书·周纡传》："纡廉洁无资，常筑墼以自给。"《说文》云："墼，音激。令适也。一曰未烧者。"

按：今江北、河北人砌墙多以墼。法以木模盛湿土，用石打使坚，晒干用之，下藉砖石，上垒以墼，外垩以石灰，墙坚而观美，惟极贫者始以土筑墙。汉末殆以如此，故纡售墼以自给。《说文》云"瓴甋"，瓴甋者，甓也。《诗》曰："中唐有甓。"陶侃所运者是也。陶后之物也，岂尚可筑乎？证以"纡传"，其诂误矣。许亦以未安。又曰"未烧土墼"，此诂近之，而仍未允。查未烧之砖曰坯。若土墼,则大于墼数倍,干即用以砌墙,非烧后始用。《礼·杂记》:"三年之丧,居垩室之中。"郑玄注云:"垩室,垒墼为之,不涂墍。"是其证。若如许说,墼似待烧始用者。此由古时士人,与农分处,不悉农家事物,故虽以许叔重之通博,诂此字不能真确。至宋刘邠注此传云:"墼非筑而成,当作墼。"是愈不知字义而强说矣。

自三代迄两汉皆以蜃灰涂墙,至汉末蜃竭,始代以石灰

《考工记》:"夏后氏九阶,四旁两夹窗,白盛。"《周礼·地官》:"掌蜃:掌敛互物蜃物……以共白盛之蜃。"郑注云:"白盛,蜃灰也。谓饰墙使白。今东莱用蛤,谓之叉灰。"盖至汉时中原之水渐少,所产之蜃已用竭,故止东莱沿海之地用之,而又杂以蛤,故谓之叉灰。叉者,杂也。今匠人以土和石灰,仍谓之叉灰。疏谓"蜃蛤在泥中,叉取以为灰",故谓之叉灰。以叉为叉取之叉,误之远矣。蜃灰既竭,至后汉乃代以石灰。《后汉·杨璇传》:"特制马车数十乘,以排囊盛石灰于车上,既与贼战,乃顺风鼓灰,贼不得视,遂败。"是可证当时建筑用石灰,然魏晋时仍不多。张华《博物志》:"烧白石作白灰既讫,着地经日俱冷,遇雨及水浇,即便然烟焰起。"云云,此可证晋时石灰尚少,故以为异。

唐以麻和石灰泥壁,贩卖者益多

《酉阳杂俎》:"乃请后堂厅上,掘地为池,方丈深尺余,泥以麻灰,汲水满之。"夫以麻和石灰泥池为固,则以麻灰泥壁也必矣,今名曰麻刀灰。然则泥壁之法,唐已与今同。又云:"宝历中,荆州有庐山人,常贩桡朴石灰,往来于白洑南草市。"又,《五代史·唐臣传》:"安重诲常欲除潞王从珂。明宗曰:'吾为小校时,不能自足。此儿为我担石灰,拾马粪,以相养

活。'"此以证自唐以来,石灰民间已习用也。

唐住宅临街有窗牖

《北里志·楚儿传》:"性狂逸,后以衰退,为汾阳裔孙郭锻所纳,避正室,置于他所。每有旧识过其所居,多于窗牖相呼。后以途中与大理司直郑光业相语,为锻所笞。光业深虑其不任,明日特过其居侦之,则楚儿临街牖下弄琵琶矣。"又"张住住少敏慧,与邻儿庞佛奴相悦,有结发之契。及住住将笄,其家拘管严,佛奴稀见其面。后因寒食争球,故逼其窗下以伺之,忽闻住住语。"又,《乐府杂录》:"将军韦青于街牖中闻其歌音寥亮。"是无论贫富贵贱,临街皆有窗也。若今日只商家临街有窗,住室皆面向内,无临街有窗者。古今住室不同若是。

晋唐时屋梁皆可不梯而登

晋干宝《搜神记》:"西江有一宅,住者皆不安,最后买于东邻刘氏。刘持刀夜于屋梁伺之。"唐任蕃《梦游录》:"独孤遐叔自蜀归,距金光门尚有六七里,天已曛黑,乃宿于废寺廊下。夜半忽有若贵人宴饮院中,遐叔惧为所逐,乃潜伏屏气于佛堂梁上伺之。"

按: 刘氏持刀登屋梁,或由梯登。若遐叔偶宿废寺,何从得梯,乃亦登梁上。若以今日之屋梁论,不梯不能登也。乃古人不尔者,疑屋制与今异也。又,《北齐书·苏琼传》:"迁清河太守,部民赵颖送新瓜一双,致于听事梁上。"夫梁上可置物,必便于取携。若今日之梁,能置大瓜乎?又,谢朓诗:"杏梁宾未散。"李峤诗:"嘉宾集杏梁。"此诗若在今日,则成笑柄,以此见古屋制梁栋安排,与今大异。

卷十一　灯烛

周时以薪为烛

《礼·少仪》："执烛抱燋。"注："未爇曰燋。"又，《周礼·春官》："華氏：掌共燋契，以待卜事。"注："杜子春读燋为薪樵之樵。"是燋者，樵也，薪也。薪之燃甚速，故亲执其既燃者，复抱未燃者，以待续爇。又，《毛诗·巷伯》传云："昔者颜叔子独处于室，邻之釐妇又独处于室。夜暴风雨至而室坏，妇人趋而至。颜叔子纳之而使执烛，放乎旦而蒸尽，缩屋而继之。"

按： 蒸者，细薪也；缩，束也。言蒸尽，束屋上茅燃之。又，《周礼》："司烜庭燎。"疏云："若人所执之烛，以荆燋为之。"是皆以薪为烛之确证也。

故古亦谓烛为火

《左传》："饮桓公酒乐，公曰：'以火继之。'"又，《哀十六年》："良夫代执火者而言。"《晏子春秋》："晏子饮景公酒。日暮，公呼具火。"《史记·孟尝君传》："夜食，有一人蔽火光。"火者，即烛也。因燃薪为烛，其光甚大，故亦谓曰火。

历代社会风俗事物考

汉魏以后,始以灯烛为照夜之专名,凡在屋内者,无曰火矣。

古学校弟子执烛之详情

《管子·弟子职》:"昏将举火,执烛隅坐。错总注:烛束之法,横于坐所,楱依《礼记》郑注,当为"橇"。之远近,乃承厥火。注:楱谓烛尽。尽,烬同。言察其烬之远近,以薪续其火也。居句如炬,蒸间容蒸,燃者处下,注:蒸,细薪。捧碗以为绪,注:烛烬,碗贮绪。右手执烛,左手正楱,有堕代烛,交坐毋背尊者,乃取厥楱,遂出是去。"

按:古人执烛情形,此文可谓详尽矣。"居句如矩"者,言以新烛接燃旧烛,相交形如矩,旧注误。而以燃者处下,则火易传也。"捧碗以为绪"者,言以碗承烬,使不落地,免危险也。"右手执烛,左手正楱","正楱"二字殊不解,后阅《檀弓》"夏后氏堲周",郑注引此文曰:"右手折堲。"《释文》引则曰:"左手执烛,右手折堲。"同堲。孔疏引则曰:"左手执烛,右手正堲。"乃知今本《管子》"右"讹为"左","左"讹为"右",而"折堲"二字,亦以形近之故,讹作"正楱"。此"楱"字为讹字,余"楱"必皆为讹字,以至义意全不明了。堲者,烬也。郑以《弟子职》之折堲,与"堲周""堲"字同,故引以释《礼》文。若为楱者,郑胡取乎?又左右颠倒,于理亦不适。古今人动作,左手常居静职,右手常居动职,执烛有定,故左手为之;折堲常动,故右手为之,今以形近之故,"左"讹"右","右"讹"左",义全螯矣。折堲者,即拨烬使落也。烬落则烛明。"乃取厥堲,遂出是去",言弟子将退,取烛烬出外弃之也。"楱"无训"烬"者,而《管子》原注训"楱"为"烬",可证房玄龄所见《管子》仍为"堲",与陆、孔同也。

· 168 ·

古宴客必至饮时始燃烛

《礼·少仪》:"其未有烛而后至者,则以在者告。"

按:此系召客夜饮,而至有先后也。其后至者,日暮室暗,不能见人,故主人告以某在斯也,某在斯也。此以后世便利状况例之,何至夜暗不能辨人,室不燃烛?古人不尔者,以其害甚多:暑月益热,一也;火大烬多,易有危险,二也;费巨,贫者不办,三也;不洁,四也;须有人执,五也。以故非客毕集至饮食时不燃。

古夜宴时主人执烛礼节

《礼·少仪》:"凡饮酒,为献主者,执烛抱燋。客作而辞,然后以授人。"注:"未爇曰燋。主人亲执烛敬宾,示不倦也。"疏:"既欲留客,又取未爇之炬抱之也。"又,《曲礼》:"烛不见跋。"注:"跋,本也。"疏:"本,把处也。火炬照夜易尽,尽则藏所燃残本。恐客见残本多,知夜深,主人厌倦也。"

古执烛者必在屋隅

《弟子职》:"皆将举火,执烛隅坐。"又,《檀弓》:"曾子病,童子执烛隅坐。"

按:执烛必在屋隅者,古人席地坐,而薪烛火甚大,屋隅闲旷,可不妨人,且防火害也。以故《少仪》云:"执烛不让,不辞,不歌。"诚以执烛而辞让或歌,易致火患也。

古人夜书须人执烛,至宋犹然

《韩非子》:"郢人有遗燕相国书者,夜书,火不明,因谓持烛者曰:'举烛!'"又,韩愈《毛颖传》:"惟颖与执烛者常侍。"又，《名臣言行录》："韩魏公帅定州，时夜作书，一侍兵执烛，他顾，烛燃公须。"是古人夜间作事，执烛者必在侧，欲密秘不得也。

古庭烛状况

《周官·司烜氏》："凡邦之大事，共坟烛庭燎。"又。"阍人设门燎。"又，《燕礼》："甸人执大烛于庭。"注："坟，大也。树于门内曰庭燎，于门外曰大烛，皆所以照众为明。"《效特性》所谓"庭燎之百"，由齐桓公始也。然遍考《礼经》，无树烛明文。而甸人则明言执大烛于庭，疑凡庭燎坟烛，亦皆手执。贾疏以郑注树烛与执火烛于庭不合，乃谓"诸侯之燕，使人执庭燎，天子则树于庭"，似为强说。

古大烛以苇制

《周礼·司烜》："庭燎"疏云："庭燎所作，依慕容所为，以苇为中心，以布缠之，饴蜜灌之，若今蜡烛。"又，"阍人门燎。"《释文》云："其所作之状，盖百根苇皆以布缠之，以蜜涂其上，若今蜡烛矣。"

按：蜡含蜂蜜中，周时尚未解蜜与蜡分解之法，故以布束苇，灌蜜于中，又涂蜜于外。苇得蜡，故质坚而耐久，状有类于唐之蜡烛也。

其手烛制法

《释文》云："对人手爇者为手烛。"孔疏云："用荆燋同樵为之，不惟不涂蜜，且不缠布。"因小烛皆燃于室中，涂蜜缠布，则臭恶人嫌，故燃甚速，至抱樵以俟也。

至战国始有油灯

《庄子》："山木自寇也，膏火自煎也。"《楚辞》："兰膏明烛，华容备些。"

按： 膏者，脂也，兽油也。盖至此时，始以盏盛动物油，置炷于中，燃以取明，不用爜烛。然古无植物油，牛羊等油值昂，盖非富者不办。若兰膏则加香料于其中，贫者尤不能为。夫自唐虞三代数千年皆以薪束为烛，烟焰迷人，动生危险。又专人手执，乍易以膏，所患皆免，其快可知矣。

汉时中国尚无蜡烛

《西京杂记》："南粤王献高帝石蜜五斛，蜜烛二百枚。"

按： 蜜烛者，蜡烛也。古蜜与蜡不能分解，混合为一，故亦曰蜜烛。可见汉初无此物，故南粤以为贡，其珍可知。至郑玄注《三礼》，言烛者多矣，而无以蜡烛为证者。玄，东汉末人，可知伊时亦无。《淮南子》云："膏烛以明自烁。"《龚胜传》云："膏以明自销。"益证当时尽油烛也。

晋初有蜡烛

《世说》："石季伦以蜡烛作炊。"又，"周仲智饮酒醉，嗔目还面谓伯仁曰：'君才不如弟，而横得重名！'须臾，举蜡烛火掷伯仁。伯仁笑曰：'阿奴火攻，固出下策耳！'"然"石季伦以蜡烛作炊"，原以竞豪富，则当时蜡烛之贵可想。盖初兴故。《世说》又云："简文集谈士，以致前客后客夜坐，每设白粥，唯燃灯二，暗辄更益炷。"

按：《说文》："主，同炷。火主也。"今谓之灯心。以细绳或絮捻成者，俗谓之灯捻。简文帝王仍燃油灯，《世说》故特纪其俭，以是证东晋时蜡烛仍贵也。自蜡烛行,而油灯又不足贵。

自晋以后,有蜡烛,有油灯。蜡烛美而洁便于提携;油灯污而秽,难以携带。于是富贵之家用蜡烛,《归田录》"寇莱公自少年富贵,不点油灯,虽寝室亦燃烛达旦,厕溷间烛泪成堆"是也。贫俭之家燃油灯,《录田录》所谓"杜祁公为人清俭,在官未尝燃官烛,油灯一炷,荧然欲灭"是也。

六朝已燃植物油

《齐民要术》:"种红花收子,既任车脂,亦堪为油。"又,"麻子科大,收此一实,足供美烛之用。"唐孙愐《唐韵》"榨"字注云:"侧嫁切,打油具也。"夫既曰"打油",则是打植物子使出油,如今日之麻油、豆油是也。植物油常贱于动物油,故自有植物油,无再燃膏油者。是自六朝已不以动物油为灯,可断言矣。又,唐《本草》"栢"字注:"陈藏器,曰子可压油,为灯极明。"是其证已。

宋之省油灯盏

《老学庵笔记》:"宋文安公集中有省油灯盏诗,今汉嘉有之,盖夹灯盏也。复为二层。一端作小窍,注清冷水其中,每夕一易之。寻常盏为火所灼,故易干,此独不然,其省油几半。"

按: 油灯之制,大半以铜、铁、锡为之,下承以盘,使不敧仄,中有柱。盏者,盛油之器,则架于柱颠,置炷于中,燃以取明。然时久则热,灼油易干,复盏而注水于内,则盏不热,故省油。

古灯台之高度

《西京杂记》:"咸阳宫有青玉五枝灯,高七尺五寸,作蟠螭以口衔灯,灯燃,鳞甲皆动,炳若列星。"又,"宣帝上

卷十一　灯烛

林有雁足灯。"又，《北里志》："裴晋公尝游妓院。为恶少所窘，公阴遣介求救于胡造尚书。胡来，主人上灯。胡起，取铁灯台摘去枝叶，而合其跗，足也。横置膝上，令曰：'凡三钟引满，三台酒须尽，不得有滴沥，犯令者一铁跻。'恶少长跪乞命。"又，《东宫遗事》："有铜驼灯，夕供油七升。"又，韩愈《短灯檠歌》："长檠架也八尺空自长，短檠二尺便且光。裁衣寄远泪眼暗，搔头频挑移近床。太学儒生东鲁客，二十辞家来射策。夜书细字缀语言，两目眵昏头雪白。此时提携当案前，看书到晓那能眠？"是汉唐油灯皆置檠上。其高七八尺者，盖不动。其高二尺者可移徙，读韩诗如目睹其状矣。然后世之檠皆尺余，所以然者，隋唐以前，屋内器具不备，又皆席地坐。所谓案者，矮几也，故移置案前，不置案上。若宋以后，则案高而据椅，今日之坐，古谓之据。故短檠而置案上，视古尤便也。

古蜡烛皆蜜烛，与今蜡烛异，今蜡宋尚无

自宋以前所谓蜡烛，皆蜂蜜中所含之蜡也。盖自魏晋时始能将蜜蜡分解，专以蜡作烛，故亦曰蜜烛。唐人《夜怪录》云："少顷有秉蜜炬自内出者。"是唐仍以蜂蜡为烛之证也。即《晋书·阮孚传》所谓"蜡屐之蜡"也。若今日之蜡烛，则产于四川泸州各地树上。正月时，土人赴云南蒙自购蜡种，归放于蜡树上而食其叶。至五月叶尽，万树皆枯，枝干皆生白衣，远望若雪。将白膜刮下，即蜡油也。自此蜡行，作烛者遂不用蜂蜡。惟不知始于何时。考《海录碎事》云："仙人烛木似梧桐，以为烛，可延数刻。"此即蜡树也。《海录》为宋叶廷珪作，是宋时中国尚少树蜡。李时珍《本草纲目》曰："蜡树四时不凋，五月开白花，其虫大如虮虱，延缘树枝，食汁吐涎，剥取其渣，炼化成蜡。"又，"水蜡树，叶微似榆及甜楮树，皆可放虫产蜡。"时珍，明人，是明时树蜡已风行。至于清，

凡为烛皆以树蜡，几不知蜜蜡可为烛矣。

古妇人会烛夜绩状况

《汉书·食货志》："冬，民既入，妇人同巷，相从夜绩，女工一月得四十五日。必相从者，所以省费燎火，同巧拙而合习俗也。男女有不得其所者，因相与歌咏，各言其伤。"

按：同巷必相从夜绩者，男女数十人，萃于一室，人多则言不寒，话言多则不倦，互相仿效则巧拙同。费省者，按《列女传》云："齐女徐吾者，齐东海上贫妇人也，与邻妇李吾之属，会烛相从夜绩。徐吾最贫，而烛数不属。李吾谓其属曰：'徐吾烛数不属，不能出烛。请勿与夜也！'徐吾曰：'妾以烛不属之故，起常先，息常后，洒扫陈席，以待来者，自与敝薄，坐常处下。夫一室之中，益一人烛不为暗，损一人烛不为明，何爱东壁之余光乎？'"夫以数十人同绩一室，而会合出烛，则一人所出者甚微，故曰费省。又，《拾遗记》："魏文帝所爱美人薛灵芸，常山人也。居生贫贱，每聚邻妇夜绩，以麻蒿自照。"按裉麻之梗，白而洁，细而长，燃之则明，故古取以代烛。以此证三国时贫民，仍以柴为烛，不能膏烛也。

按：古无棉，所谓绩者皆绩麻，宋人诗所谓"昼出芸田夜绩麻"是也。自南宋后，棉花入中国，所谓"绩者"皆绩棉也。河北人家，至冬纠合数十家，掘地为室，容数十人，共一灯，男女纺绩于其中，夜午方罢。与《食货志》《列女传》所述正同，令人悠然相见周秦遗俗也。

卷十二　城郭

周王城高广

《考工记》："匠人营国，言筑都城。方九里。"是王城每面长九里也。又曰："城隅之制九雉。"注："雉长三丈高一丈。城隅，谓角浮思也。"疏："城隅高九丈，城身高七丈也。"

按： 宫门阿五雉，宫隅七雉，故知隅高二丈。今城隅角楼高九丈，除二丈即城身高，故疏云高七丈也。

王城十二门

《考工记》："国方九里，旁三门。"是每面三门，每三里开一门，四面十二门。今北平城为元所筑，亦每面三门。及明徐达入北京，以城大难守，自东西面北头之门起，迤北全堕之。是以东西北三面只有二门，合前三门共九门，有违周制矣。而鼓楼在元时，居全城正中者。今偏在北城，殊不壮观也。

周列国城高广

《考工记》："宫隅之制，以为诸侯之城制。"

按： 宫隅高七雉，除浮思二雉，高五雉。今以为诸侯城制，是高五丈也。《左传·隐元年》："都城过百雉，国之害也。先王之制，大都不过参国之一。"注："侯伯之城方五里，径三百雉。"

按： 百雉恰足三之一，过则为害。由此推知侯伯之都城为三百雉，三百雉合九百丈。以每里一百八十丈计之，正五里，故注云"侯伯之城方五里"也。

周城墙上女墙与今同

《左传·宣十二年》："国人大临，注：临，哭也。守陴者皆哭。"注："陴，城上俾倪。"孔疏："俾倪者，看视之名。"《释名》云："城上垣曰陴，于其孔中，俾倪非常。"《说文》云："城上女墙，俾倪也。"

按： 城上之短垣曰女墙，中有孔，守城者以墙为蔽，于孔中睥睨探望，窥见敌情，唐韩偓诗所谓"宫雅犹恋女墙啼"是也。自周及汉唐，以迄于今，仍而不改，可见古制之善矣。

周城有县门

《左传·庄二十八年》："楚子元以车六百乘伐郑。众车入自纯门，及逵市，县门不发。内城门。"又，《襄公十年》："逼阳人启门，诸侯之士门焉。县门发，聊人纥抉之，以出门者。"孔疏："县门者，编版广长如门，施机关以县门上，有寇则发机而下之。"服虔云："抉，撅也。谓以木撅县门，令在门内者出也。"

按：自汉以来，史所纪战事多矣。而从未有县门，则此制之废弃已久，故其详亦不悉也。

古保护城垣之法

《公羊传》："晋人执宋仲几于京师。仲几之罪何？不蓑城也。"何休注："若今以草衣城也。"

按：古者城垣皆以土筑，雨淋则土堕，故以草衣城，有类于蓑。观何休注，汉魏时即如此。又，《北平图经》："东城泡子河外，即通惠河，元时常于此处以苇衣城。"是元时仍如此。盖自周至元，凡城皆以土筑，故至今无一存者。至明始以砖筑城，可数百年不圮。今北平南城，为明嘉靖时筑，城上之砖印记宛然，是其证也。

周都城内布置概况

《考工记》："匠人营国，方九里，旁三门。国中九经、九纬，经涂九轨。左祖右社，面朝后市。"

按：经涂九轨者，言路广能容九车也。左祖者，宗庙。言宗庙建于左，而社在右，今北平皇宫尚如此也。面朝后市者，言王宫前为朝会之所，后为市肆也。

周朝面积及位次

《考工记》："市朝一夫。"注：市与二朝，占地各百亩。二朝者，内朝、外朝。

按：周一夫授田百亩，内朝、外朝各占地百亩，故曰一夫。又，《曲礼》："天子当依，同扆，状如屏，画为斧文，高八尺。诸侯北面而见天子曰觐。天子当宁注：门屏之间。而立，诸公东面，诸侯西面曰朝。"

疏："当依、当宁皆南面。凡天子三朝：其一在路门内，谓之燕朝，太仆掌之；其二是路门外，谓之治朝，司士掌之；其三是皋门之内、库门之外，谓之外朝，朝士掌之。"燕朝朝公族，治朝每日视朝治事之位，《司士》所谓"王南向，三公北面东上，孤东面北上，卿大夫西面北上"是也。外朝是询众庶之朝，即《朝士》所谓"左九棘，右九棘，面三槐"是也。

又，《秋官》："朝士：掌建邦外朝之法。左九棘，孤、卿、大夫位焉，群士在其后；右九棘，公、侯、伯、子、男位焉，群吏在其后；面三槐，三公位焉，州长众庶在其后。左嘉石，平罢民焉；右肺石，达穷民焉。帅其属而以鞭呼，趋且辟。禁慢怠也朝，错立族谈者。"注："树棘以为立者，取其赤心而外刺。""错立者，立违其位；族谈者，聚谈。"按《左传·昭十一年》：叔向曰："朝有著定，会有表。"注："著定，朝内列位常处。"错立者，违著定之处而立也。古会盟必于野，故设表以为位，异于朝也。

周正月国民至阙下观象读法

《周礼·天官》："正月之吉，县治象之法于象魏，使万民观治象，挟日而敛之。"注："象魏，阙也，从甲至甲，谓之挟日。"象者非惟书其事，且揭其图，使观者易辨而知警也。

卷十三　都城街衢

周都城街衢

《考工记·匠人》："国中九经九纬。经涂九轨，环涂七轨，野涂五轨。环涂以为诸侯经涂，野涂以为都经涂。"

按： 南北曰经，东西曰纬。九经九纬，言经纬路各有九，而其广能容九轨也。环涂者，绕城道；野涂者，国外道。为诸侯经涂者，言诸侯城内道七轨；为都经涂者，言诸侯所属之都，道则五轨，以次递降也。由是证之，周丰镐及洛阳街衢，横竖均有九，而其广则皆九轨也。

周诸侯都城路广亦九轨

九轨者，诸侯之路逊周王二轨。然《左传·桓十四年》："宋人以诸侯伐郑，焚渠门入及大逵。"又，《宣公十二年》："入自皇门，至于逵路。"注云："涂方九轨曰逵。"夫郑最小国，尚皆九轨。则齐晋大国，更不待言。然则周制诸侯不必尽从也。

周时夜禁

《周礼·秋官·司寤氏》:"御晨行者,禁宵行者、夜游者。"
按: 黑夜游行,一则恐其为盗,一则恐其遇盗,故皆禁也。

周街衢行人秩序

《礼·王制》:"道路,男子由左,妇人由右,车从中央。"注:"道中三涂,远别也。"

殷周时道路厉行清洁

《韩非子》:"殷之法刑,弃灰于道者,断其手,子贡疑其重。夫子曰:'知治之道也!'"又,《史记·李斯传》:"商君之法,刑弃灰于道者。"夫弃灰,细故也。然能使道路污秽,有碍观瞻,故严刑以防之。由是证古人之厉行清洁、讲求卫生之过于后人也。

汉长安之街衢概况

《三辅皇图》云:"有香宝街、夕阴街、尚冠前街。"《三辅旧事》云:"长安城中,八街九陌。"《汉书·刘屈氂传》:"妻子枭首华阳街。"《汉书·张敞传》:"京兆尹张敞走马章台街。"《汉书·陈汤传》:"陈汤斩郅支王首悬于藁街。"张衡《西京赋》云"参涂夷庭,街衢相经,廛里端直,甍宇齐平"是也。又,张衡《东京赋》:"经途九轨。"是汉都街衢,广亦九轨也。

秦仍刑弃灰

《汉书·五行志》:"秦连相坐之法,弃灰于道者黥。"是盖仍沿商周之法。世动谓秦法严,然黥刑较断手仍轻也。

唐城门出入规程

《隋唐嘉话》:"诸街晨昏出入传叫,以警行者,代之以鼓,城门入由左、出由右,皆马周发之。"

汉唐以来都会盗劫则鸣桴鼓

《汉书·尹赏传》:"长安城中,薄暮尘起,剽劫行者,死伤横道,桴鼓不绝。"又,《张敞传》:"由是桴鼓稀鸣,市无偷盗。"又,唐·杜甫诗:"杀人红尘里,报答在斯须。"又,《隋唐嘉话》:"诸街晨昏传叫,代之以鼓。"是在汉唐时,都城街市以人烟繁盛,故杀掠劫夺白昼不讳,街吏闻警则鸣鼓以报也。

汉禁夜行

《史记·李广传》:"尝夜从一骑出,从人田间饮。还至霸陵亭,霸陵尉醉,呵止广。广骑曰:'故李将军。'尉曰:'今将军尚不得夜行,何乃故也!'止广宿亭下。"是可证不惟城内禁夜行,即四郊亦禁也。又,《三国志·魏武传》注:"武帝为洛阳北部尉,小黄门蹇硕叔父夜行,即棒杀之。"是其罪可至死也。

晋时禁夜行

《世说新语》:"王安期作东海郡,吏录一犯夜人来。"又:"殷浩始作扬州,刘尹行,日小欲晚,便使左右取襆。人问其故,曰:'刺史严,不敢夜行。'"是非都城而外郡亦禁夜,且并官吏禁也。

·181·

唐夜鼓一动即禁夜行

白行简《李娃传》:"久之日暮,鼓声四动。姆曰:'鼓已发矣,当速归,勿犯禁!'"又,《摭异记》:"宪宗迁葬,都人士毕至。裴通远家在崇贤里,妻女辈亦往纵观,日暮归至天门街,夜鼓将动,有白头妪亦忙遽而行。裴家青衣谓妪曰:'若步履不逮,惧犯禁,车中尚可通融。'"观是则唐时夜禁,以鼓为限,鼓声起,则都市行人绝。男子徒行固禁,即妇女乘车马者亦一律禁也。

古长途官道路政,专官掌之

《周礼·秋官·野庐氏》:"掌达国道路,至于四畿。注:不通之处,使人治之。比国郊及野之道路,宿息、井、树。宿,止宿;息,昼止;井,供饮食,树为蕃蔽。若有宾客,则令守涂地之人聚橮同柝之;有相翔窥伺者,诛之。凡道路之舟车擊互者,叙而行之。"

按: 古驿站客馆均未备,沿官路宾客往来,则宿于野。而又无售饮食者,故设专官,按道路远近,设止宿之处,设昼憩之庐,今所谓打尖。掘井以供宾客制饮食,列树以备行旅荫凉,而以为遮卫。又孤宿郊外,恐夜有盗贼也,则令土人击柝以为警。车马众多,恐其争路也,则令以次按叙而行。此不能以今日沿大道村镇稠密、逆旅栉比、且到处皆有售饮食者之习惯窥测也。

古修长途官道

《晏子春秋》:"景公筑露寝之台,三年未成。又为邹之长途。"
按: 邹为大都,此长途必由临淄至邹,有数百里之远,发民筑之,民固病矣。然古人之重视路政,便利交通,可见一斑矣。

古重视行旅死者

《周礼·秋官·蜡氏》:"若有死于道路者,则令埋而置楬焉,书其日月焉,悬其衣服,任器于有地之官,以待其人。"

按: 此等惠政,在清时夏日行官道每逢之,埋于路侧,上插木标,书其死之日月及衣服颜色,以待寻者,而始于周官也。

古禁蒙布巾持兵仗行官道

《周礼·野庐氏》:"掌凡道禁。"郑注:"禁谓若今绝蒙布巾、持兵仗之属。"

按: 持兵仗恐其行劫。禁蒙布巾颇不得其义,得无以其骇众欤?然至汉尚如此也。又,"禁野之横行径逾者。""禁行作不时者,不物者。"按不由正道,横行径逾,必有奸邪。不时者,注云:"不时谓不夙早也则莫同暮者也;不物谓衣服操持非比常人也。"故皆禁之。

自周以来列树表道

《左传·襄九年》:"晋伐郑,杞人、郳人从赵武、魏绛斩行栗。"注:"表道树也。"孔疏:"行道也。"

按:《周语》云:"列树以表道。"此"行栗"即表道之树,以其碍行军,故斩之。

秦以松表道,晋以槐表道

《汉书》贾山上书曰:"秦为驰道,树以青松。"是秦以松表道也。左太冲《吴都赋》曰:"驰道如砥,树以青槐,亘以绿水,玄荫耽耽,清流亹亹。"是晋时官道两旁皆树槐也。

唐仍以槐表道

《国史补》："贞元中,度支欲取西京槐树为薪,更栽小树。"又,吴子华有《题湖城县西道中槐树》诗,皆官道槐树也。

清官道多柳而杂以槐

清时官道宽数十丈,两旁树柳,中杂以槐。余幼时自正定应举赴京师,行官道六百余里,两旁古柳参天,绿叶幂地,策蹇而行,可数里不见烈日。柳阴下卖茶、卖酒、卖饼饵者,络绎不绝,疲则憩,热则乘凉,渴饮饥食唯所欲,虽远行而有闲逸之趣。自铁路行而数百里参天之古木尽毁,官道为民地所蚀,只容二轨,于是数千里之遗制旧迹,遂泯灭无馀。

卷十四　市肆

周市在王宫后，面积百亩

《考工记》："匠人营国，左祖右社，面朝后市。"后市者，言在王宫后也。又云："市朝一夫。"古一夫授田百亩，是市在王宫后，而地广百亩也。

周时市朝之布置

《周礼·天官·内宰》："凡建国，佐后立市，设其次，司市所居。置其叙，胥师、贾师所居。正其肆，陈其货贿，出其度量淳幅广制，匹长。祭之以阴礼。"然市亦谓之朝。《论语》云："吾力犹能肆诸市朝。"《史记·孟尝君传》："独不见夫趋市朝者乎？明旦，侧肩争门而入；日暮之后，过市朝者掉臂而不顾。"注云："谓市之行位有如朝列，因言市朝耳。"然则古市内行列整齐，有市社、有官厅，而肆廛则列于两旁，招商列居，甚整齐也。

历代社会风俗事物考

周管理市政制度——市官之严厉

《周礼·地官》："司市：掌市之治教、政刑、量度、禁令。以次叙分地而经市。""凡市入，则胥执鞭度，守门市之群吏平肆，展成奠贾。上旌于思市亭次以令市。市师涖焉，而听大治大讼；胥师、贾师涖于介市亭之属次，而听小治小讼。""市刑，小刑宪罚，以文书播于众。中刑徇罚，以其人示市。大刑扑打也罚。"

——市货以类陈列，不许杂乱

《司市》云："以陈肆辨物而平市。"又，《肆长》："陈其货贿，各相近者相远也，实相近者相尔同迩也。"

按：陈肆辨物者，物同使列于一区，则美恶易辨。名相近者相远也，言名虽同而实不同，不许同列以欺人也。实相近者相迩也，言货之名与实相同，可近列一处也，皆所以防弊也。

——严禁靡物与诈欺

《司市》："以政令禁物靡而均市。""以贾贾，音古。民禁伪而除诈。"

按：物靡者，郑云："侈靡也。"侈靡则悦目而售易，价因以昂，可使物价不平均，又无用，故禁之。贾民者曾为贾，知物情伪，故欺诈易去也。又，《胥师》："察其诈伪饰行儥慝者而诛罚之。"贾民即其属也。

——物有定价，悬高处使人知

《司市》："以量度成贾而徵儥。同买。""群吏平肆，展整也成平也奠贾，同价。上旌于思次以令市。"又，《贾师》："展其成而奠其贾。"

· 186 ·

按：徵偗者，言按丈尺升斗定物价，而高悬于市亭，使买者有所徵信而不疑也。

——严防盗贼与市民秩序

《司市》："以刑法禁虣同暴而去盗。"又，《司虣》："禁其斗嚻者，与其虣乱者、出入相陵犯者、以属游饮食于市者。若不可禁，则搏而戮之。"又，《司稽》："掌巡市而察其犯禁者与其不物者，而搏之。掌执市之盗贼以徇，且刑之。"《胥》："各掌其所治之政，执鞭度而巡其前；掌其坐作出入之禁令，袭其不正者。凡有罪者，挞戮而罚之。"

按：属游饮食者，言聚而群游饮食也。不物者，言衣服视瞻奇异不经也。袭其不正者，言掩捕犯禁之人也。

——遗物招领

《司市》："凡得货贿六畜者，亦如之，言旌于叙也。三日而举之。"

按：市有遗物，事之常也，置于叙以待认领。三日举之者，言过三日无人认领，则没入官也。

——设专官掌契券

《质人》："掌成市之货贿。""凡卖儥者质剂焉，大市以质，小市以剂。掌稽市之书契。""凡治质剂者，国中一旬，郊二旬，野三旬，都三月，邦国期，期内听，期外不听。"

按：此即司市所谓以质剂结信而止讼也。注："质剂，券也。"先郑云："谓两书一札同而别之也。言保物要还也。"疏："古未有纸，故以札竹版书。大小者，言券有长短也。治质剂者，言听质剂之讼也。讼有期，过期则不听此讼也。"

历代社会风俗事物考

——贷民钱国息五厘

《泉府》："凡民之贷者，与其有司辨而授之，以国服为之息。"后郑云："以国服为之息，以其于国服事之税为息。假令贷万泉，期息五百。"若是则五厘也。

古市一日三合

《周礼·地官·司市》："大市日迫同侧而市，百族为主。朝市朝时而市，商贾为主。行为商，居为贾。夕市夕时而市，贩夫贩妇为主。小贩。"又，《礼·郊特牲》云："大市于中，朝市于东偏，夕市于西偏。"

按：占市面积只百亩，除司市等官听事之处，疑太狭。今一日分为三时之市，各有所主，易期而入，则无壅矣。

古以人民与牛马同上市

《质人》："掌成市之货贿、人民、牛马、兵器、珍异。"郑云："人民，奴婢也。"疏："以其在市，平定其价，故知非良人。"

按：古时必罪人方为奴婢，故云非良人，非若后世良人亦为奴婢也。奴婢可买卖，故与牲畜同上市议价也。

周时卖兽肉者悬兽首于门，以为识

《晏子春秋》："君服之于内，而禁之于外，是何异悬牛首于门而卖马市于内也？"据此，是当时卖何兽肉，即悬其首于门。以为标识也。

· 188 ·

汉都城市场

《三辅黄图》:"长安市有九,各方二百六十六步,六市在道西,三市在道东。凡四里为一市,致九州商人,在突门夹横桥大道,市楼皆重屋,有令署以察商贾货财买卖之事,三辅都尉掌之。直市在富平西南二十五里,即秦文公造。物无二价,故以直市为名。"张衡《西京赋》云"郭开九市,通闤连阓,旗亭市楼重立,俯察百隧"是也。隧,道也。又,按:《郡国志》:"长安大侠黄子夏居柳市,司马季圭卜于东市,晁错朝衣斩于东市,西市在醴泉坊。"

按:周市在王宫后,地只百亩,殊迫隘。至秦汉都城规模较周大启,于是市肆亦异制:六市在道西,三市在道东,必大街之东西,不定在王宫后。又,四里为一市,较周制亦宏敞,而各方六百六十六步,可证市自为院落,有若今日特辟之商场。沿承周制,尚无临街列肆售物,若今日都市之杂乱,而管理市政者为三辅都尉。张衡《西京赋》所谓"周制大胥,今也惟尉"是也。而市楼皆重屋,市楼即旗亭。旗者,商家所竖之招牌,悬于楼头,故曰旗亭。《史记》褚先生所谓"臣为郎时,与方士会旗亭下"者,此也。

汉酒市

《汉书·萬章传》:"长安炽盛,街闾各有豪侠,章在城西柳市。"又,"酒市赵君都。"

按:柳市已见前,大侠黄子夏所居,盖以其地多柳而名。酒市盖又以其地多酾酒者而名也。惟柳市、酒市,是否在九市之内,抑在道东或道西,则不详也。

周时商货皆以玺节出入，否则没官

《周礼·地官·司市》："凡通货贿，以玺节出入之。"又，《掌节》："货赂用玺节，皆有期以反节。凡通达于天下者，必有节以传辅之。无节者，有几则不达。"又，《司关》："掌国货之节。凡货不出于关者，举其货，罚其人。"

按：节者，竹符也，持此为凭，货达则反节，然则古之经商者运违禁品不易也。

古商贾之诈伪

《新序》："鲁有沈犹者，旦饮羊饱之，以欺市人。鲁氏之鬻牛马者，善豫贾。同价。孔子将为司寇，沈犹氏不敢朝饮其羊，鲁氏之鬻牛马者不豫贾。"

按：朝饮其羊则腹大而似肥；豫贾者，盖豫先宣传其牛马之美，而昂其值，其实不副也。

汉时已有在街上叫卖食物者

《三国志》注："赵岐遭家祸，诣北海贩胡饼。孙宾硕过市，疑其非常人，问曰：'自有饼耶？贩之耶？'岐曰：'贩之。'宾硕曰：'买几钱？卖几钱？'曰：'买三十，卖亦三十。'"是在市上叫卖也。

汉已有书肆

《后汉·王充传》："常游洛阳市肆，阅所卖书，一见辄能诵忆。"是汉已有书肆也。

汉晋时酒垆

《史记·司马相如传》："与俱之临邛，尽卖其车骑，买一酒舍酤酒，而令文君当垆。"又，《世说新语》："阮公邻家妇有美色，当垆酤酒。阮与王安丰常从妇饮，阮醉，便眠其妇侧。"又，"庾公为尚书令，着公服，经黄公酒垆下过。"注："垆，酒肆也，以土为堕，四边高似垆也。"按：《说文》："垆，黑刚土也。"《吕览》："凡耕之道，必始于垆，为寡泽而后枯。"酒垆者，古陶器大者殊少，而又无釉，疑即以刚燥之土，筑使中空，四边高起，候干用以盛酒而不漉也，抑或以陶器置当中，惧其毁坏，四周用此燥土培壅以为固，且免沈酒，不然胡必以垆哉？后阅《汉书》，"垆"作"卢"，师古曰："累土为卢以居酒瓮，四边隆起，形如锻卢，俗学谓当卢为对温酒火卢，失其义矣。"观此则与余后说合也。

唐时鬻胡饼状况

《任氏传》："行及里门，门扃未发，旁有胡人鬻饼之舍，方张炭炽炉，暂往栖止。"

按：胡饼者，即今之烧饼也，炽炭火炉中，而以饼置炉上灼之，食顷熟矣。其制法传自胡人，故曰胡饼。

唐都市卖蒸饼状况

《朝野佥载》："周张衡位四品，退朝，见路旁蒸饼新熟，遂市一枚，马上食之，被御史弹劾，降敕流外。"

据此，唐都城街上，似已随便设肆，与今无异，不必有定市也，若古则无是。《晏子春秋》云："晏子宅陋，景公欲易其宅。晏子曰：'臣家贫而居近市，百物取给焉。若居与市远，则朝夕不便。'"是可证临淄虽繁盛，尚无临街设肆之制，而市有定处，故去市远则购物难。汉时盖尚如此，至唐则与今无异。

汉已有牛牙人

《后汉·逢萌传》："君公遭乱独不去，侩牛自隐。"注："谓平会两家买卖之价。"

唐马牙人

《集异记》："宁王方集宾客，鬻马牙人曲神奴者呈二马，皆神骏精采。问价，牙人曰：'此一千，此五百。'座客皆不识其贵贱之由。"

按：牙人者，主介绍平会两家买卖价值，费唇舌牙齿，故曰牙人。今各物皆有牙人，不只牛马，想汉唐亦然，特不见于载记耳。若周制则无是，凡物价皆由市官酌定，以旌于市亭，《贾师》所谓"展成奠定也价，以令于众"也。

唐各行有首

唐《灵鬼志》："吴太伯祠在苏阊门西，人多献牲牢以祈福。时乙丑春，有金银行首画美人以献。"又，《虬髯客传："某日午时，访我于马行东酒楼下。"又，《周礼·地官·肆长》孔疏："一肆立一长，使之检校一肆之事，若今行头。"是唐时各行皆有行首，与今略同。

唐衣肆、质肆当铺、书肆

《任氏传》："郑生不知是计，入西市衣肆。"又，《李娃传》："生不知是计，乃质衣于肆，以备牢醴。"又，"娃命出门，生骑而从，至旗亭南偏门鬻'坟典'之肆，生拣而市之，载以归。"

按： 总观古市肆概况，周以前市自市，街自街，凡列肆必于市，临街无鬻物者，西汉盖仍如此，故长安有九市之多。至唐则街市已混为一，沿街设肆，不必定在市，以迄于今，仍而不改。故唐以后状况，可臆揣而知，不必考也。

古契券：周名质剂，汉名下手书，唐名画指券

《周礼·司市》："以质剂结信而止讼。"又，《质人》："凡卖儥者质剂焉，大市以质，小市以剂。"郑注："质剂，谓两书一札同而别之也，若今之下手书，言保物要还矣。"孔疏："古未有纸，故以札书。""汉之下手书，即今唐时画指券，与古质剂同也。"

按： 札者，竹简也。两书一札同而别之者，谓甲乙各书于札上，中分而各持其一以为信。汉时仍以竹为之，而名下手书。东汉末虽有纸，盖贵甚，仍无用者。至唐则尽以纸矣，然画指之义仍不详也。

古收债以合券为凭

《战国策》：孟尝君使冯谖收责于薛，"载契券而行"。"使吏召诸民当偿者，悉来合券。券遍合，起，矫命以责赐诸民，因烧其券。"

按: 此亦以竹为券,剖而分之,各持其一,故合之以为信。又,《汉书·高帝纪》:"及见怪,岁竟,此两家常折券弃责。"按此亦以竹简为券,既不征索,故折毁也。

卷十五　闾里

周民居闾里概况

《周礼·地官·大司徒》："令五家为比,使之相保;五比为闾,二十五家。使之相受;四闾为族,百家。使之相葬;五族为党,五百家。使之相救;五党为州,二千五百家。使之相赒;五州为乡,万二千五百家。使之相宾。"按注："相保者,奇衺相保也。"即互保此五家无奸宄。相受者,后郑云:"有故而寄托,使之相受。"相葬者,百家之财力赡,互相助财;相救者,五百家势众,故可相救;相赒者,裋札相赒;裋札者,或灾荒、或疠疫,以二千余户之众,不能全被灾,可互赒恤也;相宾者,以万二千之户口,秀民必多,故由乡校宾其贤者于国校,使毕业而为官吏也。

按：王都百里以内为乡,乡有大夫主其治。州有长,党有正,族有师,闾有胥,比有长。若百里以外则为遂,以邻、里、酂、鄙、县组成,五家为邻,五邻为里,五里为酂,五酂为县,五县为遂。其实,遂之邻、里、酂、鄙、县,与乡之比、闾、族、党、州,名异而实同。必异名者,备师田行役,各以旗物率其众,便于识别耳。

按：古之时,民无郊居者,如后世之乡村,只夏日即农郊居,《书》所谓"厥民析",《诗》所谓"中田有庐"是也。育庐于井田之中,及秋后农事毕，则归都邑。《诗》云："日为改岁，入此室处。"言冬日农毕将改岁矣，入居都邑之室也。室在邑，庐在野，三代时截然不同，不能如后世之混合称之。观《大司徒》授民田，以室数制之，不以庐数，注云："留城郭之宅曰室。"是其证。故夫比、闾、族、党、邻、里的组合，皆都邑之状况也。

至春秋以社为里之代名

《管子》："公子开方以书社七百下卫矣。"《左传》："书社五百。"《商子》："里有书社。"《史记·索隐》云："古者二十五家为里，里各立社。书社者，书其社之人名于籍。下卫者，言以此七百社降卫也。"

汉闾里必有门，门有监

《史记·郦食其传》："为里监门。"又，《张耳传》："俱之陈，为里监门。"又，《万石君传》："内史庆醉归，入外门不下车。万石君闻之，不食。庆恐，肉袒请罪，不许。举宗及兄建肉袒，万石君让曰：'内史贵人，入闾里，里中长老皆走匿，而内史坐车中自如，固当！'"又，《汉书·于定国传》："始定国父于公，其闾门坏，父老方共治之。于公谓曰：'少高大闾门，令容驷马高盖车。'"

按：闾里皆二十五家，此二十五家共一门出入，又有门监以司启闭、稽奸邪，使莠民无所容纳，古里政之整齐如是。

汉长安里名

《三辅黄图》："长安闾里一百六十，室居栉比，门巷修直，直宣明、建阳、昌阴、尚冠、修城、黄棘、北焕等里。"《汉书》云:"万石君奋徙居陵里。"又,"徙家长安戚里。""宣帝在民间时,常在尚冠里。"刘向《列女传》:"节女,长安大昌里人也。"戚里者,所居皆皇家之姻戚,故以名也。

汉仍有乡名

《史记·陈平传》:"阳武户牖乡人也。"注:汉制十亭为一乡。又,《陈胜传》:"行至蕲大泽乡。"

按: 周制五州为乡,乡大于州县。汉则为州县属,仅大于亭耳。汉承秦制,多与周异矣。

秦汉亭制

《新序》:"梁边县与楚邻界,梁之边亭与楚之边亭皆种瓜。"又,《高士传》:"始皇以金璧置阜乡亭。"是六国时即有亭,而不详其制。《汉书·高帝纪》:"及壮,试吏,为泗上亭长。"师古曰:"秦法十里一亭。亭长者,主亭之吏也。亭谓停留行旅宿食之馆。"又,"求盗之薛治。"注云:"亭有两卒,一为亭父,掌开闭扫除;一为求盗,掌逐捕盗贼。"是亭者有二义:一以便行旅,如《刘宠传》:"尝出京师,欲宿亭舍,亭吏止之曰:'整顿洒扫,以待刘公。'"又,《王忳传》:"妹夫为涪令,过宿此亭。"又,《范式传》:"辟公府之京师,道宿下亭。"又,《张式传》:"父业郡门下掾,送太守妻子还乡里,至河内亭。"又,《高士传》:"桓帝以安车徵韩康,康辞安车,乘柴车先行至亭。亭长以徵君当过,发人牛修道桥,及见康车,以为田叟也,夺其牛。"是官吏过往及人民宿止,皆亭长是赖。一以防盗贼,如《朱博传》:"少时给事县为亭长,好客少年,捕搏敢行,稍迁为功曹。"又,《高帝纪》:"令求盗之薛。"是亭长逐捕盗贼,保护行旅,有功可升为功曹也。

晋唐仍有亭

《世说》:"褚季野于章安令迁太尉记室参军,乘估客船,送故吏数人投钱唐亭住。尔时吴兴沈充为县令,当送客过浙江,客出,亭吏驱公移牛屋下。后县令知,鞭挞亭吏以谢。"又,"褚公尝至金阊亭。"是晋时仍有亭,亭吏即汉之亭长,其所掌盖仍与汉同。又,唐人《集异记》:"安阳城南五里有一亭,过客宿止辄死。有一士人不信,宿其中。"又,《摭异记》:"灵壁县东界有一亭,旁有古树参天。"是亭之制至唐仍存,自秦汉讫唐,千余年不废,可谓久矣!

秦汉乡吏亭长以外之乡官

《史记》:"三老五更,遮说汉王。"又,《高帝纪》:"举民年五十以上,有修行能帅众为善,置以为三老,乡一人,择乡三老一人为县三老,与县令、丞、尉以事相教。"《正义》曰:"《百官表》:'十里一亭,十亭一乡,乡有三老掌教化。'"又,《文帝纪》:"三老,众民之师也。"又,"以户口率置三老、孝悌、力田常员。"又,《明帝纪》:"赐三老、孝悌、力田人三级。"注:"皆乡官名。三老高帝置,秦即有。孝悌、力田高后置。"又,《武帝纪》:"赐县三老帛人五匹,乡三老、孝悌、力田帛人三匹。"是三老者,有县三老,有乡三老,其责任在掌教化,故诏云"众民之师,民有不臧,则可让之",《司马相如传》所谓"让责也三老、孝悌以不教诲之过"是也。孝悌、力田之识,盖与三老同,而力田微异。力田者,盖主以精勤农事为率,故相如让孝悌而不及力田。惟孝悌、力田二官，是否有县乡之分，史无明文，不敢臆说。

乡官之等级

《汉书·尹赏传》："乃部户曹掾史，与乡吏、亭长、里正、父老、伍人，杂举长安中轻薄少年恶子。"是县令之下即乡吏，乡吏之下即亭长，亭长之下即里正，里正之下为父老、伍人。若夫功曹、户曹、贼曹等职，乃佐县令治事者。乡吏、亭长有功虽可擢为曹掾，乃县属而非乡官。《史记》："陈馀为里监门，吏常以过笞馀。"此所谓吏，即乡吏也。

若夫三老、孝悌、力田三职，虽乡官乃人民之表率，专司教导，职虽微而名甚荣，与乡吏、亭长截然不同。以故皇帝有恩赐时，每及三老、孝悌、力田，而不及乡吏、亭长。此外乡官复有乡啬夫。《后汉·郑弘传》："弘少为乡啬夫。"又，《郑玄传》："少为乡啬夫。"注："其乡小者县署啬夫一人。"《前书》曰："乡有啬夫，掌听讼收赋税。"而不言县有啬夫。盖此官为县所署，何乡人即佐县官清理其乡之讼狱、收税等事，不惟与三老等职异，与乡吏等官亦异也。

六朝时乡官

《通考》云："宋五家为伍，伍长主之；二伍为什，什长主之；十什为里，里魁主之；十里为亭，亭长主之；十亭为乡。乡有乡佐、三老、有秩、啬夫、游徼各一人，所职与秦汉同。"

按： 秦汉时十里为亭，二十五家为里，十里二百五十家。兹百家为里，十里即千家。六朝之亭长，与汉之乡吏，所辖正同。而十亭为乡，乡佐所辖则万家矣。又有三老、有秩、啬夫，与乡佐分司治化，甚美备也。至隋开皇十五年，罢州县乡官，唐初复置，凡百户为一里，里置正一人。五里为乡,置耆父一人,以耆年平谨者县补之,亦曰父老。贞观九年,乡置长一人、佐二人,十五年复省。然《耳目记》云:"新昌令夏侯彪之初下车。问里正曰。"又,杜甫诗:"来时里正为裹头。"是皆天宝以后事,仍有里正名。意者乡长省而里正仍存欤?然自唐以来,乡官之制,名虽存而实则废。凡里正等吏,仅以供县官驱役、差徭奔走,其猥贱与皂隶同,凡士人无为之者,讫明清皆如此。周官之美意破坏尽矣,非若汉末以陈实之大贤,亦可为亭长也。见《三国志》注。

古乡官之于风俗关系

周乡官所谓州长、党正、族师、闾胥、乡大夫属。鄙师、酂长、里宰、邻长遂大夫属。等皆乡官,政教兼理,主知民善恶,为役先后;知民贫富,为赋多少,考德行,察道艺,至三年,则比而兴起,贤者能者宾礼之;否则,纠其过恶而戒之,故教化易成。至汉,则以乡吏、亭长、啬夫分司其刑政、钱赋各事,而别举三老、孝悌、力田专掌教化。凡有孝子顺孙、贞女义妇、让财救患,及学士为民式者,皆旌表其门,以兴善行,故司马相如至蜀,则让责也三老、孝悌以不教诲。又,《韩延寿传》:"至令民有骨肉争讼,既伤风化,重使贤长吏、啬夫、三老、孝弟受其耻。"处民师之地,专教导之责,激扬风化,兴举孝廉,善者无不名,能者无不达。讫至东汉,社会风俗之淳良,人民气节之高尚,远非三代所能及,人徒见汉末乱而忽忘之耳!岂知政乱于上、而风清于下,无善行而不彰,无文学而不达者,则以此乡官激扬褒举之力也?呜呼盛矣!

周因乡制善,盗贼奸宄逃亡无所容

《韩非子》:"温人之周,周不纳。客问之曰:'客也?'

对曰：'主人。'问其巷人而不知也，吏因囚之。君使人问之曰：'子非周人也？而自谓非客，何也？'曰：'臣少尝诵《诗》曰：'普天之下，莫非王土。率土之滨，莫非王臣。'今君天子，则我天子之臣也。岂有为人臣又为客哉？'君使出之。"又，《管子》："夫善牧民者非以城郭也，辅之以什，司之以伍，伍无非其人，人无非其里，注：谓无客寄。里无非其家，故奔亡者无所匿，迁徙者无所容，不求而约，不召而来，因亡无所匿。故民无流亡之意，吏无备追之忧。"观是则周时盗贼奸邪，无所容身，凡行旅而无保证者，随所至而立困。而比闾族党组织之尤要者，二十五家之内，必有总门以为出入，而门必有监，以为稽查。人徒詈商君法严，无验者逆旅不纳，而不知盛周即如此也。又，周时社会，奴仆待遇惨酷极矣，而无一亡者。诚以其时乡制善，逃亡无所入，不待出境即可缉获。即能出境，亦旋即被囚，故不敢逃，即逃亦自归也。

卷十六　祠祭

郊天用牛须卜，牛口伤即不用

《春秋·宣公三年》："春王正月，郊牛之口伤，改卜牛。牛死，乃不郊。"

按： 郊者，祭天也。惟天子得郊天，鲁以周公之故，亦得郊天。而郊必用牛，牛必卜。《祭义》"君召牛，择其毛而卜之，吉，然后养之"是也。而牛或微伤，即不用，而改卜，牛若死，即不郊。一若天神，惟牛是重。牛口虽小伤，天即厌之者，故宁不郊，而不敢以有眚之牛祭也。

牛角伤，亦不敢郊

《春秋·成公七年》："春王正月，鼷鼠食郊牛角，改卜牛。鼷鼠又食其角，乃免牛。"

按： 鼷鼠极微细，《玉篇》云："螫毒，食人及鸟兽皆不痛。"《本草》陈藏器曰："极细卒不可见，食人及牛马成疮，不觉。"然则食郊牛角，其伤极细微矣，亦改卜不用，其视牛之重如此。

· 202 ·

祭宗庙亦以牛为重。至衣以文绣

《高士传》庄周曰："子不见郊祭之牛乎？衣以文绣，食以刍菽。"又，《史记·老庄列传》："养食之数岁，衣以文绣。"是既为牺牛，平日养之即衣以文绣也。

牛入庙时为牛歌舞

《祭统》："君迎牲。"又，《周礼·地官·封人》："凡祭祀，歌舞牲。"注："谓君牵牲入时，随歌舞之，言其肥香以歆神。"是牲之入庙，君须迎牲而牵之，佐以歌舞。若曰牛肥香可爱，人见之而歌舞，神见之当亦愉悦如人也。

牺牛之尊贵

《祭义》："君式齐牛。"《曲礼》："国君下齐牛。"言君，而卿大夫可知矣。意谓此为祖宗所享之牛，故道遇之，必式以致敬也。

凡祭牲皆衣以文绣

《周礼·夏官·羊人》："凡祭祀，饰羔。"又，《小子》："凡沈、祭川。辜、磔祭。侯禳，候四时恶气禳去之。饰其牲。"注：饰者，饰之以缋；缋者，文绣也。是除牛牲外，凡豕牲、羊牲、犬牲，皆以文绣饰也。

古以牛为质祷病

《韩非子》："秦昭王病，百里买牛而家为王祷。"
按：此系百姓闻王病，买牛质于里社，而为王祷，病愈杀牛以祀神也。

古以牛祭燕子

《月令》："仲春、玄鸟至。至之日，以大牢祠于高禖，天子亲往。"注："玄鸟，燕也。高辛氏之出玄鸟遗卵，简狄吞之而生契。"《诗》所谓"天命玄鸟，降而生商"是也。后王以为媒官嘉祥，而立其祠。大牢者，牛祭也。

古以犬为祭牲，或伏瘗或磔

《周礼》："犬人掌犬牲，凡祭祀供犬牲，伏瘗亦如之。"注："伏，伏犬以王车轹之。"即较祭也。又，《月令》："磔犬于城门。"

按：犬肉后世人不食已久，谁复以祭神？而周时大祭皆用之，不惟大祭，凡寻常禳除不祥之举，无不以犬，较他牲用尤多，岂以其腥恶为馨香欤？可见古今人食品之异。

古祭时以香草达馨香

《周礼·天官》："祭祀共萧芳。"

按：萧者，香草也。《诗》："取萧祭脂。"《郊特牲》："萧合黍稷，臭阳达于墙屋。"亦以缩酒。

古祭先必以尸，尸服亡者之服

《祭统》："孙为王父尸。"《周礼·春官·司服》："若将祭祀，则各以其服授尸。"《曾子问》："'祭必有尸乎？'孔子曰：'祭成丧者必有尸，尸必以孙。孙幼则使人抱之，无孙则取于同姓可也。'"宋程颢曰："古人祭祀用尸，义极深。人之魂气既散，必求其类而依之。"人与人既为类，骨肉又为一家之类，至诚相通，以此求神，宜其享之。后世以尊卑之势，遂不肯行。

按： 程子所说尸义极为深至。《论语》："乡人傩，朝服而立于阼阶。"傩者，黄金四目，状极凶恶，人人家室内驱逐疫鬼。孔子恐并惊庙神，故立阼阶，俾祖宗来依。是其事与尸异，而理则相通，要其使鬼神以子孙为凭依则一也。

尸之坐位

朱子曰："神主之位东向，尸在神主之北。"又，《晏子春秋》："尸坐堂上不席，以忧故也。"据是则尸坐于神主之左，以便神依以享祭，故忧惕而不席也。

为尸之光荣

《诗》："皇尸载起，鼓钟送尸。"又，《曾子问》："尸弁冕而出，卿大夫皆下之。"《孟子》："'敬叔父乎？敬弟乎？'彼将曰：'敬叔父。'曰：'弟为尸，则谁敬？'彼将曰：'敬弟。'"是子孙而为尸，凡祭者遇之，皆致敬也。

古以石函藏主

《左传·哀十六年》："及西门，使贰车反祏于西圃。"注："祏，藏主石函。"孔悝去国，故载石祏而去。

按： 孔悝亡命去国，仓皇奔窜，而仍载石函与主同去，古人视主之重如此。

古祭必以祝史致祷词

《周礼·春官》："太祝，下大夫二人，上士四人。小祝，中士八人。丧祝，上士二人。"又，《新序》："中行寅将亡，乃召其太祝而欲加罪焉，曰：'子为我祝，牺牲不肥泽耶？戒斋不敬耶？使吾国亡。'"又，《左传·桓六年》："祝史正辞，信也。不虚称君美。今民馁而君逞欲，祝史矫举以祭，臣不知其可也。"又，《昭二十年》："齐侯疥，遂痁，期而不瘳。梁丘据与裔款言于公曰：'吾事鬼神丰，于先君有加矣。今君疾病，为诸侯忧，是祝、史之罪也。诸侯不知，其谓我不敬，君盍诛于祝固、史嚚以辞宾？'"

按：杜注："诈称功德以欺鬼神曰矫举。"然则祭时祝词皆太祝为之，即各项祭品亦皆祝史省观。然因亡国而罪太祝，病不愈而杀太祝，亦可谓迷信之甚矣！

古祭先斋戒之诚

《礼·祭义》："斋之日，思其居处，思其笑语，思其志意，思其所乐，思其所嗜。斋三日，乃见其所为斋者。祭之日，肃然必有闻乎其容声；出户而听，忾然必有闻乎其叹息之声。"

按：人鬼相通，诚而已矣。必如是而后精神通，神来享，否则神不接也。

古庶人不得立宗庙，不能用牛羊豕，祭服则尚黄

《礼·哀公问》："待年而食者，不得立宗庙。"《王制》："庶人祭于寝。春荐韭，夏荐麦，秋荐黍，冬荐稻。韭以卵，麦以鱼，黍以豚，稻以雁。"

按：待年而食者，农夫力田者也。古，士以上始得立庙，庶人无庙祭于家，且祭品亦不得用大牲，贵贱之界分如此。又，《王制》："黄衣黄冠而祭，息田夫也。"又，"野夫黄冠。"黄冠，草服也。

按：野人应白衣，而祭则用黄，殊不得其义。

周年终大蜡之盛况

《周礼·地官》："国索鬼神而祭祀，则以礼，属民而饮酒于序，以正齿位。"又，《礼·杂记》："子贡观于蜡，孔子曰：'赐也乐乎？'对曰：'一国之人皆若狂，赐未知其乐也！'子曰：'百日之蜡，音乍。一日之泽，非尔所知也。张而不弛，文、武弗能也；弛而不张，文、武弗为也。一张一弛，文、武之道也。'"《郊特牲》云："蜡者，索也，岁十二月合聚万物而索飨之也。"

按：岁终合万神而祭之，以为报赛。祭罢，国人大飨，而会饮于序，《月令·孟冬》所谓"大饮烝"是也。欢呼舞蹈，其状若狂。百日蜡、一日泽者，言勤劳稼穑有百日之久，而娱乐只一日也。张弛者，以弓为喻，用则张，不用则弛，喻民劳逸须相循环，不可偏一。自文、武以来，其道如是。然则周时每至岁终大蜡之日，全国人欢欣鼓舞，如醉如狂，其盛状可想矣。又，《诗·豳风》："十月涤场，朋酒斯飨，曰杀羔羊，跻彼公堂，称彼兕觥。"亦大蜡大饮之况也。

秦仍年终大蜡

《礼运》："仲尼与于蜡宾。"注："夏曰清祀，殷曰嘉平，周曰蜡，秦曰腊。"又，《韩非子》："秦襄公有病，百姓为之祷。病愈，杀牛塞祷。郎中阎遏公孙衍出见之曰：'非社腊之时也，奚自杀牛而祠社？'"是可证秦至腊日，即杀牛索飨百神，与周之大蜡同也。

社祭

《礼·祭义》："王为群姓立社如北平先农坛曰太社。王自为立社如中央公园社稷坛曰王社。诸侯为百姓立社曰国社，自立社为侯社。大夫以下成群立社曰置社。"注："社，所以祭后土先农也。"

古二十五家必有社

《左传·哀十五年》："书社五百。"《商子》曰："里有书社。"《史记·索隐》："古者二十五家为里，里各立社。书社者，书其社之人名于籍也。"

古以丛木为社，外围以垣，中有门

今之社只有坛。古社既筑坛，必树以丛木。故所谓社者，实攒木也。《大戴礼·千乘篇》："教其书社，修其灌庙。"

按：《毛诗》传："灌木，丛木也。"《吕氏春秋》："问其丛社。"丛社，亦丛木。注："古者皆以社为丛，丛即灌也。"又，《墨子》："三代圣主，其始建国营都，必择木之修茂者，立以为丛位。"注："丛位即丛社。"又，《墨子》："季孙绍与孟伯常治鲁国之政，不能相信，而祝于禁社。"禁者，丛字之讹，仍从社也。是以《世说新语》云："阮宣子伐社树，有人止之。宣子曰：'社而为树，伐树则社亡；树而为社，伐树则社移矣。'"是社为丛木之证也。惟《周官》郑注云："中攒木为之，外围以垣，中有门。"然则古社之概况与今同，只多丛木耳。应璩书所谓"虚社高木"、梁元帝诗所谓"丛林多古社"者，此也。

社树必涂绘采画，其实为狐鼠之宅

《韩非子》："桓公问管仲曰：'治国灾患？'曰：'社鼠。夫为社者，树木而涂之，涂以文采。鼠穿其间，窟穴其中，燻之则恐焚木，灌之则恐涂阤。'"是社虽为丛木，木上必加涂绘以为饰也。阤者，脱也。涂见水则脱。又，《世说》："谢幼舆谓周侯曰：'卿类社树，远望之峨峨拂青天；就而视之，其下则群狐所托，下聚溷而已。'"然则社不惟为鼠所穴，亦狐之窟宅也。

周时祭社之盛况

《左传》："公如齐观社。"《韩非子》："非社腊之时也，奚自杀牛而祠社？"是祭社必以牛也。又，《礼·郊特牲》："唯为社事单出里。"注："事祭也。单出里者，里人尽出祭也。"是祭社之盛况，几与大蜡同也。国民至是日，饮食歌舞，醉饱欢乐，其状况可知矣。

祭社亦有尸

《周礼·士师》："若祭胜国之社稷，则为之尸。"
按： 祭亡国之社尚有尸，祭当代社更有也。

古春秋两季祭社

《月令》："仲春，择元日，命民社。"注：元日者，甲日也。天干甲为首，故曰元。亦犹祓禊用巳日也，无定日也。但祓用上巳，兹未言上中，盖视人事临时择定。此春社也。《周礼·春官》："社之日，莅卜来岁之稼。"注云："卜来岁之稼，则社宜为秋祭。"
按：《月令》："孟冬，是月也，大饮烝。天子仍祈来年于天宗，大割祠于公社。"是秋社在孟冬举行。不曰冬而曰秋者，言秋事毕，百物敛藏，宜祭社以为报也。《月令》"天子祈来年于天宗"，即《春官》所谓"苢卜来岁之稼"也。此秋社也。

社鸟不可犯

《论语·比考谶》："子路、子贡过社，树有鸟。子路挎鸟，社人牵子路。子贡说之，乃止。"可见时人视社之重，虽社树鸟亦不可犯也。

若亡国之社则上覆以屋，不使见天阳

《礼·郊特牲》："天子大社，必受霜露风雨，以达天地之气也。是故丧国之社屋之不受天阳也；亳社北牖，使阴明也。殷社。"又，《吕氏春秋》："狐援说齐宣王曰：'殷之鼎陈于周之廷，其社盖于周之屏。亡国之社不得见于天，王必勉之，无使太公之社盖之屏。'"注："屏，障也，言屋其上也。"是亡国之社，上覆以屋，而北其牖，不使见天日，变阳而为阴。若现代之社，则暴露之，使受霜露风雨也。然此皆为国社，里社则私社也，私社则否。

凡盟必于社

《墨子》："齐有二人讼者，久不决，乃使之人共一羊，盟齐之神社，二子许诺。于是洫洫，同掘欿，挃羊而漉其血。"盖古人以社为明神所凭依，事不能决，虽官吏亦无如何，则使对神盟诅，以济法律之穷。《周礼·秋官》所以有"司盟"之职，专掌百姓"盟诅"之事也。

又听阴<small>不正</small>讼，则在亡国旧社

《周礼·地官·媒氏》："凡男女之阴讼，听之于胜国之社。"注："亡国之社，奄其上而栈其下。"阴讼者，中冓之事，不欲暴其情，故于此听之。

按： 此最为仁政。淫秽之事，不暴其情，则廉耻可保。胜国社上皆屋而少牖，光阴晦而不明。于此听阴讼，恰与事相应也。

汉社日分肉

《史记·陈平传》："里中社，平为宰，分肉甚均。父老曰：'善！陈孺子之为宰。'"

按： 此系祭罢而分其胙肉也。虽未言其情状，然是日之为社会佳节无疑也。又，《眭弘传》："昌邑有枯社，卧木复生。"又，《蔡邕集》有《陈留东昏库上里社碑记》，是必始筑社成，请中郎记其事，其重可想。

汉仍春社秋社

《汉书·五行志》："建昭五年，兖州刺史浩赏禁民私所自立社。"张晏曰："民间三月九月立社，号曰私社。旧二十五家为一社，而民或十家、五家共为田社，故禁之。"

汉亦为人立社

《史记·栾布传》："燕齐之间皆为立社，号曰栾公社。"盖西汉时，除皇家外，尚无为人立祠庙者，故曰社也。若后汉则有为贤人君子立庙之事，如《王乔传》"乃为立庙，号叶君祠"是也。

六朝唐宋社日仍盛

《魏书·王修传》："母以社日亡,来岁邻里社。修感念母,哀甚。邻里闻之,为之罢社。"唐·杜甫诗："今年大作社,拾遗能住否？"宋《墨庄漫录》云："今人家闺房,遇春秋社日,不可组纴,谓之忌作,故周美成《秋蕊香词》云：'闻知社日停针线。'"观以上诸证,自六朝以迄唐宋,社日之盛况仍与周秦两汉同,可谓久矣！至历代诗人言社者尤多,不可枚举,略而不书。书其能为社会状况证者。

周以甲日社，后代社日用戊己日

《月令》："择元日,命民社。"是周秦用甲日社也。《埤雅》云："燕之往来避社,而嗛土不以戊己日,笯口布翅支尾。"是后代又以戊己日社,惟不知始于何时耳。

卷十七　学校

历代学校制度，《通考》等书纪之详矣。兹所欲知者，乃学子在校起居饮食，洒扫应对，进退诵读诸状况，而非其制也。全书宗旨如此，而学校尤甚。

周时乡校校规

《管子·弟子职》："少者之事，夜寐蚤作。既拚盥漱，注：扫席前曰拚；盥，洁手；漱，涤口。执事有恪。摄衣共盥，先生乃作。沃盥彻盥，注：既盥，彻盥器。泛拚正席，注：谓泛水而拚之。先生乃坐。出入恭敬，如见宾客。危坐乡同向师，颜色毋怍。"此晨起侍先生盥漱洒扫及出入坐起之状况也。颜色毋怍者，言幼年学子对先生常有羞缩不安之态，于威仪不方雅，视瞻太拘促。盖古人学规虽严肃，绝不欲使弟子不活泼，欠雍容，故首举以为戒。

授课规程及诵读仪式

又云："授业之纪，必由长始。注：先从长者教。一周则然，其余则否。注：一周之外，不必从长始。始诵必作，起立。其次则已。次诵则不然。"

按：古人最重长幼，故授业亦以长者为先。

言行坐作应对宾客及请业仪式

又云："凡言与行，思中以为纪。注：思合中和。古之将兴者，必由此始。后至就席，狭坐则起。注：狭坐之人，见后至者则当起。若有宾客，弟子骏迅也作。对客无让，应且遂行。趋进受命，所求虽不在，必以命反。注：言反白。反坐复业，若有所疑，捧手问之，师出皆起。"

按：对客周旋，弟子与弟子不必逊让，逊让反慢客矣，应直且字，疑直之讹。遂径行。古人讲求威仪，详密如是。

弟子馈食陈列食品仪式

又云："至于食时，先生将食，弟子馔馈，注：选具其食。摄衽盥漱，跪坐而馈，置酱错食，陈膳毋悖。凡置彼食，鸟兽鱼鳖，必先菜羹。注：先菜后肉，食之次也。羹胾细切肉，音恣。中别，胾在酱前。其设要方，注：陈列食器要令成方。饭是为卒。言最后具饭，注非。左酒右浆，告具而退，奉手而立。"

按：告具而退者，具者，备也；陈食既备，告先生食也；奉手而立者，侍食于旁也。

弟子侍食仪式及礼节

又云："三饭二斗，左执虚豆，右执挟匕。周还而贰，惟嗛之视，同嗛以齿。周则有始，柄尺不跪，是谓贰纪。先生已食，弟子乃彻，趋走进漱，拚前板祭。"

按：三饭二斗者，言饭毕即易斗以取洁，如今之食番菜，每菜易器也。虚豆者，备承接淋漓。挟者，箸也，与匕同为取食之器。贰者，再益；嗛者，尽也，同尽则以次再益。柄尺不跪者，言豆有柄长尺，则立而进之。拚前板祭者，拚者，扫也，板者，敛食之器；板祭者，言以板敛祭品也。《公羊传》："睋而刻其板"，与此板同也。至此而弟子侍食之礼毕。

弟子会食礼节

又云："先生有命，弟子乃食。以齿相要，坐必尽席。注：所谓食坐尽前。饭必捧揽，羹不以手。亦有据膝，毋有隐肘。注：隐肘则太伏。既食乃饱，循咡覆手。注：咡，口也。覆手而循之，所以拭去不洁也。振衽扫席，已食者作。抠衣而降，旋而向席。各彻其馈，如于宾客。既彻并器，乃还而立。"注：并谓藏去也。

按： 饭必捧揽者，《曲礼》云："共饭不泽手。"注："古礼饭以手不以箸，故云捧揽也。"有据膝毋隐肘者，言食时态度俯仰适中也。

洒扫仪式及规矩

又云："凡拚扫也之道，实水于盘，注：备泛洒。攘臂衽及肘。注：恐湿袂。堂上则播洒，室中握手。注：堂上宽故播散而洒，室中隘故握水掬水洒。执箕膺揲，舌也。厥中有帚。注云：既洒水将扫，故执箕当舌置帚于箕中也。入户而立，其仪不忒。执帚下箕，倚于户侧。注：谓倚箕于户侧也。凡拚之纪，必由奥始。西南隅。俯仰磬折，拚毋有彻。动也，不得触动他物。拚前而退，聚于户内。坐板排之，坐板者，卧板也，以板排出秽。以叶适己。注：向己。实帚于箕，先生若作，乃兴而辞，注：拚未毕，故辞令止。坐执而立。遂出弃之，既拚反立，是协是稽。"

按： 坐板排之者，旧注谓板秽时以手排之，以板为除，义似不协。余谓坐板者非人坐，乃卧板于地，排秽其上而出之也。读此文，古弟子洒扫细节，如目睹矣。

弟子在塾，夜间执烛状况

又云："昏将举火，执烛隅坐。错总薪束之法，横于坐所，栉据《礼记》注，为聖。之远近，乃承厥火。居句如矩，蒸细薪间容蒸，然者处下，捧碗以为绪。烛灰。右手执烛，左手正栉。据《礼记》郑注引，当为折聖。有堕代烛，交坐毋倍尊者。乃取厥栉，当为聖。遂出是去。"此节详解，皆在灯烛门。聖者，烬也。交坐毋背尊者，言毋蔽尊者明也。

夜寝时，弟子侍枕席礼节

又云："先生将息，弟子皆起。敬奉枕席，问何所趾。俶始也衽则请，有常则否。改衽席问何趾。先生既息，各就其友。相切相磋，各长其仪。周则复始，是谓弟子之纪。"

按：纪者，纲纪也，今谓校规，古谓之纪。吴云："是盖周时通行全国之乡校规程，未必为齐所独有。"

按：周秦文可以考求当时社会情状者，除《曲礼》《内则》《婚礼》诸篇外，以此为最详矣。真第一宝书也！读之若身游成周时乡校而参观也。

古学校之等级，学子按等递升与今同

《礼·学记》："古之教者，家有塾，党有庠，术注：应为遂。有序，国有学。"

按：五百家为党，万二千五百家为遂。是升学次叙，由庠而序，

由序而国学也。但党之下为间，间亦有学。孔疏云："党庠乃教间中所升者。"但间学何名，《礼》无明文，殆如今之小学也。

周学校年年招考，年年考试

《礼·学记》："比年入学，中年考校。一年视离经辨志，_{视其企向。}三年视敬业乐群，五年视博习亲师，七年视论学取友，谓之小成。九年视知类通达，强立而不反，谓之大成。夫然后足以化民易俗。"

按： 比年入学者，年年有来学之人也。中年考校，注："中犹间也。"言于入学期间，常考其德行道艺也。离经者，谓离析经理，使章句断绝，视其能解未也。辨志者，视其企向何经也，一年级之事也。若三年级，则视其能敬业乐群与否，视一年级有进矣。五年级则视其能博习群经亲爱本师与否，视三年级有进矣。七年则视其论学取友能合道与否，视五年又进矣。九年则视其能知类通达与否，果能于事类之通变洞达无遗，又能自立临事而不惑，则学成矣，故可使化民成俗也。

三代大学小学之位置

《礼·王制》："有虞氏养国老于上庠，养庶老于下庠。夏后氏养国老于东序，养庶老于西序。殷人养国老于右学，养庶老于左学。周人养国老于东胶，养庶老于虞庠，虞庠在国之西郊。"注：上庠、东序、右学、东胶，皆大学也，皆在国内王宫东。下庠、西序、左学、虞庠，皆小学也，皆在西郊。惟殷人相反，大学在西郊，小学在王宫东也。

历代社会风俗事物考

古学校亦为乡老饮酒游息习礼之地

《左传·襄三十一年》:"郑人游于乡校,以论执政,然明谓子产曰:'毁乡校何如?'子产曰:'何为?夫人朝夕退而游焉。'"又,《周礼·地官》:"国索鬼神而祭祀,则以礼属民,而饮酒于序,以正齿位。"注:"正齿位者,《乡饮酒》义所谓'六十者坐,五十者立侍,六十者三豆,七十者四豆,八十者五豆,九十者六豆'是也。必正之者,为民三时务农,将阙于礼,至此农隙,而教之尊长养老,见孝悌之道也。"此以后世社会窥测,于学校之中而养老、而饮酒、而父老游息,且宾兴于是、乡射于此,似于校务有妨矣。而不知古人所谓学,非第讲诵也,凡长幼进退揖让之节,饮酒习射、齿位尊卑、俎豆多寡之分,其礼式皆于学校举行,使弟子及国民得观摩讲习之益,而国家养老又恒于校中,则谓古学校为公共习礼之场所可也。

战国时学宫仍以习礼为重

《列女传》:"孟母其舍近墓,孟子之少也,嬉游为墓间之事,踊跃筑埋。孟母曰:'此非吾所居。'乃去。舍市旁,其嬉戏为贾人衒卖之事。孟母又曰:'此非吾所以居处子也。'后徙舍学宫之旁,其嬉游乃设俎豆揖让进退,孟母曰:'真可以处吾子矣!'"

汉师教授必居帐中

《汉书·董仲舒传》:"为博士,下帷讲诵,弟子传以久次相授业,或莫见其面。"又,《后汉·马融传》:"融才高博洽,为世通儒,教养诸生,常有千数。常坐高堂,施绛纱帐,前授生徒，后列女乐，弟子以次相传，鲜有入其室者。"是两汉经师教授者，皆设帐也。

汉时学校弟子凭人作食

《汉书·儿宽传》："诣博士，受业孔安国。贫无资用，尝为弟子都养。时行赁作，带经而锄，休息辄读诵。"

按： 都养者，师古曰："都，凡众也。养，主给烹炊者也。贫无资用，故供诸弟子烹炊。"又，《世说》："服虔既善《春秋》，将为注，欲参考同异；闻崔烈集门生讲传，遂匿姓名，为烈门人赁作食。每当至讲时，辄窃听户壁间。"盖汉时经师门下，常有数百人，其贫者自炊，其富者赁人作炊，与今同也。

古入学必与师以资

《拾遗记》："贾逵门徒来学，不远万里，或襁负子孙，舍于门侧，皆口授经文，赠献者积粟盈仓，世谓舌耕。"《魏志·邴原传》注："原十一而丧父，家贫，早孤。邻有书舍，原过其旁而泣。师问曰：'童子何悲？'原曰：'孤者易伤，贫者易感。夫书者，必皆具有父兄者，一则羡其不孤，二则羡其得学，心中恻然而为涕零也。'师亦哀原之言而为之泣曰：'欲书可耳！'答曰：'无钱资。'师曰：'童子苟有志，我徒相教，不求资也。'于是遂就书。"是汉末就师求学者，必与师以资以为报。又，《北史·贾思伯传》："初，师伯与弟思同师事北海阴凤。业竟，无资酬之，凤遂质其衣物。时人为之语曰：'阴生读书不免痴，不识双凤脱人衣。'"是六朝时学子仍以资酬师，与后世同也。

古弟子礼师须北面

《汉书·于定国传》:"定国为廷尉,乃迎师学《春秋》,身执经,北面备弟子礼。"

自唐虞三代以来,闾里以上皆有校。校弟子之优秀者,每年以次升学,至大学而止,略如今日学制,由初级小学而高等,而初中,而高中,而大学也,而统名之曰庠序。里人习礼于此,游息于此,大和会于此,则视今稍异。官校既多,无私人讲学者,以故春秋以前之学人,无有师弟受授之说。至春秋末叶,兵戎兴,赋税重,乡校隳,于是私人讲学之风渐盛,孔子其首出者也。孔子之徒三千,身通六艺者七十二人。而七十二人之中,若曾子、有子、子张、子夏、子游,又各有徒党传业。迄于汉代,只明一经,即有弟子。其大师门下,恒数百人或千余人。自是以来,私塾益昌,其所谓官学者,形式而已。由两汉至明清,二千余年,形状如一,可谓久矣!至清末,学校兴,私塾废,形式始变也。

卷十八　农田

三代井田状况

《韩诗外传》："古者八家而井田，方里为井，广三百步，长三百步。六尺一步。一里其田九百亩。广一步，长百步，为一亩。广百步，长百步，为百亩。八家为邻，家得百亩。余夫各得二十五亩。不在本井之内。家为治也公田十，共八十亩。余二十亩，共为庐舍，各二亩半。八家相保，出入更守，疾病相忧，患难相救，有无相贷，饮食相召，嫁娶相谋，渔猎分得。"

按：经传言井田者多矣，无如《韩诗》之简当明了。井字形共为九区，区各百亩，八家分占，中央为公田，八家为公家各种十亩，共八十亩。余二十亩，各得二亩半以为田庐。《诗》曰："雨我公田，遂及我私。"又曰："中田有庐。"中田者，公田也，井字之中也。

井与井间之水道沟洫

《考工记·匠人》："九夫为井。井间广四尺，深四尺，谓之沟。方十里为成。成间广八尺，深八尺，谓之洫。方百里为同。同间广二寻，深二仞，谓之浍。专达于川，各载其名。"

注："载其名者，识水所从出。"

按：沟、洫、浍、川，皆由小水以达于大水，偶值水潦，水易泄，不至为灾。

井与井间之道路

《周礼·地官·遂人》："凡治野，夫间有遂，遂上有径。"注云："二尺，可容车马。"

按：夫间者，百亩与百亩之间也，径二尺，可容人与牛马行也。又，"十夫有沟，广深各四尺。沟上有畛。注：可容大车。百夫有洫，深广各八尺。洫上有涂。容乘车一轨。千夫有浍，注：广二寻，深二仞。浍上有道。容二轨。万夫有川，川上有路，容三轨。以达于畿。"按沟、洫、浍、川，即匠人所营之水道。而水道之上为径涂道路，亦随水道而递广，以便行人车马往来，以达于王畿。

按：井田之制，沟、洫、浍、川，一纵一横，其中阡陌，亦一南一东，十字相交。一以防水潦；一以限戎马，设险要，故《左传·成二年》："晋与齐平，要齐之封内，尽东其亩。"言使垄亩尽东西行，晋伐齐循垄东行，军行甚易，齐人所谓"唯吾子戎车是利，不顾土宜"是也。若南东其亩，则戎车不利矣。然沟洫之制，不始于周。《书》："浚畎浍距川。"《论语》："禹尽力乎沟洫。"观是自夏后以来，即经营沟洫，自禹至周，非一人之力，一时所成。其坏也，自周至秦，其由来已久，非一时之力。观《左传·襄十年》："子驷为田洫，司氏、堵氏、侯氏、子师氏皆丧田焉。"是井田之坏，春秋中叶已然，世谓始于商鞅开阡陌，李悝尽地利者误也。然则三代时农田状况，与今迥殊，读《周礼》如目睹矣。

古按都邑室数授田，田下者可多授

《周礼·地官》："凡造都鄙，制其地域而封沟之，以其室数制之，不易之地家百亩，一易之地家二百亩，再易之地家三百亩。"

按： 古之人民，尽居都邑，故按室数授田。而田有高下，上田授百亩，每年可种，不易之田也；息一年一种者为一易；息二年一种者为再易。封沟者，四境界上，以沟洫为封，树木以为阻固。盖占者地广人稀，而国与国邻，必有疆界封树以为标识，且以阻交通、限戎马。至后代人口增多，而阡陌沟洫，占地颇广，故商鞅开阡陌以益田也。阡陌者，沟洫上之道路也。

古农民夏日出而就田状况

《诗》："中田有庐，疆埸有瓜，是剥是菹。"《正义》云："古者宅在都邑，田于野外，农时则出而就田，须有庐舍，故言中田，谓于田中作庐，又于田畔种瓜也。"

按：《正义》释"中田"，误。中田者，公田，居一井之中，故曰中田，言庐于井之正中也。

又，《汉书·食货志》："春将出民，里胥平旦坐于右塾，里门侧之堂。邻长坐于左塾，毕出然后归，夕亦如之。"注："里胥，邻长坐于门侧者，督促劝之，知其早晏，防怠惰也。"

古农毕归都邑状况

《诗》："穹窒薰鼠，塞向墐户。嗟我妇子，曰为改岁，入此室处。"郑笺："穹，穷；窒，塞也。向，北出牖。墐，涂也。"言既穷塞室内孔穴，薰鼠而出之，更塞北向牖，以备朔风也。

· 223 ·

按：此言秋后农事毕，将由田庐而归都邑，预先修治邑中住室，以为岁莫御寒计也。

牛耕考

《随园随笔》云："贾公彦以为古无牛耕，牛耕始于汉赵过，故《周礼》牛人之职，不言耕事。然《山海经》曰：'后稷之孙叔均，作牛耕。'孔子弟子冉耕字伯牛，似乎三代时已有牛耕矣。严冬友曰：'平原君云："秦以牛田之水，通粮。"当为牛耕之始。'故《吕氏春秋》：'季春出土牛示农耕早晚，此其国俗也。'"又，《史记·律书》："牛者，耕种万物也。"

按：以牛耕地，周以前载记实无明文，然冉耕字伯牛，实牛耕之确证。谓始于秦者，盖不然也。后之人又谓始于汉赵过者，乃魏·贾思勰之误。思勰《齐民要术·序》云："赵过始为牛耕。"唐·贾公彦承其说。岂知《汉书·食货志》言赵过为代田，用耦犁二牛三人耕，盖变通牛耕之法，非创始牛耕。又，贾谊当文帝时，前于过远矣，而有"百姓煦牛以耕，曝背而耘"之语，此又一确证也。又，《论语》："犁牛之子骍且角。"注："犁，杂色也。"然犁字，各字书皆训耕。吾以为犁牛即耕牛，耕牛劳苦，最为下等，故以为喻。又，《食货志》："民或苦少牛，无以趋泽，故平都令光教过以人挽犁。"若过以先无牛耕，皆人挽犁，焉用教哉？此尤确证也。

古农妇饷耕状况

《诗·豳风》："同我妇子，馌彼南亩。"又，"其饷伊黍。"又，《左传·僖三十三年》："初，臼季使，过冀，见冀缺耨，其妻馌之，敬，相待如宾。"

按：馌者，馈也，男耕于野，妇往馈食。同我妇子者，言妇馌田，并携其幼子也。是盖春初耕作，尚未移居于田庐时也。若已往田庐，则一井之地，距庐甚近，无庸馌也。

古灌园以桔槔

《庄子》："子贡南游楚，见汉阴丈人抱瓮而灌，子贡曰：'有械在此，一日浸百畦，用力寡而见功多，夫子不欲乎？'为圃者卬同仰而视之曰：'奈何？'曰：'凿木为机，后重前轻，挈水若抽，数如泆汤，其名曰槔。'"又，《史记·田单传》："莒人求湣王子法章，得之太史嫩之家，为人灌园。"又，《邹阳传》："于陵子仲为人灌园。"

古锄苗去留规矩

《吕氏春秋》："凡禾之患，不俱生而俱死，是以先生者美米，后生者为秕。是故其耨锄也也，长其兄而去其弟；注：杀小留大。不知稼者则去其兄而养其弟，不收其粟而收其秕。"

按： 今日锄苗者有谚语曰："捡苗如上粪。"言锄时捡择大者留之，其功效如益一次粪也，不知古人于数千年前早有此研究。又，《汉书·食货志》："苗生叶以上，稍耨陇草，因隤其土以附苗根。故其《诗》曰：'或芸或芋，黍稷儗儗。'芸，除草也。芋，附根也。言苗稍壮，每耨辄附根，比盛暑，陇尽而根深，能耐也风与旱，故儗儗而盛也。"此可见我国农业，在上古时代，讲求已极精，徒以儒家向不保存农学书籍，至使三代农书尽归散失，至可惨痛。兹吕氏所述乃千百之一，周秦书所仅见者耳。

古农家种苗不地、不时、不行之防备

《吕氏春秋》："其为晦亩同也，高而危则夺，泽陂则埒。按：《尔雅》："山上有水埒。"疏云："停泉陂则埒，言低则停水也。"旧注非。见风则偃，仆也。高培则拔，寒则雕，周凋。热则修，长也。一时而五六死，故不能为来。不俱生而俱死，虚稼先死，虚根不实。众盗乃窃，望之似有余，就之则虚。不粟。"是不地害稼也。又，"所谓今之耕也，营而无获者，其早者先时，晚者不及时，寒暑不节，稼乃多菑实。"是不时害稼也。又，"四序参发，大畎小亩，为青鱼胠，去也。苗若直猎，地窃之也。既种而无行，耕而不长，则苗相窃也。弗除则芜，除之则虚，则草窃之也。故去此三盗者，而后粟可多也。"是不行之害也。知其害则知防矣。

古穷民在田拾穗状况

《诗》："彼有不获稚，此有不敛穧；彼有遗秉，此有滞穗，伊寡妇之利。"注："穧，禾之铺而未束者。秉，把也。主人不暇取，寡妇得捃拾之也。"又，《列子》："林类年且百岁，拾遗穗于故畦。"又，《魏略》："焦先不践邪径，必循阡陌，及其捃拾，不取大穗。"又，《后汉·范冉传》："遂推鹿车，载妻子，捃拾自资。"是穷民拾禾稼，自古有之。惟周时只云寡妇，不云男子，以其时民年二十即授田，而寡妇则无田可耕，故拾穗也。若后世之穷者，则不惟寡妇，此亦社会之一小变态也。

周时农民之概况

盛周农民概况，《经》《传》言之详矣；而《汉书·食货志》则总括《经》《传》《礼记》等书，叙述尤明了。大哉班书！真千古第一良史也。《志》云："理民之道，地著为本。故必建步立亩，正其经界。六尺为步,步百为亩,亩百为夫,夫三为屋,屋三为井,井方一里,是为九夫。八家共之,各受私田百亩,公田十亩,是为八百八十亩,余二十亩以为庐舍。出入相友,守望相助,疾病相救,民是以和睦,而教化齐同,力役生产可得而平也。民授田,上田夫百亩,中田夫二百亩,下田夫三百亩。岁耕种者为不易上田;休一岁者为一易中田;休二岁者为再易下田,三岁更耕之,自爰其处。农民户人已受田,其家众男为余夫,亦以口受田如比。士工商家受田,五口乃当农夫一人。此谓平土可以为法者也。若山林薮泽原陵淳卤之地,各以肥硗多少为差。""民年二十受田,六十归田。七十以上,上所养也;十岁以下,上所长也;十一以上,上所强也。种谷必杂五种,以备灾害。田中不得有树,用妨五谷。力耕数耘,收获如寇盗之至。惧天灾。还同环庐树桑,菜茹有畦,瓜瓠果蓏,殖于疆埸。鸡豚狗彘,毋失其时。""在野曰庐,在邑曰里。五家为邻,五邻为里,四里为族,五族为党,五党为州,五州为乡。乡,万二千五百户也。邻长位下士,自此以上,稍登一级,至乡而为卿也。于是里有序而乡有庠。序以明教,庠则行礼而视化焉。春令民毕出在野,冬则毕入于邑。其《诗》曰:'四之日举止,同趾。同我妇子,馌彼南亩。'又曰:'十月蟋蟀,入我床下,嗟我妇子,聿为改岁,入此室处。'所以顺阴阳,备寇贼,习礼文也。春将出民,里胥平旦坐于右塾,邻长坐于左塾,毕出然后归,夕亦如之。入者必持薪樵,轻重相分,可见春时尚不出居田庐。班白不提挈。冬,民既入,妇人同巷,相从夜绩,女工一月得四十五日。半夜同半日。必相从者,所以省费燎火,同巧拙而合习俗也。男女不得其所者,因相与歌咏,各言其伤。"

按:《经》《传》言周时农民生活状况者甚多,然皆散漫不具。此文于授田归田之制,春出田庐农作、冬归邑室度岁,及妇孺馌耕南亩,同巷冬夜妇人绩麻各情状,以次陈述,历历如绘,无一字不本于《诗》《书》《礼》经，而源本详悉，荟萃终始，读之较《经》《传》则为明晰，故录以为殿。

若夫秦汉以来，田地为民所私有而可买卖，_{古民无鬻田者。}赵马服君之为将、秦王翦之伐楚，皆先购良田，汉萧何亦大购田，是其证也。田制既异，人口亦渐多，于是夏日出居田庐、冬日入居邑室之动作，亦渐不同，而野外村居多矣。循是以来，数千年间不异其状，故亦不再述焉。

卷十九　嫁娶出妻礼节，再嫁妻妾当夕次叙附

周时有官媒

　　《周礼·地官》："媒氏掌万民之判，注：判，半也，主合其半成夫妇。凡男女自成名以上，皆书年月日名焉，令男三十而娶，女二十而嫁。凡娶判妻出妇入子者再嫁而携其子入家者书之。书之。以息争讼。中春之月，令会男女于是时也，奔者不禁。司男女之无夫家者而会之。"又，《诗》："取妻如之何？非媒不得。"又，《士昏礼》："昏礼下达。"注："必使媒氏下通其言。"昏必由媒交接，设介绍，皆所以养廉耻。盖上古人只知有母，不知有父，自伏羲定嫁娶之礼，以俪皮为聘，人始有夫妇。有夫妇然后有父子，始与禽兽殊。三代以来，更相沿饰，至周遂有媒氏专官，未必始于周。专司判合之事。凡男无家女无夫者，即为主婚，以王命会之，免其怨旷，一则保人廉耻，一则顺民所欲。民有欲而为廉耻所拘，不能自达者多矣。今媒氏以命令行之，俾鳏寡者各如其愿，无私合之名，免淫奔之俗，于社会风化所关甚大也。

229

春秋仍有官媒

《管子》："凡国都皆有掌媒。丈夫无妻曰鳏,妇人无夫曰寡,取鳏寡而和合之,予田宅而家食之,三年然后事之,供国役。此之谓合独。"

按： 掌媒即《周礼》所谓媒氏也。是春秋仍有专官,以理婚事也。

婚期多于春日举行

《诗》："桃之夭夭,灼灼其华。之子于归,宜室宜家。"又,《周礼·地官》："中春之月,令会男女；于是时也,奔者不禁。"

按： 中春者,仲春也,夏历二月也。非周正。周授民时,仍用夏历。是时桃红柳绿,天气和暖,人民嫁娶,多于是时。其怨女旷夫,则未免有情,谁能遣此？故虽奔而不禁。此以证社会婚者皆于是时也。

周议婚时礼节

古婚礼,《仪礼·士昏礼》言之详矣,而礼节太繁,反不易参究,兹择经传叙述简括者明之。

《礼记·昏义》："纳采、用雁。问名、生母名。纳吉、卜日吉。纳征、先纳聘财。请期、亲迎期。皆主人筵几于庙,而听命于庙。"

按： 今日定婚者,男家须以财为聘礼,富贵人家,只衣服首饰,而无现金；贫者则以钱财多少为争议。若周时则纳财为一定礼节,又以婚姻为人生第一大事,故纳采、卜吉、亲迎无不告庙而行。听命于庙者,凡卜必于庙,卜得吉,若祖宗所命也,然后行之。

古亲迎必以夜，衣服皆尚黑

《仪礼·士昏礼》云："昏礼下达。"郑云："士娶妻之礼，以昏为期，因而名焉。阳往而阴来，日入三商为昏。"疏："三商者，刻漏之名。"又云："主人爵弁、纁裳、缁袘，从者毕玄端，乘墨车，从车二乘，执烛前马。"

按：下达者，言阳下达于阴，古婚必男家先以媒妁求女家。必夜行者，言迎阴气入家宜于夜。夜，阴时也。车服皆尚黑，黑亦阴，正与时相称。与今代嫁娶之尚红者迥殊。又，"从车二乘，执烛前马。"惟以夜，故执烛舆前，以为导引。若今日白昼亲迎，仍有彩灯执持行列，与告朔饩羊无以异，失其义矣。

亲迎时礼节及新妇登舆时状况

《说苑》："诸侯以屦二两加琮、大夫、士庶以屦二两加束脩二，曰：'某国寡小君，使寡人奉不珍之琮，不珍之履，礼夫人贞女。'夫人曰：'有幽室数辱之产，未谕于傅母之教，得承执衣裳之事，敢不敬拜祝。'祝答拜：'夫人受琮。'取一两屦以履女，正笄衣裳而命之曰：'往矣！善事尔舅姑，勿贰尔心，无敢回也！'女拜，乃亲引其手，授夫乎户。夫引手出户，夫行女从，拜辞妇女母于堂，拜诸母于大门。夫先升舆执辔，女乃升舆。毂三转，然后夫下先行。士大夫、士庶称其父曰：'某之父某之师友，使某执不珍之履、不珍之束脩，敢不敬礼某氏贞女。'母女母曰：'有草茅之产，未习于织纴纺绩之事，得奉执箕帚之事，敢不敬拜。'"是自诸侯至于士庶亲迎时所持礼物，或以玉，或以束脩，可随贵贱而差；独屦二两则无贵贱必具。且女临登舆，其母即以此屦履女，亦无贵贱皆同。揆其用意，似此履为男家所备女服，故将登舆，母必以此屦履女，非若琮与束修之纯为彩礼也。然衣服首饰均不及，而独遗以履，意者新妇入门，为践履之始，故独重之欤？

古亲迎时奠雁、御车及新妇入门共牢、合卺状况

《礼记·昏义》："父亲醮注：酌而无酬酢，曰醮子而命之迎，男先于女也，子承命以迎。主人筵几于庙，而拜迎于门外。女父。婿执雁入，揖让升堂，再拜奠雁。降出，御妇车，而婿授绥，御轮三周，先俟于门外，三周，即授御者先归。妇至，婿揖妇以入，共牢而食，合卺音谨，以一瓠分为两瓢，名曰卺，各执其一。而酳。食后以酒漱口。"

按：古人以男女配阴阳，雁随阳，故奠雁。婿既为妇御，又先驰归，备迎妇于门外。牢者，牲也。共牢者，共食一牲也。古食罢，以酒漱口，必以卺盛酒者，取合同之义也。今日婚者，坐帐后饮交杯酒，盖犹共牢合卺之遗意。而雁不易得，代之以鹅，亦曰"奠雁"，甚无谓也。

古入洞房将寝时男御女媵交换铺陈卧席状况

《仪礼·士昏礼》：共牢、合卺既彻，彻馔器。"主人说同脱服于房，媵受。妇说服于室，御受。姆授巾，将寝清洁。御衽卧席于奥。媵衽良婿也席在东，皆有枕北止。同趾。主人入，新婿。亲说妇之缨。烛出，将寝，故侍者持烛出。媵馂主人之馀，御馂妇馀，赞酌外尊酳之。"

按：夫妇将寝，故弛礼服。御者，婿之侍者，媵则新妇侍者。婿衣媵受，妇衣御受，示交接有渐也。姆授巾，俾女备拂拭洁清也。良者，良人，即婿也。御为妇铺卧席，媵为婿铺卧席，仍交接之义。北趾者，足北向。至新婿为新妇脱缨，则晚妆俱卸矣，故侍者持烛出也。馂者，食馀馔也。媵馂男馀，御馂妇馀，无一事不以交接为义。此等礼节，后世未见有行者，盖亡已久矣。

天明新妇谒见舅姑仪式

古以夜昏，故妇不及舅姑，至天明行之。《礼记·昏义》云："夙兴，妇沐浴以俟见。质明，赞见妇于舅姑，妇执笲、枣、栗、段脩以见。赞醴妇。妇祭脯醢，祭醴，成妇礼也。舅姑入室，妇以特豚馈，明妇顺也。"

按： 赞者，赞行礼之人也。古初见必以贽，妇人贽枣栗；笲者，盛枣栗之器也，以豚馈者，新妇初为舅姑上食也，妇道如是也。

第三日舅姑享新妇仪式

《礼记·昏义》："厥明，注：又次日。舅姑共飨妇以一献之礼，奠酬。舅姑先降自西阶，妇降至阼阶，以著代也。"

按： 昏之次日，妇既见舅姑，舅姑于第三日即飨妇。西阶者，宾位；阼阶者，主位。新妇居阼阶，示自此授以室，代为家政也，故曰著代。

又按： 《韩诗外传》："厥明见舅姑，舅姑降自西阶，妇升自阼阶，授之室也。"以降为升，义尤明，当从《外传》。

古嫁女后，三夜不息烛，娶亦不贺

《礼记·曾子问》："嫁女之家，三夜不息烛，思相离也。娶妇之家，三日不举乐，思嗣亲也。"《郊特牲》："昏礼不贺，人之序也。"是古不以嫁娶为喜事，故不贺。而嫁女之家，尤相思念，有远别之悲，赵太后至持踵而泣。然娶妇究为喜事，《曲礼》已有"贺娶妻"之文。后代贺者成为风俗，不能以古礼绳。惟古时贺娶者有之，贺嫁者绝无；今则嫁女已贺矣。序者，代也。

历代社会风俗事物考

古新妇入门之眼波视态羞媚状况

《吕氏春秋》:"白圭新与惠子相见,惠子说之以强,白圭无以应。惠子出,白圭告人曰:'人有新娶妇者,妇至,宜安矜烟视媚行。'竖子操蕉火而巨,新妇曰:'蕉火太巨。'入于门之中有敛陷,新妇曰:'塞之!将伤人之足。此非不便之家氏也,然而有大甚者。今惠子之遇我尚新,其说有大甚者,将毋类是。'"

按: 安矜烟视媚行,形容新妇之状态,可谓入微矣。然可意会,难以言诠。安者,从容;矜者,谨慎;烟视者,眼波流动不直睨;媚行者,动止羞缩柔媚安徐也。是皆新妇初入门之状态,反是则失身分,白圭所言者是也。

汉初女过期不嫁则有罚

《汉书·惠帝纪》:"女子年十五以上至三十不嫁,五算。"应劭曰:"欲人民繁息也。汉律人出一算,算百二十钱,唯贾人与奴婢倍算。今使五算,罪谪之也。"

按: 女子失时不嫁,不惟与生息有关,准之人情,亦大背盭。汉律五算之罚殊不为苛,以于风俗所关甚大也。

汉时贺婚成俗

《汉书·宣帝纪》:"五凤二年,诏曰:'夫婚姻之礼,人伦之大者也;酒食之会,所以行礼乐也。今郡国二千石或擅为苛禁,禁民嫁娶不得具酒食相贺召。由是废乡党之礼,令民亡所乐,非所以导民也。'"

按: 汉律,三人以上无故群饮,罚银四两,吏因并嫁娶而禁之,故诏不许也。是可见民嫁娶具酒食相贺召,已成风俗,与周异。观

· 234 ·

《陈平传》：张负以女孙与平。"为平贫，乃假贷币以聘，予酒肉之资以内妇。"是其证也。

汉时新婚夜听房状况

《后汉书·袁隗妻传》："初成礼……隗又曰：'弟先兄举，世以为笑。今处姊未适，先行可乎？'对曰：'妾姊高行殊邈，未遭良匹，不似鄙薄，苟然而已。'又问曰：'南郡君马融，妻之父。学穷道奥，文为词宗，而所在之职，辄以货财为损，何邪？'对曰：'孔子大圣，不免武叔之毁；子路至贤，犹有伯寮之愬。家君获此，固其宜耳。'隗默然不能屈，帐外听者为惭。"据是新婚之夕于窗外窃听新妇语及其动作，以为笑乐，自汉时而已然也。

春秋时已有回门礼

今人嫁女，弥月后与婿归来号回门，始于《公羊传》："高固及子叔姬来曰：'何诸？为其双双而俱至者欤？'"是周时已有回门礼，说见《随园随笔》。

汉时婚用青庐

《世说》："魏武少时，尝与袁绍好为游侠，观人新婚，因潜入主人园中，夜叫呼云：'有偷儿贼！'青庐中人皆出观，魏武乃入，抽刃劫新妇与绍还出。"是新婚居青庐，与周之用黑色车服，为义同也。

看新妇

《随园随笔》云："今人新婚，亲友看新妇。"

按：《世说》：谢尚书娶诸葛恢之小女，恢在时不允。恢亡，乃婚。于是王右军往谢家看新妇，容服光整，犹有恢之遗风。是晋时已有此礼。

六朝时男家催妆及回门时女家打婿之恶习

《酉阳杂俎》："北朝婚礼，青布幔为屋，在门内外，谓之青庐，于此交拜。迎妇夫家领百余人或十数人，随其奢俭，挟车俱呼新妇子，催出来，至新妇登车，乃止。"是男家之催新妇上妆登舆，甚暴戾也。又云："婿拜阁日，谓今回门。妇家亲宾妇女毕集，各以杖打聟即婿字。为戏，至有大委顿者。"是婚后婿往妇家，妇家亦戏虐新婿以为报也。然至打以仗，谑亦甚矣！

隋唐时娶妇之详礼

《酉阳杂俎》："近代婚礼，当迎妇以粟三升填臼，席一枚以覆井，枲麻也三斤以塞灶，箭三只置户上。妇上车，婿骑而环车三匝。女将上车，以蔽膝覆面。妇入门，舅姑以下从便门出，更从门入，言当蹋新妇迹。"又，"妇入门，先拜猪橄橄也及灶。娶妇夫妇并拜，或共结镜纽。"又，"娶妇之家弄新妇，腊月娶妇不见姑。"又，"新妇乘鞍。"读此，隋唐时娶妇礼节如目睹矣。而其礼今无一存，惟交拜及弄新妇尚不免耳。

唐婚时用晓

《酉阳杂俎》："礼，婚礼必用昏，以其阳往而阴来也。今行礼于晓。"是唐时婚礼已不以夜，若今日则竟在日中矣。

卷十九 嫁娶

六朝时南北重娶不重娶之异

《颜氏家训》："江右不讳庶孽，丧室之后，多以妾媵终家事。疥癣蚊虻，或不能免，限以大分，故稀斗阋之耻。河北鄙于侧出，不预人流，是以必须重娶，至于三四。母年有少于子者。后母之弟，与前妇之兄，衣服饮食，爰及昏宦。至于士庶贵贱之隔，俗以为常。"

按：重娶之风，自周以来有之。凡为后母所虐者，皆其父重娶者也，而非为其子侧出而不纳妾。抑或六朝时，河北风俗如此乎！

宋时婚礼令婿坐马鞍为乐

《归田录》："今之士族，当婚之夕，以两椅相背，置一马鞍，反令婿坐其上，饮以三爵，女家遣人三请而后下，乃高婚礼，谓之上高坐。凡婚家举族内外姻亲与其男女宾客，堂上堂下，竦立而视者，惟婿上高座为盛礼。"

按：今日河北人家，新妇下轿时，恒当门置一马鞍，令从鞍上过，谓之登高以取吉。宋时则施之于婿，且置于椅上，令婿上高座。座诚高矣，危亦甚矣！古今婚礼之有趣者，当以此为第一；六朝之打婿次之；周时之御、媵交换服侍男女以为交接之导引，又次之也。

汉时嫁女之早为前后所未有

《后汉·阴瑜妻传》："年十七，适阴氏。"《班昭传》："年十有四，执箕帚于曹氏。"《汉书·上官皇后传》："月余遂立为皇后，年甫六岁。"

按：年十七出嫁者，今世亦有之；十四岁则罕矣；若六岁者，则古今未有也。

古人之轻于出妻，年五十无子必被出

《仪礼·士昏礼》"姆。"郑注云："姆，妇人年五十无子，出而不复嫁，能以妇道教人者，若今时乳母矣。"

按：妇人无子，岂其愿哉？年五十将老矣，而被出，复何所归？只有为傅之一途耳！古男子对于妇人，无情若是，苛薄若是，轻视人道若此，而不闻圣人有所纠正，此一失也。

古箕踞出妻，生子不类亦出妻，因口舌或一枣栗而出妻

《韩诗外传》："孟子之妻独居，踞。孟子入户视之，白其母曰：'妇无礼，请去之。'母曰：'将上堂，声必扬；独入户，视必下。汝于燕私之处，入户不有声，令人踞而视之，是汝无礼！'"汝妇无礼，是因妻箕踞非，欲出妻也。又，《孔丛子》："尹文子生子不类，怒而杖之，告子思曰：'此非吾子也！吾妇殆不妇，言失妇道。吾将黜之。'子思曰：'若子之妻，则尧舜之妻，复可疑也！此二帝圣者之英，而丹朱、商均不及匹夫，生可类乎？'"是因生子貌不类己，而欲出妻，其罪状尤为莫须有也。又，《史记·陈平世家》："'有叔如此，不如无有'。伯闻之，逐其妇而弃之。"是因口舌出也。又，《汉书·王吉传》："少时学问，居长安。东家有大枣树垂吉庭中，吉妇取枣以啖吉。吉后知之，乃去妇。"是因食一枣而出妇也。以是证古男子对妇之无情，待遇苛薄，匪夷所思。

惟常被出，故必预先蓄积以备养老

《韩非子》："卫人嫁其子而教之曰：'必私积聚！为人妇而出常也，其成居幸也。'"此可见妇而被出，不必有大恶，

故于嫁时即刻刻防此。观《史记·陈轸传》云："故出妇嫁于乡曲者，良妇也。"是良妇而亦被出。《礼记·檀弓》："伯鱼之母死，期而犹哭，夫子曰：'嘻！其甚也。'伯鱼闻之，遂除之。"疏："伯鱼母出，期而犹哭。"故夫子以为甚，是大圣亦出妻。又，"子上之母死而不丧，被出而死。门人问诸子思曰：'昔者子之先君子丧出母乎？'曰：'然！''子之不使白也丧之，何也？'子思曰：'昔者吾先君子无所失道，道隆则从而隆，道污则从而污，伋则安能？为伋也妻者，是为白也母；不为伋也妻者，是不为白也母。'故孔氏之不丧出母，自子思始也。"是大贤亦出妻，而皆莫详其故，恐亦无大过也。

古出妻礼节

《礼·杂记》："诸侯出夫人，夫人比至其国，以夫人之礼行。仍待以夫人之礼，义未绝。至以夫人入，使者将命曰：'寡君不敏，不能从而事宗庙社稷，使使臣某敢告于执事。'女家主。主人对曰：'寡君固前辞不教矣。言纳采时，答词有不教之女。寡君敢不敬须以俟命。'有司官陈器皿，主人有司亦官受之。"注："器皿，其本所赍物也。律，弃妻畀所赍。"即返其嫁妆也。是国君弃妻之礼节也。又，"妻出，士庶出妻。夫使人致之曰：'某不敏，不能从而共粢盛，使某也敢告于侍者。'谦语。主人对曰：'某之子不肖，不敢辟诛，避罚。敢不敬须以俟命。'使者退，主人拜送之。"不言返所赍，想亦与诸侯同也。是士庶出妻之礼节也。所异者，既出妻则必宣布其罪过，而使者仅曰"不能从而事宗庙""不能从而共粢盛"，若女仍无过，而过在男子者，含意不露，弗与女家以难堪。而使者将去，主人仍拜送之，真可谓彬彬有礼矣。又最异者，无论贵贱，只男家弃女，女家即顺受，既无若今日之赔偿以钱财，亦无罪过有无之争议。所以然者，以当时社会风俗，出女再嫁不难，非若后世之以再醮为耻。又，自古女子以从人为义，男女不平等，视为固然，故被弃虽不当而不辞也。

自周迄宋，妇女皆不讳再嫁

贞女不再嫁，操守清洁，自古义之，然在周时殊无特别旌表之举。盖王道本乎人情，礼缘义起，女而守固为义，即再嫁亦不违礼。其见于载记者，自周迄宋，皆如是也。自明以来，士族搢绅之家，皆耻于再醮，以守节为高，以改嫁为不义，不验人情，但崇虚矫，致使社会男女，受无形之拘束，及其溃决，遂并廉耻而胥捐，放佚狂荡不可制止。斯非古圣人之过，乃宋明以来，腐儒客气不衷之谈之有以致之也。兹将历代改嫁之见于载记者，述之如左[①]。

圣人家妇改嫁

《礼·檀弓》："伯鱼死，其妻嫁于卫。"又，"子思之母死于卫，赴于子思，子思哭于庙。门人至曰：'庶氏之母死，嫁于庶氏。何为哭于孔氏之庙乎？'子思曰：'吾过矣！吾过矣！'乃哭于他室。"夫孔子在春秋，为第一讲礼之家矣，乃其子死，子妇不免于嫁，何况其他！诚以矫而守，不如顺而去，且以防矫守之流弊也。

春秋人视异姓同母兄弟如亲兄弟

《左传·成十一年》："声伯之母不聘，穆姜曰：'吾不以妾为姒。'生声伯而出之，嫁于齐管于奚，生二子而寡，以归声伯。声伯以其外弟即管氏子为大夫，而嫁其外妹于施孝叔。"

---

① 编者注：因原书是竖排，故此处云左。

是视其异姓兄弟如亲兄弟。可见当时士大夫，不以再嫁为讳也。

春秋士人妻中道改适他姓及再归，本夫仍可再受

《左传·成十一年》："声伯既嫁其外妹同母女弟于施孝叔，晋郤犨来聘，求妇于声伯。声伯夺施氏妇而与之。妇人曰：'鸟兽犹不失俪，子将若何？'曰：'吾不能死亡。'妇人遂行。生二子于郤氏。郤氏亡，晋人归之施氏。施氏逆诸河。"是娶妻而见夺，夺数年而又归，本夫仍承受无异词。益可见当时社会，不以改适为病也。

春秋时女守寡，其家即亟为择配

《左传·闵二年》："卫惠公之即位也，少。齐人使昭伯烝于宣姜，不可昭伯不可。强之。生齐子、戴公、文公、宋桓夫人、许穆夫人。"宣姜者，惠公之母；昭伯者，惠公之庶兄。是齐人怜其女寡，以势力强使再嫁于昭伯，兼植党也。又，《僖二十三年》："公子重耳至秦，秦伯纳女五人，怀嬴与焉。"怀嬴者，怀公之夫人。怀公死，嬴寡，故复使嫁于重耳也。是可见当时社会，宁害义，不使女守寡也。

汉时仍重视同母兄弟，仍寡则再嫁

《史记》："武帝母王太后，母曰臧儿。臧儿嫁槐里王仲，生信与两女。仲死，臧儿更嫁为长陵田氏妇，生男蚡胜。臧儿即武帝母长女嫁为金王孙妇，生一女矣，后纳太子宫，生武帝。武帝即位，闻太后有女在长陵，乃自往迎取，携见太后曰：'臣得与姊俱来，赐钱千万。'"是不以异姓同母姊为嫌也，且以田

蚡为丞相。田蚡者，太后之异姓同母兄弟，太后视之等于同母兄弟，故帝以蚡为丞相也。是当时不鄙视再嫁，故皆不讳其事也。观太史公直书不隐，其风尚可知矣。又，"平阳公主夫曹寿有恶疾，归国，公主守寡，即再嫁卫青。"又，"鄂邑长公主寡，与丁外人通，旋谋封外人真嫁之。"皆不鄙再嫁之证也。

又，《后汉书》："阴瑜妻名采，荀爽之女也。十九而寡，采时尚丰少，后同郡郭奕丧妻，爽以采许之，因诈称病笃，召采。既不得已而归，怀刃自誓。"是女本不愿再嫁，而父强之也。爽为当代名流望族，犹强迫女嫁，他可知矣。

如不再嫁而私奔，则以为耻

早寡再嫁，原不为非，倘私奔则于德有累。《史记·司马相如传》："文君既私奔相如，卓王孙大怒曰：'女至不才，吾不忍杀，不分一钱也。'"是以私奔为耻，非怒其再嫁。先圣制礼，不闲再嫁者，即惧有此也。

魏晋时名族女再嫁

《吴志·步夫人传》："生二女，长曰鲁班，字大虎，前配周瑜子循，后配全琮；少曰鲁育，字小虎，前配朱据，后配刘纂。"又，《世说》："诸葛恢女适庾亮儿，后为苏峻所害，将改适江彪，与亮书及之。亮答曰：'贤女尚少，故其宜也。'"是皆名族而改嫁也。

唐宋名族女再嫁

《随园随笔》云："唐时公主再嫁者二十三，三嫁者四。"详见《新唐书·公主传》。宋秦国大长公主初嫁米福德，再适高怀德。

韩昌黎之女先适李汉，后适樊宗懿。宋范文正公之子妇，先嫁纯礼，后适王陶。陶，公之门生。公尚居相位，而公所立义庄，有孀妇改嫁之费。公母谢氏亦改嫁者也，得封吴国太夫人。又，王荆公为相时，以子雱颠，改嫁雱妇。是唐宋贵人皆不以再嫁为耻，世俗可知。至明，王端肃公恕娶陈郎中妻，于服中封一品夫人，士林争指目之。至清则绝迹矣。

古出妇改嫁后，再见前夫，前后夫皆不避

《汉书·朱买臣传》："妻既去，其后买臣负薪墓间，故妻与夫家俱上冢，见买臣饥寒，呼饭饮之。"又，《癸辛杂识》："放翁原配唐氏为姑所出，改适宗室赵士程。后先生游沈园，遇唐氏夫妇。唐言于赵，以酒饵馈先生，先生即题《钗头凤》一阕于壁而去。"此以今日社会状况揆之，必两相回避不暇矣。不惟前夫耻见后夫，后夫亦不愿见前夫，且妇人更无介绍两夫之理。而宋时不尔者，可见视再嫁为甚寻常也。

卷二十　丧事

古人将死时，以生绵复口上以候绝气

《礼·丧大记》："属纩以俟绝气。"注："纩，新绵，易动摇，置口鼻上以为候。"如纩不动，即气绝也。

古人初死必登屋招魂大呼死者名字使归，至唐犹然

《礼运》："及其死也，升屋而号，告曰：'皋某复。'然后饭腥而苴孰。"

按：皋者，疏云"皋皋，引声之言"。某者，死者姓名；复者，返也。言北面长呼告天，使某返也。又，《丧大记》："复注：招魂也。有林麓，则虞人设阶。"凡复，男子称名，妇人称字。

按：设阶者，设升屋之阶也。又，《墨子》："其亲死，列尸弗敛，登屋窥井，挑鼠穴、探涤器，而求之其人焉，以为实在，则戆愚甚矣！知其亡也必求焉，伪已甚矣！"

按：《墨子》所言，窥井、挑鼠穴、探涤器诸状况，乃民间无识者相衍之陋俗，《王制》无是也。《王制》只"登屋招魂"耳，而《墨子》以是攻儒者，儒岂有此鄙猥之举哉？然因是可得周时社会人死时之

状况矣。汉·牟融曰："人临死，其家上屋呼之。"又，段成式《金刚经鸠异》："及明，已闻对门复魂声，问其故，子昨宵暴卒。"又，"补阙孙堇善占梦，有人梦枣生屋上。孙曰：'重来！重来！'呼魄之象，其人果卒。"重来者，枣字形；呼魄即复魂。是可证汉唐人初死，皆叫魂也。

殓前先浴尸沐头

《丧大记》："管人汲，不说同脱。绡，井绳，屈之。尽阶，不升堂，授御者。御者入浴。小臣四人抗举也衾，御者二人浴。浴水用盆，沃水用枓。浴用绤巾，挋音振，拭也。用浴衣，如它日。平日。小臣爪足。翦足爪。"此浴身之礼节也。又，"浴者差沐于堂上，君沐粱、大夫沐稷、士沐粱。应为稻。管人受沐，乃煮之。授御者沐，沐用瓦盘，挋用巾，如它日。小臣爪手翦须。"此沐头之礼节也。沐浴既已而后敛。又，"曾子之丧，浴于爨室。"盖贵人皆浴于正寝，曾子以士，故浴于爨室也。

古殓衣左衽，结绞不纽 死结难解

《丧大记》：凡殓衣"皆左衽，结绞不纽"。疏："衽，衣襟也。生向右，左手解，抽带便也。死则襟向左，示不复解也。结绞不纽者，生时带并为屈纽，使易抽解；若死则无复解义，故绞束毕结之不为纽也。"

古殓时口须含饭

《礼·杂记》："古者凿巾以饭。"疏："饭，含也。凿巾者。大夫以上贵，故使宾为其亲含，恐尸为宾所憎秽，故设巾覆尸面，而当口凿穿之，令含得入口也。"

古未殓前以冒覆尸

《礼·杂记》："冒者，何也？所以掩形也。"注："掩尸形恐人恶之。"

按：冒者，盖亦巾之类而大于巾，覆尸全不露，故谓之冒。愚谓掩形不惟恐人恶，陈尸未敛，亦不宜暴露也。

古必三日始殓

《礼·问丧》："'死三日而后殓者，何也？'曰：'孝子亲死，悲哀志懑，故匍匐而哭之，若将复生然。安可得夺而敛之也？故曰：'三日而后敛者，以俟其生也。三日而不生，亦不生矣。孝子之心，亦益衰矣。家室之计，衣服之具，亦可以成矣。亲戚之远者，亦可至矣。是故圣人为之断决，以三日为之礼制也。'"

按：今日乡间或有三日殓者，都邑则绝无也。乡间衣服棺椁需远市，都邑则立具。又，夏日敛尤速。

三代入殓时晨暮不同

《檀弓》："夏后氏尚黑，大事殓用昏。殷人尚白，大事殓用日中。周人尚赤，大事殓用日出。"

按：今时殓者，用昏者多，仍夏道欤！

卷二十 丧事

古殓以衾裹尸，以布束尸

《礼·丧服大记》："小敛布绞，缩者一，横者三。君锦衾，大夫缟衾，士缁衾皆一，衣十有九称。"疏："布绞者，以布为绞。缩，从也，谓从者一幅竖置于尸下，横者三幅，亦在尸下。从者在横者之上，每幅之末析为三片，以结束为便也。"又云："衣布于衾上，然后举尸于衣上，屈衣裹，又屈衾裹之，然后以绞束之。"由是证古之敛近尸者衣，衣之外裹以衾，再以布束之以为固也。此虽是小敛，然大敛亦如此，不过布绞加多耳。今江南尚有行之者，余则少也。

初遭丧即袒括发

《檀弓》："袒括发，去饰去美也。"又，"去饰之甚也。"又，《士丧礼》："主人髽发袒。"注："髽发者，去笄缅而纷。"

按：纷者，结也，髽也。盖以麻约发而为髽，示毁容尽也。

丧服袖特宽至三尺三寸

《礼·杂记》："弁绖，其衰侈袂。"注："常服袂二尺二寸，侈则三尺三寸。"

按：服斩衰，正以志哀，侈袂示哀之甚也。

服斩缞麻带草履杖行

《左传·襄十七年》："晏桓子卒，晏婴粗缞斩，苴绖、带、注：麻有子曰苴。杖，菅屦。"

按：今日丧者犹以粗麻绞为带，杖行，独草履无用者，皆白布鞋，盖以平日亦常草履，不足表哀痛。

又按：自清至民国，服制皆变古，独丧服不变，无一不与古同，鲜遵当代服制者。此可见孝亲之事，不与他同，故国家亦不干涉也。

古孝子之居处饮食

《左传·襄十七年》："晏桓子卒，晏婴食鬻，同粥。居倚庐，寝苫，枕草。"又，《檀弓》："悼公之丧，季昭子问于孟敬子曰：'为君何食？'敬子曰：'食粥，天下之达礼也。'"《孟子》曰："三年之丧，齐疏之服，齐，衣下缝也。不缉曰斩衰，缉曰齐衰。饘粥之食，自天子达于庶人，三代共之。"是居倚庐，食薄粥，无贵贱皆行之。古事事尚等级，独此平等也。

古处丧之瘠弱饥寒状况

《墨子》："上士之操丧也，必扶而能起。杖而能行。"又，"哭泣不秩声，言无次第。翁缞绖。言偻。垂涕，处倚庐，寝苫枕块。又相率强不食而为饥，薄衣以为寒，使面陷目陷，颜色黧黑，耳目不聪明。"是周时社会遭丧者之普通状况也。

古孝子处倚庐，非谒母不入内，寡言语

《礼·杂记》："三年之丧，言而不语，对而不问，庐垩室之中，不与人坐焉；在垩室之中，非时见乎母也，不入内。"
按：倚庐在中门外，不入门者，不入中门至内寝也。

倚庐架木为屋，垩墍音激为墙

《礼·丧大记》："父母之丧，居倚庐，注：倚木为庐于中门外之东。不涂，以草夹障，不以泥涂。寝苫，草也。枕凷。君为庐宫之，以帷障之如宫。

大夫士禮之。露而不障。既葬，柱楣涂庐，不于显者。不涂庐外显处。""既练，居垩室。"十二月小祥，以靂灰涂庐使白。"即祥，黝垩。"又，《杂记》："三年之丧，居垩室之中。"郑玄云："垒墼为之，不涂塈。"

按： 倚木为庐者，即架木为室，而以墼砌墙。墼者，打土晒干为之，不陶不烧。即以此砌墙，而不涂塈以为饰。禮者，袒也，言露而不障。柱楣者，使庐高起而受光。至小祥，则垩室使白，且黝地使黑，以为饰也。

古哭必辟踊，若伛者跛者则否

《礼·檀弓》："有子与子游立，见孺子慕者。有子谓子游曰：'予壹不知夫丧之踊也！'予欲去之久矣。情在于斯，其是也夫！'子游曰：'人愠斯戚，戚斯叹，叹斯辟，辟抚心斯踊矣。'"又，"辟踊，哀之至也；有算，为之节文也。"疏："男踊女辟，哀痛之至，若无节限，恐伤其性，故辟踊有算。算者，数也，每一踊。三跳，三踊九跳为一节。士三踊，初死日一踊，小敛一踊。大敛一踊。凡三日一踊，大夫五踊，诸侯七踊，王九踊。"又，"妇人倡踊。"注："倡，先也。"是妇人亦踊，不惟抚心痛哭也。又，《问丧》："伛者不袒，跛者不踊。"诚以伛则不能露胸，跛则不能跳起也。

古哭君亦踊

《左传·宣十八年》："子家使晋还，袒、括发，注：以麻为发。即位哭，三踊而出。时公薨。"又，《晏子春秋》："遂袒免，问音以布约首。坐枕君尸而哭，兴三踊而出。"杜注："九跳为一节。"《礼》所谓"辟踊有节"。

按： 踊必三者，当时定制，少则简，多则过，故以九跳为节。然自汉以来，即不见有行此礼者，殆亡已久矣。

历代社会风俗事物考

丧拜之不同

《檀弓》："孔子曰：'拜而后稽颡，颓乎其顺也。注：殷丧拜，言主人拜宾也。稽颡，首触地无容。稽颡而后拜，颀乎其至也。'"

按：拜而后稽颡者，先合手屈膝，以首触地也；稽颡而后拜者，先屈膝以首触地，起而合手也，皆所谓丧拜也。丧拜无容，以遭丧痛悼皇遽，不能为容。今孝子见宾，即稽颡而不合手，皆不拜，犹周之遗俗。

周时遭丧，父斩衰，母齐衰，男免女髽

《礼·丧服小记》："斩衰，括发以麻。"疏："主人为父之服也。"又，"为母括发以麻，免音问而以布。齐衰，恶笄以终丧。"注："母服轻至免，可以布代麻也。"齐者，衣下缝。不缉曰斩衰，缉曰齐衰。是可证为父服斩衰，为母服齐衰。括发以麻者，郑注："《士丧礼》云：'自项以前交于额，上却绕紒也，如著幓头矣。'"若以布代麻则名免。是括发与免，形式如一，只用麻用布不同耳。至去笄缭而紒，同髻。使发露则同也。又云："男子免而妇人髽。"免者，郑注："以布广一寸，自项交于额，却绕也。"髽者，郑注云："形与括发如一，即露髻。"然则免也。髽也，括发也，名异而形实同也。

女髽以榛为笄

《礼·檀弓》："南宫縚之妻之姑之丧，孔子诲之髽，曰：'尔勿从从尔！尔勿扈扈尔！盖榛以为笄，长尺而总八寸。'"注：去缭而紒曰髽，缭所以韬发。今遭丧，但露紒而已。紒者，髻也。益证髽即括发也。

· 250 ·

古以白布缠髻，故秃者不免

《礼·问丧》："秃者不免。"注：免音问者以白布广一寸，从项中交于额，却向后绕于髻也。然秃则不免。是可证古只以白布约髻，若秃则无髻可约，非若今世之只约白布条于额也。

古乡里助丧详情，邻里代为糜粥

《礼·问丧》："亲始死，水浆不入口三日。不举火，故邻里为之糜粥以饮食之。"又，《曾子问》："昔者吾从老聃，助丧于巷党。"又，《檀弓》："孔子之故人原壤母死，夫子助之沐椁。"皆邻里助丧之证也。

古丧事，必有主丧者代主人负责治事

《礼·檀弓》："孔子之丧，公西赤为志焉。""子张之丧，公明仪为志焉。"注："志谓章识。"又，《荀子》："修士之丧动一乡，属朋友；庶人之丧合族党，动州里。"注：属者，谓付托之使主丧也。又，《史记·项羽本纪》："每吴中有大徭役及丧，项梁尝为主办，阴以兵法部勒宾客及子弟。"又，《陈平传》："邑中有大丧，平贫侍丧，以先往后罢为助。"是自周迄汉，皆有邻里助理丧事，并由主人特请人付托之以为主办，无一不与今同也。

居丧期限，殷周皆三年，至战国已不行

《论语》："高宗谅阴，三年不言。"《礼·王制》："父母之丧，三年不从政。"是殷周皆三年丧也。至春秋时，盖已不守此制。《论语》："钻燧改火，期可已矣。"是必已有丧父母

而期服者，故宰予敢如是昌言。而墨子之徒，只服三月，深以久丧为非。又，《孟子》："然友反命，定为三年之丧，父兄百官皆不欲曰'吾宗国鲁先君莫之行'。"是至战国，三年之丧，举世莫有行者，惟儒者行之。《韩诗外传》："齐宣王谓田过曰：'吾闻儒者亲丧三年。'"是其证也。

前汉仍短丧

古君父丧同，而文帝临终，诏三十六日除服，自是为定例；于是宰相翟方进后母死，以为身备汉相，不敢逾制，既葬，三十六日除服。又，《薛宣传》："后母病死，修去官持服。宣为丞相，谓修三年服少能行之者，兄弟相驳不可，修遂竟服，由是兄弟不和。"

有服丧三年者则名誉特起

《公孙弘传》："后母死，服丧三年，遂举孝廉。"《原涉传》："时又少行三年丧者。及涉父死，让还南阳赙送，行丧冢庐三年。"《哀帝纪》："河间王良丧太后三年，为宗室仪表，益封万户。"盖当时无行三年丧者，偶有之，即交口称道也。

然亲死不奔丧则有罚

《汉书·陈汤传》："汤待迁，父死，不奔丧。司隶奏汤无循行，张勃选举故不以实，坐削户二百。"

至后汉遭丧无不去官守制，且有以弟丧、师丧去官者

后汉承光武、明帝提倡礼教之后，凡父母丧，无不去官守制者。

而赵苞以伯父丧去官；陈重以姊忧去官；谯玄迁太常寺丞，以弟服去职；刘焉拜中郎，以师祝公丧去官。以是证后汉之社会风俗，虽三代不能及，为中国风俗第一淳美之时期。

汉时丧服皆缟素

《高帝纪》："寡人亲发丧，兵皆缟素。"《苏武传》："云中生口言，太守以下吏民皆白服，言上崩。"《翟方进传》："方进薨，少府供张，柱槛皆衣素。"

按： 自周时亲死服斩衰，皆以素布为衣。又，《荆轲传》："白衣送至易水上。"凶事服白，其来已久，至汉犹然也。

古赙丧成俗至今不改

《礼·檀弓》："孔子之卫，遇旧馆人之丧，入而哭之哀，出使子贡说骖脱而赙之。"注："赙，助丧用也。"是解骖马鬻以为丧费也。又，《汉书·朱建传》："建母死，贫未有以发丧，方假贷服具，陆贾为说辟阳侯，奉百金为祝。注：衣被之具。列侯贵人以辟阳侯故，往赙凡五百金。"又，《原涉传》：所知母死，"涉因入吊，问以丧事。家无所有"，乃即与宾客市买衣被棺具等物，载至丧家。是自周迄汉，凡贫者遇丧，无不赖朋友资助。后世因之至今，不更述。

汉时官吏死可因赙致富

《何并传》："吾生素餐日久，死虽当得法赙，勿受。"又，《后汉·羊续传》："二千石卒，官赙百万。"

按： 法赙者，官家例赙，不论贫富。又，《原涉传》："哀帝时，天下殷富，大郡二千石死官，赋敛送葬皆千万以上，妻子通共受之，以定产业。"是于法賵外，又赋敛同僚，以为亡者妻子生活费，资至千万，则巨富矣。唐宋以来，官吏卒远方，朋友资助经纪其丧事者，不可胜数；然无有因丧醵资致富者，是以风俗醇朴，莫过于两汉。

历代吊丧者之礼节

《论语》："羔裘玄冠不以吊。"《礼·内则》"行吊之日，不饮酒食肉。"

按：羔裘玄冠，皆吉服华美；饮酒食肉，违哀戚之义，故皆不宜于吊。《礼·檀弓》："曾子袭裘而吊，子游裼裘而吊。曾子指子游示人曰：'夫夫也为习于礼者，如之何其裼裘而吊也？'主人既小敛，以衣衾裹尸。袒括发，子游趋而出，袭裘带绖以布条加武上。而入，曾子曰：'我过矣！我过矣！夫夫是也。'"

按：袭者，注："充美也，言掩抑其美使不见也。"即以单衣护于裘外。裼者，注云："裘上加裼衣，裼衣虽加他服，犹开露见美以为敬也。"曾子以吊主哀，故掩裘美而袭裘，岂知主人未敛，犹吉服，吊者不宜凶服，故子游仍裼裘以见美；及主人小敛而易服，子游乃袭裘加绖于武冠梁以吊也。

晋时吊丧须执孝子手

《世说新语》："顾彦先平生好琴，及丧，家人常以琴置灵床上。张季鹰往哭之，不胜其恸，遂径上床，鼓琴，作数曲竟，抚琴曰：'顾彦先颇复赏此不？'因又大恸，遂不执孝子手而出。"又，"王东亭与谢公交恶。王在东闻谢丧，便出都往哭。督帅刁约不听前，曰：'官平生在时，不见此客。'王亦不与语，直前，哭甚恸，不执末婢手而退。"谢琰小名。是可证当时吊哭已，须执孝子手安慰之，为一定礼节。清时士大夫吊丧已，必掀帐至孝子处，唁慰数语，盖犹古之遗俗，惟不执孝子手为小异耳。

晋时吊丧必主人先哭客乃哭

《世说新语》："阮步兵丧母，裴令公往吊之。阮方醉，散发坐床，箕踞不哭。裴至，下席于地，吊唁毕，便去。或问裴：'凡吊，主人哭，客乃为礼。阮既不哭，君何为哭？'"又，"王右军与王述不睦。后述丧母，右军屡言出吊，而卒不果。后诣门自通，主人既哭，不前而去，以陵辱之。"

按： 古吊丧无不哭者，至晋时须主人哭乃哭，主人若不哭，客即不哭。故主人闻客至，必先哭以为礼也。

唐人吊丧须服白衫、须哭泣

《大唐传》载："唐临性宽仁多恕，常欲吊丧，令家僮取白衫，僮乃误持余衣，惧未敢进。临觉察，谓曰：'今日气逆，不宜哀泣。'向取白衫且止。"是可证唐人吊丧，不白衣则不吊；且吊必哭泣，不似晋人之必俟主人哭也。

六朝时哭有词

《颜氏家训》："礼以哭有言者为号，然则哭亦有词也。江南丧，哭时有哀诉之言尔，山东重丧则惟呼苍天，期功以下则惟呼痛深。"

按： 今日男子哭皆号，无有言者；惟妇人乃有之，风气又与古异也。

六朝时不吊则怨

《颜氏家训》:"江南凡遭重丧,若相知者同在城邑,三日不吊,则绝之;除丧,虽相遇则避之,怨其不已悯也。有故及道遥者,致书可也,无书亦如之,北俗则不尔。"

按: 此必赴而不吊也。不然,虽同都邑,三日之间,未必尽闻知,安得怨其不吊?

南北朝年节时对丧家之异

《颜氏家训》:"南人冬至岁首,不诣丧家,若不修书,则过节束带以申慰。北人至岁之日,重行吊礼,礼无明文,则吾不取。"

按: 古人视冬至节极重,与元旦同。至时人皆贺节欢忭,不诣丧家宜矣。至重行吊礼,甚无谓也。凡礼之不合人情者,必不能久。唐宋以来不见有此,盖此俗之革除久矣。

六朝时年节见孤子则泣

《颜氏家训》:"已孤而履岁,及长至之节,无父,拜母、祖父母、世叔父母、姑、兄姊则皆泣;无母,拜外祖父母、舅、姨、兄姊亦如之。此人情也。"

按: 无父,过年节拜父族时,父族以其无父可拜,憭然而泣;无母,拜母族时,母族以其无母可拜,故亦泣。盖皆幼子初丧父母一二年事也。今世外甥初丧母,新年至外家,仍有此感。

六朝时初释服见君必泣,否则见薄于人

《颜氏家训》:"江左朝臣子孙,初释服,朝见二宫,皆

当泣涕。二宫为之改容，颇有肤色充泽，无哀感者。梁武帝薄其为人，多被抑退。裴政出服，问讯武帝，贬瘦枯槁，涕泗滂沱。武帝目送之曰：'裴之礼不死也。'"

按： 此已释服矣，尚有此习惯，齐梁时礼教过东西晋远矣！

历代忌日之重

《礼·祭义》："君子有终身之丧，忌日之谓也。忌日不用，<small>注：不作事。</small>非不祥也；言夫志有所至，而不敢尽其私也。"

按： 父母死日，今谓之忌辰，至忌辰则哀戚思慕，无论年远近皆如此，故曰"终身之丧"。古礼至今不变者惟此耳。

六朝时忌日仍与周同

《颜氏家训》："忌日不接外宾，不理众务。魏王修母以社日亡，来岁有社，修感念哀甚，邻里为之罢社。"

按： 不接外宾、不理众务，即《祭义》所谓"忌日不作"也。然邻里因忌而罢社，盖修之哀有逾于众人者，故感动如此。

唐忌日状况

《耳目记》："周武则天左领军权龙襄不识忌日，问府吏曰：'何名私忌？'对曰：'父母亡日请假，独坐房中不出。'襄至忌日，于房中静坐，有青狗突入，襄大怒曰：'冲破我忌！'更陈牒文书改明日作忌。"

按： 独坐不出，乃不接外宾、不理众务之义。述此者以见忌礼自周迄唐毫未变更，以迄于今，故唐后不更述。

卷二十一　葬

周时以独木板棺为最贵

　　《庄子》："宋有荆氏者，宜楸柏桑。其拱把而上者，求狙猴之杙者斩之；三围四围，求高名之丽者斩之；七围八围，贵人富商之家求樿傍者斩之，故未终其天年。"注："樿傍，棺也，棺之全一边者，谓之樿傍。"

　　按：全一边者，谓棺之四墙皆一板所成，非数板凑成，故非大木不办。今世仍重之，谓之独傍独盖，又曰四独，即樿傍之义也。

周制棺以槚木为最贵

　　《左传·襄二年》："初，穆姜使择美槚，以自为榇。"又，《襄四年》："季孙为己树六槚于蒲圃东门之外，<small>注：欲为己榇。</small>定姒薨。匠庆用蒲圃之槚，为榇。"

　　按：《说文》："槚，楸也。"木性坚而文理甚美，故古人喜以为榇，犹今之尚黄柏、楠木也。然周时亦有用柏者，《左传·定元年》"魏舒卒，范献子去其柏椁"是也。

· 258 ·

周人饰棺之丽

《礼·丧记》："周人墙置翣。"又，《檀弓》："孔子之丧，公西赤为志焉，注：志谓章识。饰棺墙，置翣。子张之丧，公明仪为志焉，褚幕丹质，蚁结于四隅。"注：卢植曰："墙，载棺车箱也。墙之障柩，犹垣之障家。"《三礼图》曰："翣，以竹为之，高二尺四寸，广三尺，衣以白布，柄长五尺，葬时令人执之于柩车傍。"褚幕丹质者，注云："以丹布幕为褚。"

按：《玉篇》："褚者，囊也，言以丹布为幕而覆棺也。"蚁结于四隅者，注云："画褚之四角，其纹如蚁行往来交错。"

又按：翣者，疏云："在旁曰帷，在上曰荒，凡饰棺总曰柳。"《史记·栾布传》所谓"置广柳车中"者是也。

又按：今富贵人家，入殓后即以红帛幄，冒棺使不露，即褚幕丹质也。今出殡时之棺罩，即古之棺墙帷荒之属。特今柩舁行者多，古则挽行，故墙翣之属，亦微异耳。

周出殡运柩之法及护丧者之众

《礼·内则》："吊于葬者必执引；若从柩及圹，必执绋。"又，《曲礼》："助葬必执绋。"注："车曰引，棺曰绋。"疏："引，柩车索也；绋，引棺索也。凡执引用人，贵贱有数，若其数足，则引人不得遥行，皆从柩也。"何东山曰："天子千人，诸侯五百人，大夫三百人，士五十人。从柩者是执引所馀，绋是拨动之义。人无定数，故执绋以示助力。"

由此证之，古灵车之行，以引牵挽。引之多寡，视贵贱而分，有定数。人执一索，引车前行，不用牛马。若绋则大于引。考《尔雅》："绋，繂也；繂，音律。大索也。"盖灵车至葬所，牵绋以移柩入冢也。

又：今日皆舁柩而行，舁柩人数，最少十六人或三十二人；最富贵人家，六十四人而止；惟天子乃用百二十人。若古则大夫尚三百人，天子则千人，其威仪之侈丽十倍于今，无怪墨翟之以为非也。

周引柩索用麻

《左传·宣八年》："冬，葬敬嬴，旱无麻，始用葛茀。"即绋。注："茀所以引柩。"然因旱无麻，即不能用麻索，亦可见葬仪之侈，用索之多矣。

周葬时先以椁布冢内，再以鹿卢系棺入冢

《礼·檀弓》："季康子之母死，公输若方小敛，般请以机封，将从之。公肩假曰：'不可！夫鲁有初，公室视丰碑，三家视桓楹，般尔以人之母尝巧乎？'"注："丰碑，斫大木为之，形如石碑，于椁前后四角树之，穿中于间为鹿卢，下棺以綍绕。天子六綍四碑，前后各重鹿卢也。"桓楹者，"斫之形如大楹耳，四植谓之桓。"

按：天子用石碑下棺，诸侯不敢用石，以木斫为碑，树于椁之四角，碑上有孔，各安鹿卢，棺到时将绋大索绕于鹿卢之上，徐徐下之，此天子诸侯之礼也。公输般巧，请以机械下棺，有类于诸侯之礼，故公肩假以为不可。桓楹者，但将木斫之若楹，不为碑形，植四隅以下棺而已。夫曰树于椁之四角，是棺未到而预将椁置于冢内也。用碑系棺，是天子亦悬柩下葬也。惟《左传·僖二十五年》："晋侯请隧，弗许。"杜注："辟地通路曰隧，王之葬礼也，诸侯皆悬柩而下。"据杜说是天子不悬棺葬也。郑与杜孰是，不敢定，疑杜非也。

古贫贱者之出殡及下葬状况

古以引即索挽灵车，士用五十人；下而至于庶民，当更少于士，然亦较今日为多。葬用碑绋，乃富贵之家，至庶民则不用。《礼·檀弓》："悬棺而封，人岂有非之者哉？"注："贵者用碑绋，贫但手悬棺而下。"然则古贫民下葬，与今日同也。

古窆内保护棺之法，以蜃炭为最贵

《礼·檀弓》："有虞氏瓦棺，始不用薪。夏后氏墍周，周人殷人棺椁。""周以蜃灰。"墍周者，注云："火熟曰墍，烧土冶成砖，以周于棺也。"《释文》云："墍，烛头烬。即木烬。"蜃灰者，按，《周礼·掌蜃》："掌敛互物蜃物，以供闉圹之用。"注："互物者，蚌蛤之属；闉，塞也；圹，穿中也。将葬，先塞蜃灰以御湿，使棺不朽。"然则夏后氏之墍周，依郑诂"冶土成砖，围于棺之四周"；依《释文》"以木烬塞于棺之四周"，诂虽微异，要其御湿之意则相同。至周，以蜃灰御湿又视夏进步耳。特夏尚无椁，周承殷既以椁护棺，复于椁外塞以蜃灰，法益密耳。蜃灰之力与今之石灰同，周无石灰，用蜃灰垩墙使白者是也。然蜃灰在周时盖甚贵，观《左传·成二年》："宋文公卒，始厚葬，用蜃灰。"注：烧蛤为炭以瘗葬。夫以诸侯用之，尚曰"厚葬"，则贫贱者之不能用可知矣。

周时从葬之物品——明器

《荀子》："荐器则冠有鍪而无縰，瓮庑虚而不实，木器不成斫，陶器不成物，簿竹也器不成内。"注：荐器，明器也；鍪，冠卷如兜鍪也；縰，縚发者也；冠，明器之冠也，瓮庑，所以盛醯醢。人器实，明器虚。

按： 明器者，冥中所用之器也，皆象其形而不必盛以物，故曰"人器实，鬼器虚"。《檀弓》所谓"夏后氏用明器，示民无知"，孔子所谓"备物而不可用，知丧道也"。

又，"以草束为人马车物，以木制为偶人。"《檀弓》云："涂车刍灵，自古有之，明器之道也。孔子谓为刍灵者善，谓为俑者不仁，殆于用人乎哉？"

按： 涂车者，以泥为车。刍者，草。刍灵者，言束草为人马。俑者，偶人，有面目机能，似乎生人。《孟子》曰："始作俑者，其无后乎？为其象人而用之也。"《淮南子》："鲁以偶人葬而孔子叹。孔子之所以叹，谓此为用生人之渐也。"观此，自夏以来，凡生人所用之物，皆一一制为冥器，送之墓中，以备死者之用；而只有其形，实不能用，聊以尽心焉而已，故孔子美之。

又以实物从葬

《檀弓》云："殷人用祭器，示民有知也。"

按： 殷人尚鬼，不忍死其亲，故以真祭器送葬。又，《礼·檀弓》："宋襄公葬其夫人，醯醢百瓮。曾子曰：'既曰明器，而又实之。'"

按： 明器宜虚，今置醯醢于中，则实矣，故曾子非之。

又按：《西京杂记》："汉广川王发掘战国时魏王墓，其中鼎盂琴瑟刀剑几杖诸物皆备。"又，《墨子·节葬篇》："死者虚府库，然后金玉珠玑比乎身，纶组节约车马藏乎圹。又必多为屋幕、鼎鼓、几挺、壶滥、戈剑、羽旄、齿革，寝而埋之。"是皆以真物从葬之证也。滥，浴器也。

甚至以生人从葬

秦穆公以三良从葬，国人作《黄鸟》诗以志哀。又，《左传·宣十五年》："初，魏武子有嬖妾，无子。武子疾，命颗曰：'必嫁是。'疾病，则曰：'必以为殉！'"又，《成二年》："宋文公卒，始厚葬，用殉。"又，《昭十三年》："楚王缢于芋尹申亥氏。申亥以其二女殉而葬之。"又，《哀三年》："季孙有疾，命正常曰：'无死！'"又，《礼·檀弓》："陈乾昔寝疾，属其兄与其子曰：'如我死，必大为棺，使吾之婢子夹我。'"又，《墨子》："天子杀殉，众者数百，寡者数十；将军大夫杀殉，众者数十，寡者数人。"又，《西京杂记》："广川王去疾掘幽王墓，其中僵人有立者，有卧者，有伏于几上者，共百余尸，皆当时殉葬者也。"此等惨酷不仁之事，不知起于何时，然幽、厉以前绝无之。至春秋战国尤甚，直至西汉此风始已，然亦不敢谓其必无。干宝之母，以其妾从葬，而竟不死，干宝感之，因作《搜神记》。是至晋尚偶有此非人之事也，呜呼惨已！

未葬前方相氏以戈击圹

《周礼》："方相氏狂夫四人，大丧先柩及墓入圹，以戈击四隅，驱方良。"注："方良者，魍魉也，土怪也。"方相氏，黄金四目，形状极可畏怖，傩时用以驱役鬼，此又用以驱土怪也。

周时即有挽歌

《庄子》："绋讴所生，必于斥苦。"司马彪注曰："绋，引柩索；斥疏缓，若用力也。引绋所以有讴歌者，为人有用力不齐，故促急之也。"然则挽歌者所以齐人力，犹今日筑墙棹船者之喊号，非所以助哀。若后世之《薤露歌》，则纯为哀挽矣。

汉魏时以白布缠棺

《世说》："白布缠棺竖旐旒"。
按： 今日运柩远行者，皆以红布衣棺，内绪以棉，无用白布者。兹所谓竖旐旒，盖亦运柩远行，故以旐旒为识，即铭旌也。

汉时仍以绋引枢，以墙翣饰棺

《后汉·范式传》："式因执绋而引，枢于是乃前。"《史记·栾布传》："乃置之广柳车中。"《后汉·赵咨传》："复重以墙翣之礼。"
按： 绋者，大索也。挽车用引，引枢用绋。凡棺饰总曰柳，即墙翣之属。翣柄长五尺，上衣以白布，葬时令人执之于枢车之傍，翼棺使不露。然则汉时出殡仪式，无一不与周同。

汉冢内以炭苇保护棺椁

《汉书·田延年传》："茂陵富人焦氏、贾氏，以数千万阴积贮炭苇诸下里物。"又，《魏志·文帝纪》："勿施苇炭，勿藏金银铜铁，一以瓦器。"
按： 夏用冶土，周用蜃炭，皆以御湿。至汉则加以苇，苇中空，亦能御湿。惟所谓炭，不言其名。然蜃炭至汉时，惟沿海地有之，中原已绝。盖石灰也，石灰御湿之力，与蜃炭等。惟苇炭二物皆不贵重，魏文帝至与金银并称，遗嘱不许用，则不得其解。抑兹二物在汉时亦贵重乎？

汉仍以偶车马及诸明器送葬而加以铜钱

《汉书·尹翁归传》："百姓遵用其教，卖偶车马下里伪物者，弃之市道。"师古曰："偶谓土木为之，象真车马之形。"张晏曰："下里，地下蒿里伪物也。"，又，《孔光传》《翟方进传》："赐乘舆秘器。"《张禹传》："赐东园秘器。"秘器者，即周之明器，皇室所造，较民间略工耳，故赐大臣用之。此可证上白天子，下至百姓，皆以偶物送葬，即今洛阳北邙山古墓掘出者是也。又，《张汤传》："会有人盗发孝文园瘗钱。"如淳曰："埋钱于园陵以送死。"是可见当时风俗，埋钱送葬，必百姓亦为之，若周则无是也。

汉送葬者人多至数千，虽车马亦白兼奏乐

《汉书·爰盎传》："剧孟虽博徒，然母死，送葬车千余乘。"又，《后汉·范式传》："乃见有素车白马，号哭而来。会葬者千人，咸为挥涕。"又，《郭太传》："四方之士千余人，皆来会葬。"又，《周勃传》："常为人吹箫给丧事。"

按：周时大夫之丧，只引车即三百人，加以其他送葬者，必千余人矣。是以高柴葬其妻，犯人之禾，犯，躏也。申详请庚偿之，是可证送葬者之众，有如社会，然后能将所过之禾稼，全行踏平，不然不至赔偿也。事见《檀弓》。此等遗俗，两汉犹盛。至送葬者皆素车白马，惟东汉礼盛之时如此，他则不见。吹箫乐丧，则更周所无。然其俗至今不改。今门有吊客，则吹乐致敬。又，灵柩出门临窆，皆奏乐，非俱娱宾，并礼死者，为一定仪节。

唐运灵柩仍以车，仍挽而不异及槥房形状

唐白行简《李娃传》："由是凶肆日给郑生，令执绋帷，获值以自给。无何能挽歌，曲尽其妙。初二肆之佣赁也凶器者，互争胜负，其东肆车舆皆奇丽，殆不敌，惟哀挽劣焉。其东肆长知生绝妙，乃醵钱二万索雇焉。其党者旧共较其所能者，无

能及生。"夫曰"肆"、曰"佣凶器",则唐已有杠房。曰"车舆",则唐时仍挽灵车,而非若今日之抬杠。曰"其党耆旧",则是挽灵舆、执缞帷,形若伞,又类佛幰。吹箫唱挽歌之人有专业者,遇事则凶肆召集之,无事则散,游手好闲,与凶肆二而一、一而二,一切均与今日同,惟尚未异枢耳。

古枢前有铭旌,书官爵于上

唐杜牧诗云:"粉书空换旧铭旌。"铭旌者,以帛为之,今世用红色,或金书、或墨书。兹云"粉书",则书白字于上也。书白字,则旌或红、或绿、或黄,非素帛可知。空换旧铭旌者,因李使君没后十日,授处州太守之命始到。李原池州刺史,今授新官,铭旌上换书处州太守衔称,而不及见,故曰空换。由是可证古铭旌备书死者官衔于上,于枢前执之,俾人一望而知也。今富贵之家仍用之。

汉坟之特高

《周礼·春官·冢人》注引《汉律》:"列侯坟高四丈,关内侯以下至庶人,各有差。"

按:周天子之坟高三仞。八尺曰仞,则两丈四尺也。汉仍律尺,列侯之坟过周天子矣。若天子则不曰坟,而曰山陵,诚以其高大若山也。

卷二十二　坟墓

自殷以前不封无坟不树

《礼·檀弓》："国子高曰：'葬也者，藏也，'藏也者，欲人之弗得见也。是故衣足以饰身，棺周于衣，椁周于棺，土周于椁，反壤树之哉！'"又，《荀子》："葬田不妨田。"注："言所葬之地不妨农耕也。殷以前平葬。无丘陇之识也。"又，《檀弓》："孔子既得合葬于防，曰：'吾闻之，古也墓而不坟。'"注："言殷时不坟也。"由是证之，自殷以前，葬皆不起坟，今辄有殷以前名人墓者，不足据也。

周贵人有公葬地，不家自为墓

《周礼》："冢人掌公墓之地，辨其兆域而为之图。先王之葬居中，以昭穆为左右；凡诸侯居左右以前，谓畿内诸侯。卿大夫、士居后，各以其族。凡死于兵者，不入兆域；凡有功者居前。"

按： 此所掌为天子及公卿大夫之墓地。王居中，诸侯居左右，卿大夫居王墓后。可见古有爵者亦有公葬地，虽天子亦与卿大夫同兆域，不似后人之家有墓地。昭穆者，父子也。父为昭，子为穆；

昭列左，穆列右。

周庶民有公葬地，有墓官掌之，不许异地

《周礼》："墓大夫掌凡邦墓之地域，为之图，令国民族葬，而掌其禁令，正其位，掌其度数，使皆有私地域。凡争墓地者，听其狱讼，帅其属而巡墓厉，居其中之室以守之。"注："属者，茔限遮列处，居中者官寺署也在其中。"

按：古者民无私田，年二十，授井田百亩，六十归田，故无葬地。公家为择一公葬地，使民丛葬其处；而公葬之中，复有各族私域，画分遮列。《王制》云："墓地不请。"诚以墓地为公家所给，不得请求馀地，有所检择也。

周始为坟，坟高有制，若庶人则不得起坟

《周礼·冢人》疏引《春秋纬》云："天子坟高三仞，诸侯半之，大夫八尺，士四尺，庶人无坟。"又，《檀弓》云："庶人县封，葬不为雨止，不封起坟不树。"

按：八尺曰仞，三仞两丈四，周律尺合今营造尺八寸二分，然则周天子坟合今二丈尚微弱。至汉，诸侯尚高四丈，天子则益高。若士只四尺，虽今庶民尚过之，盖时益后则益侈。然观《檀弓》："孔子既得合葬于防，曰：'今丘也，东西南北之人也，不可以弗识也，封之，崇四尺。'"正与周制合。又，吴季札葬其子，封高可隐。季札，大夫，正与周制八尺合。是纬书可据也。

周墓树之等差

《周礼·冢人》疏引《春秋纬》曰："天子树以松，诸侯树以柏，大夫树以药草，士树以槐，庶人树以杨柳。"据此，是庶人许树也；

而《檀弓》云"庶人不封不树"，则不许也。又，《左传》伍子胥曰："树吾墓槚，槚可材也，吴其亡乎！"是卿大夫之所树，不定依周制，疑庶人亦许树也。

周墓形状种种之不同

今坟概作圆形，古则异是。《礼·檀弓》："孔子之丧，有自燕来观者。子夏曰：'夫子言之曰："吾见封之若堂者矣，见若坊者矣，见若覆夏屋者矣，见若斧者矣，从若斧者焉，马鬣封之谓也。"'"

按：马鬣，注疏无确诂。愚按文义"从若斧者焉，马鬣封之谓也"，是马鬣即斧形为一式；马鬣者，马领上之毛向上直竖，与斧形相类，盖即筑坟头使形锐而长，与斧相似。子夏恐人不解，更以马鬣释之。"马鬣封"盖俗语，若曰斧形者，即俗所谓"马鬣封"也。

周已祭墓

《周礼·冢人》："凡祭墓为尸。"《孟子》："蚤起，施从良人之所之，遍国中无与立谈者，卒之东郭墦冢间之祭者，乞其余，不足，又顾而之他。"由是证之，周贵人祭庙时多，祭墓时少。非不祭也，祭庙必以其子孙为尸，祭墓则外人可为尸，是祭墓礼轻于祭庙也。若庶人则无庙可祭，尤须祭墓。墓者先人体魄所寄托，神主则人为。以人为之神主，与体魄比，孰为亲切乎？故有庙者亦不忘祭墓，良心之所不能已也。先儒必谓周人轻墓者，亦不然也。

周以来之重墓哭墓

《左传·僖二十八年》："晋侯围曹，门焉多死。曹人尸诸城上，晋侯患之；听舆人之谋曰：'称舍于墓。'师迁焉，曹人凶惧。"是居其墓上，并未掘墓也，而惧若是。又，《曲礼》："适墓不登陇，坟也。为宫室不斩丘木。"是墓树尚爱之，见墓则敬也。又，《檀弓》："颜渊曰：'吾闻之：去国则哭于墓而后行，反国不哭，展墓而后入。'"是出入皆告墓而后为也。又，"孔子过泰山侧，有妇人哭于墓者而哀。"《淮南子》："譬若遗腹子之上陇，以礼哭泣之，而无所归心。"言不识父面。是有事则哭墓，寻常展墓亦哭也。是皆古人重墓之确证也。

古侯王墓内陈设精美及其宽广状况

《西京杂记》："广川王去疾，好聚无赖少年，发掘国内冢墓，述古墓内形状甚悉。"

"魏襄王冢皆以文石为椁，高八尺许，广狭容四十人，中有石床石屏风，不见棺柩、明器踪迹，但床上有玉唾壶一枚、铜剑二枚，金玉杂具皆如新物。"

按：魏襄王即《孟子》内之梁襄王也，惠王之子，而广川王乃景帝孙。其掘墓当在武帝时，计自襄王至武帝时不过二百年，故墓内器物尚如新也。

"魏哀王冢，以铁灌其上，穿凿三日乃开。有黄气如雾，触人鼻目，七日乃歇。初至一户无扃钥，方床方四尺，床上有石几，左右各三石人立侍，皆武冠带剑。复入户，石扉有关钥，叩开见棺柩，黑光照人，刀斫不入，烧锯截之，乃漆杂兕凹角为棺，厚数十寸，累积十余重，力不能开，乃止。复入户，亦石扉关钥，得石床方七尺，石屏风、铜帐钩一具，或在床上，或在床下，或在地下，似是帐糜朽而铜钩坠落。床上石枕一，尘埃胐胐甚高，似是衣服。床左右石妇人各二十，悉皆立侍，或有执巾栉镜镊之象、或有执盘捧食之形，无余异物，但有铁镜数百枚。"

按： 石人而能刻出执镜镊巾栉之象，古雕工之精细可想；而以咒角杂漆为棺，虽刀锯不能开，此等艺术亦后世所无，惜今皆不存耳。

"幽王冢甚高壮，羡门既开，皆是石垩，拨除丈余深，乃得云母深尺余，见百余尸纵横相枕藉，殉者。皆不朽。惟一男子，余皆女子。或坐或卧，衣服颜色，不异生人。"

按： 羡者，墓道也，《史记·卫世家》"共伯入釐侯羡自杀"者是也。羡门者，墓道之门也。石垩者即《周礼》与《左传》所谓蜃炭也。烧蜃为炭，借以御湿，而厚至丈余，故殉葬之尸虽僵而不腐，衣服颜色历数百年不变，以蜃炭遮护空气不能入故也。古人葬术之精如此。

"晋灵公冢甚瑰壮，四角皆以石为玃犬捧烛，石人男女四十余，皆立侍。棺器无复形兆，尸犹不烂，孔窍中皆有金玉，其余器物皆朽烂不可别。"

按： 棺椁器皿，坚于人身矣，然皆腐朽，而尸独不朽，只孔窍塞金玉，似不能保全身不坏，疑别有善法。又，棺椁皆朽烂不存者，以无蜃炭御湿故也。

又按： 周幽王魏无幽王为犬戎所杀，甫经大乱，百姓疮痍未复，而其葬至用蜃炭厚丈余，云母石至尺余，且杀殉百余人，墓宫宏侈若是。晋灵公为赵穿所杀，葬疑率矣，而石人一项，至有四十余，他明器想称是也，以是见古贵人之奢侈，非后人所能梦想。而石人雕刻之精工，及漆棺之坚固，其工艺亦突过后人也。

秦始皇墓内状况

贾山《至言》云："秦始皇死，葬乎骊山，采金石，冶铜锢其内，漆涂其外，中成观游，上成山林。"又，刘向《谏起昌陵疏》云："秦始皇葬于骊山之阿，下锢三泉，上崇山坟，高五十余丈，石椁为游馆，人膏为灯烛，水银为江海，黄金为凫雁。棺椁之丽，宫观之盛，不可胜原。"是墓内有池沼、有游馆，池沼以水银为水，水内复作为凫雁，统古今帝王葬埋之侈，盖无过始皇者矣！然未十年即为项羽发掘也。

汉士夫坟上起祠堂

自周以来，士大夫有宗祠祭先，虽天子无在墓上建祠堂者。自叔孙通说汉惠帝为高祖立原庙，久之卿士大夫亦在墓上为祠堂。《霍光传》："其后光妻显，改光所自造茔制而侈大之，筑神道，盛饰祠堂。"又，《龚胜传》："敕子孙勿随俗动吾冢，种柏作祠堂。"《张禹传》："禹年老自治冢茔作祠室。"《原涉传》："令先人俭约，非孝也。乃大治起冢舍，周阁重门。"《盐铁论》："今富者积土成山，列树成林，台榭连阁，中者祠堂屏阁阙罘罳。"是西汉时冢上起祠成为风俗，只富即为之，不必贵人。且于祠堂之外，筑高阙，阙之隅，筑罘罳，以壮观瞻。此等情况，在今日只明清皇陵有之，皇陵外亲王冢，间有之，余虽卿相不如是也。然则古人之奢侈，胜今多矣。

晋人已迷信坟墓风水

《世说新语》："人有相羊祜父墓，后应出受命君。祜恶其言，遂掘断墓后，以坏其势。相者立视之曰：'犹应出折臂三公。'俄而祜坠马折臂，位果至公。"又，"晋明帝解占冢宅，闻郭璞为人葬，帝微服往看。因问主人：'何以葬龙角？此法当灭族！'主人曰：'郭云："此葬龙耳，不出三年，当致天子。"'

帝问：'为是出天子邪？'答曰：'非出天子，能致天子问耳？'"

按： 相墓之法，盖自古有之。《诗》曰："相其阴阳，观其流泉。"卜宅如是，卜墓亦如是。而其书皆佚，至晋郭璞著有《青囊经》，是为相墓最古之书。今尚存。

汉时墓上已有石马

《西京杂记》："陈缟入终南山采薪还，晚趋舍，至张丞相墓前石马，以为鹿也，以斧挝之。"

按： 后世墓上有石人石马石羊以为陈列，兹只云石马，想不止此一物也。

古盗墓状况

《吕览》高诱注云："有人自关中来者，为言奸人掘墓。率于古贵人冢旁，相距数百步外为屋以居，即于屋中穿地道以达葬所。从其外观之，未见有发掘之形也，而藏已空矣。"

按： 今北平贵人墓无一不被掘者，棺内宝玉，葬后数月必出墓，而盗取之法与此尽同。此道行之可谓久矣！

西汉始有墓志埋铭，后则墓上亦有碑

葬者，藏也。故自古无志墓者，有之自西汉始。《西京杂记》："杜子夏杜邺临终，自作文。及死，命刊石埋于墓侧，墓前种松柏五株。"

按： 此实埋铭之始。后之墓志皆埋于地下者也。若墓碑、若墓表、若墓碣，则树于墓上；若神道碑，则树于墓门者也。

卷二十三　坐席 床榻椅子附

周坐席状况

　　古器用不备，皆坐于地上，而藉以席。《周礼·春官》："司几筵，下士二人。"注："筵亦席也。铺陈曰筵，藉之曰席。"筵铺于下，席铺于上，所以为位也。

　　按：筵大于席，盖铺地上，使无隙地以为洁；筵之上再铺以席，而人坐之也，故古人入室即脱履。

一席容四人

　　《礼·曲礼》："群居五人则长者必异席。"注："席以四人为节。"疏："古者地敷横席而容四人，四人则推长者居席端。若有五人会，应一人别席，因推长者一人于异席也。"是席以坐四人为度，故《曲礼》又云："并坐不横肱。"横肱则妨他人，此亦一席坐数人之证也。

若有丧则可专席

《曲礼》:"有丧者专席而坐。"

按: 有丧则身着凶服,衣凶服与人共席,恐人嫌,故专席。

坐席规矩

《曲礼》:"侍坐于所尊,敬毋余席。"注:"必尽其所近尊者之端,为有后来者。"疏:"所以然者,欲得亲近先生,备顾问,似若扶持然;且使下端有空处,俾后者得坐。"是不余席有二义:一近先生,问业便,奉侍便;一尽席则下端有余,便后来者空也。又,《玉藻》:"读书、食则齐。豆,去席尺。"注:"读书声当闻尊者,食必为污席也。"故坐与席齐。豆去席尺者,亦恐污席也。

登席礼节

《礼·玉藻》:"登席不由前,为躐席。徒坐不尽席尺。"注:升席必由下,由前则躐席。徒坐者,谓饮食非讲问时,故不尽席。

跪坐容态之同异

古之坐,自膝以下向后屈,而以尻坐于足上。《曲礼》"坐左足则着右,坐右足则着左"是其证。故《仪礼·士相见》云:"坐则视膝。"夫必以尻坐于足上,身向后而膝向前,而后能视膝。《史记·索隐》云:"古人跪坐。"由《仪礼》"视膝"之言证之。跪与坐相近而微不同。《释名》:"跪者,危也。两膝隐地,势危倪也。"《正字通》:"伸腰及股而势危者为跪。"因跪而益致其恭,然则跪者两膝屈而身股直竖,胡能视膝乎?但后世皆曰古跪坐,义虽不同，亦不能改也。

若两脚向前则为箕踞，不恭

《韩诗外传》："孟子妻独居，踞。孟子入室视之，白其母曰：'妇无礼。'"《汉书·张耳传》："高祖箕踞骂詈。"《陆贾传》："佗魋结箕踞见贾。"师古曰："箕踞，谓伸其两脚而坐，形似箕。"正今日平坐之式也。

故古之跪礼并不重，略示敬于人

在今日而言跪，其礼甚重，古则坐时略示敬于人耳。《史记·范睢传》："秦王跽跪也而请曰。"《枚乘传》："长君跪曰：'幸甚！'"是皆坐时身略竖起致敬于人。故以秦王之尊，亦行之于臣下也。

古因下衣不全、屈身之事皆跪行之，以防露体

古者下衣不全，故时时防露体，曾于《身服部》详之矣。箕踞或露下体，故不论男女，以为大不敬。屈膝坐则永无露体之嫌。不惟此也，凡俯身之动作，屈身之动作，无不跪为之。《史记·张释之传》："跪为王生结袜。"《张良传》："跪为老人纳履。"夫结袜纳履，足可蹲地为之；而不尔者，以蹲则两股开张，有暴下体之势，故必坐为之。跪者，坐而竖身也。

周宾主席向

《左传·昭二十五年》："叔孙婼聘于宋，宴饮酒乐，宋公使昭子右坐。"注云："改礼坐。"疏：《燕礼》云："司官筵

宾于户西，东上；小臣设公席于阼阶上，西向。是礼坐公西向、宾南向也。"云云。

按：周时宾升自西阶，主升自阼阶，其揖让皆宾东向、主西向。又，《史记》郭隗谓燕昭王曰："今王将东向坐，目指气使以求臣，则厮役之人至。"是周时以东向为尊也。

汉仍坐席，仍一席坐数人

《汉书·贾谊传》："文帝与语，不自知膝之前于席。"是皇帝亦席地坐。《隽不疑传》："登堂坐定，不疑据地曰。"惟席地，故坐可据地。《史记·田叔列传》："卫将军从此两人过平阳主，主家令两人与骑奴同席而食，此二子拔刀断席别坐。"《世说》："管宁与华歆共席读书，有乘轩过门者，歆废书出看。宁割席分坐曰：'子非吾友也！'"是自西汉初迄东汉末，仍共席坐也。

汉坐席以东向为尊

《史记·淮阴侯传》："得广武君令东向坐，而己西向事之。"《武安侯传》："尝召客饮，坐其兄南向，自坐东向。以为汉相尊，不可以兄故私桡。"是东向尊于南向。《南越传》："使者皆东向，太后南向，王北向。"《盖宽饶传》："从西阶上，东向特坐。"《楼护传》："坐者百数，皆离席伏，护独东向正坐。"是客皆以东向为尊。《后汉·邓禹传》："进见，东向，甚见尊宠。"《桓荣传》："乘舆常幸太常府，令荣坐，东面设几杖，会百官。"是天子特以东面尊元老也。

汉宴饮食时坐席之礼节

《史记·魏其传》："饮酒酣，武安起为寿，坐皆避席伏。已，魏其起为寿，独故人避席耳，馀半膝席。灌夫不悦，起，行酒至武安。武安膝席曰：'不能满觞。'"

按： 避席者，下席也，示不敢当，离席而伏于地也。膝席者，言方坐而示敬于人，两股竖起，因而两膝着席，故曰"膝席"。即跪也。若坐，则两膝向前不着席也。苏林谓下席而膝半在席上者，误也。《仪礼》："坐则视膝。"为古坐足确证。

又按： 谢罪者皆避席。《吴志·张昭传》："昭避席谢。"《后汉·皇甫嵩传》："坐者感动，皆离席请之。"离席者，仍避席下席也。

古有忧，则不正席坐以见意

《汉书·原涉传》："闻友人丧，侧席而坐。"谷永《讼陈汤疏》曰："臣闻楚有子玉得臣，文公为之侧席。"《万石君传》："子孙有过失，不诮让，为便坐。"师古曰："便坐于便侧之处，非正室也。"

按： 此即侧席也。

古席甚薄，一人可坐五十重

《后汉·戴凭传》："光武诏公卿大会，说经。群臣皆就席，凭独立。光武问其意。凭对曰：'博士说经皆不如臣，而坐居臣上，是以不得就席。'""正旦朝贺，百僚毕会，帝令群臣能说经者更相难诘，义有不通，辄夺其席以益通者，凭遂重坐五十余席。"可证古坐席薄甚，不然五十重席，高不能坐矣。

后汉兼坐床，然仍跪坐

《向栩传》："常于灶北坐板床上，如是积久，板乃有膝踝足趾之处。"又，《魏志·管宁传》："宁常坐一木榻上，积五十年，未尝箕踞，榻上当膝处皆穿。"夫必跪坐，床上积久，乃有膝踝足趾之痕。若如今日之垂腿坐，则无是矣。

按：魏晋时虽有袜而仍多赤足，前于《足服部》述之详矣。兹又于上二事证之，膝虽隔裤，用力重尚可日久有痕；若足趾隔袜，虽日久于木上亦不能有迹。兹竟有趾痕者，以古人常赤足也。

东汉坐床者虽多，然床上尚无茵席

东汉坐床者，记载不可胜数，然床上无铺藉。盖古人席地坐，而席又薄，其苦可知，乍得床以为甚适，故无藉也。《后汉·袁术传》："六月，坐箦床而叹。"注："箦，笫也，谓无茵席也。"夫以术之僭侈，尚无茵席，他更可知。彼向栩、管宁床上之有膝踝痕者，亦无席之证也。

魏晋时皆坐床榻不席地，而有独榻坐、连榻坐之分

《蜀志·简雍传》："简性傲，独擅一榻坐。"《世说》："杜预拜镇南将军，朝士悉至，皆在连榻坐。时亦有裴叔则。羊稚舒后至，曰：'杜元凯乃复连榻坐客！'不坐便去。"按《玉篇》："榻者，床之狭而长者也。"人多则连坐一榻，势使然也。又，《世说》："谢公领中书监，王东亭有事应同上省，王后至，坐促，王、谢虽不通，太傅犹敛膝容之。"

按：连榻而跪坐，拥挤堪虞，故裴羊不悦；谢公能敛膝容王，称盛德也。

晋时不席地之证

《世说》："裴遐在周馥所，馥设主人。遐与人围棋，馥司马行酒。遐正戏，不时为饮。司马恚，因曳遐坠地。遐还坐，举止如常。"又："支道林还东，时贤并送于征虏亭。蔡子叔前至，坐近林公。谢万石后来，坐小远。蔡暂起，谢移就其处。蔡还，见谢在焉，因合褥举谢掷地。"是皆不言坐床，而实不席地。如席地则不言坠地、掷地矣。于是数千年之席地制至是遂改革无余，此亦起居史上之一大纪念也。

魏晋床上始铺簟褥及草

《魏书·焦先传》："自作一瓜牛庐，营木为床，布草蓐其上。"《世说》："王恭从会稽还，王大看之。见其坐六尺簟，因语恭：'卿东来，故应有此物，可以一领及我。'恭无言。大去后，即举所坐者送之。既无余席，便坐荐上。"又："陶侃母因家贫，剉诸荐以为马草。"是皆于床上藉以草蓐，其富者于草蓐之上，再加以簟，以为洁清，视汉人之坐必亲床者，进矣。

若今日之坐，古人皆曰据

箕踞者，席地坐足伸向前也。据者，垂腿坐榻上也。《汉书》："帝据厕见大将军。"《世说新语》："庾公夜登黄鹤楼，僚属皆散。庾公徐曰：'老子于此处兴复不浅。'因便据胡床与诸人咏谑。"又，"谢万诣王恬，良久，乃沐头散发而出，亦不坐，仍据胡床，在中庭晒头。"又，"陆机赴假还洛，辎重甚盛。戴渊使少年掠劫，渊在岸上，据胡床指挥。"又，"王子猷中途求桓子野奏笛，子野便回下车，据胡床，为作三调。"

按： 厕者遗器，即今日之马桶。胡床者，两横木相交，中连以绳，可合可张，便于行旅。此二物皆不能跪坐，故据之。据者，垂腿向前，即今之坐也。又，张说《虬髯客传》："司空杨素骄贵，凡公卿上谒，皆踞床而见。卫公李靖献奇策，素亦踞见。"踞床即垂脚坐床，与据同。

若今日之着鞋垂脚坐，始见于梁侯景

《南史·侯景传》："床上常设胡床及筌蹄，着靴，垂脚坐。"
按： 古人虽坐床，亦脱履。侯景着靴，不合一也；垂脚坐床，不合二也。史书之所以纪异。此亦据也，正今日之坐式。

然至唐坐床仍跪坐，不垂脚

唐人《灵应传》："遂升阶相见，登榻而坐。"又，《李泌外传》："泌方寝，肃宗入院，不令人惊之，登床捧泌首置于膝。"夫既曰登榻登床，则不垂脚可知，如垂脚则不登矣。登则跪坐也，故古有榻登以为级。

榻登

自汉魏迄唐，皆坐床榻，席地者渐少。然古人跪坐，必先登床而后能坐。惟床高二尺，登颇不易，则有榻登以为阶梯。《释名》云："榻登，施大床之前，小榻之上，所以登床也。"

胡床考

自汉末有胡床，《集异记》："汉灵帝好胡床、胡坐即今坐式是也。"胡床，今名马架，亦名麻榨。因以麻绳连缀木上，可合可

张，取携最便，故出门者恒携之。庾公登黄鹤楼据胡床；戴渊在岸上据胡床指挥；桓子野据胡床，作三弄；王恬出不坐，仍据胡床，皆见前章。又，《南齐书·刘宪传》："游诸故人，惟一门生持胡床随后。"《南唐书·刘仁瞻传》："世宗在城下，据胡床督攻城。"盖胡床中缀一绳，用则张之，不用则合，或佩于鞍马，或挂于车辕，且可挂于壁。李商隐为濮阳公《陈情表》云"黄犊留官，胡床挂壁"是其证。故或疑胡床为矮凳者，非也。矮凳如何能挂乎？惟此物在宋以前只能据，而不能坐，故古无曰坐胡床者。

卓子考

卓子之名，始见于杨亿《谈苑》，《谈苑》云："成平、景德中，主家造檀香倚卓，言卓然而高可倚也。"《五灯会元·张九成传》："公推翻桌子。"观《谈苑》记其名兼释其义，可见宋以前无此物，为主家所新创也，故其字《谈苑》从"卓"，《五灯会元》作"桌"。《五灯会元》为南宋沙门济川作，用卓既久，遂以意造为桌字。

椅子考

此名亦见于宋初《默记》云："徐铉谒李煜，久之，老卒取椅子相对。铉止之曰：'但正衙一椅足矣！'"又，《老学庵笔记》："高宗在徽宗服中，用白木椅子。钱大主入觐，见之曰：'是檀香椅子耶？'"其在宋初，惟皇后得坐金漆椅。《宋史·后妃传》："刘贵妃与孟后朝太后。孟后坐金漆椅，妃亦设此椅。左右不服，乃呼太后出矣。妃起立，暗撤之，妃再坐而仆。"是其证。

兀子考

此物亦至宋始见。《宋史·丁谓传》云："谓已罢相知郓州，私自夤缘，复许留京。次日早朝赐坐，左右为设墩，谓曰：'有旨复平章矣。'乃更以兀子进。"是在宋初，非宰相不能坐兀子，相以下则僭，其贵若此。

以上三物，定其兴于宋初，又有一证。《闻见录》："宋太祖雪夜叩赵普门，设重茵地上，炽炭烧肉。"是可证桌椅等物，在宋初虽赵普家尚无有，故席地坐也。

桌、椅、兀至南宋遂大兴

《老学庵笔记》："往时士大夫家妇女坐椅子、兀子，则人皆笑其无法度。"是可证至放翁时，虽妇女已坐椅子、兀子，与今日等也。盖在宋初，物以创始而见贵，至南宋又百余年，虽士庶之家无不有也。又，放翁之所谓"坐仍据也"，可见南宋时，不跪坐已久，虽以放翁之博雅，亦从俗以据为坐，与今日同，即《宋史》所谓"坐，亦皆据"也。

盖席地之风，历三代两汉，至晋而更。跪坐之容，历三代两汉以讫于唐，约数千年，至宋而革。迄于今，惟日本、高丽仍席地跪坐，合中国无有也。且高座既兴，高几、高案亦相因以起。凡读书习字诸动作，亦相因以变更。曩侯景垂脚坐床，群以为异，史官特笔书之者，后无不如此，此中国起居史上之一大革命，而载籍无详者，岂不异哉！

几案考

古所谓几，矮甚。《考工记》所谓"室中度以几"。《书·顾命》："玉几。"《庄子》："隐几而卧。"皆为席地时凭抚之器，且多用于老人，故几与杖桓连称。《诗·大雅》"或授之几"，《后汉·桓荣传》"东面设几杖"是其证。至于书案，曹操曾表进。然古时跪坐，与几皆为矮器。自宋时高坐兴，于是几案亦相随以高大，如今式。

卷二十四　拜跪

古拜，屈膝头与腰平

拜与揖异，揖可立为，拜必屈膝。《世说》："公既救出梅赜，赜见陶公，拜，陶公止之。赜曰：'梅仲真膝，明日岂可复屈耶！'"是拜必屈膝之证也。然虽跪地而首不至地。《荀子》："平衡曰拜。"注："平衡谓磬折，头与腰如衡之平。"是跪地后，身磬折，使头与腰相平如衡，即古拜式也。

拜后稽首、顿首礼节轻重之区分

拜式既明，然后可究其轻重礼节。《周礼·春官》："大祝辨九拜：一曰稽首，二曰顿首，三曰空首，四曰振动，五曰吉拜，六曰凶拜，七曰奇拜，八曰褒拜，九曰肃拜，以享佑祭祀。"

稽首之真象

按：稽首者，注云："拜头至地也。"盖既拜而头俯至地，稍迟而后起，敬之至也。《左传·哀十七年》："公会齐侯盟于蒙，孟武伯相。齐侯稽首，公拜。齐人怒。武伯曰：'非天子，寡人无所稽首。'"又，《左传》："孟献子相鲁，如晋。公稽首。知武子曰：'天子在而君辱稽首，寡君惧矣！'"是必拜天子而后稽首，为拜礼之至重者。

又按：《荀子》云："下衡曰稽首，至地曰稽颡。"是稽首头不至地，但下衡而已，与郑注异。然礼莫重于拜天子，天子而不至地，更何事可至地乎？郑故不从之。

顿首之真象

顿首者，郑注云："拜头叩地也。"即叩首也。盖稽首者，俯首至地，稍住而起。顿首则以首叩地，一叩即起也。疏云："敌者顿首。"然则顿首之礼，轻于稽首，故列稽首之次。段玉裁谓《周礼》之顿首，即他经之"稽颡"，误也。稽颡者，头触地，无容，甚迫急。顿首则以首叩地，而有容，甚从容。故疏云："敌者用之。"又，稽颡纯为凶礼。

空首之真象

空首者，注云："拜头至手，所谓拜手也。"疏云："君答臣下空手，所谓拜手。一拜答臣子，再拜答神与尸。"观疏意，空首者，即拜也。拜不至地，至手而止，即《荀子》所谓"平衡"也。又，《公羊传》："赵盾北面再拜。"何休云"头至手曰拜手"是也。

吉拜之真象

吉拜者，注云："拜而后稽颡。"

按：寻常拜礼无稽颡者，惟遭丧有之。《仪礼·士丧礼》："主人哭，拜稽颡。"注云："头触地，无容。"又，《檀弓》："孔子曰：'拜而后稽颡，颓乎其顺也；稽颡而后拜，颀乎其至也。三年之丧，吾从其至者。'"是稽颡者，仓皇哀泣，见人即以头触地，而无容节，纯为丧礼，非吉礼。郑以稽颡释吉拜，殊不可解。盖拜而后稽颡者，见人先拜，竖身再俯而稽颡也。稽颡而后拜者，见人先以头抢地，然后再从容拜也。由孔子之言观之，皆处丧之礼。故吾疑吉拜者，乃从容之义，对上文振动而言，不稽颡也。振动拜即恐惧而拜，无别义，故不详也。

凶拜之真象

凶拜者，注云："稽颡而后拜，谓三年服者。"

愚按：降臣俘虏见于纪传者，亦往往稽颡，不专亲丧，故经曰凶拜。凶拜之所包者广也，郑注仍非也。

奇拜、褒拜之真象

奇拜者，注云："先屈一膝，今雅拜是也。"褒拜者，注云："再拜。"

按：汉之雅拜，疏不言其义，其状不明。清时见面一屈膝行问安礼，即古之打跧，与注所谓先屈一膝者相类。再拜者即再起再俯，惟首不至地，至地则叩首矣。

肃拜即揖之真象

肃拜者，疏云："但俯下手，今时揖是也。"疏："肃拜但俯下手，惟军中有此，所谓介胄不拜也。"

按：《曲礼》："介者不拜，为其拜而蓌音挫拜。"注："蓌拜则失容。"又，《左传·成十六年》：晋楚战于鄢陵，"楚子使工尹襄问之以弓，郤至见客，免胄承命，曰：'以君之灵，间蒙甲胄，不敢拜命。为事之故，敢肃使者。'三肃使者而退。"注云："肃使者，肃手至地，若今揖。"《释文》云："揖，擪也。"许慎云："揖，举首下手也。"由是证之，古之揖与今异；今揖上手至额，自下而上。古揖则下手至地，自上而下。古之揖，今戏剧所行者是也。

古男女拜之异

《礼·内则》："凡男拜，尚左手。凡女拜，尚右手。"

按： 尚者，上也。今拜则两手相对。古拜则两手相交，男尚左，女尚右。段玉裁云："凡沓合也手，右手在内，左手在外，是谓尚左手，男拜如是，男之吉拜如是，丧拜反是。左手在内，右手在外，是谓尚右手，女拜如是，女之吉拜如是，丧拜反是。《丧服记》：'袪尺二寸。'注：'袪，袖口也。尺二寸，足以容中人之并两手也。'"

按： 段说非也。如以手内外分男女，则当曰前、曰外，不当曰尚。《尚书序》："尚，上也。"《诗·卫风》："上慎旃哉！"注："上，尚也。"又，《论语》："好仁者无以尚之。"注："尚，加也。"既曰尚左、尚右，则以此手加于彼手之上也。

古小官见大官必拜

《汉书·汲黯传》："黯见蚡，未尝拜，田蚡为丞相。揖之。"又，"'自天子欲令群臣下大将军，大将军尊贵，诚重，君不可以不拜。'黯曰：'夫以大将军有揖客，反不重耶？'"是西汉群臣，每见丞相见大将军必拜也。又，《晋书·王祥传》："及武帝为晋王，祥与荀𫖮往谒。𫖮谓祥曰：'相王尊重，今见便当拜也。'祥曰：'相国魏之宰相，吾等魏之三公，相去一阶耳。'

及入,颛遂拜而祥独长揖。"是晋时官爵差一阶,见则亦拜也。

古拜谒须称名

《后汉·周党传》:"及光武引见,党伏而不谒。"注:谒,请也,告也。党应伏地告某谒。

按: 伏地告某谒者,当伏地时,应告臣某谒见也。伏而不谒者,只伏地下拜,而不称名,违常例也。

南北朝送迎宾客捧手与揖之状况

《颜氏家训》:"南人宾至不迎,相见捧手而不揖,送客下席而已;北人迎送并至门,相见则揖,皆古之道也。"

按: 捧手者,拱手,立而不俯;揖则下手至地,虽立而身磬折也。

古朋友幼者见长者必拜

《世说》:"宗承以忤魏武见疏,位不配德。文帝兄弟每造其门,皆独拜床下。"又,《蜀志·庞统传》注引《襄阳记》曰:"庞德公,襄阳人。孔明每至其家,独拜床下,德公初不令止。司马德操尝造德公,值其渡沔,上祀先人墓,德操直入其室,呼德公妻子,使速作黍。其妻子皆罗列拜于堂下。"

按: 独拜者,主人不答拜也。不令止者,每见必拜,不止之也。德操既令德公妻子作黍,是德公妻子与德操非初见也。而亦必罗拜者,汉时宾客,见面则拜,俗使然也。

唐朋友仍见面则拜

张说《虬髯客传》:"红拂第长,虬髯行三,虬髯呼为一妹。

张氏呼李郎来见三兄，公骤拜之。"是虽于逆旅遇友亦拜也。又，《人虎传》："文豪李徵既化为虎，路遇同年进士御史袁傪。傪闻草间哭声，视之乃虎，而能言。傪既知其为徵，乃曰：'傪素以兄事故人，愿展拜礼。'乃再拜。虎以妻子为托，叙谈甚久，告别。傪乃再拜上马。"是于路上对故人而事以兄礼，亦再拜也。他若韩愈《马少监墓志》云："愈以故人子，拜北平王于马前。"白行简《李娃传》："郑生见娃母，跪拜致词。"是皆以后辈见前辈而拜，后世或有之，不足以见当时之特俗也。

唐时虽男女相乱，初见亦拜

《虬髯客传》："公归逆旅。其夜五更初，忽闻叩门而声低者。公起问焉，乃紫衣带帽人杖一囊，曰：'妾杨家之红拂女也。'公遽延入，脱去衣帽，乃十八九佳丽人也。素面青衣而拜，公惊答拜。"是虽文君之私奔相如，初见亦拜。又，皇甫枚《非烟传》："象乃跻梯而登，烟已令重榻于下。既下，见烟盛服立于花下。拜讫，俱喜极不能言。"是男女星夜幽会亦拜。夫黑夜私奔，逾墙幽会，淫亵极矣！而相见必拜，其他可知。

至宋虽后辈见前辈不尽拜矣

《老学庵笔记》："前辈遇通家子弟，初见请纳拜者。既受之，则设席望其家遥拜其父祖，乃就坐。先君尚行之。"观放翁之言，初见请纳拜者，可见不请者多矣。即请拜，有受有不受者。如受之，则须遥拜其父祖以为答。若唐以前则见无不拜，拜无不受，不必请纳拜也。盖拜跪之礼，至宋一变，与坐席同。

所以然者，古席地坐，置身低下，故视拜跪为甚轻。至宋则人擅一椅，不惟席地之礼废，即床上跪坐之礼亦废。置身日高，高则下就难，故视拜跪为甚重。拜跪与坐席，其始也相因以俱兴，其末也相因以俱变。沿革变迁，有不期然而然者，虽大贤大哲，亦不能与风会反也。

唐宋见天子既拜而舞

《明皇杂录》："玄宗既平内难，将欲草制书，甚难其人。顾谓苏瑰曰：'谁可为诏？试为思之。'对曰：'臣男甚敏捷，然嗜酒，幸免酷醉，足了其事。'遽命召来。时宿醒犹未解，粗备拜舞。"又，"玄宗召李白，时宁王邀饮已醉，拜舞颓然。"又，"有黄门奉使交广归，拜舞于殿下，至宋犹然。"《老学庵笔记》："先君言旧制朝参，拜舞而已，后增以喏。"

按：拜舞者，盖既起而舞，以示欢欣舞蹈之义。今戏剧天子升殿，群臣拜起辄扬臂举足，掀袍作势回旋者是也。喏者，唐代有之，朝贺则无。今戏剧拜起而长声唱者是也。明皇之召苏瑰、李白，皆一人燕见，虽拜舞而兴趣索然。若大朝之时，百官拜起，扬袂举足，回旋殿廷，真盛事也。

卷二十五　讼狱

古欲讼，先以财物为抵，然民事与刑事不同

《周礼·秋官》："以两造禁民讼，入束矢于朝，然后听之。"注："束矢者，百矢。《诗》曰：'其直如矢。'不入束矢。是自服其不直也。"疏云："不实则没入官。"

又，"以两剂禁民狱，入钧金三日，乃致于朝，然后听之。"注："狱谓相告以罪名者。剂，今券书也。"疏："券书，谓狱讼之要辞。三十斤曰钧。"

按：讼者，盖今所谓民事；狱者，今所谓刑事也。讼轻，故入束矢，狱重，故入钧金。然贫者胡以堪哉！

古讼两造皆坐而无席

《左传·襄十年》："王叔之宰与伯舆之大夫瑕禽，坐狱于王庭。"注："坐狱者，坐讼也。"故《晏子春秋》云："晏子曰：'狱讼不席。'"又，"婴闻讼夫坐地，今婴将与君讼，敢不坐地乎？"是古讼狱者皆坐地之证也。

古命夫命妇不躬坐狱讼

《周礼·秋官》："凡命夫命妇，不躬坐狱讼。"注："使其属与子弟代之也。"

按：清时命夫命妇狱讼有报告。今则无论何人，皆可遣人代讼，且可聘律师代也。

古立肺石以达民隐

《周礼·秋官》："以肺石达穷民。凡远近茕独老幼之欲有复于上，而其长弗达者，立于肺石。三日，士听其词，以告于王而罪其长。"注："肺石，赤石也。穷民，天民之穷而无告者。"立肺石三日，言赤心不妄告也。

按：肺者，肺腑也。有欲达其肺腑之意者，立此所以示也。肺石至六朝仍有。《封氏闻见记》云："梁武帝诏于谤木、肺石旁，各置一函。"是其证。

讼不决，则使两造盟于社，而使其乡党供酒牲以惧之

《周礼·秋官·司盟》："有狱讼者，则使之盟诅。凡盟诅，各以其地域之众庶，共其牲而致焉。既盟，则为司盟共祈酒脯。"注："不信言理屈而诈者则不敢听此盟诅，所以省狱讼。"

按：此法有数善：万民狱讼，无佐证可成其罪，欲赦之则受害者不甘，欲罚之则为恶者不服，对神盟诅，理屈者恐而不敢，即敢勉强为之，必生愧怍，可望色而知，一也；凡狱讼曲直，乡党必知其实，今忽累及乡党，使供牲酒，必有不欲而质证其曲直者，二也；又为变诈者，惧不见直于乡里，而他日不相保受，或者自服，三也。此事初视之甚可笑，继思之有至理。供牲者，注："盟者书辞于策，杀牲取血，坎其牲加书于上而埋之也。"

古狱为圜形

《周礼·秋官·大司寇》:"以圜土聚教罢民。凡害民者,置之圜土而施职事焉。……其不能改而出圜土者,杀。"注:"圜土,狱城也。"罢民者,夜在圜土,昼役司空,欲其劳则归善,故曰罢。同疲。

按: 出圜土者,即今所谓越狱也,故杀。司马迁《报任安书》云:"幽于圜墙之中。"圜墙即圜土,以此证汉狱仍与周同制也。

古徒刑必赭衣

《荀子》:"杀赭衣不纯。"《说苑》:"豫让赭衣入缮宫。"《史记·张耳传》:"唯孟舒、田叔等十余人,赭衣自髡钳,称王家奴。"《汉书·楚元王传》:"衣之赭衣。"《吾丘寿王传》:"赭衣塞路。"

按: 徒刑者,即所谓昼役司空也。赭者,赤也,衣赭衣所以使人知其为罪人也。此等衣制,至清尚有,沿历数千年,可谓久已!

凡犯徒刑罪,先坐嘉石以示众

《周礼·秋官·大司寇》:"以嘉石注:文石,树之外朝门左。平罢民。凡万民之有罪过而未丽于法,而害于州里者,桎梏而坐诸嘉石,役诸司空。坐石期满役于司空。重罪,旬有三日坐,期役,坐石十三日役一年。其次九日坐,九月役;其次七日坐,七月役;其次五日坐,五月役;其下罪三日坐,三月役。使州里任之,则宥而舍之。"

按: 梏在首,桎在足,役期长者,坐石日亦长;役期短者,坐石日亦短也。必先坐石者,所以示众。任者,保也,期满使州里保出,不复为非也。

古防范囚犯之刑具

《周礼·掌囚》:"凡上罪梏拲而桎,中罪桎梏,下罪梏。"注:"梏者,校也,即枷。在首,犹牛之有梏。拲,两手共一木。在足曰桎。"

按: 拲者,今之手拷;桎者,今之脚镣。桎、梏、拲,上罪全有之。中罪去拲,使手自由。下罪则只刑其足,使不能逃走而已。

古递解罪人胶目鞠手

《吕氏春秋》:"'管仲吾仇也,愿生得之。'鲁君许诺,乃使吏鞠其拳,胶其目,盛之以鸱夷,置之车中至齐。"

按: 鞠,革也,以革囊其手,使不能动作。胶目者,以胶糊其目,使不能视。今贼劫人为质者,犹用其法。鸱夷者,大皮壶。既鞠手胶目,复将其全身装入鸱夷中,即夫差以鸱夷盛子胥尸沉之江中者是也。

周极轻之刑曰觯罚酒,挞曰髡

《周礼·地官·闾胥》:"凡事掌其比,觯挞罚之事。"注:"乡饮酒有失礼者,则罚以觯酒,重者挞之。"又,髡刑剃人发,不在五刑之内,盖亦极轻刑也。

周时五刑之惨酷

《周礼·秋官·司刑》:"掌五刑之法,以丽万民之罪:墨罪五百,劓罪五百,宫罪五百,刖罪五百,杀罪五百。"注:"夏刑大辟即杀二百,膑辟三百、宫辟五百,劓墨各千。"至汉文帝除墨、劓、刖三刑。宫刑至唐乃除。是周之五刑,沿自虞夏,仍而不改。夫杀刑至今不能废,宜也,至其余四刑,惨酷极矣!墨者,黥也。

先刻其颡成文，以黑色涅之，终身不灭。《商鞅传》"以黥徒二人夹之。""英布以尝受黥刑，人呼黥布"是也。劓者，截鼻。宫者，去势。《左传·襄十八年》"夙沙卫连大车以塞隧而殿。"殖绰、郭最以为奄人殿师，齐之大辱，汉司马迁被宫刑，终身耻之，以为无颜上先人邱陇是也。刖者，去足。卞和抱璞刖足，孙膑刖足为齐将。齐踊贵履贱，在春秋时此刑尤多。夫人之罪既不至死，则受刑于一时，尚可迁善改过于后日；而黥其面焉，割其鼻焉，去其势，斧其足焉，使其终身残废，不可以为人，则其酷甚于死矣。乃历三代而不改，至汉文帝乃去其三，至唐乃去其宫刑焉。呜呼，何其晚哉！

周处分残废人之法

《周礼·秋官》："墨者使守门，劓者使守关，宫者使守内，刖者使守囿，髡者使守积。"是以《昭五年》：楚共王曰："晋，吾仇敌。今其来者，上卿、上大夫也。若吾以韩起为阍，言刖使守门。以羊舌肸为司宫，加宫刑。可乎？"又，《说苑》："齐景公被发，御妇人以出正闱，刖跪击其马而反之。"是守内、守门之证也。又，古之乐官，必为瞽者，遇大祭祀，百数十人，排队而出，有眠瞭以为相，可见无一有目者，故古之瞽者，皆不失业，无如今日之沿街乞食者。此则古人因材利用之善也。

古盗贼妻子入官为奴

《周礼·秋官·司厉》："掌盗贼之任器货贿。其奴，男子入于罪隶，女子入于舂槁。"《左传·襄二十三年》："初，斐豹，隶也，著于丹书。以丹书其罪。栾氏之力臣曰督戎，国人惧之。"斐豹谓宣子曰：'苟焚丹书，我杀督戎。'"是男子入于罪隶之证也。《汉书·楚元王传》："使杵臼碓雅舂于市。"即舂也。槁者，炊食也。

女子质弱，故使为之。

又罪人亡逸，其妻子亦为奴

《新序》："钟子期夜闻击磬声而悲。召问之。曰：'臣之父杀人而不得，亡去。臣之母得为公家隶，臣得为公家击磬。臣不睹臣之母三年矣。昨日为舍市而睹之，意欲赎之无财，是以悲也！'"子期为赎其母，是有罪而逃者，则必奴其妻子，与盗贼同也。

汉唐犯重罪妻子皆没为官奴婢

《汉律》："罪人妻子，没为奴婢。"《魏志·毛玠传》："出见黥面反者，其妻子没为官奴婢。"唐次《柳氏旧闻》："玄宗幸太子宫，见使用无妓女，令高力士选民间女五人进之。力士曰：'臣以为掖庭中，故衣冠以事没入者不少，可备选。'"又，《刘无双传》："以父曾为朱泚伪官，置大辟，无双没入掖庭。"又，《因话录》："肃宗宴宫中，有女优绿衣秉简为参军者，乃伏法蕃将阿布恩之妻也。"是自汉迄唐，凡犯重罪者，其妻子无不没为官奴婢也。

古杀人状况

古欲斩人，先使伏于砧上。《说苑》："秦始皇既囚太后，令曰：'敢谏者死！'茅焦既谏，解衣伏质。"《史记·张苍传》："犯死罪当斩，解衣伏质。"《汉书·王欣传》："欣已解衣伏质。"师古曰："质，砧也，欲斩人皆伏于砧上。"至斩人之器，则不以刀而以斧。《管子》："至堂阜，桓公亲迎，祓而浴之。管仲诎缨捷衽，使人操斧而立其后。公辞斧三，然后退之。公曰：

'垂缨下衽，寡人将见。'"

按： 管仲曾射桓公中带钩，故自请死罪，使人操斧以备诛，而冠缨下垂，则于斩首时有碍，故屈缨于上，使不护项。又，衣襟下垂，腰斩不便，故敛衽露体，俾无遮护。是皆就死时状态，乃不持刀而持斧者，诚以古杀人尽以斧也。

古杀人后必暴其尸三日

《周礼·秋官》："凡杀人者踣诸市，肆之三日。"《左传·成十七年》："晋厉公杀三郤，皆尸诸朝。"《襄二十三年》："楚杀令尹子南，尸诸朝三日。"《昭公二年》："郑子晳死，尸诸周氏之衢，加木焉。"注："书罪于木，加尸上也，"即《论语》所谓"肆诸市朝"也。又，《桓十五年》："郑祭仲杀雍纠，尸诸周氏之汪"注云："汪，池也。"是不朝不市，而于野也。然自汉以来，不见有陈尸之事。只王允杀董卓，肆之于市。卓尸肥，夜燃灯于脐中，谓之卓蜡。他甚少也。

古有焚尸刑，有车裂刑

《周礼·秋官》："凡杀其亲者，焚之；杀王之亲者，辜之。"郑注："辜，车裂也。"《左传·襄二十二年》："轘观起于四竟。"杜注："轘，车裂也。"又，《史记·商鞅传》："乃车裂之。"至汉以后，则甚少矣。

古以金帛赎罪

《虞书》曰："金作赎刑。"《孔丛子》："颜仇由善侍亲，子路义之。后仇由以非罪执，子路请以金赎焉。"《新序》："钟子期为击磬者赎其母。"《史记·李广传》："当斩，赎为庶人。"《后汉·明帝纪》："天下亡命殊死以下，听得赎论，定也。死罪入缣二十匹，右趾至髡钳城旦春十匹。"是自死罪以至最轻之春罪，皆可以金帛赎，故富者无所畏也。城旦者，戍边塞，昼伺寇虏，夜筑长城。右趾者，谓刖其右足也。但自文帝时，即诏除肉刑，谓右趾为刖足，疑注非也。

汉女刑有顾山

《平帝纪》："天下女徒言女应受徒刑者已论，归家，顾山钱月三百。"又，《光武纪》："女徒雇山归家。"如淳曰："令甲，女子犯罪，作如徒六月，顾山遣归。说以为当于山伐木，听使入钱顾功直，故谓之顾山。"

按：此刑后世少见，汉世重聚敛，故有此刑也。

汉死罪可改宫刑

《景帝纪》："诏：死罪欲腐者许之。"《光武纪》："诏：死罪募下蚕室。"

按：此可见宫刑之重。观诏语曰："欲腐者。"盖有宁就死不欲腐者矣，故须募也。蚕室常温，割势后惧中风，故居之。

按：周时王宫以奄人守内，亦因材利用耳，与劓、刖同也。故其时士大夫家，亦常用奄人。《左传·襄二十八年》："崔子怒，寺人御而出。"是其证也。至汉时帝王，宫嫔愈多，须奄人愈众，自然之宫刑不敷用，则募以致之矣。故《后汉·郎𫖮传》："臣闻古者，本无宦官。武帝末，春秋高，数游后宫，始置之。"

卷二十六　笔墨纸砚之沿革

文具

成周以前皆以刀代笔

《考工记》："筑氏为削，长尺博寸，合六而成规。"郑注："今之书刃。"疏："汉时蔡伦造纸，蒙恬造笔。古者未有纸笔，则以削刻字。至汉虽有纸笔，仍有书刃，是古之遗法也。"

按： 削者，刀也，今日出土之龟甲文，皆以刀划字于上，而皆为殷物。《考工记》作于周初，由是证成周以前，皆以削刻字，无所谓笔，故至汉因名曰"书刃"，言以刀作字也。《东观汉记》"建初中以书刃赐马严"是也。

春秋战国以竹木为笔而不废刀

《古今注》："古之笔不论以竹以木，但能染墨成字，即谓之笔。"《曲礼》云："史载笔。"《管子》云："于是令百有司，削方墨笔。"《庄子》云："众史皆至，舐笔和墨。"《韩诗外传》："墨笔操牍。"

按： 兹所谓笔，皆竹木之笔也。先削成薄片，成斜刃形，而析其末，使竹木之文理，碎析蒙茸，然后能染墨。舐笔者，舐其尖使润，受墨易也，然仍不废刀。周末虽有帛书，大多数用竹简，字讹则以刀削去。《史记·孔子世家》："孔子为《春秋》，笔则笔，削则削，子夏之徒不能赞一辞。"是其证。又，《拾遗记》："任末削荆为笔。"后汉时虽有毛笔，任末以家贫削荆为之，亦古以竹木为笔之证也。

古竹笔今木匠仍用之。宋《懒真子》云："古笔多以竹，如今木匠所用墨斗竹笔，故字从竹。"

按：今木匠所用竹笔，长约五六寸，笔尖削成薄片，宽半寸余，成斜刃形，以刀析其末，使刃碎能受墨。即秦以前之笔，至所用墨斗，疑亦周旧也。

秦汉以兽毛为笔

《史记》："始皇令蒙恬与太子扶苏筑长城，恬取中山兔毫造笔。"《古今注》："秦蒙恬以枯木为管，鹿毛为柱，羊毛为被，所谓苍毫也。"

按：竹木能染墨而不能含墨，作字甚艰。蒙恬以鹿毛为心，更以羊毛被于四周，束于管中。鹿毛质劲，羊毛质柔，含墨多，作字更速。后世精益求精，更益以兔毫，束以竹管。《西京杂记》所谓"天子笔管，以错宝为跗，毛皆以秋兔之毫"；韩愈《毛颖传》所谓"封于管城者"是也。

至汉仍刀笔并用

西汉时虽以帛书，东汉虽有纸，然多用竹简，用竹简即不能废刀。《汉书·郅都传》："临江王欲得刀笔为书谢上。"《原涉传》："削牍为疏。"《朱博传》："与笔札使功曹自疏奸臧。功曹惶怖，大小不敢隐。博知实，敕自改而已，投刀使削所记"。《孔光传》："时有所言，辄削草稿。"皆刀笔并用之证也。故夫《萧何世家》云："以秦时刀笔之吏。"《汲黯传》云："人言刀笔吏，不可为公卿。"《尹齐传》云："以刀笔吏稍迁至御史。"《周昌传》："尧少年刀笔吏耳！"当时之称刀笔吏，似今日之称书记生，缮写小吏也。然就《朱博传》观之，似刀自刀，笔自笔，刀专供笔误刊削之用，与周以前以削刻字，所谓书刃者异也。

至晋只用笔不用刀

刀笔与竹简，相因为用者也。晋时纸盛行；竹简遂废。竹简废而刀亦废，故自晋以来，遂无刀笔之语。

春秋战国时以漆为墨

《论语比考谶》："孔子读《易》，漆书三灭。"《后汉·杜林传》："林前于西州得漆书《古文尚书》一卷。"又，《吕强传》："至有行赂定兰台漆书经字，以求合其私文者。"

按： 古作字于简，竹简光滑，若施以今日之墨，干即脱落，故必以漆。《管子》云："有司削方墨笔。"庄子云："舐笔和墨。"《韩诗外传》："周舍赵臣墨笔操牍。"凡所谓墨，皆漆也。然不曰漆而曰墨，殆于漆之中加以黑色，俾字易显明也。然摩挲久则仍灭，故孔子读《易》有"漆书三灭"之语也。

至西汉始制墨成块

《西京杂记》："尚书令仆丞郎日给隃糜墨。"《汉官仪》："尚书令仆丞郎日给隃糜墨二枚。"

按：《地理志》："隃糜县，属右扶风。"必其地有以制墨为专业者，所产最良，故因以为名。然既曰枚，则已制墨成块，不专用漆。

晋始废漆墨，用烟墨

东汉虽有纸，仍用竹简，故漆墨仍不废。至晋尽用纸，烟墨始行。《墨经》云："晋始烧黍为烟，和以松煤。"唐初，高丽贡松烟墨。宋张遇供御墨，始用油烟入麝，谓之龙剂，以迄于今。

古以竹帛为纸

《墨子》："杀其人民，取其牛马货财，则书于竹帛。"《说文》："著之竹帛谓之书。"《汉书》："讽诵《诗》《书》百家之言，不可胜数，著于竹帛。"是书字于竹帛之上也。其以竹为书者，小则曰简。《诗·小雅》"畏此简书。"毛传："简书，戒命也。"孔疏："古者无纸，有事书之于简，故曰简书。"《左传·闵元年》："请救邢以从简书"是也。再小则曰札。《史记·司马相如传》"上许，令尚书给笔札。"注：札，木简之薄小者。又与简札名异而实同者，曰牍，曰毕。《史记补传》："东方朔初入长安，至公车上书，凡用三千奏牍。"《汉书·许皇后传》："书对牍背。"又，《周勃传》："乃书牍背示之曰：'以公主为证。'"师古曰："牍，木简。"又，《礼·学记》："今之教者，呻其占毕。"疏："占，视也；毕，简也。"又，《尔雅·释器》："简谓之毕。"盖简、札、牒、毕，同物而异名，而牒之小与札同。《说文》："札，木牍也。"《汉书·路温舒传》："编以为牒。"师古曰："小简曰牒。"是毕与简等，牒与札等，而札牒更小于简毕也。

其大者则曰方、曰策。《孟子》曰："吾于武成，取二三策而已矣。"《中庸》曰："文武之道，布在方策。"蔡邕《独断》云：

"策者，简也。单执一札，谓之为简；连编诸简，谓之为策。"凡书字有多有少，一行可尽者，书之于简；数行可尽者，书之于方；方所不容者，乃书于策。又，杜预《左氏序》："大事书之于策，小事简牍而已。"孔疏云："策者，册也，连编于简为之。"

按：《仪礼·聘礼》云："不及百名书于方。"郑玄云："方，板也。"是方广于简，字在简多不能容，乃书于方板上；方复不能容，乃接书于简；简多，按次序连编之，乃名为策。策者，一文而联多简之总名，非策更大于方也。汉魏时校订古书，常有脱简、错简诸事。脱者，于策中少一简；错者，倒置策简之先后也。

故夫今日可以纸为者古无不以竹木——契券

《周礼·质人》："凡买儥者质剂焉。"郑注："质，剂券也。"疏："古未有纸，故以札书。"《汉书·高帝纪》："此两家常折券弃负。"师古曰："以简牍为契券，既不征索，故折毁之。"是契券皆以竹木。

——名刺

《史记·高帝纪》："乃绐为谒曰'贺钱万'，实不持一钱。"注云："谒谓以札书姓名。"若今通姓名。又，《郦食其传》："生嗔目按剑叱使者曰：'走入复言沛公；吾高阳酒徒也，非儒人。'使者惧而失谒。"《后汉·郭泰传》："士争归之，载刺常盈车。"《祢衡传》："乃阴怀一刺，既而无所之适，至于刺字漫灭。"凡所谓谒，皆竹札也，故惧而失谒。谒可盈车。怀谒久不用，字至磨灭也。

——书疏须盛以囊

《史记补传》："朔初入长安，至公车上书，凡用三千奏牍。

公车令两人共持举其书，仅然能胜之。"夫惟竹简，故其重若是，而书疏则盛以囊。《汉书·东方朔传》："文帝集上书囊，以为殿帷。"是可证群臣凡有书奏，皆以囊盛，不以囊则人见，且简札散乱，无所收束。由是推之，凡朋友书问往还，亦必皆以囊。故《后汉·广陵思王传》："荆哭不哀，而作飞书，封以方底囊。"底方则容广也。

——书籍

《庄子》："惠施多方，其书五车。"夫惟竹简，故著书至有五车之多。又，《论语比考谶》："孔子读《易》，韦编三绝，铁挝三折。"夫惟竹简，故贯之以韦；读毕一简，以铁挝掀一简也。《韩非子》："魏昭王读法，十余简而睡矣。"是亦编简为策之证也。

东汉时以竹简制书之法，简长二尺四寸

《后汉·吴祐传》："欲杀青简以写经书。"注："杀青者，以火炙简令汗，取其青易书，复不蠹。"又，《周磐传》："编二尺四寸简，写《尧典》一篇，并刀笔各一，以置棺前。"又，《曹褒传》："撰次天子至于庶人冠婚吉凶终始制度，以为百五十篇，写以二尺四寸简。"是欲写经书，先将竹简杀青而书之，长则以二尺四寸为度也。

若法令之书则简长三尺

《左传·定九年》："郑驷歂杀邓析而用其竹刑。"杜注："析私造刑书，书于竹简，故曰竹刑。"而不言其尺寸。《汉书·杜周传》："君为天下决平，不循三尺法。"孟康曰："以三尺竹简，书法律也。"又，《朱博传》："廷尉治郡断狱以来且二十年，

亦独耳剽日久，三尺律令，人事出其中。"是汉时刑书竹简，长皆三尺，比寻常书长六寸也。

后汉始有纸

《后汉·蔡伦传》："自古书契多编以竹简，其用缣帛者谓之为纸。缣贵而简重，并不便于人。伦乃造意，用树肤、麻头及敝布、鱼网以为纸。"纸之创造始于此。然东汉至魏，仍兼用竹简。《魏书·张既传》注引《魏略》曰："常畜好刀笔及版奏。"是其证也。

古贫者得书难，常写于门墙、衣服及股上

《拾遗记》："苏秦、张仪，同志好学，遇见《坟》《典》，行路无所题记，以墨书掌及股里，夜还而写之。析竹为简，剥树皮编以为书帙。"又，"贾逵家贫，削庭中桑皮以为牒，或题于扉屏。"又，"任末观书合意者，题其衣裳，门徒更以净衣易之。河洛秘奥，非正籍所载，皆注记于柱壁及园林树木；好学者来辄写之。"是可证古时纸固少，即竹简，贫者亦不易办，故任处写书。

至东晋纸大行，始不用竹，书而以卷计

《世说》："庾仲初作《扬都赋》成，以呈庾亮，亮以亲族之怀，大为其名价，于是人人竞写，都下纸为之贵。"又，"庾子嵩读《庄子》，开卷一尺许便放去，曰：'了不异人意。'"又，《世说》注：褚陶曰："圣贤备在黄卷中。"始不曰简而曰卷矣。

唐时书籍仍为卷，至宋装为册，而仍以卷计

唐·韩退之《王適墓志》："得一卷书，若告身者袖之。"

按：王適妇翁必嫁其女于官人。適本秀才，媒妁受贿绐妇翁，谓適为官人，持一卷书作告身即诰封轴以为证。由是可证唐时书籍皆为卷形。史谓某人藏若干卷书者，殊名与实符。至宋印本书行，皆装成册，而仍以卷计，则不合矣。

汉人作书已用砚

自秦以前，不见人用砚。俗传周武王有砚铭者，伪也。周初承殷，皆以削刻字。周末用漆书，调漆时或用砚。然诸子所记，或曰和墨、或曰墨笔，而不及砚。故吾谓今木匠所用墨斗为周制，至西汉制墨成块，用时须磨，磨必以砚。故《汉书·薛宣传》云："下至材用笔研，皆为设方略。"《后汉·班超传》："安能久事笔砚间乎？"似当时读书者为不可离之物，至汉末而愈多矣。

古佣书致富

《拾遗记》："汉安帝时，家贫不得仕，乃挟竹简、插笔，于洛阳市佣书。美于形貌，又多文辞，来儗其书者，丈夫赠其衣冠，妇人遗其珠玉，一日之中，衣宝盈车而归。"是可证汉时能书者少。又士人能书，恒耻而不为，故有佣书者，业必发达也。

古人作书不凭几

《世说》："桓宣武北征，袁虎宏。时从，被责免官。会须露布文，唤袁倚马前令作。手不辍笔，俄得七纸。"又，"夏侯泰初尝倚柱作书。时大雨，霹雳破所倚柱，衣服焦然，神色

无变，书亦如故。"

按：今人作书必凭案，有能悬肘悬腕者，则以为能。若魏晋时尚无高几可凭，故随地可作书，无不悬肘也。

古竹书易亡之故

《后汉·吴祐传》："父恢为南海太守，欲杀青简以写经书，祐谏曰：'此书若成，则载之兼两。'"

按：此时所谓经，五经耳。兼两者，数车也。只五经即载数车，故五胡乱起，中原文物悉成灰烬。彼夫汲冢竹书有七十馀车，实书类亦不多也。

隋唐已有木板书

《随园随笔》云：按"陆深《河汾燕闲录》云：'开皇十三年十二月八日，上敕佛经雕板行世。'"唐柳玭《家训序》言在蜀时，尝阅书肆见字书小学，率雕本。是自隋已有木板，但只雕佛经。至唐末渐及于字书小学，尚未有雕本经书。

五代始刻九经及其他经籍

齐召南《历代帝王年表》云："后唐明宗长兴三年，初刻九经板印卖之。至周广顺三年，九经板始成。"又，《五代史·和凝传》："文集百卷，自镂板行世。"又，《宋史·艺文志》曰："周显德时，始有经籍刻板，学者无笔写之劳。"又，欧阳修有蜀刻本《韩集》。是可证五代时不惟刻九经，并刻其他书籍，不似唐末之只刻小学也。

至宋刻板书始大备

五代时虽刻九经，只正文及注，疏则畏难而不刻。《随园随笔》云："宋真宗幸国子监，问邢昺经板几何。昺曰：'十馀万。臣少从师授经，有疏者百无一二，力不能传抄。今板本大备，士庶家皆有之。'"是刻板书至北宋已大备也。

书籍变迁之历史

自曹魏以前，皆用竹简写书。或以帛，帛贵，用者少。皆简书也。至东汉有纸。纸初发明，汉魏时盖仍贵。其见于史者，仍用简书，不废刀笔。至晋纸多，简书始废，此一变也。晋以后虽有纸，但书必手抄。《南史》：沈麟士年过八十，犹手抄细字书数十箧。梁·袁峻自写书，日课五十纸。至五代时虽有刻板书，盖甚不备，仍不免手抄。故苏轼《李氏山房藏书记》言："老儒先生自言其少时，欲求《史记》《汉书》而不可得，幸而得之，皆手自书。"近年市人，转相摹刻，日传万纸，抄写之劳始免，此又一变也。至清末影印行，能将巨帙缩为小帙，携带尤易，此又一变也。

卷二十七　迷信　禁忌

古救日食状况

　　《夏书·胤征》曰："辰弗集于房，瞽奏鼓，啬夫驰，庶人走。"是自夏时逢日食，则举国惶恐奔驰以救之也。《周礼·夏官·太仆》："凡军旅田役，赞王鼓，救日月亦如之。"又，《地官·鼓人》："救日月则诏王鼓。"又，《左传·昭十七年》："日有食之，昭子曰：'日有食之，天子不举，不举盛馔。伐鼓于社，责群阴。诸侯用币于社，伐鼓于朝，自责。礼也。其余则否。'大史曰：'三辰有灾，百官降物，素服。君不举，辟移时，乐奏鼓，祝用币，史用辞。'"
　　杜预云："集，安也；房，舍也。辰不集于房者，言不安于舍次也。"盖古人以日月食，乃三辰之灾，故举国上下，竭力救护。又，《左传·桓十五年》："六月日食。"《文十五年》："四月日食。"皆用币伐鼓，与此同。此种救护礼节，至清仍存，每日食则百官素服，商民敲铜铁器，以为救护，铿锵震天。又，《周礼·女巫》注："鲁人因日食而哭。"夫至于举国皆哭，则由震恐以至于悲惨矣！然自三代至清，沿之数千年，何其久哉！

古忌迎太岁动作

《荀子》："武王之伐纣也。行之以兵忌，东面而迎太岁。"<small>谓逆岁星。</small>《尸子》："武王伐纣，鱼辛谏曰：'岁在北方不北征。'武王不从。"

按：今日建筑房屋，俗避太岁所向，谓犯之则凶，古则动兵亦忌也。

周时忌子卯日

《礼·玉藻》："子卯稷食菜羹。"《左传》："辰在子卯，谓之疾日，君彻宴乐，学人舍业，为疾故也。"《礼·檀弓》："晋平公谓杜蒉曰：'尔饮旷何也？'蒉曰：'子卯不乐。'"注云："纣以甲子死，桀以乙卯亡，王者谓之疾日。"又，《左传·昭十八年》："二月乙卯，周毛得杀毛伯过，而代之。苌弘曰：'毛得必亡。是昆吾稔之日也。'"注："昆吾以乙卯日与桀同诛。稔，熟也，言其侈恶积熟故诛。"

按：此等禁忌殊不可解，桀纣罪恶贯盈，以子卯日诛，宜也。胡为反忌是日，学人至于舍业哉？抑以帝王死于是日，是日必大凶。然昭王南征死于江，幽王死于骊山，皆凶死，胡后人不忌其死日？吾疑其尚有说也。

古忌晦日

《左传·成十六年》："郤至曰：'陈不违晦<small>注：月终阴之尽，故兵家忌之。</small>以犯天忌，我必克之。'"

汉忌癸亥日

《后汉·邓禹传》："明日癸亥，匡等以六甲穷日不出，禹因得更理兵勒众。"

按：癸为十干末，亥居十二支末，癸亥日居六十甲子之末，故曰穷日，不出兵。

古忌五月五日生

《史记·孟尝君传》："田婴有贱妾有子名文，文以五月五日生。婴告其母曰：'勿举也。'其母窃举生之。及长，其母因兄弟而见其子文于田婴。婴怒。文顿首，因曰：'君所以不举五月子者，何故？'婴曰：'五月子者，长与户齐，将不利其父母。'文曰：'人生受命于天乎？将受命于户邪？'婴默然。文曰：'必受命于户，则可高其户耳，谁能至者！'"又，《西京杂记》："王凤以五月五日生，其父欲不举，曰：'俗谚：举五日子，长及户则自害，不则害其父母。'其叔父曰：'昔田文以此日生，为薛公。以古事推之，非不祥也。'遂举之。"又，《世说》："胡广本姓黄，以五月五日生，其父母置瓮中，流于江湖。胡公取之，养为己子，后登台司。"又，《宋书》："王镇恶以五月五日生，父母欲弃之。祖猛曰：'昔田文以此日生，为齐相。此儿必兴吾宗。'遂举之。"又，《孝子传》："纪迈以五月五日生，父母弃之。"是此禁忌，自周至六朝而未已，迄唐始渐衰。《唐书·崔信明传》："以五月五日正中时生，其父请太史令占之。"是仍有所疑也，特不杀耳。又，《癸辛杂识》："宋徽宗以五月五日生，以俗忌改作十月十日为天宁节。"是宋时尚以是为忌也。

汉及六朝人忌辰日哭丧

《颜氏家训》:"阴阳说云:'辰为水墓,又为土墓,故不得哭。'"王充《论衡》云:"辰日不哭,哭则重丧。今无教者,辰日有丧,不问轻重,举家清谧,不敢发声,以辞吊客。"

按:此等禁忌之无理,殆与五月五日生子同也。

春秋时忌见科雉及两头蛇

《说苑》:"楚庄王猎云梦,射科雉,得之。申公子倍攻而夺之。王将杀之。大夫谏曰:'争雉必有说,子姑察之。'不出三日,子倍病而死。之战,楚胜晋,归而赏功。申公子倍之弟请赏于王曰:臣之兄读《故记》曰:'射科雉者,不出三月必死。臣之兄争而得之,故夭死也。'王命发府而视之,于记果有焉,遂赏之。"

按:科雉不知为何物。《康熙字典》云:"科雉,兽名。"而不言其本,胡得之而必死哉?然古载记即有之,怪甚矣!

《新序》:"孙叔敖为儿时,出游,见两头蛇,杀而埋之,归而泣。其母问其故。对曰:'闻见蛇两头者死,向者吾见之,恐人复见也,杀而埋之。'母曰:'如是存心必不死。'既而果不死。"

按:此亦与得科雉者存心同耳。彼何以死,此何以不死,盖事出偶然,无关休咎也。

古以女为不祥

《左传·襄二十五年》:"郑伐陈,入之。陈侯奔,遇贾获,载其母妻,下而授公车。公曰:'舍尔母。'辞曰:'不祥。'"是以母为不祥,弗与共车也。又,《列女传》:"赵简子伐楚,至河。

津吏醉不能渡，欲杀之。津吏女娟既说简子而免其父，且请操戢而渡。简子曰：'吾将行，选士大夫斋戒沐浴。'义不与妇人同舟而渡也。"是亦以女为不祥，恐同舟败事也。又，《汉书·李陵传》："吾士气少衰鼓之不起者，何也？军中岂有女子乎？'乃搜得，尽斩之。明日斩首三千级。"是军中尤忌有妇人也。

古忌东益宅

《新序》："哀公问孔子曰：'寡人闻之东益宅不祥，有之乎？'孔子曰：'不祥有五，而东益不与焉。'"

按：此事《淮南子》亦载之，谓哀公欲西益宅，史争之，以为不祥。哀公怒，问其傅宰折睢。盖一事而传闻异词，然或曰东，或曰西，亦足证其无正理，而纯为习惯之迷信矣。

周及汉皆恶枭鸣，唐以枭为报喜

《说苑》："齐景公为露寝之台，成而不通焉。柏常骞曰：'为台甚急，台成，君何为不通？'公曰：'然。枭昔者鸣，其声无不为，吾恶之甚，故不通焉。'"又，《汉书·霍光传》："鸮数鸣殿前树上，大怪之。"

按：枭昼伏夜动，纯为阴物。俗谓其夜见鬼始鸣，必自三代时有是说，不然何恶之甚哉？然至唐时，又以枭为报喜。

《剧谈录》："韦颛举进士，未放榜，拥炉愁叹。忽檐际有枭怪鸣，疑有殃咎，忽禁鼓一鸣，报颛及第。"又，《隋唐嘉话》："有枭晨鸣于张率更庭树，其妻以为不祥，连唾之。率更云：'急洒扫，当迁官。'言未毕，贺客盈门。"

古人迷信蛇妖

《左传·文十六年》："有蛇自泉宫出，入于国，如先君之数，秋八月，声姜薨，毁泉台。"又，《韩非子》："涸泽蛇将徙，有小蛇谓大蛇曰：'子行而我随之，人以为蛇之行者耳，必将杀子。不如相衔负我以行，人以我为神君也。'乃相衔负以越公道，人皆避之曰：'神君也。'"

按：《韩非子》虽寓言，然当时人心理，实如是也。

古以狗矢浴不祥

《韩非子》："燕人无惑，言祛惑，注皆误。故浴狗矢。燕人其妻有私通于士，其夫早自外而来，士适出。夫曰：'何客也？'其妻曰：'无客。'问左右。左右言无有，如出一口。其妻曰：'公惑易也。'因浴之以狗矢。"又，"燕人李季好远出，其妻私有通于士。季突之，士在内中，妻患之。其室妇曰：'令公子裸而解发直出门，吾属佯不见也。'于是公子从其计，疾走出门。季曰：'是何人也？'家室皆曰：'无有。'季曰：'吾见鬼乎。'妇人曰：'然。''为之奈何？'曰：'取五牲之矢浴之。'"

按：牲矢避鬼魅，古所未闻，迷信至此，只有捧腹而已。

古以刍狗祷病

《庄子·天运篇》："夫刍狗之未陈也，盛以箧衍，笥也。巾以文绣，尸祝斋戒以将之。及其已陈也，行者践其首脊，苏者取而爨之而已。"按《淮南子》："疾疫时行，则刍狗为帝。"是刍狗者，束草为狗，被以文绣，供于神，用以祷病。病愈多，刍狗愈贵。然祷罢则以车轹之，践踏之，复为薪矣。观《魏志·周宣传》：

历代社会风俗事物考

人尝三梦刍狗,三占皆不同而皆应,人问其故,"宣曰:'刍狗者,祭神之物。故君始梦,当得馀食也。祭祀既讫,则刍狗为车所轹,故中梦当堕车折脚也。刍狗既车轹之后,必载以为樵,故后梦忧失火也。'"是刍狗之用,自周迄三国仍相同也,至唐则代以纸马。《博异记》:"王昌龄舟行至马当山,祷神祈风,具酒脯纸马。"是其证。

古以桃木避不祥

《左传·襄二十九年》:"楚人使公亲禭。乃使巫以桃、茢先祓殡。楚人弗禁,既而悔之。"杜注:"茢,黍穰"。孔疏:"茢是帚,盖桃为棒也。"**按**:《左传·昭十二年》:"楚王曰:'唯是桃弧棘矢以共御王事。'"杜注:"桃弧棘矢,以御不祥。"又,《庄子》:"插桃枝于户,连灰其下,童子入不畏,而鬼畏之。"是鬼智不如童子也。惟鬼畏桃木,故鲁人先以桃茢祓亡鬼。后楚人知其故,故悔,悔先灵被祓也。又,《礼记》:"君临臣丧,以巫祝桃茢执戈。"是鲁又以楚子为臣也。

又,《汉书·广川惠王传》:"'今欲糜烂望卿,使不能神。'取桃灰毒药,与支体杂煮之。"又,《王莽传》:"莽感高庙神灵,遣虎贲虎士入高庙,拔剑四面提击,斧坏门牖,桃汤赭鞭,鞭洒屋壁。"是又煮桃木为汤以避鬼也。又,《宋史·五行志》:"西川孟昶每岁除日,命翰林为词,题桃符。"又,李时珍《本草集解》曰:"桃味辛气恶,故能厌伏邪气。"今人门上用桃符辟邪以此也。又,元好问诗云:"十九桃符傍门户。"是可证刻桃为符,至新年则悬门上以辟邪也。又,《古今载记》:"以桃木避鬼之事,难更仆数。"他迷信事,或古有今无,独此事历周迄今不改,胡其久如此也!

· 316 ·

周以来梦之迷信

《周礼·春官》:"占梦,中士二人。"注:"专占梦之吉凶。"《诗·小雅》:"乃寝乃兴,乃占我梦。"又,"大人占之,众维鱼矣。"又,《正月》篇:"讯之占梦。"又,《左传·成十年》:"晋侯梦大厉。"又,《史记·赵世家》:"赵盾在时,梦见叔带持要而哭,甚悲。已而笑,拊手且歌。盾卜之,兆绝而后好。"又,"简子梦之帝所甚乐。"又,《史记·佞幸列传》:"文帝梦欲上天,不能,有一黄头郎从后推之上天。后阴目求推者郎,即见邓通,尊幸之。"是周及汉皆重视梦,而周且有掌梦专官也。至三国魏周宣以占梦著大名,而占无不验。事尤奇也。

古梦棺者必得官

《世说新语》:"人有问殷中军:'何以将得位而梦棺器,将得财而梦矢秽?'殷曰:'官本是臭腐,所以将得而梦棺尸;财本是粪土,所以将得而梦秽污。'"又,《晋书·索纨传》:"索充初梦天上有二棺落充前。纨曰:'棺者,职也,当有京师贵人举君。二官者,频再迁。'俄而果然。"又,《因话录》:"李逢吉未掌纶诰前,家有老婢好言梦,后多有应。李公久望除官,因访于婢。一日婢至惨然。公问故,曰:'昨夜与郎君作梦不好。'意欲不说。公强之。曰:'梦有人舁棺至后堂,云且置在此,不久即移入堂中,此梦恐非佳也。'公闻甚喜,俄除中书舍人。后知贡举,未毕而入相。"又,杂家小说纪此等事亦甚多,不胜录也。

古诅祝所恶之人使神加殃

《左传·隐十一年》："郑伯使卒百人出豭，行二十五人出犬、鸡，以诅射颖考叔者。"注："郑前伐许，颖考叔执郑伯之旗蝥弧以先登，子都射之颠，故郑伯使巫祝诅之。"

按：《书·无逸》："厥口诅祝。"疏："诅祝谓告神明，令加殃咎也。以言告神谓之祝，请神加殃谓之诅。"又，《周礼·春官》："诅祝掌盟、诅、类、造、攻、说、禬、禜之祝号。"郑司农云："诅谓祝之使沮败也。"然则诅射颖考叔者，即请神加以殃咎也。故《汉书·班婕妤传》："飞燕谮婕妤祝诅。考问，辞曰：'使鬼神有知，不受不臣之诉；如其无知，诉之何益？'"是其证也。

古盟誓歃血状况

《晏子春秋》："崔杼既弑庄公而立景公，杼与庆封相之，劫诸将军大夫及显士庶人于太公之坛上，令无得不盟者。为坛三仞，埳其下，以甲千列环其内外，盟者皆脱剑而入。维晏子不肯，崔杼许之。有敢不盟者，戟拘其颈，剑承其心，令自盟曰：书词。'不与崔庆而与公室者，受其不祥，言不疾，指不至血者死。'以指抹血歃口。所杀七人，次及晏子。晏子奉杯血，仰天叹曰：'呜呼！崔子为无道，而弑其君，不与公室而与崔庆者，受此不祥。'俯而饮血。"**按**：歃者，饮也。《左传·僖二十五年》："宵，坎血加书，伪与子仪、子边盟者。"注："掘地为坎，沥牲血坎中，加盟书其上。"又，《周礼·秋官》："司盟掌盟载之法。"注："盟者，书其词于策，杀牲取血，坎其牲加书于上而埋之，谓之载书。"即《左传·昭十二年》所谓"坎用牲加书"也。兹言太公之坛上者，言于太公庙为坎也。指不至血者，言以指抹血歃于口也。此所谓劫盟,与《哀十五年》"大子与五人介,舆豭从之,迫孔悝于厕,强盟之",《十六年》"大子使五人舆豭从己,劫公而强盟之"性质同也。夫既知为人所不欲,而犹强使之盟,似一盟即永不敢背者,则当时人之心理忠厚,实过后人也。

若天子之合盟及列国会盟,则执牛耳不以豭

《周礼·天官·玉府》:"若合诸侯,则共珠槃、玉敦。"注:"珠槃以盛牛耳,尸盟者执之。"疏:"敦盛血。"又,《夏官·戎右》:"盟则赞牛耳、桃茢。"疏:"尸盟者既以珠槃盛牛耳,更以玉敦盛耳血使歃。戎右执桃与茢,祓除不祥。"此天子合诸侯之盟也。夫以天子之尊,尽可命令诸侯,使从其令,而必以盟,是盟更重于天子之命,可知也。

天子合诸侯而盟,其执牛耳者,自为天子之属。若诸侯与诸侯盟,则以尊者执牛耳。是以常有争执,故《哀十七年》:"武伯问于高柴曰:'诸侯盟,谁执牛耳?'"又,《定八年》:"晋师将盟卫侯于鄟泽,赵简子曰:'群臣谁敢盟卫君者?'涉佗、成何曰:'我能盟之。'卫人请执牛耳。成何曰:'卫,吾温、原也,焉得视诸侯?'将歃,涉佗捘卫侯之手,及捥。卫侯怒。"

按:注云:"盟礼,尊者莅牛耳,主次盟者。"卫君与晋大夫盟,臣当执牛耳,晋人恃其强,背礼侮卫君也。然无论天子合诸侯、诸侯与诸侯,凡盟必歃血于口。《左传·襄九年》:"郑子孔、子蟜曰:'与大国盟,口血未干而背之,可乎?'"又,《史记·平原君传》:"毛遂谓楚王之左右曰:'取鸡狗马之血来。'毛遂奉铜盘而跪进之楚王曰:'王当歃血而定从,次者吾君,次者遂。'遂定从于殿上。毛遂左手持盘血而右手招十九人曰:'公相与歃此血于堂下。'"即盟时尸盟者以次以手抹血于口也。

古重视卜筮

卜用龟，以火灼龟视其兆，而定吉凶。《说文》："兆，龟坼也。"盖以火灼龟板，上现坼文，即以此坼文定吉凶，《史记·赵世家》所谓"兆绝而后好"、《文帝纪》"兆得大横"是也。在夏商时，卜盖重于筮。周时卜筮并重，其卜词有千二百之多。然《左传》云："筮短龟长。"似周人心理，亦以卜为重。故凡得大龟者谓之宝，椟以玄纁，藏于太庙。《论语》："臧文仲居蔡，山节藻梲。"甚贵重也，有大事则启之。汉以后用者少，唐或用之，唐以后载籍则不见，盖失传久矣。

筮用蓍草，枚长尺或五尺、七尺。筮时用五十枚，去一，四十九枚。三揲成一爻，十八揲成六爻。《周易》即其筮词。又有《连山易》《归藏易》，先儒谓为夏殷《易》，今不传。

周设卜筮专官

《周礼·春官》："大卜，下大夫二人；卜师，上士四人；卜人，中士八人。"又，"筮人，中士二人。"夫掌卜之官，尊至大夫，其重视为何如？是以周时凡事必卜，冠婚丧祭，祭牛皆卜而后定，大事更可知。其见于《仪礼》《春秋传》《国语》者，不可胜数。至战国已少，秦汉尤少，以此见迷信心理，愈古愈甚也。

至战国遂有卖卜为业者，以迄于今

《庄子》："支离疏者，鼓筴播精，足以食十人。"注：鼓筴，音策。揲蓍也。足食十人，言卖卜可养十人也。又，《高士传》："严君平垂帘卖卜成都市，日得百钱自给，卜讫则闭肆下帘。"又，《史记·日者传》："司马季主者，楚人也。卜于长安东市。"又，《汉书·张禹传》："禹为儿，数随家至市，喜观于卜相者前。久之，颇晓其别蓍布卦意。"是皆以卜相为业，开肆得钱以自给，为春秋以前所未有。又，《前定录》："宣平坊王生善易筮，李相国揆往问之。王生每以五百钱决一局，而来者云集。"是卜资之昂，为唐以前所未有也。

古相术

春秋时以威仪音声相人，即可决其休咎。其见于《左传》者，如斗伯比谓屈瑕举趾高、心不固，必败，后果败死。又，晋侯见鲁成公不敬，季文子曰："晋侯必不免。"果陷厕卒。又，晋士贞伯谓郑伯视流而行速，必不能久，果死。又，叔向谓单子视下言徐，无守气矣，决其将死。是以威仪相也。又，楚子上谓商臣蜂目而豺声，必为乱。鲁臧文仲谓齐君语偷，必死。楚子文谓越椒黑虎之状而豺狼之声，必灭若敖氏。叔向母闻伯石啼声曰："是豺狼之声也，必丧羊舌氏。"后皆验。是以声音相也，而皆恶征。而善征先见者，如《文元年》："王使内史叔服来会葬。公孙敖闻其能相人也，见其二子焉。叔服曰：'谷也丰下，必有后于鲁国。'"后果验。又，《韩诗外传》："卫姑布子卿善相，迎孔子而视之五十步，从而望之五十步，谓子贡曰：'得尧之颡、舜之目、禹之颈、皋陶之喙，必圣人也。从前视之，盎盎乎似有土；从后视之，高肩弱脊，此惟不及四圣也。'"此又以行步时左右前后气象相也。

至战国秦汉相术能以纹理知休咎

春秋时之相，皆按理而决，至战国则益进。战国之时，最著者为梁唐举。《荀子》："相人古有姑布子卿，注：相赵襄子、孔子。今之世梁唐举，注：相李兑、蔡泽。观人形状颜色，知其吉凶妖祥。"此仍有理可凭也。至《韩非子》云："今战胜攻取之士不赏，而卜筮视手理者曰赐。"又,《周勃传》:"纵理入口,此饿死法也。"后亚夫竟饿死。夫只以纹理相,则古所无也。又,《后汉·班超传》:"祭酒,生燕颔虎颈,飞而食肉,此万里封侯相也。"后果然。是其术较春秋益进矣。

他若窦广国、卫青等,相者皆预知其封侯,而史失其词。凡此皆不录,录其有相法者数则,以见其变迁。自此以后,以相人为业者益多,与垂帘卖卜等,故不备录。

古有巫官

《周礼·春官》:"司巫中士二人,府一人,史一人,男巫无数,女巫无数。"注:"巫能制神之处位次主者。"疏:"巫与神通,掌三辰之位次。"又,凡以神仕者无数,以其艺为之贵贱之等。《国语》云:"古者民之精爽不携贰者,而又能齐肃中正,则明神降之。在男曰觋,在女曰巫,圣人用之,使制神之处位次主。"是巫之来已久,其可考见者,《世本》云:"巫咸始作巫。"是自殷已有也。

古巫有事时之盛况

《周礼·春官》:"司巫掌群巫之政令。若国大旱,则帅巫而舞雩。"注:"雩,旱祭也,鲁僖公欲焚巫、尪,以其舞雩不得雨。"疏引《春秋纬》云:"雩者,呼嗟求雨之祭。"按《左传·僖二十一年》:"夏,大旱,公欲焚巫、尪。"又,《檀弓》云:"鲁穆公曰:'吾欲暴尪而奚若?'"又云:"吾欲暴巫而奚若?"郑注云:"尪者面向天,冀天哀而雨之。"又,《女巫》云:"旱暵则舞雩。凡邦之大灾,歌哭而请。"注:"崇阴也。"又按《论语》云:"风乎舞雩。"是舞雩在郊外,值天旱,男巫则呼嗟向天,女巫则舞蹈歌哭,觊天哀而有雨。苟天不雨,则或置巫日中而暴之,甚或并巫、尪而焚之。若天之不雨,其咎端在巫者。在后世人君,值天下雨,或下诏罪己,意尚不失为正大;古则归咎于巫,其心理甚不可解。然当天旱,男女巫舞雩于郊外,歌哭舞蹈,其盛况为后世所未有矣。

古巫能下神视神鬼

《周礼·司巫》:"凡丧事,掌巫降之礼。"郑注:"降,下也,巫下神之礼。今世或死既敛,就巫下祮音伤其遗礼。"疏:"祮,当家之鬼。"盖既敛,使巫降死者之神也。是下神之事,自周至东汉未革。又,《左传·成十年》:"晋侯梦大厉,坏大门及寝门而入。公觉,召桑田巫。巫言如梦。"又曰:"不食新矣。"后竟如言。又,《庄子》:"小巫见大巫,拔茅而弃。"又,《吴志·张纮传》:"陈琳曰:'足下与子布在彼,所谓小巫见大巫,神气尽矣。'"又,《酉阳杂俎》:"明皇东封归,至华山,见金天王道旁迎驾。明皇令巫视之,所言衣服处所皆同。"又,《宣室志》:"韦皋为西川节度使张延赏婿,未达时依延赏颇遭白眼。有巫谓张夫人曰:'韦郎有神护之,禄位过令公。'"是古巫能视神鬼。又,古籍记载类此者甚多,未必尽妄,疑古巫实有一种学理相传授;故周为设专官,后代失其传授,而山野乡僻之巫,遂群起为骗矣,见今尤多,故不再述。

唐宰相堂饭常人食之即死

中朝故事,宰相堂饭,常人多不敢食。郑延昌在相位,一日其弟延济来,值食次,遂同食,其弟一夕而卒。

以纸钱为冥资之历史

　　唐·陈鸿睦《仁茜传》:"仁茜,邯郸人。大业初,江陵岑之象为邯郸令,延仁茜教其子文本。仁茜夙与冥官成景善。成景朝太山府君过邯郸,仁茜令文本为具食,并赠以金帛。文本问是何等物,仁茜曰:'鬼与人异,真不如假,可以黄色涂大锡作金,以纸为绢帛'"云云。可证隋末尚无以纸为冥资之事,故仁茜教之,至唐则渐多。《摭言》:"王勃在马当山遇老人曰:'吾有债十万,可为吾偿之。'后勃买冥资十万焚之。"段成式《酉阳杂俎·支诺皋》云:"乃货衣具凿楮,如期焚之。"又,"具酒脯纸钱,乘昏焚于道。"又,《再生记》:"王抡妻梦抡已死,求钱三十贯,即取纸剪为钱,召巫者焚之。"又,《五代史》:"寒食野祭焚纸钱。"《宋史·外戚传》:"李用和少穷困,居京师凿纸钱为业。"

　　按:凿纸钱者,即诺皋记所谓"凿楮",盖以圆铁管中含铁柱,打叠纸上即成钱形。今犹用此法,但皆杂货店为之,无专以此为业者,而宋时有之,想见古人之焚化多于今日也。

墓俑之历史

　　孔子曰:"始作俑者,其无后乎?以其象人而用之也。"是自周时以木刻人殉葬,至晋六朝隋唐,则以泥塑人马及各项什物殉葬,以便死者,今发掘者是也。至明清尽易以纸,所糊人马什物,大小与真者无异,视古之泥塑物,小不盈尺者异矣。此外,又糊院宇居室、重楼杰阁焚之,则古所无也。

卷二十八　厕溷　便旋

古厕溷制度，周制与洋茅厕同

《周礼·天官》："宫人掌王六寝之修，为其井、匽，除其不蠲，去其恶臭。"郑玄云："井，漏井，所以受水潦。蠲，犹洁也，《诗》云：'吉蠲为饎。'郑司农云：'匽，路厕也。'玄谓匽猪谓霤下之池，受畜水而流之者。"疏云："谓于宫中为漏井以受秽，又为匽猪，使四边流水入焉。非匽二者，皆所以除其不蠲洁，又去其恶臭之物。"

按：此等排秽之法，颇与今日之洋茅厕相类。漏井者，即上面受秽之管也。水潦者，溲溺也。言为井以受溲溺之秽而漏之于下也。猪同潴者，蓄水。郑谓匽猪为霤下之池者，即上漏井之秽落于池中也。受蓄水而流之者，即便旋已，放蓄水荡秽，使流出也。其用意纯与今之洋茅厕相同。

周路上有官厕

《周礼·宫人》："为其井、匽。"郑司农云："匽，路厕也。"后郑虽不从其诂，然可证古时路上皆有官厕，与今正同。

历代社会风俗事物考

周厕有池坎

《左传·成十年》："晋侯将食，张，如厕，陷而卒。"

按： 此文杜注不详释。张者，腹胀，故如厕遗。据《周礼》"井匽"注，厕，上有井，下有窨池。是凡厕皆下有极深之坑坎也。晋侯病甚，盖跌于坎陷之中而卒也。又，《说文》："椷窬"，贾逵注："《周官》，椷，虎子也。"厕，行清；窬则行清内之空中者也。即厕内下掘之坎也，故晋侯陷其中而卒。《金楼子》云："汉燕王旦将败，厕中豕群出。"夫厕内有豕，必为深坑，豕不得出。豕出所以记异也。

又按： 今山西各处之厕，皆下掘坎深约六七尺，广如之，而横两板于坎上，履之以溲溺。板即《史记·万石君传》所谓"厕牏"也。下望黝然，深可没顶。疑晋时遗制，故晋侯陷其中可致死，因误倒入坎内，头必向下也。

古不共厕

《随园随笔》云：《士丧礼》："隶人涅厕。"注：古人不共厕，涅者，填之也。是亦厕为土坑之证也。

古厕有垣墙为蔽，又有马桶

《史记·万石君传》："建为郎中令，每五日洗沐归谒亲，入子舍，窃问侍者，取亲中裙厕牏，身自浣涤。"注：徐广曰："牏，筑垣短板也，音住。厕牏谓厕溷垣墙，建隐于其侧浣涤也。"据此，是厕必有垣墙以为隐蔽也。但自身自洗濯观之，牏若为垣墙，于洗濯之义甚不合。原《说文》《广韵》《玉篇》等字书，皆训"牏"为筑墙短版，版横坎上，履以溲溺，易沾污，故洗濯之，似非垣墙也。

徐广又云："一读'牏'为'窦'，言建又自洗涤厕窦。厕窦，泻除秽恶之穴也。"吕静曰："椷窬，亵器也，音威豆。"又，

· 326 ·

孟康曰："厕，行清；窬，行中受粪者也。东南人谓凿木空中如曹谓之窬。"据此，是厕者于地掘坎，小便于其中。牏者，即今之马桶，故石建为亲洗濯。

由以上二说，厕牏虽未得确诂，然由汉魏晋宋人注，可证明古厕有垣墙为隐蔽。又以证汉魏时凿木空中如槽，即今马桶；不过古时工拙，不能如今制法，须凿木为之耳。

盖厕者乃便旋之定所，故所在有之。《左传·哀十五年》："迫孔悝于厕，强盟之。"又，《史记·项羽本纪》："沛公起如厕。"《高后纪》："乃断戚夫人手足，居之厕中。"又，"逐产杀之郎中府吏厕中。"是厕必有垣墙或屋，备遗时人不见，故曰厕中也。

以上厕溷。

古便器状况

《周礼·天官·玉府》："掌王之燕衣服、衽席、床第、凡亵器。"又，"内监执亵器以从。"郑注："亵器，清器、虎子之属。"按《说文》："㯂窬，亵器也。"贾逵解《周官》："㯂，虎子也。古之受大小溲者，皆以虎子呼之。"又按《韩非子》："赵襄子漆智伯头为溲杯。"溲杯亦虎子也。且由《说文》观之，凡今日之马桶、小便壶，皆名虎子，后人但以小便器为虎子者，误也。

以上便器。

古谓小便器为清。《史记·万石君传》注："厕，行清；窬，行中受粪者也。"又，《周礼》："内监执亵器以从。"郑注："亵器，清器。"清者，小便，专于厕内行之。《史记》："范雎为魏齐笞击。雎佯死，即卷以箦置厕中，宾客饮者醉，更溺雎。"是其证。久之遂谓小便器为清。汉应劭《风俗通》云："扶风臧中英家多怪，有孙女三四岁亡，求之不能得，二三日乃于清中溺内啼。"又，梁柳恽《捣衣诗》："踟蹰理金翠，容与纳宵清。"宵清者，溲器，言捣衣罢将睡，置清备遗也。

古遗时先以枣塞鼻

《世说》："王敦初尚主，如厕，见漆箱盛干枣，本以塞鼻，王谓厕上亦下果，食遂至尽。"

按：枣能御臭，干烈尤佳，故用来塞鼻。

古大遗时先脱衣，至宋犹如此

《世说》："石崇厕，常有十余婢侍列，皆丽服藻饰。置甲煎粉、沉香汁之属，无不毕备。又与新衣着令出，客多羞不能如厕。王大将军往，脱故衣，著新衣，神色傲然。"

按：是必因遗时脱故衣，遗罢，谓故衣著臭不堪用，俾着新衣出，以示其富，非入厕必易新衣方令遗也。又，《玉泉子》："杨希古性洁净，内逼如厕，必撤衣无所有，然后高履以往。"又，《五灯会元·湛堂传》："师半夜特往登溷，方脱衣，悟即提净桶至，师曰：'待我脱衣。'脱罢，悟复到。"按湛堂，北宋时人。是可证自晋至唐宋，凡大溲皆脱衣也。盖古人衣服宽博，不脱长衣，则大溲不能办，亦犹清时服大礼服之难以大遗也。

更衣说

由《世说》及《五灯会元》考之，古人大遗时必脱衣，因是而思及古所谓更衣。更衣之名，始见于《史记》。《卫皇后传》云："武帝还过平阳主，饮酣，起更衣。"而注不释其义。《汉书·灌夫传》："坐乃起更衣，稍稍去。"师古云："坐谓坐上之人也。更，改也。凡久坐者，皆起更衣，以其寒暖或变也。"又，《东方朔传》："後乃私置更衣。"师古云："为休息易衣之处。"又，《杨敞传》："大将军光与车骑将军张安世谋欲废王更立。议既定，使大司农田延年报敞。敞惊惧，不知所言，汗出洽背，徒唯唯而已。延年起至更衣。"师古曰："古者延宾必有更衣之处也。"据师古所释，更衣之义，只为坐久寒暖变更；然田延年诣杨敞，并非宴饮久坐，而亦至更衣。吾深疑更衣者，乃备客便旋之私处，不必如师古所言，只为寒暖更衣而设。如纯为更衣，他侍御尚可随侍。惟其为便旋，故虽以武帝天子之尊，起更衣只子夫侍，他侍御无人者，即其证也。此有一确证，《论衡·四讳篇》云："夫更衣之室，可谓臭矣。"臭则为厕无疑也。又，田延年至杨敞家起至更衣，亦便旋也。因便旋时须脱衣，久之遂名其处为更衣。必如师古所诂，似太拘也。

自六朝至宋，大遗后以筹子拭秽，并以水涤净

大遗后以何物拭秽，古载记甚不详。晋·裴启《语林》云："刘寔诣石崇，如厕，见两婢持锦囊，寔遽退，笑谓崇曰：'乃误入卿室。'崇曰：'厕耳。'寔更往。向乃守厕婢所进囊是筹。"《北齐书》："文宣帝令杨愔进厕筹。"以筹拭秽，始见于此。又，《五灯会元》："广教院归省禅师。僧问如何是清净法身；师曰：厕坑头筹子。"

按： 筹者，木枚也。古盖纸贵，或无粗纸，故以木枚拨落馀秽。又，《湛堂传》："师半夜特往登溷，方脱衣，悟即提净桶至，师曰：'待我脱衣。'脱罢，悟复至，未几，悟供筹子。师涤净已，召接净桶去。"是可证自六朝迄宋，大溲讫，先用筹子拭秽，再以净水洗涤，脱衣著衣，甚繁难也。

至元始以纸拭秽

《元史·后妃传》："裕宗徽仁皇后事太后孝，至溷厕所用

纸，亦以面擦，令软以进。"以纸拭秽，始见于此，若以前虽贵人亦用筹也。今乡里之民，仍有用筹者，余则用纸者多。

古不厕遗，则有罚

《左传·襄十五年》："师慧过宋朝，将私焉。注：小便。其相曰：'朝也。'慧曰：'无人焉？'"又，《定二年》："邾庄公与夷射姑饮酒，私出。阍乞肉焉，夺之杖以敲之。"又，"三年春二月辛卯，邾子在门台，临廷，阍以瓶水沃廷，邾子望见之，怒。阍曰：'夷射姑旋小便焉。'命执之。"又，《世说新语》："谢万在兄前，欲起索便器。于时阮思旷在坐曰：'新出门户，笃而无礼。'"是可证便旋必于厕，且须无人，古今一也。

汉魏时侍中为皇帝执虎子

《西京杂记》："汉朝以玉为虎子，以为便器，使侍中执之，行幸以从。"是以《魏志·苏则传》注："旧仪，侍中亲省起居，故俗谓之执虎子。始则同郡吉茂者，是时仕甫历县令，迁为冗散。茂见则，嘲之曰：'仕进不止执虎子。'"夫所谓旧仪者，即汉官仪也。

卷二十九　取水　取火　取材木

古取火法

古取火之法有三：一用木燧；二用金燧；三用石敲火。至清同治年尚如此。后泰西火柴入中国，古取火之法始废。

钻木取火法

自燧人氏见大鸟啄木出火，知木中藏火，因创钻木取火之法。见卷一。后世因之，数千年不改。《礼·内则》："右佩木燧。"注：木燧、钻火也。《左传·文十年》："命凤驾载燧。"又，《定四年》："王使执燧象以奔吴师。"《史记·孙子传》："庞涓夜至斫木下，见白书，乃钻火烛之。"是至周时钻火之法仍大行。

然所钻之木，须随时改易。是以《论语》云："钻燧改火。"改火者，据马融注："《周书》：月令有更火之文。春取榆柳之火，夏取枣杏之火，季夏取桑柘之火，秋取柞楢之火，冬取槐檀之火。一年之中，钻火各异木。故曰'改火'也。"至必改之故，邢《疏》谓取木之色，与四时相配。而不言不改不能得火。又，《周礼》："司烜掌行火之政令，四时变国火以救时疾。"变亦改也。

· 331 ·

既曰救时疾，似别有意义，非不改不能得火也。又，《北史·王劭传》："劭以上古有钻燧改火之义，近代废绝，上表请改火。"是可证当时钻火，已不改木。又，唐·杜甫《清明》诗云："旅雁上云归紫塞，家人钻火用青枫。"是枫木春日亦出火。又，崔元翰诗："操舟众工立嗫岸，湿橹钻火磨星红。"是凡木皆可出火。又以证钻火之法，至唐仍不废也。

钻燧取火之巧法

《淮南子》："若以燧取火，疏之则弗得。迟也。数之则弗中。疾也。正在疏、数之间。"注：得其节，火乃生。

按： 今日春时，匠人钻木，急遽则出火。兹云弗中，似古人以燧取火之法，今已不知。

至周时兼用金燧取火

《周礼·秋官》："司烜掌以夫燧取明火于日。"注："夫燧，阳燧也。"疏："取火于日，故名阳燧。犹取火于木为木燧也。"又，《考工记·辀人》："金锡半，谓之鉴燧之齐。"鉴燧，取水火于日月之器也。

按： 鉴燧，即夫燧，亦曰金燧。《礼·内则》云："左佩金燧。"注："取火于日也。"即以金锡为镜，凹其面向日取火，故曰鉴燧。

汉末仍用金燧取火

《魏志·管辂传》注："君不见阴阳燧在掌握之中，形不出手，乃上引太阳之火，下引太阴之水，嘘吸之间，烟景以集。苟精气相感，县象应乎二燧。"

按：阳燧即《周礼》所谓夫燧、鉴燧，《内则》所谓金燧也；阴燧即《秋官》司烜所谓以鉴取明水于月也。明水祭祀用之，非备人饮食，故下略焉。又**按**：燧在掌握，其物甚小，故佩于腰以备用。而引火之法，各书不详，今竟失传，甚可惜也。

金燧取火之详情

《梦溪笔谈》云："阳燧面洼，向日照之，光皆聚向内。离镜一二寸，光聚为一点，大如麻菽。着物则火发。"《梦溪笔谈》为宋沈存中著。是至宋仍有以阳燧取火者。惟天阴或夜则不能用。《内则》云："左佩金燧，右佩木燧。"盖有日时，以金燧取火甚易，无日则以木燧也。

按：今日以凸面玻璃镜，向日照之，则光聚如豆。以易燃物置其下，顷刻即得火。古无玻璃，用金镜。盖亦以易燃物当焦点，而得火也。

魏晋后敲石取火

潘岳诗："烦如敲石火。"刘昼《新论》："人之短生，犹如石火。"是可证魏晋六朝，已以石敲火。至唐时敲石取火者尤众。柳宗元诗："夜发敲石火，山林如昼明。"白居易诗："深炉敲火煮新茶。"韩昌黎诗："牧童敲火牛砺角。"是其证也。

以石敲火之法

法以铁片与石相撞，下藉以火绒。俾火星落于绒上，再以取灯，_{北方土名即发烛}。接引之即发焰。火绒者，以艾或纸加以硝水，揉之使软。取灯者，北方以褪皮麻楷破之，断为枚。长五六寸，涂硫磺于首，遇火即燃。当光绪初，火柴未盛行，取火之具有火镰，缝皮为包，安铁为刃，内装火石一片，火绒一团，欲用火取火绒豆许，放石上以刃撞之，顷刻即得火。为吸旱烟者不可离之物。后火柴大行，火镰、火石、火绒等物遂渐废。

发烛之历史

　　北方以麻梗头涂硫磺，用以发火，名曰"取灯"。南方则以松木或杉木。清高士奇《天禄识馀》云："杭人削松木为小片，其薄如纸，熔硫磺涂木片头分许，名曰'发烛。'"史称：周建德六年，齐后妃贫者，以发烛为业。

　　按：发烛即今之取灯，是自六朝时已有。又，宋陶谷《清异录》云：夜有急，苦作灯之缓，有知者，披杉条，染硫磺，置之待用。一与火遇，得焰穟然。既神之，呼"引光奴"。今遂有货者。易名"火寸"。按"引光奴"即齐之"发烛"。然宋时实亦名"发烛"。《懒真子》云："司马温公乡居看书至夜分，乃自罨火灭烛而睡。至五更初，公即自起，发烛点灯著述。"是其证。惟北方之发烛，用麻梗或用杉木，则不可知。盖自以石敲火之法兴，发烛为引火所必须，故古今重之。

古钻燧时代，家家皆藏火种

　　古因得火之难，家家藏火种备用。《孟子》："踵门求水火，无弗与者。"又，《韩诗外传》："客谓蒯通曰：'臣里妇见疑盗肉，其姑去之。'恨而告于里母。里母曰：'安行，今令姑呼汝。'即束蕴请火去妇之家曰：'吾犬争肉相杀，请火治之。'"又，干宝《搜神记》："桂阳太守李叔坚家，犬有人行。又于灶前畜火，叔坚云：'儿婢皆在田中，狗助畜火，可不烦邻里，此何足怪。'"据是，则家家藏火种备用，不必以燧也。

古汲水用瓶，公共置之，瓶常在井旁供众用，至唐有木桶

《周易·井卦》"羸其瓶凶。"《左传·襄十七年》："卫孙蒯田于曹隧，饮马于重丘，毁其瓶。重丘人闭门而诟之。"又，扬子云《酒箴》："子犹瓶矣，居井之湄。"是可证瓶为公共物，常置井侧，供众用也。故孙蒯毁其瓶，重丘人皆诟之。又，《后汉·鲍少君传》："拜舅姑礼毕，提瓮出汲。"又，《世说》："魏文帝以毒置枣蒂中，令任城王食之。既中毒，太后索水救之。帝预敕左右毁瓶罐，太后徒跣趋井无以汲，须臾遂卒。"是可证自周迄汉魏，皆以陶器汲，尚无木桶也。陶器易毁，故扬子云《酒箴》云："子犹瓶矣，居井之湄。一旦更同砖甋，为甍所轠，身提黄泉，骨肉为泥。"是其证。至唐有木桶。段成式《剑侠传》："见老人方箍桶，乃出桶板一片，以桶汲，虽轠而不碎，较古便多矣。"

古村聚会汲状况

《高士传》："管宁所居屯落，会井汲者，或男女杂错，或争井斗阋。宁患之，乃多买器，分置井傍，汲以待之，又不使知。来者得乃怪之。问知宁所为，乃各自责，不复斗讼。"

按： 今日村落，仍多会井汲，晨暮炊前，汲者最多。惟用木桶汲甚速。古用瓶惧毁，汲甚缓。缓则易争也。

古桔槔汲水状况

《庄子》："子独不见桔槔者乎？引之则俯，舍之则仰。"又，《天地篇》："子贡南游楚，见汉阴丈人，抱瓮而汲。子贡曰：'有械于此，一日浸百畦，用力寡而见功多，夫子不欲乎？'曰：'若何？'曰：'凿木为机，后重前轻，挈水若抽；数加泆汤，

其名曰槔。"又，《说苑》："卫有五丈夫俱负缶而入井灌韭，终日一区。邓析适下车，为教之曰：'为机重其后，轻其前，命曰桥，终日灌韭百区，不倦。'"

按： 桔槔今日尚有，然井略深不能用也。用于河边，或有泉之池边最宜。若井则须极浅也。惟古只灌园用之，今则寻常汲亦用之。

宋时之水车

苏东坡《咏无锡道中水车》云："翻翻联联衔尾鸦，荦荦确确蜕骨蛇。"

按： 此即今日之水车也，衔联不断，周而复始，有若蛇之蜕壳。读此诗，知今制与宋制无异。今北方以顺德、真定、定州、保定各属为最多。天旱时遍野皆是。

民取材木及燃料状况

周以前，凡山林薮泽皆为官有。山中林木，许民斩伐，然必以时。至时，民入山斩材，而出入有期限。恐其尽物。若非时斩材则曰窃。故材木常足而山不童。终春秋世，无买卖木材者。战国以后，此制遂坏。至汉有雇山之刑，似材木伐取已无制限。自是北方之山先童，材木渐感不足。且水泉因以枯竭，雨旸亦不时。至今日遂受其大病。自大河南北、太行东西，纵横数千里之山冈，尽属不毛。殊为可惜！而自周以后三千年来，凡为国家者，无人虑及。其如之何哉？

《周礼·地官》："山虞掌山林之政令，令万民时斩材，有期日。凡窃木者有刑罚。"

按：《孟子》曰："斧斤以时入山林。"不时则为窃，故刑罚之。然至期入山，亦非漫无限制也。《林衡》云："若斩木材则受法于山虞。"受法者，必核其为何事斩材，材之大小多少，及出入期限之细则也。《礼·王制》云："草木零落，然后入山林。"注："十月之中也"。即《山虞》所谓"仲冬斩阳木"也。然《山虞》尚有"仲夏斩阴木"之文，疑仲夏民无暇，必官用也。

守护山林之法

《林衡》云："掌巡林麓之禁令，而平其守。"注："平守者，平其地之民，守林麓之部分。"

按：林麓广大，只官吏守望，万不敷用，窃仍不免。乃即以林麓附近之居民，负守护林麓之责。平均其地与民，区分部守，而巡查督责者林衡也。力省而功多矣。

古今燃料之概况

时愈古燃料愈多，随在取足。一因人少，一因山林为官有，不许私入山取材木，故植物蕃衍，不竭其源。三代以后，山林之法不讲，民任意入山取材，十山九童。人口蕃殖亦益多，用愈广。故古之所弃者，今视为珍；今之所珍者，古皆轻视也。

春秋时燃料足，常烧泽以裕租税

《管子》："齐之北泽烧，光照堂上。管子入贺曰：国不能无薪而炊，北泽烧农夫卖其薪，一束十倍。此租税所以九月而具也。"

按：古之都市，亦买薪而炊，北泽为官有，都市之薪所自出，烧之则都市富人皆买于农夫，故其价十倍而租税速具也。

历代社会风俗事物考

又常烧泽猎兽

《韩非子》:"鲁人烧积泽,天北风,火南倚,恐烧国。哀公惧。自将众救火,左右尽逐兽而不救。"

按: 此专为猎兽而烧也。不烧则蒲苇蒹葭为麋鹿狐兔所宅,不易得。此以今日视之,所得殊不偿失,而古不尔者,以燃料多无所用也。

周已有木炭,盖皆富贵人用之

《周礼·天官》:"宫人执烛,供炉炭。"《地官》有掌炭官。又,《礼记·月令》:"季秋之月,草木黄落,乃伐薪为炭。"《左传》:"郐子废于炉炭,烂,遂卒。"又,"寺人柳炽炭于位。"

按: 以炭取暖或炊饭,简洁而无烟,胜于薪矣。然见于传记者,皆富贵家用之,盖其值昂也。

作炭须在山中

《史记·外戚传》:"窦广国入山作炭。"《晋书·阮籍传》:"孙登常经宜阳出作炭,人见之。"《魏书·刑罚志》:"富民入山作炭。"唐《集异记》:"王用入山作炭。"

按: 作炭之法,伐薪烧之,烧透以土埋其烬,而山者薪之所自出,故恒入山。

六朝已发见石炭,至隋渐有用者

《水经注》:"邺县冰井台,井深十五丈,藏冰及石墨。石墨可书,又燃之难尽,亦谓之石炭。"至隋王劭上表请变火曰:"今温酒及炙肉,用石炭、柴火、竹火,味各不同。"是至隋已有用石炭者,然唐·段成式《酉阳杂俎》记无劳县石墨,爨之弥年不销,

· 338 ·

以为物异。以是证唐烧石炭者仍少也。

至宋烧石炭者渐多

《老学庵笔记》："北方多石炭,南方多木炭。而西蜀又多竹炭。"《东坡志林》言彭城东有石炭。然宋时虽有烧石炭者,并不重之。盖其时燃料尚易于今日也。

晋唐以来贵人用木炭之侈

以草木作燃料,烟煤尘污。而炊饭烹茶,味又不美。于是古贵人皆用木炭。《晋书·羊琇传》："性豪侈,屑炭作兽形以温酒。洛下豪贵竞慕效之。"《唐书·德宗纪》："罢九成宫贡立兽炭。"又有凤炭,《开天遗事》："杨国忠屑炭塑作凤形。"又有炼炭,《剧谈录》："洛中豪贵子弟常馔必以炭炊,往往仍不惬意,僧圣刚者见而问之曰:'凡炭必先烧令熟,乃可入爨,谓之炼炭。不然有烟气。'"至宋又有琴炭,《老学庵笔记》："承平时,炭皆斫作琴形。"至于今山木皆尽,木炭之产渐少,强以樗材为之,求如昔年之炭,身披白灰,掷地作铜声者,几绝迹矣。

至清末,石炭为民生不可离之物

自唐以来,都邑烧木炭。明清以来,木炭渐乏,稍稍用石炭。初只都邑富人及食肆用之,农人仍燃柴草,无用石炭者。至清末,民生愈蕃,木植愈少,只禾麻草柴,不敷炊爨,于是农家亦用石炭。虽贫民亦不能离。然石炭之矿,有时而尽。更数百年,必仍变易。论者悬想:谓必代以电气。不知果如何也?

卷三十　官吏休沐今日放假　佩印　受杖　多虱

汉官吏五日一休沐

《史记·万石君传》："每五日洗沐，归谒亲。"文颖曰："郎官五日一下。"又，《郑当时传》："孝景时为太子舍人，每五日洗沐，常置驿马长安诸郊，存诸故人，请谢宾客。"又，《日者传》："宋忠为大夫，贾谊为博士，同日俱出洗沐。"《正义》云："汉官五日一假洗沐也。"

按： 官吏洗沐，在周秦时不见。然汉制多沿秦，疑秦时即有，载籍失之耳。洗沐亦名休沐，借洗沐之名出署休息一日。盖古官吏与后世异。既入署，则日夜寝食于其中。至五日洗沐，然后得出。凡请宾、访友、游戏诸事，皆于是日行之。非若后世官吏散值即归私邸也。

病则以沐偿，郎官富者可买沐

《汉书·杨恽传》："郎官故事，令郎出钱市财用，给文书，乃得出，名曰山郎移。文移即文书。病尽一日，辄偿一沐，或至岁余不得沐。其豪富郎，日出游戏。恽为中郎将，罢山郎。"

师古曰:"贫者实病,皆以沐假偿之也。"

按: 豪富郎日出游戏者,出钱市沐,故可常不在署。其贫者病一日则偿一沐。故终岁不得休。汉承秦制,辄不如秦。秦不闻卖官,汉则入赀为郎而卖官矣。秦革封建制度,官吏或有休沐,然必不卖沐,汉则竟可以财市矣。此真古今之创闻。故太史公《六国表·叙》云:"学者见秦在帝位日浅,不察其终始,因举而笑之不敢道,此与以耳食无异。悲夫!"太史公盖深愤汉尽用秦法,且事事不如秦,而反诟秦也。今观卖沐事,亦其一端已。

然宰相亦休沐

《史记·张苍传》:"王陵常救苍不死,及苍贵,常父事王陵。陵死后,苍为丞相,洗沐,常先朝陵夫人上食,然后敢归家。"又,《汉书·张安世传》:"休沐未尝出。"《上官皇后传》:"光霍光常休沐得出,桀常代光入决事。"又,《孔光传》:"沐日归休,兄弟妻子燕语。"又,唐《李德裕传》:"因兵事竟不得休沐。"是自汉迄唐,凡宰相亦休沐,与郎吏同也。

宦官、武士、郡吏亦休沐

《后汉·蔡伦传》:"每至休沐,辄闭门绝宾。"《魏志·许褚传》:"从士徐他谋为逆,惮褚不敢发。伺褚休下日,怀刃入。"是宦竖及武士皆有休沐也。又,《华歆传》:"少为郡吏,高唐为齐名都,衣冠无不游行市里。歆为吏休沐出府,则归家阖门。"又,《梁习传》注:"刘类为弘农太守,吏二百余人,不与休假。"是外吏汉魏时亦例有休沐也。

341

自六朝至唐宋官吏皆有休沐

宋·鲍照诗："三朝国庆毕，休沐还旧京。"又，梁·刘孝绰有归沐诗赠任昉，是六朝时官吏仍休沐。惟隔几日方沐？不详。至唐·刘禹锡诗云："五日思归沐，三春羡众还。"又，孟浩然诗："共乘休沐暇，同醉菊花杯。"是唐时官吏仍五日休沐，与汉同。想六朝亦尔也。至宋、明、清，此制浸微，苏轼诗云："天风淅淅吹玉沙，诏恩归沐休早衙。"是龙兴节休沐，非五日休沐也。

汉冬、夏至放假

《薛宣传》："及日至休吏，贼曹掾张扶独不休，坐曹治事。宣出教曰：'日至，吏以令休，所由来久。曹虽有公职事，家亦望私恩意。掾宜从众，归对妻子，设酒肴，请邻里一笑为乐。'"师古曰："日至，冬至、夏至也。"

宋节假多至七日

汉时节假，观《薛宣传》，只一日耳。至宋，则多少不等。《文昌杂录》云："祠部休假，元日、寒食、冬至各七日。上元、夏至、中元、腊各三日。馀立春、清明等节各一日。岁共七十六日。"

阅明、清载记及所目睹，官吏以端阳、中秋二节为例假。又至十二月二十日封印，正月二十日开印。此一月中皆休沐之期也。然宰相仍每日视朝召对。清多沿明制，盖官吏每日入衙，每日归邸。与汉时官吏常驻署中者异矣。

魏郎官受杖须脱裤缠裈束缚

《三国志》注："黄初中，韩宣为尚书郎，常以职事当受罚于殿前。已束缚，杖未行，文帝辇过，问此为谁？特原之，遂解其缚。时天大寒，宣前以当受杖，豫脱裤缠裈面缚，及其原，裈腰不下，乃趋而去。"

按：尚书郎为清贵之官，乃在殿廷受罚。至脱裤露体，束缚手足，同于罪犯。受罚至此，亦云辱矣。然并未褫职，偶有过，以此罚之耳。古云：士可杀不可辱。兹所谓辱耶？非耶？然当时官吏亦安之者，似相沿已久，不足异也。

晋官吏受杖不脱裤

《晋书·王濛传》："濛补长山令，复为司徒左西属。濛以此职有谴则应受杖，固辞。诏为停罚。"又，《世说》："桓公在荆州，欲以德被江、汉，耻以威刑肃物。令史受杖，正从朱衣上过。桓式年少，从外来，云：'向从阁下过，见令史受杖，上捎云根，下拂地足。'意讥其不着。公云：'我犹患其重。'"夫曰杖从衣上过，是隔衣受杖，必不脱裤也。然必受缚。《世说》："桓南郡好猎，麇兔偶腾逸，参佐无不被系束。桓道恭时为贼曹参军，常自带绵绳着腰中，玄问：'此何为？'曰：'公猎，好缚人士，会当被缚，手不能堪芒也。'"是虽不脱裤露臀，而束缚仍不免也。又，《汉晋春秋》云："向雄为河内主簿，送牺牛，道暍死。太守吴奋召雄与杖。雄不受杖，曰：'郡牛亦死。'"是理直亦可不受杖也。

北齐时仍杖参佐

《北齐书》："吴遵世为大将军墨曹参军，从游东山，有云起，恐遇雨，使遵世与李业兴筮之曰：'着，赏绢十；不着，罚杖十。'遵世筮无雨，业兴筮有雨。须臾云散。二人各受赏罚。"是虽戏亦杖也。

唐宋参军、簿尉、判官仍受杖

杜甫《送高三十五书记》诗云："脱身簿尉中，始与捶楚辞。"宋蔡梦弼注云："适曾为封丘尉，不得志。"以谓唐时参军、簿尉受杖责也。又，韩愈《赠张功曹》诗："判司卑官不敢说，未免捶楚尘埃间。"是判官亦受杖也。又，杜牧《寄侄阿宜》诗："一语不中治，鞭笞身满疮。"是杖刑复兼鞭刑也。《曲渚纪闻》："富丞相判汝州，黄山谷为汝州叶县尉，到官逾期，杖之。"今按山谷《还家呈伯氏》诗云："强趋手版汝阳城，更责愆期被诃诟。法官毒螫草目摇，丞相霜威人避走。"即指此也。

然唐宋时，京曹不见有受杖者。至元、明，外官固杖，京曹亦仗。《元史》："赵子昂为兵部郎中，桑哥早到，六曹官后到者笞之。断事官引子昂受笞，有解之者始免。"《邓文原传》："转运司，凡五品以下官皆杖决。州县无如之何。"《明史》："海瑞以操江杖御史之演剧者，而魏珰之廷杖大官，更无论矣。"至清，则官吏有罪，须褫职，方受刑。不似前代之以微过受杖也。

古官吏佩印状况

今官吏之印，皆函于匣。古印皆佩于肘，刻刻不离。自战国以迄魏晋皆然。由今思之，凡印皆金质，终日系肘上，有妨动作，甚可笑也。

周之时官吏有符节，不见有印。至战国始有之。《史记·蔡泽传》："怀黄金之印。"《苏秦传》："佩六国相印。"《张耳陈馀传》："乃脱解印绶，推予张耳，耳不受。陈馀如厕，耳乃佩其印。"《高后纪》："禄乃解印属典客。"夫曰佩、曰解，可证印无时不系身也。此官吏也。又，《汉书·霍光传》："乃即持昌邑王手，解脱其玺绶，扶王下殿。"昌邑王故为天子，由是可证天子亦常常佩印。此等习惯，至晋而未已。《世说》"周顗曰：'今年杀诸贼，当取金印如斗大，系肘后。'"是其证。至隋唐，此等习惯遂已。

古拜某官即与某官印以为信，不似后世受代始有印

《汉书·朱买臣传》："初，买臣待诏，常从会稽守邸<small>会稽官吏至都住所。</small>者饭食，及拜太守，买臣衣故衣，怀印绶，步归郡邸。值上计时，会稽吏方相与群饮，不视买臣。买臣入室与共食。食且饱，少见其绶，守邸怪之。前引其绶，<small>系印带。</small>视其印，会稽太守章也。守邸惊出，语上计掾吏，群相惊骇。"是可证甫拜官即给与新印；到官后方收前太守印，缴京师或销毁也。

古官吏多虱

古士人衣服宽博，中衣盖不常更换，而懒于沐浴，身垢与衣垢相接，故多虱习以为常，视为当然，不以为秽。《列子》："纪昌学射于飞卫，悬虱牖南而望之。"夫物之小者多矣，而独悬虱，可证虱之易得。又，《符子》："齐鲁争汶阳之田，周丰曰：'臣尝昼寝，有群虱共斗乎衣中。'"此春秋士人之多虱。《风俗通》："赵仲让为大将军梁冀从事中郎将，冬日坐庭中向日解衣裘捕虱。"《齐东野语》："陈思王著论，得虱者莫不刳之齿牙，而野老嚼虱。"此汉魏士夫之虱。《晋书》："王猛见桓温，扪虱而谈，旁若无人。"《世说》："顾和为扬州从事，月旦当朝，停车州门外。周侯诣丞相，历和车边，和觅虱，夷然不动。"又，嵇叔夜《绝交书》："性复多虱，爬搔无已。"《南史·刑邵传》："对客或解衣觅虱。"《北齐书》："邢之才位中书监，

· 345 ·

对客或解衣扪虱。"此西晋及六朝士大夫之虱。《唐人志怪录》："扬州苏隐夜卧，闻被下有人念《阿房宫赋》。掀被视之，无他物，唯有虱十余。"《墨客挥麈》："王荆公召对时，虱缘须上，上顾而笑。退朝，王禹玉曰：'屡游相须，曾经御览。'"夫虱至沿缘须眉，则其多殆不可思议。此唐宋士夫之虱。自宋以后，虱之纪录见于卿大夫者甚少。盖渐以为秽矣。

卷三十一　古贵贱之观察

古官吏暴民之习惯

《左传·昭六年》："楚公子弃疾如晋，过郑，禁刍牧采樵。不入田，不樵树，不采蓺，不抽屋，不强丐，誓曰：'有犯命者，君子废，小人降。'"

按：刍所以食马，樵所以炊饭，樵树者斩树为薪，采蓺者采民间蔬菜，抽屋者抽屋上橡为薪，强丐者强乞假于民，盖春秋卿大夫旅行从者之常态也。在异国，民尚不敢抗，本国可知矣。而弃疾严禁之，故郑人喜也。又，《昭十三年》："叔鲋求货于卫，淫刍荛者。"注：纵使不法也，此皆适外国虐民之证也。

其在本国者，如《说苑》："楚文王伐邓，使王子革、王子灵共捃菜。二子出采，见老丈人载畚，乞焉不与，搏而夺之。"又，《檀弓》："季子皋葬其妻，犯人之禾，申详以告曰：'请庚偿也之。'子皋曰：'以吾为邑长于斯也，买道而葬，后难继也。'"夫不与则强夺，葬践人稼，事过而不偿，民岂欲战？乃竟安之。此皆居国内恃贵为暴也。

又，《韩诗外传》："梁山崩，晋君召大夫伯宗。道逢輂者，以其輂服行也其道，伯宗使其右下欲鞭之。"

按：辇者行路，岂预知遇大夫。及其既遇，或在狭途中，势不能促避，乃遽欲鞭之，古官吏之贱视民若此。

汉百姓逢官吏不下车，即罪之

《后汉·邓晨传》注引《东观汉记》曰："晨与上共载出，逢使者不下车。使者怒，将至亭，欲罪之，新野潘叔为请，得免。"是可证古百姓逢官吏，如乘车，不惟避之，且须下车致敬也。如不下车，即将至邮亭，付亭长杖责。又，《韩康传》："使者征韩康，康辞安车，乘柴车先发。至亭，亭长以韩征君过，方修道桥。及见康，以为田叟也，夺其牛。"是小吏如亭长，亦虐民如此也。

唐时百姓逢官吏不避则予杖

《剑侠录》："黎干为京兆尹，时曲江涂龙祈雨，观者数千。黎至，老人植杖不避，干怒杖之。"又，《隋唐嘉话》："贾岛初赴举京师，一日于马上得句云：'鸟宿池边树，僧敲月下门。'初欲作推字，练之未定。不觉冲尹。冲卤簿。时韩吏部权京尹，左右拥至前。岛具告所以，韩立马良久曰：'作敲字佳矣！'"又，《灵鬼志》："卿犯卤簿罪应髡。"又，《诺皋记》："京宣平坊，有官人夜归入曲，有卖油者，张帽驱驴，驮桶不避，导者搏之。"是官人虽夜行坊曲中，商民亦须避也。

古官吏之威风

《周礼·秋官·乡士职》："三公若有邦事，则为之前驱而辟。"又，《遂士》："六卿若有邦事，则为之前驱而辟。"《县士》："若大夫有邦事，则为之前驱而辟。"注："辟者，令行人避也。"《秋官·士师》："王燕出入，则前驱而辟。"是以《左传·成二年》："齐侯自徐关入，见保者曰：'勉之，齐师败矣！'辟女子。"注："齐侯单身还，妇人不及避。"是自国君下至大夫，出皆辟人。故《韩诗外传》："子路云：'入夫子之门，内切磋仁义，外为陈王道，心窃乐之。出见羽盖龙旂彤裘相随，心又乐之。'"此以见官吏之荣宠，虽贤者亦忻羡也。

古官吏卤簿，即今日出殡时道旁行列之仪仗

自汉唐以来，官吏出门有卤簿。卤簿者，即舆前陈列之仪仗。如旗帜、刀、矛、棨戟之属，分占道路两旁，中不许人过，过则冲卤簿有罪。是以贾岛冲韩昌黎卤簿被捕。至宋犹如此。宋·欧阳修《梅圣俞墓志》云："圣俞得疾，卧城东汴阳坊。朝之贤士大夫往问疾者，骎呼属路不绝。城东之人，市者废，行者不得往来。咸惊顾相语曰：'兹坊所居大人谁耶？何致客之多耶？'"夫曰骎呼，则骎从传呼辟市人也；曰市者废，则仪仗分列道旁，商贾不得陈列物品也；曰行者不得往来，则卤簿过而行人断绝也。其状况与今日北平出殡时陈列道旁之仪仗无以异。至清时，凡宰相、尚、侍入朝，只有三五骎从，而无卤簿。惟九门提督出，鞭板纷列两旁，传呼警叫，略与殡仪相类。馀官虽京尹亦否也。若外官督抚出入，仪仗虽盛于京官，然较古亦逊也。

如失官仪则有罚

《汉书》"景帝六年，诏曰：'夫吏者，民之师也。车驾衣服宜称。亡度者或不吏服，出入闾里，与民亡异。令长吏二千石车朱两幡，千石至六百石朱左幡。车骑从者不称其官服，下吏出入闾巷亡吏体者，二千石上其官属，三辅举不如法

令者。'"

按：《朱买臣传》："顷之传舍吏，驾驷马来迎。"以太守应驾驷马也。《鲍宣传》："宣行部乘传去法驾，驾一马，舍宿乡亭，坐免归。"又，《后汉书·谢夷吾传》："迁巨鹿太守，后以行春乘柴车，从两吏，冀州刺史上其仪序失中，左转下邳令。"又，《韦玄成传》："侍祀孝惠庙，天雨淖，不驾驷马而骑至庙下，削爵为关内侯。"是皆因不法驾而降黜也。

汉至六朝时以骑马为失官仪被劾

《颜氏家训》："梁周宏正为宣城王所爱，给一果下马，常服御之，举朝以为放达。至乃尚书郎乘马则纠劾之。"盖自周至齐梁，官吏无骑者。骑则以为失仪，只驷从骑也。

唐宋官吏禁马上食物，禁入酒肆

《朝野佥载》："周张衡位四品，退朝见路旁蒸饼新熟，遂市一枚，马上食之。被御史弹劾，降敕流外。"又，《归田录》："仁宗在东官，鲁肃简公宗道为谕德，偶私饮舍旁酒肆中，会有急，宣公至迟，嘱中使以实对。真宗曰：'卿何故私入酒家？'公谢曰：'臣家贫，无器皿。酒肆百物俱备，宾至如归。适有乡里亲客自远来，遂与之饮。然臣既易服，市人不能识也。'上笑曰：'卿为宫官，恐为御史所弹。'"又，《归田录》："言事者奏李庶几与举子于饼肆中作赋。"

按：马上食物，固失官仪。若易服而入酒肆，则谁识之？是以白行简《汧国夫人传》云："二肆陈列车辇，观者甚众。时生父由常州刺史入觐，与同列易服章潜往观焉。"易服则人不知其为官，故虽出入里巷无所忌。彼鲁宗道、李庶几皆易服入市，乃亦遭弹劾。以是见自汉以来之重视官仪，至宋而未已也。

此等官威，至清中叶以后，外官仍旧，京官则渐渐打破。除步军统领外，虽亲王、宰相入朝，路上无呵殿传呼者。驺从之外，伞盖俱无。官再卑者，更无论已。揆其用意，似以法定仪仗为最俗，出入用之，有伤大雅。此亦人心自然之革命已。至入酒肆会饮，凡翰詹科道曹司无不为之，二品以上者则寡。至民国则一切解放。回想前代之官威，有如戏剧已。

古重视贵人之丑态

《周礼·地官》："一命齿于乡里，再命齿于父族，三命而不齿。"注："凡农隙饮酒，乡民虽卿大夫，必来观礼。齿于乡里者，以年与众宾相次也；齿于父族者，异姓虽有老，得居其上也。父族尚不敢。不齿者席于宾东，所谓僎也。"

按：《荀子》云："一命齿于乡，再命齿于族，三命族人虽七十不敢先。"不敢先，即《周礼》所谓不齿，径居父族之上也。夫所谓父族者，有世父叔父焉，有伯叔祖父焉，有长于我之兄焉，官虽益高，亲族长幼之序自若也。乃以爵尊之故，凡亲族皆不能与之齿。此在朝廷之上，诚无如何，乃乡饮亦如此焉。则古之重视人爵，为何如哉？

贵则亲畏

《史记·苏秦传》："佩六国相印，行过洛阳，车骑辎重拟于王者。周显王除道，使人郊劳。苏秦之昆弟妻嫂，侧目不敢仰视。俯伏侍取食。"此以后世习惯例之，秦虽贵，昆弟妻嫂何至如是？而不知周秦社会习惯实如是也。

汉虽家庭亦亲不敌贵

《史记·高祖纪》："高祖五日一朝太公,太公家令说太公曰:'皇帝虽子,人主也。太公虽父,人臣也。奈何令人主拜人臣?'后高祖朝,太公拥彗迎门却行。高祖大惊,下扶太公。"

按:《史记》此,盖深讥帝之不学无术,后世且引以为笑谈。然身为帝王而有父,于古实无前例,可引为法则。若以古贵贵之心理律之,则家令之言未为尽非。高祖赏之亦未为不当也。

又,《史记·武安侯传》:"常召客饮,坐其兄南向,自坐东向,谓汉相尊,不可以兄故私桡。"《史记》此亦所以深讥武安。然以《周官》三命父族不齿之说例之,周正如此也。盖至汉时,学者已渐渐打破崇拜人爵之迷梦。知贵贵之不逾亲亲长长,而有此微词。特俗人如武安辈,尚不知耳。

古以官视为荣

《后汉·光武纪》:"光武为舂陵侯家讼逋租于严尤。"注:"时宛人朱福亦讼租于尤,尤止车独与光武语,不视福。光武归戏福曰:'严公宁视卿耶?'"

按:光武创业为帝,贱时气量宜度越常人矣,乃以官视为荣,言之得意。英雄尚如此,常人可知。

唐贵贱不平等之丑态

《玉泉子》:"韦保衡常访同人,方坐,李巨新及第亦继至。保衡以其后,先匿于帏下。既入曰:'有客乎?'同人曰:'韦保衡秀才可以出否?'巨新及第,甚自得意。徐曰:'出也何妨。'保衡竟不出。洎韦尚公主为相,巨新方为山北从事焉。"

按:韦、李同客友人家,韦即秀才,亦士人也,何至闻新进士来即匿避帏下？及李问及，主人仍不敢令韦即出见，必请命于新进士，商其可出否。此在今日，必逊谢欢迎其出矣。而不尔者，进士及第即为官，秀才仍庶人，当时习惯盖以庶人与官同会，即亵视官矣。故虽同客友人家，秀才必回避进士。

豪贵见郡王则骇散

《摭异记》："上明皇为临淄王时，曾戎服臂小鹰于昆明池。会有豪家子，盛酒馔，方宴，因疾驱直突会前，诸少年颇露难色。忽一少年持酒船令曰：'宜以门族官品备陈之。'酒及于上，因大呼曰：'皇祖天子父相王，某临淄郡王也。'诸少年闻之，惊走四散。不复顾车服。"

按：诸少年必皆贵人也，宴饮时来一极贵之郡王，此在今日，必益致其敬恭，何至惊骇遽鸟兽散，如贼之惧捕？而唐时不尔者，以郡王之威严，非他大官可比，故骇散也。

士人不能与官人同宴

《摭言》："彭伉、湛贲，俱宜春人。伉妻又湛姨也。伉举进士及第，湛犹为秀才，妻族为置贺宴，皆官人名士。湛至，命饭于后阁。其妻愤然责之。未数载，湛一举登第，初伉尝侮湛，及湛及第，伉方游郊郭，忽家僮驰报，伉闻失声坠驴，惊湛之骤贵也。"

闻婿及第即与女同席

《因话录》："赵琮妻父为钟陵大将，琮以久随计不第，穷悴甚，妻族益相薄，虽妻父母不能不然也。一日军中高会，州郡请之春设者，大将家相率列棚以观之。其妻虽贫，不能勿往。然所服故弊，众以帷隔绝之。设方酣，廉使忽驰吏召将，将甚恐。既至，廉使曰：'赵琮非汝婿乎？'曰：'然。'曰：'已及第矣。'即授所驰书，乃榜也。将遽以榜奔归，呼曰：'赵郎及第矣！'妻族大喜，即撤去帷帐，相与同席，以簪服庆遗焉。"

世态炎凉，至此极矣。当婿未第，以衣弊故，隔绝不与其女通；及闻婿及第，即刻撤帷，与女同席，似忘其衣弊者。且万目睽睽，在稠人广众中，未闻有嗤之者，则当时社会贵贵之念同也。

唐宋时请贵人到宅饮宴后须往谢

《五灯会元·鹅湖智孚禅师传》："侍者来请赴堂。吃饭。师曰：'我今日在庄吃油糍饱。'侍者曰：'和尚不曾出入。'师曰：'你但问取庄主。'侍者方出门，忽见庄主归，谢和尚到庄吃油糍。"智孚为唐末人，是唐时贵人，时方丈甚尊贵，到宅饮食，过日须往谢也。又，《曲洧纪闻》："杜祁公留守洛阳，有何平叔者，年七十馀，隐于城西南隅，莳花种竹于园中，以诗酒自娱，从不入市。一日祁公便服独游，见园内花竹清幽，便入其中。值何饮酒，祁公问讯，即便共酌。何乃更炙茄饷客，欢燕乐甚。俄署中车骑来迎，旌旗拂路，欧阳永叔、尹师鲁等亦至，立侍于侧。何曰：'公等何人？何侍从之多也？'答：'来迎相公。'何乃知共酌者为留守也。久之，公辞归。何曰：'久不入官府，明日恕不往谢。'"又，《老学庵笔记》："荆公少与孙少述相契重，及罢相归高沙，亟往访之。少述遂留荆公，置酒供饭，至暮乃散。荆公曰：'退即解舟，无由再见。'少述曰：'如此更不去奉谢矣。'"是宋时贵人过友人饮宴，虽非请来，亦须谢也。

卷三十二　历代物价

周时粮每石值黄金二两，每两金值钱不足百文

《管子》："黄金一斤，值食八石。"

按： 十六两为一斤，正合二两一石。此非周时食贵，乃金价贱也。

又，《管子》："今齐西之粟釜百泉，则钘二十也。齐东之粟釜十泉，则钘二也。"

按：《左传·昭三年》："齐旧有四量，豆、区、釜、钟。四升为豆，各自其四，以登于釜。"杜注："四豆为区，一斗六升。四区为釜，六斗四升。"是齐定制，一斗六升为区，四区为釜。正六斗四升。乃《管子》曰："釜百泉则钘二十。"似五倍钘方为釜。故注云："一斗二升八合为钘"。岂区、钘不同欤？泉，钱也，以一斗二升八合之粟，贵则值钱二十，贱则二钱，以此证古粟固贱，然亦因古钱贵故也。

又按： 齐粟每石黄金二两，每斗金二钱，每合金二分。则一斗二升八合值金二钱六分。若与钱则为二十。是黄金二钱六分当钱二十也。是黄金一钱值不足十文，一两不足百文也。虽未能恰合，大概如斯矣。

汉金价贵银价五倍

《汉书·食货志》:"黄金重一斤值钱万,朱提银重八两为一流,值一千五百八十,它银一流值千,是为银货二品。"

按:朱提县所产银最高,故重三斤余即当一斤金价,它银则五斤价方当一斤金价也。又一两金值钱六百二十五文,比周加五倍。

汉时银价

据《食货志》:"朱提银一流值一千五百八十。"八两为一流,是每两银易钱一百九十七文半也,是银之最高者。寻常银一流值钱千,是每两易钱一百二十五也。

元明清金银钱之值

桐城吴先生日记云:元初中统时,每钞一贯折银一两,每钞四贯易赤金一两。是金一两当银四两也。洪武十八年(1385年),金一两当银五两。永乐十一年(1413年),金一两当银七两五钱。未几,金一两复当银十两。至清乾隆,金一两换银十四两九钱六分。嘉庆八年(1803年),换银十五两四钱一分。道光十二年(1832年),换银十五两七钱三分。同治十年(1871年),换银十五两五钱七分。十三年(1874年),换银十六两一钱七分。光绪二年(1876年),换银十七两八钱七分。五年(1879年),换银十八两一钱六分。十八年(1892年),换银二十三两七钱一分。二十二年(1896年),换银三十一两七钱。金价始暴涨。二十三年(1897年),换银三十三两九钱一分。盖至光绪末年,金价随世界为转移,故暴涨如是也。

两汉之谷价、米价

《汉书·食货志》:"岁数丰穰,谷至石五钱。"以一石谷舂五斗米计之,是一斗米值一文也。又,《明帝纪》:"岁比登稔,粟斛三十。"十斗为斛,是每斗三文也,是最贱之价值。其最贵者,《史记·平准书》:"物踊腾,籴米至石万钱。"是汉初兵革时之价,不足为例。又,《食货志》:"元帝即位,齐地饥,谷石三百余;民多饿死。"又,"王莽时,青徐地人相食,米石二千。"夫米至每斗二百,几与清时相埒,无怪人相食。若谷石三百,每斗只三十,较后代贱十倍矣;而民仍饿死。以此证汉时钱贵过后代远矣。

唐时寻常米价每斗四十文

《通鉴》:"苻坚建元七年,岁大熟,斗米五钱。"又,唐贞观十三年大熟,斗米三钱。是皆不能为定价。考《唐人闻奇录》:"晋国公王铎为丞郎时,以江淮运米至京,每斗水陆费计七百,而京国米价四十。"议欲不运米折价,是每斗米价四十钱,为唐时寻常之米价,较清时用铜钱时之米价贱十倍也。

汉时地价及一金之值

《汉书·东方朔传》:"故鄠镐之间号为土膏,其价亩一金。"

按:《庄子·逍遥游》:"不过数金。"注云:金方寸重一斤为一金。是每地一亩,值金十六两也。

又按:《公羊·隐公五年》:"百金之鱼。"注云:"百金,犹百万也。古者以金重一斤,若今万钱矣。"《公羊》为何休注,休,汉人。是汉一斤金,可当万钱也。是亦以一斤为一金也。然则鄠镐上地万钱一亩,他则不及也。

汉中人产值十金

《汉书·文帝纪》："常欲作露台，召匠计之直百金。上曰：'百金，中人十家之产。'"然则汉时中人产，平均值十金。据《史记·平准书》注：汉时金四两，直二千五百文。是一斤直万钱，十金直十万。是在后世钱贱之时犹为贫家。汉时不尔者，钱贵后世十倍也。

周时兰草之贵

《说苑》："晏子曰：'今夫兰本，三年湛之以鹿醢。既成则易以匹马。'"

按： 兰产于南方，中原气候高燥，生殖不宜。古人培以鹿醢，使之开花，值敌匹马，虽今世无此价。可证古人爱花重于今世。

战国时之锥价、狸价

《说苑》："客说齐王曰：'骐骥骡骊，倚衡负轭而趋，一日千里，此至疾也。然使捕鼠，曾不如百钱之狸。干将镆铘，拂钟不铮，试物不知，此至利也。然以之补履，曾不如两钱之锥。'"

按： 周时有迎猫之祭，似其时猫尚未驯扰成为家畜，故以狸捕鼠，狸形微大于猫，毛作苍黑色，有纹，无他色者。其灵捷等于猫而凶狠过之，故猫畏焉。常以数寸长之初生狸与猫，尚畏而不敢食。古以此捕鼠。似曾为家畜，故值百钱。若补履之锥只值二文，此无他，钱贵故也。

汉胡饼价

《三国志》注："赵岐遭家祸，诣北海贩胡饼。孙宾硕过市，疑其非常人。问曰：'自有饼耶？贩之耶？'岐曰：'贩之。'宾硕曰：'买几何？卖几何？'曰：'买三十，卖亦三十。'"

按： 唐·沈既济《任氏传》："有鬻胡饼者，方张炭炽炉。"是即今日之烧饼也。以汉时钱价之贵，而值至三十，疑非一枚也。

汉唐酒价

《汉书·武帝纪》："卖酒升四钱。"是斗酒四十文也。《典论》云："孝灵帝末年，有司湎酒斗值千文。"是东汉末酒价较西汉贵数十倍也。至六朝迄唐，则每斗三百文。杨松玠《谈薮》云："北齐卢思道常言长安酒贱，斗价三百。"唐·杜甫诗云："速来相就饮一斗，恰有三百青铜钱。"是其证。至王维诗："新丰美酒斗十千。"李白诗："金尊斗酒沽十千。"侈言酒美价昂耳，非实录也。是唐时酒价几十倍于汉矣。此无他，唐钱贱也。

汉时一饭之价

《风俗通》曰："太原王子廉，一介不取，常过其姊饭，留钱十五文，默置席下。"

按： 汉时钱贵，一饭十五文，必美食也。

六朝时木柴屋椽及木制魁、碗价

《齐民要术》："榆柴一束三文，杨柳柴每载百文，桐木、榆木椽，每根十文，柳木椽每根八文，木碗七文，木魁二十文。"

历代社会风俗事物考

按： 魁即盆也。今河北人犹呼瓦盆为瓦魁，载者，一车也。

历代奴婢之价

《晏子春秋》："晏子之晋，至中牟，睹弊冠反裘负刍息于涂侧者，以为君子也，使人问焉。曰：'我越石父，为人臣仆于中牟。'晏子曰：'可得赎乎？'曰：'可'。乃脱左骖以赎之。"是周时一奴价准一马也。又，王褒《僮约》云："从成都安志里杨惠，买夫时户下髯奴便了，决价万五千。"是西汉奴价万五千也。又，梁任昉《奏弹刘整疏》："寅以私钱七千，赎奴当伯，奴名。使上广州去。后寅亡，整复夺取当伯充众。"是六朝时奴价钱七千。又云："整更夺取婢绿草，货得七千。整兄弟及姊共分此钱，又不分逮。刘寅子。婢姊及弟，各准钱五千文。不分逮。"是六朝时婢价亦七千。其次者则五千也。至《世说》所记，苻朗初过江，王咨议问中土奴婢贵贱？朗曰："谨厚有识，中者，乃至十万。"是愤激语，不足为凭也。

晋时羊价

《搜神记》："宋定伯担鬼至宛市，化为一羊卖之，得钱千五百。"当时石崇有言，"定伯卖鬼，得钱千五。"此事固荒唐，然足证明羊价也。

汉唐马价

《史记·平准书》："物价腾踊，马一匹百金。"是极贵之价。可见贱时亦约十金。马盖莫贵于汉也。又，《集异记》："宁王方集宾客鬻马牙人麹神奴，呈二马皆神骏精采，问价，牙人曰：'此一千缗，此五百缗也。'"王所乘皆千里马，非普通马价。

· 360 ·

又按： 郑简《任氏记》："郑子如市，果见一人牵马求售，售在左股，郑子以六千买以归。后售愈，售三万。"是贱则六千钱，贵则三万钱也，是普通马价也。

唐时牛价

吴融《冤债志》："至时有人牵跛牛过，以四千买之。养六百日，甚肥健。同曲磨家，二牛暮卒，以十五千求买。"是唐牛值十五千也。

按： 清时中原牛肥大者，值三十余千，倍唐时价。然唐时钱贵，况清时牛价亦有十五六千者，是古今牛价相等也。

唐驴价

《酉阳杂俎》："开成初，东市百姓丧父，骑驴市凶具。驴忽曰：'负君家力已足，南市卖麸家欠我五千四百，我负君数亦如之，可卖我。'其人惊异，即访麸家，果卖得五千四百。"

唐时鸡子价、鸡价、竹笋、竹竿价

《耳目记》："新昌令夏侯彪之，初下车，问里曰：'鸡子一钱几颗？'曰：'三颗。'乃取十千钱，令买三万颗。谓里正曰：'吾未要，且令母鸡抱之，遂成三万头。鸡经数月长成，令更与我卖却，一鸡三十文。'半年之间，成九十万。"是可证唐时一文钱可买三鸡卵。长成之鸡，一只值三十文也。清时一鸡卵三文，与唐较贵十倍。理应如是。至鸡一只，清时普通值六七十文，较唐只贵一倍，则不可解也。

又问："'竹笋一钱几茎？'曰：'一钱五茎。'乃取十千买五十万，令里正栽之。半年成竿，一竿卖一文，成五十万。"是可证唐时一文钱可买笋五茎，一竹竿则值一文也。

唐鸭卵价

吴融《冤债志》："乐平许元惠家，蓄十余鸭。忽多一黑鸭，日产一卵。凡诞三十卵，计其值恰三百钱。"是每卵值十文也。

按： 今之鸭卵值倍于鸡卵耳。唐则一钱三鸡卵，十钱则三十枚，是鸭卵贵鸡卵三十倍也。古今之不同如此。

唐时槥价

《酉阳杂俎》："及市槥正当二千四百文。"此可证唐时棺价，普通者二千余钱也。

晋时赁牛车价

《搜神记》："高安妇苏娥，有杂缯帛百二十匹，欲之旁县卖之。从同县男子王伯赁车牛一乘，直钱万二千。载妾并缯，令婢致富执辔。"

按： 所谓旁县，不知道里若干？断非三五日所能往来，故值昂若是。又令婢执辔，是车主不执鞭随，与今日异也。

唐镰刀价

唐时镰刀，每枚三十文。《五灯会元》："王南泉云：'吾这茅镰子，三十文买得。'"是其证。南泉，唐时人也。

六朝布价

《通志》："齐竟陵王子良上表曰：'晋东渡初，绢布所直，十倍于今。官布一匹，直钱一千。及宋元嘉，匹直六百。今则入官好布，匹下百余。'"是东晋初一匹直千钱，至齐一匹布直约百钱也。

晋练价一匹一金

《晋书·王导传》："时库中惟有练数千端，鬻之不售，而国用不给。导患之，于是乃与朝贤俱制练布单衣，士人翕然竞服之。练价踊至一金。"

按：煮熟之缣帛曰练，十六两为一金，一端一金，其值颇昂。但亦视一端丈尺若干。

按：《宋书·沈庆之传》："年八十，梦有人与两匹绢，曰：'老子今年不免。两匹绢，八十也。'"据是，是一匹绢四十尺。晋宋淳制当同。若如汉制十六两为一金，是金一两只买二尺半绢。古金即贱，尚不至是。疑晋所谓一金，已如《正字通》所言，以二十四铢为一金，即一两也。

五代时之靴价

《归田录》："冯道与和凝同在中书，一日和问冯曰：'公靴新买，其值几何？'冯举左足曰：'九百。'和性褊急，遽回顾小吏曰：'我靴何得一千八百？'因诟责久之。冯徐举右足曰：'此亦九百。'于是哄堂大笑。"然则五代时官靴，一千八百为定价也。

宋时造船价

《老学庵笔记》："建炎中，平江造战舰。八舻者长八丈，为钱一千一百五十九贯。四舻者长四丈五尺，为钱三百二十九贯。"

唐牡丹花价及绢价、筮价

白居易《买花》诗："帝城春欲暮，喧喧车马度。共道牡丹时，相随买花去。贵贱无常价，酬值看花数。灼灼百朵红，戋戋五束素。"是花足百朵者，值帛五匹也。唐时交易多以帛，至帛一匹值若干钱，尚未得确证。

按：杜甫《忆昔》云："岂闻一绢值万钱。"是天宝乱后之价，不足为准。《前定录》云："宣平坊李生善易筮，以五百文决一局。相国揆持一缣晨往。"是一缣之值必与五百文相当，有赢而无绌也。由是证唐一缣只数百文。白诗所谓"五束素"者，殆不过三四千也。

唐马医价

《诺皋记》云："建初中，有人牵马访马医，云马患脚，以二十镮求治。"是唐时医马价二十镮，每镮一百也。

唐竹笼价

吴融《冤债志》："乃令多买竹作笼，约盛五六斗者储之。明年修广陵城，每笼三十文，大获利益。"

宋缣价每匹千钱

《老学庵笔记》：承平时，鄜州田氏作泥孩儿，驰名天下。一对至直十缣，一床至三十千。一床者，或五或七也，云云。然则一床约三对，一对正值十千。十千即十缣之价，一缣正千钱也。宋承平时如此。宋去唐近，唐承平时，每缣必不及千钱，无怪杜诗以一绢值万钱为创闻也。然则唐宋时旅行，以帛为粮及以帛易物者，其价值大概，可比例得之矣。

唐宋时平民每年生活费

唐于逊《灵应录》："纸商陈泰供养一僧，二年不倦。忽一日，僧谓曰：'尔有多少口，几许金便足？'陈曰：'弟子幼累二十口，岁约一百缗粗备。'"据是，每人五千钱，即足一年费。又，《东坡志林》："在岭南，每日费百文。至朔日，预将三千钱分为三十提，以画叉挂于壁上。每日取百钱用之。"

按：东坡在岭南，从者子过、妾朝云及仆役，盖有六七人之谱，而每日只需百钱，即可度日。每人日费十余文，月四五百，年亦五六千，与唐于逊所述者略同也。此虽贫民生活，然在清同光间，正用铜钱之时，亦相去甚远。若今日则不能比例矣。以是证唐宋时铜钱尚贵也。

明时米价及清乾隆时米价

《明史·王文传》："请每米四石折银一两，民以为便"是每石米值银二钱五分也。又，《随园随笔》云："曾见正德二年，吴县申报米粮时价文书，白米一石，纹银二钱。又见申文定公与其子书云：'吴下大荒，米每石价贵至六七钱。'"又，《金罍子》云:"嘉靖癸丑(三十二年,1553年),京师大饥,人相食,米石二两二钱。"袁子才云:是今日之平价也。可见乾隆时米二两余一石也,已十倍于明之平价。若今日则五十余倍于明矣,米价之不测如此!

卷三十三　历代称呼

历代之称呼天子

西汉称天子曰县官。《霍光传》："禹曰：'我何病，县官非我家将军不得至是。'"又，《东平思王传》："今暑热，县官年少，持服恐无处所。"张宴曰："不敢指斥成帝，谓之县官也。"东汉亦称曰官家。《杂事秘辛》："官家重礼，缓此结束，当加鞠翟耳。"又，《宋书·后妃传》："废帝欲鸩王皇后，左右止之曰：'若行此事，官便应作孝子。'"是又对皇帝可称为官也。

隋唐称天子曰大家。《海山记》："隋文帝死，杨素既立炀帝，归谓家人曰：'小儿子吾已提起，教作大家。即不知了当得否？'"唐《李泌传》："上烧梨赐泌，颖王特恩亦求，上曰：'何乃争此？'颖王曰：'臣等试大家心，何乃偏耶？'"又，《五代史·唐家人传》："大家还魂矣。"是对天子亦可称大家也。

宋则称皇帝曰官家。花蕊夫人词："法云寺里中元节，又是官家降诞辰。"又，《词苑丛谈》："道君幸李师师家，不遇。至更初归，愁眉泪眼，憔悴可掬。道君问故？师师奏言：'邦彦得罪去，一杯相别，不知官家来。'"是亦对面称也。

历代社会风俗事物考

按：殿廷公见，称皇帝皆曰陛下。自两汉迄明清皆然。至曰县官，曰官家，曰大家，皆私称也。乃亦有对面称者，盖燕见亲昵者，无所不可也。

晋时仆称主人曰官

《世说》："谢太傅与王珣相恶，太傅卒，王往吊，督师习约不听使前。曰：'官生平不见此客。'"又，"殷中军妙解经脉，有常所给吏，忽叩头流血，言母抱病，若蒙官一脉，便有活理。"是晋时仆称主人皆曰官也。

唐仆媪称男主人曰郎，女曰娘子

白行简《李娃传》："生申喉发调，闻者欷歔。时生父亦易服私往观，有老竖即生乳母婿也。见生将认之而未敢，乃泫然流涕。生父问故？曰：'歌者酷似郎之亡子。'"又，《猎狐记》："仆曰：'吾家郎君，为陇西观察使，公子亦往陇西省亲，只娘子在家，未便留宿，容吾与娘子商。'"又，《刘无双传》："王仙客以求亲之事，闻于舅母。舅母曰：'是我所欲也，即当议其事。'又数日，有青衣告仙客曰：'娘子适以亲情事言于阿郎，阿郎曰：向前亦未许之，恐是参差也。'"又，《因话录》："李逢吉家有婢好言梦，曰：'昨夜为郎君作梦不好。'"又，《梦游录》："独孤遐叔谓其妻死，疾走入门，青衣报娘子梦魇方寤。"其小女则曰小娘子，昌黎《祭女挐文》曰："致祭于小娘子之灵。"又，小说称小娘子者尤多。其称小儿则曰小郎。

按：今日仆媪称男主曰老爷，主母曰太太，唐之称郎君、称娘子，亦犹是也。

历代父母之异称

《左传·昭二十八年》："叔向曰：'吾母多而庶鲜，吾惩舅氏矣。'"注："言父多妾媵，而庶子少也。"是春秋亦称父为舅。又，《左传·襄二十八年》："卢蒲癸谋杀庆舍，卢蒲姜癸妻舍女曰：'有事而不告我，必不捷矣。'癸告之，姜曰：'夫子谓父愎，莫之止，将不出。我请止之。'"又，《左传·襄二十七年》："成与彊怒，将杀之，杀棠无咎。告庆封曰：'夫子言其父之身，亦子所知也。'"言封知其父嬖棠无咎。又，《檀弓》："曾子曰：'元起易簀。'曾元曰：'夫子之病革矣。'"是春秋时亦称父为夫子也。又，《史记·高祖纪》："上奉卮酒为太上皇寿曰：'始大人常以臣不能治产。'"又，《汉书·霍光传》："光兄骠骑将军去病，过河东，迎父仲孺曰：'去病不早自知为大人遗体。'"是汉称父为大人也。至对外称，《西京杂记》云："家君刘向以为史佚，教其子读《尔雅》。"又，《后汉·袁隗妻传》："马伦曰：'家君获此，亦其宜耳。'"又，《颜氏家训》："昔侯霸之子孙，称其祖父曰家公。陈思王称其父曰家父，母为家母。潘尼称其祖曰家祖。古人之所行，今人之所笑也。及南北风俗，言其祖父及二亲，无曰家者。田里猥人方有此言尔。"

按：《庄子》云："其往也，家公执席。"《世说》云："有人问陈元方：'足下家君何如？'"又，谢公问王子敬："君书何如君家尊？"是秦汉魏晋时对朋友称其父曰家，何况自称，乃齐梁时以是为可笑，无怪颜氏非之也。

若《淮南子》云："东家母死，其子哭之不哀。西家子见之，谓其母曰：'社何爱速死，吾必悲哭社。'"江淮谓母为社也。

按：此乡里方言俗称，亦犹今日闽人呼父曰郎罢，粤人呼母曰阿吉，北方呼祖父为爷爷，祖母为奶奶，呼父为爹，母为娘，或呼父为爸爸，母为妈也。然爹娘之称虽俗，亦最古。古乐府："朝辞耶娘去，暮宿黄河边。"又，杜甫《兵车行》："耶娘妻子走相送。"是自晋唐已如此称呼。耶者，爹声之转！又，《南史·始兴王憺传》："诏征还朝，始兴人歌之曰：'始兴王，人之爹，赴人急，如水火。'"又，韩愈《祭女挐文》："阿爹阿八。"是爹称自六朝及唐亦有也。又，《颜氏家训》："今世俗呼其祖考为先亡丈人。"疑丈当为大。

按：此必已故之祖考，若尚在堂则不合也。

称人父母

《史记·聂政传》："严仲子曰：故进百金为大人粗粝之费。"此大人谓聂政母也。是称友人父母亦曰大人也。又，《世说》："人问陈元方，足下家君何如？"又，谢公谓王子敬："君书何如君家尊？"是称友人父亦可曰家，至六朝则加尊字。《颜氏家训》："凡与人言，称彼祖父母、父母、世父母及长姑，皆加尊字。自叔父母以下，皆加贤字。"

按：《文章志》云："或问子敬：'尊君书何如？'"可证颜氏说之不谬。此等习惯至今不改。惟称人伯叔父或兄弟多曰令，为小异耳。

若对子字父则为失礼

《魏志·司马朗传》："九岁，人有道其父字者，朗曰：'慢人亲者，不敬其亲者也。'客谢之。"又，《常林传》："对子字父，是知礼乎？客亦谢之。"

按：字所以表德，此在周时不为不敬，汉魏时文盛则否也。

古伯父叔父之称呼

《颜氏家训》:"古今皆呼伯父叔父,今世多单呼伯叔。"

按:《左传·僖二十五年》:"周王曰:'未有代德,而有二王,亦叔父之所恶也。'"又,《左传·成二年》:"周王使单襄公辞于晋使曰:'其敢废旧典以忝叔父?'"又,《汉书·王莽传》:"世父大将军凤病。"师古曰:"世父谓伯父也,以居长嫡而继统也。"又,"叔父成都侯商。"又,《楚元王传》:"季父不吾取,吾取季父矣。"又,《项羽本纪》:"其季父项梁。"是周及汉,呼伯父或为世父,叔父或为季父,而皆父称之证也。至单称伯叔,晋初已如此。《世说》:"王济谓叔父王湛曰:'叔好骑乘不?'武帝每见王济,辄以湛调之曰:'卿家痴叔死未?'济曰:'臣叔不痴!'"又,桓玄谓王桢之曰:"我何如卿第七叔?"是无论自称人称,皆单曰叔矣。颜氏以为非者,妇称夫弟亦曰叔。《陈平传》:"嫂曰:'有叔如此,不如无有。'"若兄子只称叔不称父,则与嫂叔无别矣。

汉世亦称叔父为大人。《汉书·疏广传》:"广谓兄子受曰:'今宦成名立,不去惧有后悔。'受叩头曰:'从大人议。'"亦有字叔父者,《史记·爰盎传》:"兄子种谓盎曰:'丝但日饮亡何。'"丝者,盎字。盖汉时犹有古风也。

兄弟子,至晋始称为侄

古称犹子。《礼记》:"兄弟之子犹子也。"盖引而进之也。亦曰兄子。《论语》:"以其兄之子妻之。"《汉书·疏广传》:"兄子受。"《爰盎传》:"兄子种。"鲜有称侄者。《释名》云:"姑谓兄弟之女曰侄。"侄,迭也。更迭、进御也。《礼·内则》注:"所谓夫人及两媵,各有侄娣。"《左传》:"臧宣叔娶于铸,生贾及为而死。继室以其姪"是也，故字从女。乃至晋始称兄弟之男子曰侄。《颜氏家训》云："兄弟之子已孤，与他人言，对孤者前呼为兄子弟子，颇为不忍。北土人多呼为侄。晋世以来始呼叔侄。今呼为侄，于理为胜"云云。是至晋始以侄为兄弟子之专称。故《晋书·王济传》云："济才气抗迈，于叔父湛略无子侄之敬。"《北史·李郁传》："兄玚卒，抚育孤侄，归于乡里。"至唐宋则尤以为确称，不可更仆数矣。

或曰：《左传》云："侄从其姑。"《史记·田蚡传》云："蚡侍酒婴所，跪起如子侄。"是古称侄亦同于后世。岂知侄其从姑者，正侄娣从姑嫁，此本签词，仿佛而已。不得以事应怀公为证。《史记·田蚡传》之"子侄。"侄乃姓之讹。《汉书》作"子姓。"师古曰："姓，生也，言同子礼，若己所生。"师古于《史》《汉》考订至精，设《史记》为侄字，师古早言之矣。是皆后人之妄改史文也。又，《公羊》："诸侯娶一国，则二国往媵之。以侄娣从。侄者何？兄之子也。"是专谓女也。故《尔雅·释亲》云："女子谓晜，弟之子为侄。"而于宗族，则无侄称，此其证也。

妇称夫族，今古之不同

《尔雅》："妇称夫父母为舅姑。"《礼·内则》："妇事舅姑"是也。至汉，则称舅为丈人，《颜氏家训》："汉时妇对舅称丈人。"古乐府词：先述三子，次及三妇，妇是对舅姑之称。其末章云："丈人且安坐，调弦未遽央。"古者子妇供事舅姑，与儿女无异，故有此言。亦称姑曰大人，舅姑曰公姆，《焦仲卿》诗："五日断一匹，大人故嫌迟。""勤心养公姆"是也。至六朝则呼舅为丈人公，《颜氏家训》："今北间妇人呼舅为丈人公"是也。

按：今世妇人对人称舅曰公公，姑曰婆婆。至当面呼皆从夫，不知始于何时。与古异矣。

至称夫之兄，《尔雅》云："兄曰兄公。"郭璞注云："今俗呼兄钟，语之转耳。"是兄公之称，至晋未改。称夫之弟则曰叔，《史记·陈平传》："嫂曰：'有叔如此，不如无有。'"夫之姊妹则曰姑，汉《焦仲卿》诗："新妇初来时，小姑初扶床；今日被驱遣，小姑如我长。"唐《新妇》诗："未谙姑食性，先遣小姑尝"是也。盖必加小字者，以别于舅姑之姑。称夫兄弟之妻，周时曰娣姒，晋曰妯娌。《左传》："子容之母走谒诸姑曰：'长叔姒生男。'"《尔雅》："长妇谓稚妇为娣妇，娣妇谓长妇为姒妇。"郭注："今或曰妯娌"是也。至于今妇称夫兄曰大伯，弟曰小叔，姊妹则曰大姑、小姑，兄弟妇皆曰妯娌。然对面呼仍皆从夫。

甥与母族之称呼

《尔雅》："谓我舅者，吾谓之甥。"《诗·大雅》："韩侯娶妻，汾王之甥。"《传》："姊妹之子曰甥。"《广韵》："外甥也。"甥称母之父母曰外祖父、曰外祖母，此古今之通称也。至六朝则去外为家。《颜氏家训》："河北士人皆呼外祖父母为家公家母。江南田里间，亦以家代外，非吾所识。"是其证。称母之兄弟曰舅。《诗》："我送舅氏，曰送渭阳。"《左传》："继室以其侄，穆姜之姨子也。"注："穆姜姨母之子，与穆姜为姨昆弟。"又，《会真记》："夫人郑氏，生之姨也。"姨称亦迄于今。称母侄则曰中表，《晋书·山涛传》："涛与宣穆后有中表亲。"中表者，即表兄弟。徐铉《和表弟包颖诗》云："平生中表最相亲"是其证。然古只曰中表，至唐则直称曰表兄、表弟，杜甫有赠表弟诗，苏轼有饮饯表兄程正辅诗。以迄于今，外家称呼皆大致不改。惟世俗称外祖有曰老爷者、外公者，外祖母有曰姥姥、曰外婆者，皆方言俗呼。又，南北普通称舅母为妗，殊不得解，然《集韵》已言之，其由来久矣。

历代社会风俗事物考

婿与妻族之称呼

古称女夫曰甥。《孟子》："帝馆甥于贰室"是也。春秋时则称曰婿。《左传·文八年》："晋侯使解扬归匡戚之田于卫，且复致公婿池之封。"注："晋公之婿名池也。"婿之名至今不改。至婿称妇父，《尔雅》曰外舅，汉时则曰妇翁。《后汉·第五伦传》："明帝戏伦曰：'闻君为吏挝妇翁。'"翁者父称。《汉书·金日䃅传》："日䃅二子，皆为上弄儿，拥上项。日䃅见而目之。儿走且啼曰：'翁怒。'"是其证。故陈后主曰："妇父乃是翁比，女夫乃是儿例，奈何不敬！"《通鉴》特载其言。今世田野有如此称者，则人笑之，而不知正与古合也。自六朝始呼为丈人，《野客丛书》云："后山送外舅诗：'丈人江淮英'"。称妇翁为丈人字俗，然字则远矣。仆观《三国志》注："献帝舅车骑将军董承"句下，承于帝为丈人。古无丈人之名，故谓之舅。裴为宋元嘉时人，呼妇翁为丈人，已见此时，至唐则以丈人为通称。杨詹事凭，柳子厚妇翁也。子厚祭文直呼为丈人，是其证。后又谓丈人为泰山，《酉阳杂俎》："明皇封泰山，张说为封禅使，说女婿郑镒本九品，封禅后独迁五品，并赐绯衣。黄幡绰曰：'此乃泰山之力也。'"此一因也。又，有谓因东岳有丈人峰，世遂谓丈人为泰山。此又一因也。至今日则又由泰山转而为岳父。因岳父呼妻母曰岳母。对人称则曰家岳，曰家岳母。其不妥，盖甚于古称外祖母曰家也。

婿称妻兄弟及婿与婿称

《晋书·阮瞻传》："内兄潘岳，每令弹琴。"《唐书》："李益、卢纶，大历十才子之杰出者。纶于益为内兄。"又，《文中子》："有内弟之丧，不饮酒食肉。"内弟、内兄之称，至今不改。至女兄弟则曰姨，《左传·庄十年》："蔡哀侯娶于陈，息侯亦娶焉。

· 374 ·

息妫将归,过蔡。蔡侯曰:'吾姨也。'止而见之。"此姨称之最古者。迄于今则又曰大姨、小姨,以别于母姨。至婿与婿相称,古谓曰亚,《尔雅》:"两婿相谓曰亚。"注:"《诗》曰:'琐琐姻亚。'"汉谓为友婿,《汉书·严助传》:"家贫,为友婿富人所辱。"师古曰:"友婿,同门之婿。"晋谓为僚婿,郭璞《尔雅》注:"今江南呼同门为僚婿"是也。宋谓为连袂,《潜确类书》:"范仲淹、郑戬,皆自小官、布衣,选配李参政昌龄女,为连袂。"又,"李晋卿有二女,将死,语家人曰:'长女配王乐道,次女配滕元发,足矣。'二人遂为连袂。"后又由连袂而转为连襟,《懒真子》:"江北人呼连袂为连襟。"至今仍之。妻族称呼,以此与妇翁为最繁矣。

唐谓及第进士为先辈

自古皆称高年耆旧为先辈,如《吴志·阚泽传》:"泽州里先辈丹阳唐固。"又,《魏志·陶谦传》注:"郡守张磐,同郡先辈。"又,《旧唐书·孔颖达传》:"隋炀帝集诸郡儒于东都,令国子秘书与之论难,颖达最年少,而先辈宿儒皆为之屈。"是隋时尚如此。乃至唐中叶,则称先辈者为及第进士,而非老称。王维诗:"为学轻先辈,何能访老儒。"《北梦琐言》:"王凝知举,司空图第四人登科。王谓众曰:'今年榜帖为司空先辈一人而已。'"是所谓先辈,实后辈也。

按:《琐言》之说,仍微不合。先辈实进士及第之专称。《云溪友议》云:"牛僧孺被举,常投贽于补阙刘禹锡。禹锡对客涂窜其文曰:'必先辈期至矣。'"又,《北里志·杨莱儿传》:"进士赵光远一见溺之,及应举,自谓必取。莱儿亦大为夸于宾客,指光远为一鸣先辈。"是皆应试前祝其及第为先辈也,非普通后辈之称。

卷三十四　奴婢佣赁

周盗贼妻子没为奴婢，可上市买卖

《周礼·秋官·司厉》："掌盗贼之任器货贿。其奴男子入于罪隶，女子入于舂稾。"

按： 罪隶者，隶司空为役，舂稾者，言女子力弱，充舂米炊食之职。是官奴婢皆由盗贼没入，故可买卖。《周礼·质人》："掌成平也市之货贿、人民、牛马。"注："人民，奴婢也。"疏："言奴婢则非良人，而罪人也。"盖官家奴婢多，而卖于民间，民间复可以奴婢上市而买卖之。与牛马同。

亦有因饥寒而鬻为奴婢者，故多可赎

《晏子春秋》："晏子之晋，至中牟。睹弊冠反裘负刍息于涂者，以为君子也。使人问焉。曰：'我越石甫，为人臣仆于中牟。'晏子曰：'何为至此？'曰：'不免冻馁之累，是以为此也。'晏子曰：'可得赎乎？'曰：'可。'乃脱左骖以赎之。"

按： 此自鬻为仆也，其契约或若干年，或终身，或可赎，或不可赎。

故晏子问之。又,《檀弓》:"子柳之母死,子硕请具,子柳曰:'何以哉?'子硕曰:'请鬻庶弟之母。'"又,《史记·陈轸传》:"故卖仆妾不出里巷而售者,良仆妾也。"又,《淮南子》:"鲁人有为妾于诸侯,有能赎之者,取金于府。"此皆因贫自鬻为婢妾,主人又因贫而转鬻于人,故多可赎也。

汉奴婢状况

汉魏时奴婢有三种:一因罪没入者;二因贫而为者;三被掠为奴婢者。因罪因贫,自周有之,掠卖则周时所无。以此见周时社会较后世不紊乱,其乡政善也。

其因罪没入者,如《外戚世家》:"薄姬,原魏豹妾,魏豹平,输织室。"又如,《吴志·潘夫人传》:"父为吏坐法死,夫人与姊俱输织室。"又,《魏志·高柔传》:"营士窦礼,近出不还,营以为亡,没其妻及男女为官奴婢"是也。其因贫者,如《高祖纪》:"民以饿自卖为官奴婢者,诏皆免为庶人。"又,干宝《搜神记》:"汉崔永父死不能葬,因自卖为奴。"又,《魏志·杨俊传》:"王象少孤特,为人仆隶,见使牧羊,而私读书,被箠楚"是也。其被掠卖者,如《外戚世家》:"窦广国年四五岁时,家贫为人所略卖。传十余家,其家不知其处。"又,《魏志·杨俊传》:"为人所略作奴仆者凡六家,俊皆倾财赎之。"又,《史记·栾布传》:"为人所略卖,为奴于燕"是也。

按:略卖之事,不惟春秋时无之,即战国亦不见。盖周时乡政之善,为后世所未有。凡作奸犯科之事,无所容藏。一易地即自困,故绝无此事也。

历代社会风俗事物考

汉奴婢之多空前绝后

有以上三因，汉奴婢之多，为自古所未有。其见于史者，如《陆贾传》："陈平以奴婢百人遗陆生。"《武帝纪》："发官奴婢三万人苑中养马。"《贡禹传》："诸官奴婢十余万人，戏游无事。"《哀帝纪》："诏诸侯王、列侯、公主、吏二千石及豪富民多畜奴婢，田宅亡限，令有司条奏诸侯、王奴婢二百人，列侯、公主百人，关内侯、吏民三十人。过品皆没入官。"诚以其时富人，如蜀卓王孙僮客八百人，程郑亦数百人。卓文君嫁司马相如，王孙分与僮百人。又，《季布传》："乃髡钳布，并其家僮数十人，之鲁朱家所卖之。"夫一卖即至数十人，少分即至百人，则当时社会奴婢之在豪富家者，诚不可以亿计也。故哀帝下诏限之。然《蜀志·糜竺传》："祖世货殖，僮客万人。"是东汉末此风仍未已也。

汉时卖奴婢衣以绣衣，置市上阑中

《贾谊传》："今民卖奴者，为之绣衣丝履偏诸缘，牙绦。内之闲中。"服虔曰："闲，卖奴婢阑。"

按：衣以鲜服者，饰其貌使姣好易售也；内之闲中者，惧其逸去，与闲牛马同也。盖市官特为置阑而税之也。

惟买卖奴婢者多，故价有定准

《汉书·食货志》："田宅奴婢价为减贱。"又，《毋将隆传》："傅太后使谒者买诸官婢，贱取之，复取执金吾官婢八人。隆奏言价贱，请更平直。"是可证当时奴婢皆有定价，与牛马五谷同。故有价贵贱之感觉。又可证奴婢即财货，故《陆贾传》："谓其子曰：'侍者十人，宝剑直百金；过汝十日而更，所死家得宝剑车骑侍从者。'"是以奴婢与车马宝剑，并为货财也。

汉为奴婢开一线生机

自周以来，主可杀奴。《史记·田儋传》："儋阳为缚其奴，从少年之县廷，欲谒杀奴。"服虔曰："古杀奴皆当告官。"是不过告以杀之之故耳，非告官判其可否也。残酷极矣！至汉文帝四年五月，诏免官奴婢为庶人。哀帝时，又诏官奴婢五十以上免为庶人。《魏志》："齐王芳诏官奴婢六十以上，免为良人。"是以宣帝时，京兆尹赵广汉，胁魏丞相夫人贼杀侍婢事，可见是时虽丞相杀侍婢有罪。又，《食货志》云："除专杀之威。"又，王莽时诏："敢炙灼奴婢者论如律。免所炙灼者为庶人。"又诏："除奴婢射伤人弃市律。"又诏："民有被略为奴婢，自讼者免为庶民。"自此以后，专杀者禁，炙灼者禁，五十以上，可得自由。始有奴婢亦人之感觉。若汉以前，则视为当然也。至晋时奴亡，只黥其面。《酉阳杂俎》云："晋令，奴亡黥两眼。再亡，黥两颊。三亡，横黥目下。皆长一寸五分，不能杀也。"

然自唐以来，不免箠笞之苦。《摭言》云："有奴事萧颖士十年，笞箠备至，只不敢专杀耳。"至于炙灼侍婢，以在闺房之内，官家不易知。虽今日不免。吾每闻其声，每彷徨惨痛，恨不使其主人即身受其苦。呜呼！此等恶习，何日革除净尽耶？

唐仍有官奴婢

《次柳氏旧闻》："玄宗幸太子宫，见使用无妓女，令高力士选民间女五人进之。力士曰：'掖庭中故衣冠以事没入者不少，宜可备选。'"又，《刘无双传》："以父曾为朱泚伪官，置大辟，无双没入掖庭。"又，《因话录》："天宝末，蕃将阿布恩伏法，其妻配掖庭。"是唐罪人妻子，仍没为官奴婢也。惟据史传所载，只掖庭有之，他衙署不见，盖较汉时少多矣。余民间所有奴婢，大概皆因贫而为也。

唐脱奴婢籍名从良

唐蒋防《霍小玉传》:"长安有媒鲍十一娘者,故薛驸马家青衣也。折券从良,十余年矣。"又,《刘无双传》:"苍头塞鸿云:'某已得从良客户。'"又,《隋唐嘉话》:"京兆韦衮有奴名桃符,有胆力,每征讨必从。衮以久经驱使,乃放从良。"是盖因自古凡为奴婢者,皆罪人非良人,故以脱奴籍为从良。岂知因贫自鬻者,原本良人非罪人,从良云者,殊不公允也。

唐时仍贫则卖僮仆

白行简《李娃传》:"生囊中尽空,乃鬻骏马及其家僮。岁余,资财仆马荡尽。"是唐时仍以奴为资财也。

历代奴婢价

晏子以一骖赎越石父,是春秋一奴价可抵一马。汉王褒《僮约》:"买奴便了,价万五千。"梁任昉弹劾刘整云:"以钱七千,赎奴当伯。取婢绿草,货得七千。"是奴价以六朝时为最贱,且男女价相若。唐以后即少见,盖奴渐少矣,然婢仍多;且婢价较奴价日贵也。

古奴仆之服装

古奴婢皆青衣。《通鉴》:"怀帝被虏,青衣行酒。"是奴而青衣。《霍小玉传》:"鲍十一娘者,故薛驸马家青衣也。"是婢而青衣。《光武纪》:"彭宠为其苍头所杀。"注:"秦谓奴为苍头，以别于良人。"又，梁武帝诗："平头奴子擎履箱。"李白诗："平头奴子摇大扇。"苍者，黑也；平头者，言奴所服之帽不许有屋。即今日戏剧所服之平顶奴帽是也，故一望而知为奴。又，韩愈诗："一奴长须不裹头，一婢赤脚老无齿。"摹绘奴婢之状况如目睹矣。

古奴仆之忠主

古奴仆之忠于主人者甚众。兹举一二以见梗概：《后汉书·李善传》："善，淯阳人，本同县李元苍头也。元家病疫相继死，唯孤儿续，始生数旬，奴婢谋杀之而分其财产，善负孤儿潜逃，亲自哺养，乳为生湩。续十岁归，告奴婢于长吏，收杀之。光武闻，拜善为太子舍人，迁日南太守，转九江太守。"又，《涑水纪闻》："王逵者，屯田郎中李昪仆也。既而昪父子俱坐事系狱，亲友无敢饷问之者。逵旦夕守台门给饮食四十余日，昪贬恩州，诸子流岭外，逵哭送之。既而昪死，逵为治丧，朝夕哭奠如儿子。"他若唐之墨昆仑、红线，亦忠义之尤著者也。

自宋以来，惟闻买婢。《老学庵笔记》云："都下买婢，谓未尝入人家者，为一生人，喜其醇谨"是也。不闻买奴，至清末并买奴亦禁，然至今不能断绝，冤苦时闻。或再数十年，可与奴一律绝迹乎？

佣与客作

佣与僮仆异，古所谓僮仆皆奴也。奴不能自由，佣有短佣，有长佣。短佣或一日，或二三日；长佣或以月计，或以年计。计时受值，皆可自由。自春秋有之，《说苑》："宁戚为商旅，赁车以适齐。"赁者，雇也。雇即佣也，至战国渐多。《史记·荆轲传》："高渐离变姓名为人庸保，匿作于宋子。"《齐世家》："湣王子法章为莒太史敫家庸。"《范雎传》："臣为人庸赁。"庸与佣通。注云："谓庸作受雇也。"至汉魏益多。有为农家佣者，如《陈涉传》："常与人佣耕。"《倪宽传》："时行赁作，带经而锄。"《梁鸿传》："为人赁舂。"有佣于商家者，如《栾布传》："穷困卖庸于齐，为酒家保。"《杜根传》："为宜城山中酒家保。"有佣于学校者，如《倪宽传》："诣博士，受业孔安国，贫无资用，常为弟子都养。"师古曰："主给烹炊也。"《世说》："服虔匿姓名为崔烈门人赁作食。"有佣于官署者，如《班超传》："家贫常为官佣书。"其期最短者，谓之客作，《高士传》："夏馥既诬入党锢，乃改服易形，入林虑山中为冶工客作。"《魏志》："焦先者，隐士也。饥则出为人客作，饱食而已，尤自由也。"盖古士人身体健壮而质朴，故穷则为佣以自给，不以为耻。六朝以后，士风华靡。虽困，鲜肯为佣以求活。只《世说》记袁宏为人佣运租。此亦士人习尚之一小变也。

古待遇佣耕者状况

《韩非子》："夫卖庸而播耕者，主人费家而美食，调选也布而求易钱者，非爱庸客也，曰如是耕者且深、耨者熟耘也。庸客致力而疾耕，尽巧而正畦陌者，非爱主人也，曰如是羹且美，钱布且易"云也。

按： 今日田家待遇佣工，年节以酒肉犒赏，春夏以巾布馈赠，佣者尚辄有烦言。不知数千年前情状已如此也。

卷三十五　治病　傩疫

古医病之法，《周礼·天官》疾医、疡医、兽医，言之详矣。而《黄帝内经·素问》及《史记·扁鹊传》，尤能阐发其精理。兹俱不录。录其治法为后世所无者数则，以及古社会于医者之情况。

古以口吮疽

《史记》："吴起为将，与士卒分劳苦，卒有病疽者，起为吮音楯之。卒母闻而哭之。人问其故？母曰：'往年吴公吮其父，父战不旋踵而死。今又吮其子，妾不知死所矣。'"是可证古社会皆以口吮疽。故起施之士卒，期得其死志。盖疽熟必有脓血，以手挥之则痛，不如以口吸收血易净尽，且不痛也。

古以舌舐痔

《庄子》："宋人曹商，使秦归，以得车多，骄稚庄子。庄子曰：'吾闻秦王有病，召医破痈溃痤者，得车一乘。舐痔者得车五乘。所治愈下，得车愈多。子岂治其痔耶？'"

按：《说文》："舐，以舌取食也；痔，后病也。"《增韵》："隐创也。"是痔者肛门之病，今所谓痔疮漏疮也。而以舌舐之，今虽贵人不能有是也。庄子谓所治愈下，下莫下于斯矣。

古为小儿剔首、揃痤

《韩非子》："夫婴儿不剔首则腹痛，不揃痤则浸益。剔首、揃痤，必一人抱之，慈母治之。"注："婴儿痈痤，当揃、剔勿使滋益。"

按：注说非也，剔首、揃痤，自为二事。婴儿顶门多不洁，故剔除之。至不剔则腹痛，今已不晓其义。痤者，疖也。揃者，挤其脓血也。非与剔首为一事。又弹痤者痛。夫痈至成熟肿起，破之溃之，法至多矣，乃必弹之，以试其熟否，则后之所噆也。

至汉时吮痈已嫌其秽

《史记·佞幸传》："文帝尝病痈，邓通常为帝喈音借吮之。文帝不乐，从容问通曰：'天下谁最爱我者乎？'通曰：'宜莫如太子。'他日，太子入问疾，文帝使喈痈。喈痈而色难之。"夫吸脓血于口中，乃天下之至秽。虽以父子之亲，有不能勉强者。故后世为之者少也。

古皆官医

《周礼·天官·医师》："掌医之政令，聚毒药以供医事。凡邦之有疾病者、疕疡者造焉，则使医分而治之。岁终则稽其医事，以制其食。十全为上，十失一次之，十失二次之，十失三次之，十失四为下。"观是，则周时所谓医，皆官医也。药亦官家所备。盖其时士民既无医学，亦无药剂，故政府设专官，以供民求取。惟绎经文，似皆就医，而无往医。若疾重而不能造者，其如之何？此一疑问也。又有疾医，今之内科也。疡医，今之外科也。兽医，今之兽医也。惟食医专掌饮食，为今之所无。

至春秋末始有以医为业者

《史记·扁鹊传》："既传长桑君禁方。为医或在齐，或在赵。在赵者名扁鹊。诊赵简子病。过邯郸，闻贵妇人，即为带下医；过洛阳，闻周人爱老人，即为耳目痹医；入咸阳，闻秦人爱小儿，即为小儿医。秦太医令李醯，自知伎不如扁鹊，使人刺杀之。"是可证庶人初有以医为业者，而伎过官医，故官医妒之。若后世则不胜其妒矣。

其在汉初，则齐人太仓公，诊脉知人生死。行游诸侯，不以家为家，或不为人治病，病家多怨之者。被告得罪，少女缇萦上书，愿以身代者是也。其伎与扁鹊等。汉末则华佗，佗之师为长沙太守张仲景。仲景名机，华佗闻机名，特诣长沙拜谒。机尽以其术传之，其著述今只存《伤寒论》，馀外科书尽佚。此皆以士人专精医术，是以《汉书·杜延年传》云："昭帝末，征天下名医。"可见业医者多，不似春秋前之必为官医也。

中医退化之故，因自古贱医

中国医术，古发明若是之精。魏晋以降，复失传者何也？以中国社会，自古贱医。《论语》云："人而无恒，不可以作巫医。"医与巫并称，其贱可知。《列子》云："虽乞儿马医，不敢侮也。"以马医与乞儿并，其轻可想。《史记·李广传》："以良家子从军。"如淳曰："谓非医、巫、商贾、百工也。"是为医即非良家。《魏忠·华佗传》云："佗本作士人，以医见业，意尝自悔。"悔医贱于士也。《世说》："殷浩妙解经脉，有常所给使，忽叩头流血，言其母病。浩感其诚，为诊脉处方，一剂便愈。遂烧其秘方。"恐人知其能医而贱视也。夫社会风尚如此，读书士人，谁肯为医？其肯为者，学业类不足以辅之。故古人费千辛万苦而得之者，后之人皆不能传也。

周时防疫之法

古防疫之法，至为精密。如杸井、萩室，以灰水攻狸虫，而傩疫尤为大观。秦汉以后，遗法皆废，独傩礼尚存，以近于游戏也。

以蜃炭攻狸虫

《周礼·秋官·赤发氏》："掌除墙屋，以蜃炭攻之，以灰洒毒之，凡隙屋除其狸虫。"

按： 周时无石灰，而以蜃壳烧灰，其功用与今石灰同。灰洒者盖以灰和水，洒于屋隙，毒死狸虫。狸虫者，蚤虱之属，可为传染疫病之媒介，故杀之。自周时即研究至此，可谓密矣。

萩室防疫

《管子》："当春三月，萩室熯造。"注："熯，谓火以干之也。三月之时，阳气盛发，易生瘟疫，楸树郁臭，以辟毒气，故烧之于新造之室，以禳祓也。"

按：《说文》："萩，萧也。"是艾草之属。兹注云楸树，是以萩为楸也。新造之室，湿气停蓄，易生瘟疫，烧萩使干，兼以杀疫，则室可安居。

至春则淘井易水

《管子》:"钻燧易火,杼井易水,所以去兹同滋毒。"注:"春时之井,当杼之以易其水,去滋长之毒。"

按:《方言》:"杼、柚,作也。土作谓之杼,水作谓之柚。"据此则杼井者,必淘掘井土,使易新水,以旧水过冬,有亭毒也。清时北方人家,至春必淘井,盖犹仍周制,亦所以防疫。

傩疫

《周礼·夏官·方相氏》:"掌蒙熊皮,黄金四目,玄衣朱裳,执戈扬盾,率百吏而时难,同傩。以索室驱疫。"注:"方相者方想,言可畏怖也。"方想,盖汉语也。"冒熊皮者,以惊驱疠疫之鬼,如今魌头也。时傩四时作,索廋同搜也。"

按:《说文》:"魌,丑也。"如今之颠头。徐锴注:"方相四目也。"即郑所谓魌头。然则汉之魌头,即周之方相,必黄金四目执戈盾者。古以为疠有鬼,《月令》云:"季春命民傩,有大陵积尸之气,与民为厉。"是其证。方相氏家逐室驱,鬼见此凶威,自惊怖逃去。是以孔子恐并惊其室神,遇乡人傩,则朝服立阼阶,俾庙神有所依附。今乡里疫重,辄燃爆竹以冲散疫气,犹是理也。

汉傩年只一次,以十二月腊祭前一日为傩期

张衡《东京赋》:"尔乃卒岁大傩,驱除群厉,方相秉钺,巫觋操茢,<small>黍穰寻</small>。侲子万童,丹首玄制。桃弧棘矢,所发无臬,飞砾雨散,刚瘅雄鬼必毙。煌火驰而星流,逐赤疫于四裔。"

按:《文选》注引《续汉书》曰:"大傩谓逐疫,选中黄门

子弟百二十人，为伥子，皆赤帻皂首，逐疫禁中。"盖禁中地小，只百二十人即足。若国民逐疫于都市，则非万童不足以示威。又注引《汉旧仪》："岁十二月使方相氏蒙虎皮，黄金四目，玄衣丹裳，执戈持盾，率百隶时傩，索室驱疫。以桃弧苇矢且射之，以赤丸五谷播洒之。"然则汉傩装饰与周同，伥子万人，且必以童，并以赤丸五谷，到处播洒，其繁盛则较周或过也。惟查《月令》，仲秋、季冬、季春皆傩，汉只十二月傩。《礼仪志》云："先腊一日大傩，谓之逐疫。"是傩与腊并行也。

唐傩疫之盛况

《乐府杂录》："傩用方相四人，戴冠及面具，黄金为四目，衣熊裘，执戈扬盾，口作'傩傩'之声，以除逐也。右十二人，皆朱发，衣白画衣，各执麻鞭，辫麻为之，长数丈，振振声甚厉。口呼各凶神名，振子豆百，小儿为之。衣朱褶青襦，戴面具，以晦日为之。"

按：面具者，汉以木。《礼仪志》："百官官府各以木面兽，是刻木为之。"后世以纸糊戴于首，使狞恶可怖，即《周礼》之黄金四目，亦假面具也。不然，如何能以黄金为目，目胡能四哉？又，周傩、汉傩，皆玄裳，唐则衣白衣而画之，更被以朱发，状尤可畏。又以麻鞭振响，亦古所无。振子即汉之伥子，振子豆者，盖令伥子洒豆打鬼也。

宋傩疫

《老学庵笔记》："政和中大傩，下桂府进面具，比进到称一副，初讶其少，乃是以八百枚为一副，老少妍丑，无一相似者，乃大惊。至今桂府作此者，皆致富。"

按： 一副即八百枚，是凡傩者无不带面具也。又，《梦华录》："除夕、禁中大傩，用皇城亲事官，戴假面绣画色衣，执金枪龙旗。"以是证宋傩比唐尤奇丽，盖久视为游戏矣。

古防疫已用隔离法

《汉书·平帝纪》："民疾疫者，舍空邸第，为置医药。"

按： 疫起，传染最速，舍之空邸，使与家属隔离。自汉已如此也。又，曾子固《越州救灾记》："春大疫，为病坊，募僧二人，视医药饮食。"是亦用隔离法防疫。但病者无人敢看护，僧家慈悲，故募以侍疾也。

卷三十六　赋税　力役　户籍

赋役之制，《通志》等书详矣，兹所述者，多可惊骇之事，令人知百姓之不易为，自古而然，而非其详制也。又后世习焉不察，多谓三代赋役轻于后世，虽班固亦如此。岂知孟子之称述三代，对战国立言耳。今一追想其实况，民困亦甚也。兹编正比较其事实也。

周赋税过后世

《汉书·食货志》："周时有赋有税，税谓公田什一，赋谓车马甲兵士徒之役。"

按：《孟子》云："夏后氏五十而贡，殷人七十而助，周人百亩而彻，其实皆什一也。"什一者谓十取其一也。战国乱世，不能为准。若汉初，则十五取一。汉末及东汉，则三十取一。过三代远矣。供车马甲兵士徒之役者，按《周礼·地官·县师》："若将有军旅，会同作其众庶及马牛车辇。"又，《鄫长》："则以旗鼓兵革帅而至。"是以《遂人》："以岁时登记夫家众寡，及六畜车马。"必登记者，备赋之也。不但此也，《委人》职云："掌敛野之赋，敛薪刍，凡疏材、木材，凡畜聚之物。"注："疏材、草木有实者也。畜聚之物，瓜瓠芋葵御冬之具也。"是正赋正税以外，尚敛及薪刍蔬果，以备宾客师旅之用。由今思之，周民负担之重，及其被扰情况，殆过于后世。盖封建之过也。

周即有人口税

《周礼·天官·大宰》："以九赋敛财贿。"郑玄云："赋谓口率出泉也，今之算泉。"疏："以九赋敛财贿者，此赋谓口率出泉。其处有九，故云九也。"又，《地官·闾师》职："凡无职者出夫布。"疏："使出一夫口税之泉。"

按： 泉者，钱也。《天官·外府》："掌布之出入。"注："布，泉也。藏曰泉，行曰布。"口率者，以口为率，家有若干口，即出若干泉。汉曰算，算口出钱。今外洋有人头税，系以头计，兹则以口计也。于正税正赋以外，复税及人口也。

周税居宅

《周礼·载师》："凡任地、国宅无征。"后郑云："国宅，凡官所有官室，吏所治者也。"夫经特云国宅无征，是民宅征也。然民宅征率，经无明文。疑下云："园廛二十而一。"即民宅征率也。民宅亦名廛，非必商贾。《遂人》："夫一廛，田百晦。"注："廛，城邑之居。"又，《诗》："胡取禾三百廛兮？"传："一夫之居曰廛。"是廛即民宅。园廛二十税一，即民宅二十税一也。以故先郑云："国宅、城中民宅，无税。"而后郑不从之。诚以一夫之廛与田，皆受之官，皆当有税，特宅税轻于田税耳。

周已敛布帛

《孟子》："有布缕之征，粟米之征，力役之征，君子用其一而缓其二。"是周时已征及布帛也。

总周时之税：有田税、宅税、口税、车马、甲兵、薪刍、布缕、菜蔬等税。凡后世所有者，周无不有之。周所有者，后世或无也。

汉田税轻于周

周田税十取一。《公羊传》所谓："天下之中正，什一行而颂声作也。"至汉初则十五税一，孝惠元年诏："减田租，复十五税一"是也。后三十而税一，《王莽传》："汉氏减轻田租，三十而税一"是也。王莽废，至光武而复。建武中诏："田税三十税一。"复西汉旧制。是汉之田赋，较周轻数信矣。

汉人税百二十钱

《高祖纪》："初为算赋。"如淳曰：《汉仪注》："民年十五以上至五十六出赋钱，人百二十为一算，为治库兵车马。"

按：周之口率钱，小详其确数，又不详其年若干方出口钱。即使轻于汉，然另有车马甲兵之赋，汉则以此赋治车马甲兵，则汉仍轻于周也。

至武帝复税，小儿年二十三钱

汉算虽税人，然只税成童以上之男子。尚未若周以口为率。至武帝用兵，始算口，并婴儿亦税之。《贡禹传》："禹以为古民无赋言不税人，《周官》晚出，禹未见。算口钱，起伐四夷，重赋于民。民产子三岁则出口钱，故民重困，生子辄杀，甚可悲痛！宜令儿七岁去齿乃算，诏从之。"其口赋若干？据《昭帝纪》："毋收四年、五年口赋。"注：如淳曰：《汉仪注》："民年七岁至十四出口赋钱二十三。二十钱食天子，三钱补车骑马。"是盖贡禹奏请以后之定制。若以前则儿三岁即出钱，且不论男女，只有口即税钱。诚以民至十五乃算，其十五以前不算，甚为疏漏。然以龆龄之年而使出钱，则无名。故名曰"口"。又，幼童难出整算，故只赋二十三。在当时，计臣可谓滴水不漏矣。

又按：贡禹请年二十乃算。兹《汉仪》仍言至十四，是十四以前出二十三，以后出百二十也。诏从其七岁，未从其二十也。又，景帝诏民年二十乃傅，禹所请乃复景帝旧制也。

武帝复税人家藏钱及六畜

《武帝纪》："初算缗钱。"李斐曰："缗，丝也，以贯钱也。千钱为一贯，出算二十也。"是百分税二也。夫人家藏钱，难以稽核，税者必少，故元鼎元年，诏民告缗者，以其半与之。观此，则其税之不当，且难敛钱可知矣。而用以扰民则有余，真可谓拙而少功。又，《昭帝纪》："毋敛今年马口钱。"是养马亦出税也。

魏晋复兼税布缕以迄于明

《通典》："魏武初平袁绍，令收田租亩粟四升，户绢二匹，绵二斤。晋初，亩租米三升，户输绢三匹，绵三斤。"

按：中原地亩收谷不过四五斗。今税粟米三四升，以二谷一米计，是几十取二也，税莫重于是矣。又，西汉无税绢丝之事，自魏晋开其端。至六朝隋唐，后兼税麻布及麻。自木棉兴，至元明于布绢丝绵之外，复税木棉若干斤，皆实物。故历朝复有绢布匹长幅宽及重量之规定。然胥吏上下其手，繁琐扰民之状况可知矣。至清代，始将布疋绢帛之税，一概革除，而田税亦轻于往古也。

历代社会风俗事物考

民役

自春秋以来，凡国家筑城、浚河、筑路、修造宫室、官署，无不役民为之，此役于工者也。瞭望烽燧，守堠关塞，此役于兵也。在国民对于国家，为当然义务，然使之不时，或太过，如秦筑长城，隋开汴河，不世建筑，虽赖以成，而民亦叛之。今将汉以前役民概略，略述以觇古社会状况。至汉以后详制，自有专书。

周赴役免役期限及自然免役之人

《周礼·地官·乡大夫》："以岁时登其夫家之众寡，辨其可任者。国中自七尺以及六十，野自六尺以及六十五皆征之。"注："征者给公上事也。"疏："七尺者，《韩诗外传》云：'二十行役。故知此七尺为二十，六尺者年十五。'《论语》：'可以托六尺之孤。'郑注云：'六尺，年十五以下，故知十五。'"是远郊年十五即赴役，至六十五免。国中年二十赴役，六十而免也。此定制至春秋犹守之。《左传·襄三十年》："晋悼夫人食舆人之城杞者，绛县人或年长矣，与于食，后问知其年七十三矣。赵孟召之而谢过焉。遂仕之，而废其舆尉。"是过免役之年而役之，故罪其主者。《乡大夫》又云："其舍者，国中贵者，贤者、能者、老者、病者。"是自然免役之人也。

周役民年只三日而弗与食

《王制》："用民之力，岁不过三日。"又，《周礼·司徒·均人》："丰年则公旬用三日焉，中年二日，无年一日。"由是证役时不惟不与值，且并不与食。如公家与食，则无丰歉之计较。彼晋悼夫人之食舆人者，以为其母家筑城，偶食之以为犒，非常食之也。

汉赴役期、免役期

《高帝纪》:"萧何发关中老弱未傅者悉诣军。"如淳曰:"律,年二十三傅之。"《汉仪注》云:"民年二十三为正,一岁为卫士,一岁为材官骑士,习射御骑驰战阵。年五十六衰老,乃得免为庶民,就田里。今老弱未尝傅者皆发之,未二十三为弱,过五十六为老。"师古曰:"傅,著也。言著名籍,给公家徭役也。"据是,是汉初民年二十三始充役,至五十六而免也。至景帝时改为二十,《景帝纪》:"令天下男子年二十始傅。"师古曰:"旧法二十三,更旧制也。"

汉兵役一月戍边役三日,然可雇人代役

《昭帝纪》:"元凤四年正月,诏三年以前逋未出钱更赋未入者,皆勿收。"如淳曰:"更有三品有卒更,古者正卒无常人,皆当迭为之。一月一更,是谓卒更也。有践更,贫者欲得顾更钱者,次直者出钱雇之,月二千,是谓践更也。"以是证汉民每年有当兵一月义务。如不赴直,即出钱二千,令前卒代也。如淳又云:"有过更,天下人皆直戍边三日,亦名为更,律所谓徭戍也。然不可人人自行三日戍,又行者当自戍三日。不可往便还,因便住一岁一更。诸不行者,出钱三百入官,官以给戍者,是谓过更也。"汉因秦法而行之,后遂改易。有谪乃戍边一岁耳。以是证汉戍边义务,每人岁三日。其实不能行,因自内地至边塞,或数百里,或数千里,行数日始至,至三日即更,徒劳往返,于势不便。故使往者,一岁一更。其不往者,则与往者以钱。然钱交官,官盖不全与戍者,若全与,则一年得三万六千,可致富。官盖以此为聚敛之法耳。故逋者多。

汉役平等

《昭帝纪》:"虽丞相子,亦在戍边之列。"又,《盖宽饶传》:"身为司隶,子常步行,自戍北边。"

六朝时从军自买鞍马

《木兰诗》:"军书十二卷,卷卷有爷名。阿爷无大儿,木兰无长兄。愿为市鞍马,从此替爷征。东市买骏马,西市买鞍鞯,南市买辔头,北市买长鞭。朝辞爷娘去,暮宿黄河边。"夫从军已苦,从军而自买鞍马,尤非富人不办也。是等详细景况,史皆不详。赖诗歌传写,略知其梗概。而叹古社会状况之难,与今等也。

古从军戍边之惨状

自唐以前,皆征兵制。除贵人外,皆有当兵义务。非若后世募兵,多无室家,故一遇战事,则生死难卜。远戍边塞,则多年不归。征夫有离乡之悲,思妇有久旷之怨。临行送别,哭泣悲号,至为惨痛,此等状况,惟于诗歌中见之,他人不能亲切也。

古远戍,其衣皆由家寄。官家盖负输送之责,而不为制衣,故最动思妇之恨,南朝宋谢惠连《捣衣诗》云:"纨素既已成,君子行未归。裁用笥中刀,缝为万里衣。盈箧自余手,幽缄候君开。腰带准畴昔,不知今是非?"又,唐杜甫《捣衣诗》:"亦知戍不返,秋至拭清砧。已近苦寒月,况经长别心。宁辞捣衣倦,一寄塞垣深。用尽闺中力,君听空外音。"又,陈陶诗:"可怜无定河边骨,犹是深闺梦里人。"读此三诗,知古社会幽怨之妇多矣。

其述从军送别者，如杜甫《新婚别》："结发为妻子，席不暖君床。暮婚晨告别，无乃太匆忙！妾身未分明，何以拜姑嫜？"是必当时社会有此事，故有此咏。又，《垂老别》云："男儿既介胄，长揖拜上官。老妻卧路啼，岁暮衣裳单。孰知是死别，且复伤其寒。"是垂老而从军，无子可知，妻何以为情？其悲伤与新婚等。又，《兵车行》："车辚辚，马萧萧，行人弓箭各在腰。耶娘妻子走相送，尘埃不见咸阳桥。牵衣顿足拦道哭，哭声直上干云霄。"夫有妻有子，是中年而从军者。乃家属哭送，哭声震天。不有诗史，后世孰知古社会有如此惨状哉？

户籍

古以有口赋，故户籍册也最重。汉魏以后，无口赋而征兵，故户籍仍重。其谓中国人户口数不确者，乃清以来现象耳。若唐以前，则人口数不惟真确，即男女有微眚者，籍必书也。其死亡之率，更真确不待言矣；非若后世之视为具文也。

周有户籍专官

《周礼·秋官·司民》："掌万民之数，自生齿以上，皆书于版。异其男女，登下其死生。"又，《地官·乡大夫》："以岁时登其夫家之众寡，国中自七尺以及六十，野自六尺以及六十五，皆征之。其舍者，国中贵者、贤者、能者、服公事者、老者、疾者，皆舍。以岁时入其书。"夫曰自生齿以上，皆书。是民间生儿，无论男女必报官也。曰登下其生死，是无论男女长幼，凡病死必报官也。曰七尺、六尺以及六十、六十五皆征之，是庶民年岁官家皆有册记，虽欲避而不能也。

历代社会风俗事物考

周户籍上亲属必详

大戴《礼记》："古者殷属，为成男成女名属，升于公门。"注："殷，众也；成者，成人者也。名，姓名。属，亲属。"是一户之内，除家主外，其长幼亲属皆登于籍也。

汉唐造户口册时，无论男女老少皆入城查看

汉唐户口籍，详于后世，夫人而知之。至其登记时，如何情状，史不言之。若不详考，不知其扰民，其严厉至于如此也。考《后汉·礼仪志》："仲秋之月，县道皆案户比民。"又，《江革传》："母至岁时，县当案比，革以母老，不欲摇动，自在辕中挽车，不用牛马。"唐章怀注云："案比者，验以比之，犹今貌阅也。"

按：妇人既不能给役，妇而老尤无用，乃年年校阅其相貌，以凭登记。老妇如此，少妇可知；女子如此，男子可知。即此一端，占社会庶民之多事，过于后世也。乃自汉迄唐，慎审如出一辙。诚以人人相貌，皆有特别标识，或小有改易，年年校阅，登记详悉，如犯法而逃避，则易于缉获也。

唐户口册登记之标识种种

唐开元二年（714年）交河、柳城二县户口册，册式如表式。首填户主姓名，次填亲属，《大戴礼》所谓殷属也。其亲属之中，无论男女有眚必书，有痣必书。书眚者，如右足跛，左目眇等。书痣者，如耳下有瘤，面何部有黑子，及面白、面赤、面黑等是也。是册为新疆布政使王晋卿先生得之迪化古墓中。原为一画，绘一松，松下立一女鬼，糊于墓墙上，高约五尺，宽一尺六七，背一分厚，皆户口册纸。今迪化，正唐交河、柳城二县地。

· 398 ·

王维诗所谓"瀚海经年别,交河出塞流"是也。迪化空气干燥,故纸经千年不坏。县印大与今等,先生曾借余观之,故得其详如此。

卷三十七　行旅

周会盟时旅野状况

《周礼·天官·掌舍》："掌王会同之舍。设梐枑再重。设车宫、辕门、棘门、为帷宫、设旌门。"注：梐枑者，联三木交互，以为遮列；车宫者，次车为藩墙；辕门者，仰车以辕表门；棘门者，以戟为门。帷宫者，张帷幕以为宫室；旌门者，树旌于门也。

按：古会盟不于都邑，于旷野。故以车为垣墙，以辕为门，张帷幕以为宫室。《左传·昭十三年》："晋合诸侯于平丘，子产、子太叔相郑伯以会。子产以幄幕九张行，子太叔以四十。至日，命外仆速张于除。张幕于除地。"是其证也。此国君与卿大夫之旅行，虽赍携多，辎重为累，然有车马，有仆役，所至有官邸，尚能任之。若士庶旅行，则其难有三：

——古无鬻食者，凡旅行须自行担粮

《庄子·逍遥游》："适百里者，宿舂粮，适千里者，三月聚粮。"又，《胠箧篇》："某所有贤者，赢粮而从之。"又，《庚桑楚》曰："'今吾才小，不足以化子，子胡不南见老子？'

· 400 ·

南荣趎嬴粮，七日七夜至老子之所。"

按： 嬴者，担也。《列子》云："商丘开因假粮荷畚之子华之门。"畚者，竹器，所以盛粮。荷，亦担也。倘中途粮匮，则不得食。《列子》："韩娥东之齐，粮匮。过雍门鬻歌假食。"又，《论语》："孔子在陈绝粮，从者病，莫能兴。"此皆旅行自行裹粮之证也。

——旅行须携釜甑，自行炊饭

古裹粮旅行，饭须自炊者，势也。自炊则须携釜甑。《史记·蔡泽传》："去之赵，见逐，入韩魏，遇盗，夺釜甑于途。"又，《孟子》："孔子接淅而行。"是皆携釜甑旅行自炊之证。盖春秋时虽有逆旅，而不鬻食。客至，假釜甑为炊。少则可，众则有时不给。故必自携，始便于用。夫釜甑尚须自备，则匕箸碗勺之类，更不待言。以是证古行李之繁多，过今日十倍。

——旅行无节传则即时入狱

客无验者，逆旅不纳，金以为商君之法。岂知自成周即如此。《周礼·地官·大司徒》："令无节者不行于天下。"注："无节不行，所以防寇奸。"又，《比长》职："徙于国中及郊，则从而授之。若无授无节，则唯圜土狱也纳之。"又，《司关》："则以节传出纳之。"又，《掌节》："凡通达于天下者，必有节。"此其事可于《韩非子》证之，《韩非子》云："温人之周，周不纳。客主客问之曰：'客也。'对曰：'主人。'问其巷人而不知也，吏因囚之。"是旅行而无验，即纳圜土。又，《史记·孟尝君传》："昭王既释孟尝君，即驰去。更封传、变姓名以出关。关法鸡鸣而出客。孟尝君恐追至，客之居下坐者能为鸡鸣，而鸡尽鸣，遂发传出。"

按： 更封传者，书伪姓名于传上。其入关时所给之真传，为孟尝君。兹恐见阻，故易伪名。是无节传即不能出入关。又，《商君传》："商君亡欲舍客舍，舍人不知其商君也，曰：'商君之法，舍人无验者坐之。'"验者，证也，亦传也。是无传并不能宿逆旅。然则古旅行之艰难，饮食犹其次也。

春秋战国客店之情状

周时行旅，除官吏出使，商贾运输外，旅客盖甚稀。而官吏所至驻官邸，《周礼·遗人》所谓"十里有庐，三十里有宿，五十里有候馆"是也。故以逆旅为业者少，然亦有之，《国语》："阳处父如卫，返过宁，舍于逆旅宁赢氏。"《说苑》："郑桓公东会封于郑，暮舍于宋东之逆旅。逆旅之叟从外来曰：'客将焉之？'"《庄子》："阳子之宋，宿于逆旅。逆旅人有妾二人。"是皆非官设，而自以逆旅为业者也。又，《庄子》："孔子之楚，舍于蚁邱之浆。"注："司马云：'谓逆旅舍以菰蒋草覆之也。'"李云："谓舍于卖浆家。"是盖业逆旅而兼卖浆，故孔子舍之。又，"阳子居至梁，遇老子于中道，至舍，进盥漱巾栉，与老子语。其往也，舍者迎将，其家公执席；其返也，舍者与之争席矣。"是尤私人业逆旅业之证。又，《史记·商君传》："亡至关下，欲舍客舍，舍人曰：'舍人无验者坐之。'"是商君颁布客舍规程，不得贪受报而宿无验之客。其为商业尤显然。第其时虽有客店，似不卖食，故客仍须自炊。浆者，饮料，如今之卖茶，非食也。

周贵人旅行时祖道犯轼之盛况

祖道者，祭道也。《风俗通》云："共工之子曰脩，好远游，舟车所至，足迹所达，靡不穷览。故祀以为祖神。"祖者，徂往也也。《诗》云："韩侯出祖。"《左氏传》："襄公将适楚，梦周公祖而遣之。"又按：《诗·大雅》："仲山甫出祖。"笺云："祖者，犯轹之祭。"犯轹者，《周礼·夏官·大驭》："掌驭玉路车也以祀，及犯轹，王自左驭，驭下祝，登受辔。犯轹，遂驱之。"注："行山曰轹，犯者封土为山象，以菩音阜,香草。刍棘柏为神主。既祭，则以车轹之而去，喻无险难也。"王自左驭者，大驭既下车祭轹，王暂执辔，祭讫，驭登车取王手之辔，遂驱而速行也。《诗·大雅》云："取萧祭脂，取羝以轹。"脂与羝乃祖道之祭品。以是证祖道在先，既祖，则以车轹神主及土山以行，故曰犯轹也。

按： 祖神，《风俗通》以为祖者，徂也。而《汉书·疏广传》："祖道，供张东都门外。"注云："祖者，送行之祭。"一说：黄帝之子，累祖好游，远死于道。后人以为行神，故出行必祭之，而饮于其处。是以祖为人名，似较应劭训祖为徂说为胜。

周送行必饮饯

《诗·大雅》："申伯信迈，王饯于郿。"笺云："祖而舍轹，饮酒于侧曰饯。"又，《聘礼》："乃舍轹饮酒于其侧。"注："大夫道祭无牲牢，酒脯而已。"故祭毕，又于旁饮酒以饯别也。是自王及卿大夫，送别者皆饮酒。又，《诗·邶风》："出宿于泲，饮饯于祢。女子有行，远父母兄弟。"是女子送别亦饮燕也。

汉魏时旅行

其官吏旅行，则舍宿都亭。《史记·司马相如传》："往舍都亭。"《严延年传》："母止都亭不肯入。"或止乡亭，《鲍宣传》："舍宿乡亭，人皆非之"是也。或止传舍中，《尹翁归传》："是日移病不听事，因入卧传舍。"《何武传》："武行部必先诣学官见诸生，然后入传舍。"传舍与都亭皆官设，有官掌之，专备官吏过往。《魏相传》："御史大夫桑弘羊客诈称御史止传，丞不以时谒，客怒缚丞。"师古曰："传谓县立传舍。"是可证非官不许入，故诈称御史。又官吏入传舍，传舍须供饮食，《龚胜传》："胜辞官归里，诏：'行道舍传舍县次具酒肉，食从者及马。'"是因胜既罢官，特诏仍以官吏待遇。又，《光武纪》："至饶阳，官属皆乏食，光武乃自称邯郸使者，入传舍，传吏方进食，食使者。从者饥，争夺之。"是皆传舍供给官吏饮食之证。以故廉洁自好者，则不入传舍。《魏志·张既传》注："每行县，饬吏携镰自刈草食马，不宿亭传"是也。

汉客店仍不卖食，客仍自炊

汉官吏旅行，有传舍，有都亭，殊无所苦。若士庶旅行，较周时少便者，商设逆旅似渐多。《后汉·黄宪传》："颍川荀淑，至慎阳，遇宪于逆旅。"又，《郭泰传》："每行宿逆旅，辄躬洒扫。及去，后人见之曰：'此必郭有道宿处也。'"又，《世说》："郑玄欲注《春秋传》尚未成，时行与服子慎遇客舍。"又，魏武诗："逆旅整设，以通商旅。"可证其时旅店已渐多，惟仍不具食。《后汉·周防传》："父扬，少孤微，常修逆旅以供客，而不受其报。"是不责房值耳。若具食而不受报，焉有此力？又，《魏志·胡质传》注："为武威太守，子威以家贫无车马，自驱驴单行拜见父，告归，质赐绢一匹，为道路粮。每至客舍，自放驴，取樵炊爨。食毕，复随旅进道。"夫食毕复行，非夜可知。设客舍而售食，万无日中小憩之时，必自炊以误时，而少行路也。

汉初旅行仍须持传，但只过关用

《汉书·文帝纪》："十二年，除关无用传。"张宴曰："传，信也，若今过所也。"如淳曰："两行书缯帛，分持其一，出入关，合之乃得过，谓之传也。"时承平久，故过关废传。至景帝四年，七国反，诏诸关复用传出入。自是迄汉末不废。《宁成传》："诈刻传出关。"《终军传》："步入关，关吏予军繻，军问：'此何为？'吏曰：'为复传，复，返也。还当以合符。'军曰：'大丈夫西游，终不复传。'弃繻而去。及军为谒者，建节出关。关吏识之，曰：'此使者乃前弃繻生也。'"张晏曰："繻，符也。若券契。"亦传也。由《终军传》证之，可见未至关时旅行，即不用传，传只过关用。又以证官吏虽过关不用传也。

至汉末凡官民旅行皆用传，否则厨传不留

《王莽传》："吏民出入，持布钱以副符传，不持者，厨传勿舍，关津苛留。"师古曰："旧法行者持符传，即不稽留。今更令持布钱与符相副，乃得过也。厨，行道饮食处；传，置驿之舍也。"

按： 此厨传，疑即客舍，非传舍。传舍非官吏不得入。龚胜告归，特诏令传舍，是其证。又，《王莽传》："大司官士夜过奉常亭，亭长苛之，告以官名，亭长醉曰：'宁有符传耶？'"是官吏舍官舍，须以符传为凭。兹浑言吏民不持传，厨传勿舍。是庶民无传者，厨传不敢留，即官吏无传，亦不敢留也。观师古注，是为汉旧法，莽不过副以布钱耳，是汉末旅行艰于汉初也。

后汉过关符传，须向官家买

西汉时符传无卖者，《终军传》："关吏予军繻。"是至关即予传之证。至东汉则卖传，以为敛财之法。《郭丹传》："后从师长安，买符入函谷关。"注："符，即繻也。"又，《东观记》："丹

从宛人陈洮买入关符。"是符传亦可转卖也。

东汉时旅行有符传则到处护送

《高士传》："申屠蟠与济阴王子居同在太学，子居病卒。蟠即负其丧至济阴。遇司隶从事于河巩之间，从事义之。为符传护送蟠。蟠不肯，投传于地而去。"

按：从洛阳至济阴，东行不过关。然从事特与以符传，云护送者，盖有符传，即可舍亭驿，免宿逆旅，行路益便也。

五代时旅行仍用传

徐铉《稽神录》："道士张谨，既失书囊行李，将及潼关，时秦陇用兵，关禁綦严。客行无验，皆见刑戮，因不敢东渡。"是至五代，有事时行路仍用传也。

汉魏送别时之祖饯

《汉书·疏广传》："广及兄子受上书乞骸骨，归里，公卿大夫故人邑子设祖道，供张东都门外，送者车数百辆。"注："祖者，送行之祭，因设宴饮也。"又，《刘屈氂传》："贰师将军李广利将兵出击匈奴，丞相为祖道，送至渭桥。"是送别兼饮燕与周同也。惟不言犯轵，似其时只祭祖神也。

六朝时客店始卖食

《世说》："王敦为逆，晋明帝乃持金鞭，着戎服，骑马，阴察地势。未至十余里，有客姆居店卖食。"又，《魏书·崔光传》："光弟敬友，置逆旅于肃然山南大路之北，设食以供行者。"

是可证凡逆旅皆不设食，独敬友设食，以便行人，故史特书其异。隋唐以来，客舍旗亭，皆卖饮食，行旅劳顿，所至如归，与古异矣。

六朝时送别须啼泣，否则谓为寡情

《世说》："周叔治作晋陵太守，周侯、仲智往别。叔治以将别，涕泗不止。仲智恚之曰：'斯乃妇人，与人别惟啼泣。'便舍去。周侯名顗独留，与饮酒言话。临别流涕。拊其背曰：'奴好自爱！'"又，《颜氏家训》："别易会难，古人所重。江南饯送，下泣言离。有王子侯，梁武帝弟，出为东郡，与武帝别，帝曰：'我已年老，与汝分张，甚以恻怆。'数行泪下。侯遂密云言不雨报然而出。坐此被责。北间风俗，不屑此事。歧路言离，欢然分首，然人性自有少涕泪者，肠虽欲绝，目犹烂然。如此之人，不可强责。"

按：江淹《别赋》云："黯然销魂者，惟别而已矣！"状送别之情，最为亲切。乃黯然销魂则可，而必强以下泪，则外貌也。彼李陵送苏武诗曰："携手上河梁，日暮欲何之？"其悲痛岂只下泪而已哉！乃六朝人以是为送别仪式，且以是而见责，其前乎六朝如汉魏，后乎六朝如唐宋，皆未有也。真特殊之风俗已。

唐宋时旅行已大便，惟唐仍以帛为路费

明清以来，旅行者皆持银，沿路易铜钱用之。若唐以前皆以帛为粮。《家语》："孔子之郯，与程子相遇。倾盖而语，命子路取束帛赠程子。"是赠路费也。魏胡质与其子绢一匹，为道路粮。见前。是魏晋时亦以帛充路费。至唐尤甚。郑哲才《鬼记》："窦玉妻曰：'君不合居此，宜速命驾。常令君有绢百匹。'言讫，赠绢百匹而别。"又，《酉阳杂俎》："秀才权同休下第，游

苏湖间，遇疾贫窘，困褫垢衣授仆曰：'可以此少办酒肉，予将会村老，丐少道路资也。'乃具牛肉旨酒，村老皆醉饱，获束缣三千。"又，《稽神录》："谨得行李，更诣主人，遗绢数匹，乃得归。"又，《刘无双传》："古押衙为具檐子一，马五匹，绢三百匹，五更便发。"是皆以绢为旅费也，用银者绝少。盖行路裹粮，万不能多。而古代金银贱，亦难以多带。惟帛则轻而易举，行旅最便。故古视帛与钱币等。不曰币帛，则曰钱帛。即今久不用帛，俗语犹曰财帛，是其证。宋元以来，用者渐少。明清则皆以银换钱，无以帛为粮者。

卷三十八　兵事

周时以鼓进兵，以金退兵

《左传·哀十一年》："吾闻鼓而已，不闻金矣。"注："鼓以进军，金以退军。不闻金，言将死也。"

按：《庄公十年》："战于长勺，公将鼓之。刿曰：'未可！'齐人三鼓。"又，《韩诗外传》："赵简子卒，中牟畔之。葬五日，襄子围中牟。围未匝而城自坏者十丈，襄子击金而退之曰：'吾不乘人于危。'"又，《墨子》："越王焚舟失火，亲自鼓其士而进之，士蹈火死者百余人，王击金而退之。"是皆以鼓进兵，以金退兵之证。想见古战时声势之浩大也。金者，今俗谓之锣。

汉战时仍用金鼓

《汉书·韩信传》："信建大将旗鼓，鼓行出井陉口，大战良久。于是信耳弃旗鼓走水上军，赵空壁争旗鼓。"又，《李陵传》："鼓声不起，又闻金而止。"又，《光武纪》："钲鼓之声，闻数百里。"盖仍以鼓进兵，以金退兵也。

历代社会风俗事物考

古战时主将可面对语

春秋时战阵之间，仍不废礼让。如晋郤至见楚子必下，免胄而趋风。栾鍼馈子重以饮。虽大战之时，馈遗不绝。至汉初，汉王与项王临广武而语。又，《蜀志·关羽传》注："羽与魏将徐晃夙相爱，遥共语，但说平生，不及军事。须臾，晃下马宣令曰：'得关云长头，赏千金！'羽惊怖，谓晃曰：'大兄，是何言耶？'"由是证之，古兵阵相距甚近，故能对语。若稍远，则语不能闻矣。故汉王数项王以十大罪，项王怒，伏弩射中汉王也。

礟（炮）之沿革

《汉书·甘延寿传》："投石绝等伦。"注："张晏曰：'《范蠡兵法》飞石重十二斤，为机发，行二百步。'"

按： 此即礟（炮）也。盖以大木激石，飞至敌所。故《广韵》云："机石也。"是以字从石。

又按：《后汉·袁绍传》："曹操发石车击袁绍，军中呼为霹雳车。"唐·章怀注云："即今抛车。"又，《唐书·李密传》："以机发石为攻城具。号将军为礟。"是至唐仍石炮也。至金元时，火铳兴，遂又本其法而为火炮。法以铜铁为巨铳，内实火药，燃以发弹。《明纪》："太祖与陈友谅战于鄱阳湖，炮碎御舟"是也。自洋枪兴而火铳废，大炮术亦愈精。于是明清以来所铸之土炮又废，今沿边之地所废置者是也。其余战器，刀矛以外，惟弓箭用之最久，自三代至清不废。其制造之术为极精，外观亦最华美可爱，乃至今无习之者。不惟射术亡，其制造弓箭之绝技亦亡。甚可惜也！

· 410 ·

烽燧报寇警

烽燧报寇警，法最迅速。自三代至明清，数千年不废。清咸丰时，太平乱，犹用此法。凡大道十里一墩，高约四丈，有警则以次传烽，顷刻可达数百里。而狼烟最佳。狼烟者，蓄狼屎燃之，其烟冲天，风不能动，尤可俾远方望见。自铁道兴，官路废，墩铺五里一铺亦毁。惟沿长城仍有此遗迹耳。然狼烟之发明，唐以前无有。

《墨子》："筑邮亭者圜之，高三丈以上。令侍杀为辟梯，亭一鼓。寇烽、惊烽、乱烽，传火以次应之，至主国止，其事急者引而上下之。烽火以举，辄五鼓传，又以火属之，言寇所从来者少多。且弇还，去来属次烽勿罢。望见寇，举一烽；入境，举二烽；射妻，疑为栖。举三烽一鼓；郭会，举四烽二鼓；城会，举五烽五鼓。"

按： 墨子善守，其言筑亭之法，及举烽规矩详矣；至烽燧之形则未言。

《汉书·贾谊传》："斥候望烽燧不得卧。"文颖曰："边方备胡，作高土橹，橹上作桔槔，桔槔头兜零，以薪草置其中，常低之，有寇即火燃举之以相告，曰烽。又多积薪，寇至即燃之，以望其烟，曰燧。"张晏曰："昼举烽，夜燔燧。"师古曰："昼燔燧，夜举烽。"

又按： 《司马相如传》："边郡之士，闻烽举燔燧。"孟康曰："烽如覆米䈽，悬著契皋头，有寇则举之。燧，积薪，有寇则燃之。"

按： 橹者，楼也。土橹者，即《墨子》所谓邮亭，明清时之墩台也。兜零者，《广雅》云："笼也。"即孟康所谓覆米䈽，略如篓笼。悬桔槔头，有寇则高举，使远处易望见。《墨子》不言桔槔，然曰引而上下之，则亦悬桔槔也。惟置薪草于兜零中，而燃之，不并燃兜零乎？抑兜零为铁制物乎？至于烽燧之分，《史记索隐》云："烽主昼，燧主夜。"魏张晏亦曰："昼烽夜燧。"诚以白日不能见

·411·

光，故以烽烟告警。夜能见光，不能见烟，故燃燧使起火光以报警。而师古则谓昼燧夜烽，实烽燧为一物，皆须燃薪，而后起烟起火光，不过昼以烟为识，夜以火光为识耳。

至唐则焚狼粪为烽烟

无论烽燧，在汉魏时皆燃薪为之。至唐造烽烟之法益精，《西阳杂俎》云："狼粪烟直上，烽火用之。"盖烟直上则能望远，否则为风吹倒，远处难见。法诚善也。自此以后，遂名烽燧为狼烟，《宋史·曹翰传》："先是虏至，必举狼烟。翰分遣人举烟直上，虏疑有伏，引去。"然此必白昼用，夜则仍燃燧为光。且以证古时狼多，若今日虽深山亦不易得若干狼粪为用也。

历代驿传之状况

古人交通迅速之法，惟恃驿传。凡官文书来往，紧急报告，皆赖之。法定若干里为一驿，凡车马上路疾驰，至驿而更，以休人马，故传递迅速。春秋时名曰"遽"，《左传·僖三十三年》："且使遽告于郑。"《左传·昭二年》："郑公孙黑将作乱，子产在鄙闻之，惧弗及，乘遽而至。"亦名曰"驲"，《左传·文十六年》："楚子乘驲会师于临品"是也。至汉名曰"传"，《高帝纪》："田横惧，乘传诣洛阳。"《英布传》："王怒欲捕赫，赫上变事，乘传诣长安。"如淳曰："四马高足为置传，四马中足为驰传，四马下足为乘传，一马二马为轺传。急者乘一乘传。"如如淳说，传以四马为最多。而亦有六马者，《袁盎传》："将乘六乘传，会兵荥阳。"注："六乘者，六马。"盖事愈急马愈多。汉又名"置"，《刘屈氂传》："时上避暑甘泉宫，丞相长史乘疾置以闻。"师古曰："驿也。"

按:《风俗通》:"汉改邮为置。"《增韵》云:"步传曰邮,马传曰置。"盖春秋时人不能骑马,故只有传车,至汉人能骑马矣,而官吏仍不骑行。又其时往来文书仍竹简,书囊堆积,非车不能载。而官吏有急事,亦常乘传,故仍有传车。凡置马,谓之驿骑,自马递兴而车传渐少,自晋初纸多,而文书简省,马亦可递,故尤迅速。元《马可婆罗游记》云:"元世祖时,自塞外辟大道,直达西域,东西数万里。凡传递文书,二十五里为一站,骑马摇铃,到站即更易,传递迅速。朝发夕至。"此皆马递也。至于清惟官吏往来蒙古者,有传车。驰行沙漠中,谓之台站。余内地大路,每三十里一驿,尽马递。故每行官道,辄闻铃声,驿马络绎不绝。至光绪末,邮政兴,而驿马始废。

卷三十九　岁时伏腊

凡历代岁首，皆为令节。士民和会，古今如一。兹篇不论，论岁首以外时节之沿革。盖无论士农工商，终岁勤劳，无娱乐之时，则精神不活泼，古之人于是假事以为娱乐。原以节民劳、和民气，亦即所谓张弛也，此其义也。乃执者往往以时节酒食欢娱，祭赛迷信，谓为无理而欲删除之。岂知古人用意，乃假时节以为娱乐，非娱乐之义在时节也。时节者，乃人为。故自古及今有沿革，有转移。有风俗习惯。习惯既久，便视为当然，不能究其所以然。

其在周时，则假祭神为娱乐期

《礼记·郊特牲》："唯为社事，单出里。"注："事，祭也。单同殚出里者，里人尽出祭也。"

按： 古二十五家为一里，里必有社，年分两季祭之。有春祭，《月令》："仲春，择元日，命民社。"元日者，甲日也。有秋祭，《周礼·春官》："社之日，莅卜来岁之稼。"注："秋祭也。"祭之日椎牛宰羊，里人尽出，祭罢而分其肉。则社日之不治事，酒食燕乐，手舞足蹈可知矣。而一年两举，其在仲春者，以民将劳动而为之；在秋后者，以民劳动既久而为之。皆具深意，非漫然也。其次为蜡，《礼·杂记》："子贡观于蜡，孔子曰：'赐也乐乎？'对曰：

'一国之人皆若狂,赐未知其乐也。'子曰:'百日之蜡,言勤稼穑有百日之劳。一日之泽,非尔所知也。张而不弛,文武弗能也;弛而不张,文武弗为也。一弛一张,文武之道也。"《郊特牲》:"蜡也者,索也。岁十二月合聚万物而索飨之也。"是举于岁终,一年只一次,其详细状况及其礼节,今已不得知。第观子贡所云"一国之人皆若狂"。则当时社会以是日为唯一之娱乐期,殆与社日同也。

至战国仍以社腊为唯一令节

《韩非子》:"秦昭王病,百姓为之祷病;愈,杀牛塞祷。公孙衍出见之曰:'非社腊之时也。'"又,"豕身三虱相与讼,一虱曰:'若不患腊之至而毛之燥耶?'"是可证社腊时杀牛宰豕之多,为社会大酺之唯一令节。腊即蜡也。《说文》:"冬至后三戌为腊,祭百神。"

社腊外,周重上巳节

《周礼·春官·女巫》:"掌岁时祓除疾病。"郑注以汉三月上巳修禊解之,然不甚明确。惟《风俗通》引《韩诗》曰:"三月桃花水之时,郑国之俗,三月上巳,于溱洧两水之上,执简招魂,祓除不详。"是三月上巳,为周时令节。士民游春,祓禊水上,娱乐可知。郑建国在春秋初,在列国为最后。郑如此,列国可知。再证以《周礼》,上巳为令节无疑矣。

两汉时所行之节令

一为上元,《汉志》:"执金吾掌禁夜行,唯正月十五,敕许弛禁,谓之放夜。"一为三月上巳,《卫皇后传》:"帝祓霸上,还。"孟康曰："祓，除也。从霸水上自祓除，今三月上巳也。"又，《后汉·周举传》："六年三月上巳，商大会宾客，燕于洛水。"又，《周礼·春官·女巫》，郑注："如今三月上巳，如水上之类。"是汉以三月上巳为节也。故《后汉·礼仪志》云："是月上巳，官民皆洁于东流水上。"官民皆出，其盛可知。一为伏腊，《东方朔传》："久之，伏日，赐从官肉，大官丞日宴不来，朔独拔剑割肉曰：'伏日当早归。'"夫曰早归，可见伏日皆欢娱燕饮。又，《严延年传》："母从东海来，欲从延年腊。"是可见以腊为令节。又，《杨恽传》："岁时伏腊，烹羊炰羔。"又，《元后传》："至汉家正腊日，独与其左右相对饮酒。"是益可证社会至伏日、腊日，酒食醉饱之娱乐。一为日至，《薛宣传》："及日至休吏，贼曹掾张扶独不休。宣出教曰：'日至，吏以令休，由来已久。曹虽有公职事，家亦望恩私。意掾宜从众，归对妻子，设酒肴，请邻里，一笑为乐。'"注："日至，冬至、夏至也。"夫至日至而官吏且休沐，社会可知。一为社日，《陈平传》："里中社，平为宰，分肉甚均。"盖其欢娱，仍与周同也。

汉末之寒食

总汉家之令节：为上元、上巳、为伏日、腊日、春社、秋社、夏至、冬至。其见于史者，共有八日，皆社会游宴饮乐之时。至七月七日彩女穿针，见《西京杂记》。五月五日浴兰汤，见《大戴礼》。五月五日赐群臣枭羹，见《汉书》。以及《后汉·刘玄传》"立秋日貙膢"皆未敢必社会以是日为娱乐之期，故不详。惟至后汉末，忽为介子推而有寒食之节，乡民无知，演为风俗。政府迭禁之，而其风至唐宋仍不已。禁火三日，甚无谓也。

《后汉书·周举传》："太原一郡，旧俗以介子推焚骸，有龙忌之禁。至其亡月，咸言神灵不乐举火。由是士民冬中辄一月寒食，老小不堪。举言盛冬去火，残损民命，使还温食。"又，魏武帝令："闻太原、上党、西河、雁门冬至后百五日皆寒食，云为介子推。北方沍寒之地，老少羸弱，将有不堪之患。令到禁绝火。如有犯者，家长半年刑。"是寒食在汉末初起，只太原、上党诸郡，未普及于中原各郡。且自《周举传》观之，只子推亡月，一月寒食。自魏武令观之，则自冬至起至清明皆寒食，变本加厉。又观《周举传》，是子推亡于冬月，胡为寒食至清明始已？又胡为至唐宋全国皆然？风俗推移有不可思议者。然则寒食节在汉末最为苦境也。

魏晋六朝之佳节

《世说》："华歆蜡日集子侄燕饮。"《晋书·戴洋传》："陈眕问洋：'人言江南当有贵人顾彦先、周宣佩是不？'洋曰："顾不及腊。""后果以十二月十七日卒，十九日腊。

按：蜡、腊皆祭百神，其义一也。歆于此日集子侄燕饮，可证仍为令节也。又十九日腊，可见腊仍无定日。仍于冬至后三戌为之也。

社腊外，则以上巳为最重，《晋书·夏统传》："会三月上巳，洛中王公已下，并至浮桥，士女骈填，车服烛路。"观此，则上巳为社会最繁华之节。但沈约《宋书》云："魏以后但用三月三日，不复用巳。"盖社会习惯，已重三月三日。三日与上巳期相距甚近。故并上巳节于三日。非若周时之专用三月上巳，而忽视三日也。

盖自秦汉以来，渐重三月三日，《文选》有颜延年《三月三日曲水诗序》注引《续齐谐记》曰："晋武帝问尚书虞挚曰：'三月曲水，其义何？'挚曰：'昔秦昭王三日置酒河曲，见有金人出。二汉相沿，皆为盛集。'"据此，是自汉以来已重三月三。至曹魏以与上巳近，遂即于是日修禊，而废除上巳。故宋颜延年有《三月三日曲水诗序》，齐王元长亦有《三月三日曲水诗序》，皆于曲水修禊，而皆于三月三，是其证也。至是日之繁盛，尽见于沈休文《三月三日诗》。诗云："丽日属元巳，年芳具在斯。开花已匝树，流嘤复满枝。洛阳繁华子，长安轻薄儿。东出千金堨，西临雁鹜陂。清晨戏伊水，薄暮宿兰池。"元巳即上巳，实是日未必为巳日，仍沿旧称耳。又，庾信有《三月三日华林园马射赋》亦一证也。

六朝时至冬至即拜节

《颜氏家训》："已孤而履岁，及长至之节，无父拜母，无母拜父。"又云："南人冬至岁首，不诣丧家。"

按： 以冬至与岁首并称，可见其重相等。不诣丧家者，不赴丧家贺节也。长至即冬至，拜父拜母亦拜节也。是六朝时视冬至，更重于前。

其次，则重九亦重，《太平广记》："晋宣帝于九月九日，赐群臣桑落酒。"《晋书》："孟嘉为桓温参军，九日游龙山，风吹帽落。"南《宋书》："武帝为宋公，在彭城九日登项王戏马台。"至今相承为故事。而谢灵运、谢宣远皆有《九日从宋公宴戏马台诗》。又，陶渊明尝九月九日无酒，坐东篱下，摘菊盈握。又，《南史》："齐武帝立商飙馆于孙陵寺冈，世呼为九日台。秋九日车驾幸焉。"是六朝之重九，与三月三日同，惟三日则近水修禊，九日则择地登高；三日则汉旧俗，重九则魏以后始行也。

其他若人日，见薛道衡诗。七月七日，都人皆曝衣，郝隆则仰卧于庭，曝腹中书。又，七月七日当晒衣，诸阮庭中烂然，皆见于《世说》。然社会似不以是为娱乐之期。又寒食、端午、中秋，在六朝时见于文人歌咏者亦少，似其时不甚重也。

惟梁简文帝有《看灯赋》，殆上元夜也。盖上元承岁首娱乐之时，而值月夜。自汉以来，金吾即放夜三日，六朝想当益盛。惟其时灯油盖尚贵，_{无植物油}。故帝赋有"南油俱满，西漆争燃"之语。

· 418 ·

夫为灯戏而至于燃漆，则后世所无也。

唐宋之令节，上元灯火之大观

　　古人精神之活泼，远过后人；其魄力之伟大，尤非后人所可比，即如上元灯火，其布景之奇丽、高远、宏大，在唐代固复绝后人，即宋时亦非今人所能办。其唐宋灯火，见于诗歌者，如王珪诗："双凤云中扶辇下，六鳌海上驾山来。"又，向子䛳云："紫禁烟花一万重，鳌山宫阙隐晴空。玉皇高拱云霄上，人物嬉游陆海中。"又，苏味道诗："火树银花合，星桥铁锁开。"又，李商隐诗："月色灯光满帝都，香车宝辇溢通衢。"读此数诗，唐灯火之影及和乐之声，如耳闻目睹矣。盖鳌山、凤辇，不惟排列云空，并能浮摇上下，其宏大固可惊；其技艺之精能亦可佩。至其高度，据《开元遗事》："上在东都，结缯彩为灯楼二十间，高一百五十丈。"又，《雍洛灵异小录》："唐时元夜，寺观街巷，灯明若昼，山高百余丈。"又，《天宝遗事》："韩国夫人造百枝灯，高八十丈，照数十里。"查唐时尺与今尺正同。高至百五十丈，几一里。真惊人矣！此长安东都之盛也。此外，如《开元天宝遗事》云："明皇移仗上阳宫，叶法善言西凉府灯，亦亚于此。令上闭目，已在霄汉，俄尔及地，观灯果然。以铁如意质酒为验。"又，《幽怪录》："明皇于正月望日，问叶天师：'四方何处极丽？'对曰：'无逾广陵。'帝曰：'何术观之？'师曰：'可。'俄而红桥起殿前，帝步而上，俄顷至广陵。士女皆仰望曰：'仙人现五色云中。'"是西北凉州、东南广陵，灯火皆亚于两京也。

　　宋时灯火，其见于宋诗者，王安石云："别开阊阖壶天外，特起蓬莱陆海中。"想见空中楼阁之布置。程汉《金陵元夕》云："三山火照琼花发，人在南天白玉京。"想见空中山岛之峥嵘。

王磐云："夹路星球留去马，烧空火树乱归鸦。"读此诗，知宋上元灯火，不亚于唐。至元夜状况之见于纪载者，如《容斋随笔》："西京正月十五前后各一日看灯，宋增为五夜，因钱氏纳土，展至十八。"又，《桯史》："宋宣和中张灯，有夫妇相失者，妇至端门饮赐酒，窃怀金杯，卫士察知，送御前，妇口占词有'窃取金杯作证明'之句，上喜，以杯赐之，命黄门引归。"又，"王韶幼子寀，元夜观灯，为奸人负去。儿觉其异，纳珠帽于怀。适内家车过，寀攀幰大呼。贼骇逸，内人抱置之膝，拥至上前。上问谁氏？具道所以。上叹其早慧，赐压惊金犀钱果，值巨万。"此皆因元夜都城人马拥挤，山崩海沸，故至夫妇相失，幼子被劫，又以证宋时皇帝观灯时出至端门，与民同乐，仍为唐同。故是等小事，辄为皇帝所见，随时处分，得民欢心。内家者，即宦官也。

唐宋之清明节

按杜甫诗："三月三日天气新，长安水边多丽人。"足见唐三月三日赴水上修禊之盛。然吾疑只都邑士人及富贵人家为之，在社会未必普遍。其普遍社会，虽乡曲不遗者，乃清明之寒食也，其普遍殆与岁首同。然元旦、上元、日至、社腊等日，纯为社会娱乐之节，独清明时值春和，芳草遍地，天涯游子，最动归思。而柳绿桃红，士女踏春，不忘和乐。其趣味介乎娱乐非娱乐之间，而唐宋时尤甚。分述于后，以见当时风俗。

——禁火：禁火之俗，先起于并州各地，见《后汉书·周举传》及魏武帝令。均见前。周举已移书介子推庙，曰："寒食一月，老小不堪，今则三日而已矣。"是后汉中叶，已创行三日禁火。乃观魏武令，仍不止三日。其所以如此者，据《荆楚岁时记》，介子推三月五日，为火所焚。国人哀之，每岁春暮不举火，谓之禁烟，犯之则雨雹伤田。观此，则愚民迷信，有所畏忌，故周举三日之约，

· 420 ·

不能即行。至六朝则断火一日，《齐民要术》云："之推忌日断火，煮醴而食之，名曰寒食。"盖清明节前一日是也。至唐则于清明前三日禁火，至第三日晚，则由宫内出火赐近臣。韦庄诗所谓"内官初赐清明火"，韩翃诗所谓"日暮汉宫传蜡烛，轻烟散入五侯家。"欧阳修诗所谓"火禁开何晚，禁火仍风雨"者是也。故过清明则曰新火，杜甫诗："朝来新火起新烟。"贾岛诗："暗风吹柳絮，新火起厨烟。"东坡诗："寒食清明都过了，石泉槐火一时新。"因曾断，故曰新。初只起于并州，后渐普遍全国。风俗推移之不可思议如此。

——寒食：《邺中记》：并州俗为介子推断火，冷食三日，作干粥，今之糗是也。盖既断火即冷食，而冷食以甘者为佳，故唐宋至清明社会卖饧者独多。宋之问诗："马上逢寒食，春来不见饧。"李商隐诗："粥香饧白杏花天。"刘筠《寒食诗》："饧市喧箫吹。"宋祁诗："箫声吹暖卖饧天。"又，《集异记》："工部尚书邢曹进讨叛，飞箭中肩，镞不可拔。有胡僧曰：'何不灌以寒食饧？如法应手清凉。'"是可证饧多于寒食卖，故有专名。盖饧最便于冷食，可涂饼饵。制饼饵，沃各种酪食，故寒食前争蓄之，白居易诗："留饧和冷食。"张文昌《寒食内宴诗》："廊下御厨分冷食。"欧阳修诗："多病正愁饧粥冷。"足见当时寒食之苦况。而"寒食"二字，自唐以来，遂变为节名。余幼时读诗，每问先生清明何以有二名？先生曰："前二日为寒食，末日为清明。今已不寒食，而有其名，无怪汝疑也。"或问："蜜与糖亦味甘，唐宋时胡不食？"答曰："蜜值昂，白糖自大历前未有，宋虽有，值仍昂，非社会所通用。"若饧则米制，价最廉也。

——祭墓：自汉以来，墓祭与庙祭并重，而庶人尤重。至唐则以寒食为定期，《唐书》："开元敕寒食上墓。"《礼经》无文，近代相传，浸以成俗。宜许上墓，同拜扫礼。观此，则寒食祭扫，至早起于隋唐之间。隋以前盖无有，至唐中叶而大盛。柳子厚《与许京兆书》："近世礼重拜扫，今已缺者四年矣。每遇寒食，则北向长号，以首顿地。想田野道路，士女遍满，皂隶佣丐皆得上父母邱墓，马医夏畦之鬼，无不受子孙追养者。"读此书则唐时祭扫之盛，如在目前。其祭品则田家多持麦饭，《五代史·唐家人传》："妃临死呼曰：'何不留吾儿，使每岁寒食持一盂饭，洒明宗坟上？'"又，宋夏竦诗："汉寝唐陵无麦饭"是其证。其焚化则纸钱，《五代史》："寒食野祭焚纸钱。"《宋史·外戚传》："李用和少穷困，居京师凿纸钱为业。"范成大《寒食诗》："鸟啄纸钱风。"孙蕙兰诗："明朝又是清明节，愁听人家买纸钱。"然唐时王勃，"焚阴钱十万，为老叟偿债。"见于《摭言》。想亦用以祭墓也。

——清明各种游戏：曰打球，《酉阳杂俎》："荆州百姓郝惟谅，寒食日与其徒郊外蹴鞠。"《北里志·张住住传》："幼与庞佛奴有结发契，及将笄，其家拘束严，稀得见之。后佛奴因寒食争球，故逼其窗以伺之。"又，《大唐新语》："清明新进士开宴于曲江亭。"又有月灯阁打球之戏，白居易诗："蹴球尘不起，泼火雨初晴。"韦庄诗："隔街闻筑气球声。"又，"上相闲分白打钱。"白打者，两人对踢也。曰斗鸡，唐人《东城老父传》："玄宗在藩邸时，乐民间清明节斗鸡戏。"李山甫《寒食诗》："锦袖斗鸡喧广场"是也。曰秋千，《古今艺术图》："北方人寒食为秋千戏，以习轻跻。"又，《天宝遗事》："宫中至寒食节，竞筑秋千，嬉笑为乐。"韦庄诗："满街杨柳绿丝烟，画出清明二月天。好是隔帘花树动，女郎撩乱送秋千。"又，苏轼词："墙里秋千墙外道。"曰野宴，《开元天宝遗事》："长安士女，清明日游春野步，遇名花则设席藉草，以红裙递相插挂，以为宴幄。"又，《梦华录》："京师清明日四野如市，芳树之下，园圃之内，罗列杯盘，互相酬酢。"又，《岁华记》："都人游赏，散布四郊，谓之踏青。"然则寒食时人民之嬉游娱乐，不惟城邑，且遍于四郊。其精神之活泼，后之乱世固未有，即承平之日亦未见。古今民族精神之衰旺，由此可以考见矣。

唐宋之社日

凡节除岁首外，皆随风俗为盛衰。独社日自三代迄南宋，数千年间，行之不替，在中国历史上，可谓最古最普遍之佳节。乃自元朝以后，此风顿已。盖蒙古主政，八十余年间，中国旧风俗，为其所蹂躏，因以灭亡者，不知凡几。社日亦其一端也。推原其故，必因社日全国鼎沸，箫鼓喧填，恐民众起事，严为制止。及禁之既久，遂忘其事，于是以数千年之故俗，竟尔革除。可不悲哉！可不痛哉！

妇女停针线归宁

张籍《吴楚歌词》："今朝社日停针线，起向朱樱树下行。"《墨庄漫录》："今人家闺房，遇春秋社日，不可组紃，谓之忌作。"故周美成《秋蕊香词》云："闻知社日停针线。"是自唐迄宋，妇女至社日皆休假。又，《梦华录》："社日妇女，皆归娘家；外舅姨舅，皆以新葫芦为遗，俗云宜良外甥。"是妇女至是日，皆归宁也。

社日箫鼓饮燕之盛况

韩愈诗："愿为同社人，鸡豚宴春秋。"张蜕诗："桑柘影斜春社散，家家扶得醉人归。"杜甫诗："明年大作社，拾遗还在否？"陆游诗："社日取社猪，燔炙香满村。"周子谅诗："鸡豚上戍家家酒，莺燕东风处处花。"读此诗，则唐宋时社日饮食醉饱之乐，有若目睹。刘禹锡诗："枫林社日鼓。"梅尧臣《社日诗》："树下赛田鼓，坛边祠肉鸦。"范成大诗："社下烧钱鼓似雷，日斜扶得醉人回。青枝满地花狼藉，知是儿孙斗草来。"读此诗，则祭社时箫鼓沸天之声，有如耳闻矣。而一年两举，故燕子有春社来秋社去之语。凡节皆有定日，惟社腊无定日：周用甲日，汉用午日，魏用未日，唐以来用戊日。

唐宋之端午、中秋

自汉以来，至五月五日故事独多。盖以此日为阳极之日，《风土记》："端者，始也，正也。五日午时为天中节，故作种种物能辟邪恶。"在汉时以五彩丝系臂，名长命缕，见于《风俗通》。在晋时作赤灵符著心前，可辟兵，见于《抱朴子》。然故事虽多，在社会似不为娱乐之节，至唐则渐盛。

——竞渡：《荆楚岁时记》："俗以五日为屈原投汨罗日，伤其死，故以舟楫拯之。其舟轻，谓之飞凫。"

——斗草：《岁时记》："五日四民并蹋百草，故有斗百草之戏。"又，《刘公嘉话》："谢灵运须美，临刑，施为南海祇洹寺佛像须。唐中宗朝，安乐公主五日斗百草，欲广其物，令驰骑取之。"

由此二事，可证唐时端午日民间之娱乐。又，《旧唐书》："孙伏伽谏曰：'太常官司于民间借妇女裙襦五百余具充妓服，拟五月五日于玄武门游戏，非所以为子孙法。"夫必社会于是日游戏，然后官司设游戏于玄武门，与民同乐。至若饮菖蒲酒，剪艾为人，悬门户上，以角黍相馈遗，虽其来已久，然至唐则家家如是。宋仍与唐同，不具述。

至八月十五夜，在唐时虽有玩月故事，在社会视之，似无若何兴趣。不惟不能与寒食等，并不能与端午同也。其见于唐人小说者，除《集异记》《异闻录》《唐逸史》记明皇入月宫，服仙丹；《宣室志》记周生梯云取月事外，余事甚少。而唐诗除王建"今夜月明人尽望，不知秋思在谁家"最驰名外，余如杜工部、李太白、白香山、韩昌黎、柳河东等，吟咏中秋者，偶有之，而不甚著，是其证也。至宋时似盛于唐。《太宗纪》："八月十五日为中秋节，三公以下献镜及承露盘。"又，《膳夫录》："汴中秋节食中秋玩月羹。"是可证已。以中秋为节令，故大臣有献玩月羹而成为汴京风俗。又，晏殊《中秋诗》："苦吟含翰久，清宴下楼迟。"是中秋宴饮之证。然阅庞元英《文昌杂录》记祠部休假节，有立秋、七夕、秋分、重阳，而无中秋。是社会仍不以是日为令节，而端午则休假一日。可见宋时中秋，尚不能与端午等也。

唐宋之重阳

重阳故事，在唐时多于中秋。诗人歌咏者，亦倍蓰中秋，是亦重阳盛于中秋之证也。盖时至重九，天高气清，最宜登高眺望，《唐书》："王勃过钟陵，九月九日，阎都督大宴宾客于滕王阁。"又，《韦绶传》："绶为集贤学士，九日宴群臣于曲江。"王维诗："遥知兄弟登高处，遍插茱萸少一人。"是其证。而俗食蒸糕，《岁时杂记》："二社及重阳皆食糕，而重阳为盛，以枣为之，或加以栗。"《闻见后录》："刘梦得作九日诗，欲用糕字，以五经无此字，辍不复为。"是以宋子京《九日食糕诗》云："飙馆轻霜拂暑袍，糇粢花饮斗分曹。刘郎不敢题糕字，空负诗家一代豪。"而茱萸、菊花、橙橘，为此节之点缀品，《说宝》："唐太宗九日在蓬莱殿赐群臣橘。"《西京杂记》："九日佩茱萸，饮菊花酒。"张说有《九日进茱萸山诗》。《东京梦华录》："都下重阳，酒家皆以菊花缚成洞户，饮者皆以菊花插帽檐而去。故刘景文九日与东坡诗云：'四海共知霜鬓满，重阳曾插菊花无？'"是以菊插帽之证也。

唐谓冬至前一夜为除夜，宋谓冬住

《老学庵笔记》："陈师锡家亨仪，谓冬至前一日为冬住，与岁除夜为对。余读《太平广记》三百四十卷，有《卢顼传》'是夕冬至除夜'，乃知唐人冬至前一日，亦谓之除夜"云云。盖至宋已以冬至除夕与岁暮除夕同名，废而不用矣，故放翁云云。

"是夕冬至除夜"之语，见唐张泌《尸媚传》，记范阳卢顼家婢小金事。《太平广记》偶引之，非《卢顼传》也。放翁盖未见《尸媚传》耳。

唐宋之七夕与中元

七夕白日曝衣，夜陈瓜果，祀牛、女二星。士女月下穿针乞巧，备见唐宋小说与诗歌中。盖织女嫁牵牛，牵牛负天帝钱十万不偿，帝罚之，只七夕许与织女渡河相见。自汉时即有是说。《淮南子》云："七夕乌鹊填河成桥渡织女。"是其证。故古诗有"迢迢牵牛星，皎皎河汉女，盈盈一水间，脉脉不得语"之句。以事涉情恋，动人慕思，虽明知为附会，历代称说而不已，然不如中元节之盛。中元为佛生日，唐宋时佛教盛，故至七月十五即有盂兰会之设。而开元四年竟于中元夜，许京师张灯，见于《唐会要》。而戎昱有《中元日开元观观乐诗》，足见其社会点缀犹胜于中秋也。又，《东京梦华录》："中元买冥器彩衣为盂兰盆，挂搭冥钱衣服焚之。"是宋时仍与唐同也。

宋时节令轻重之等差

《文昌杂录》云："祠部休假，岁凡七十有六日。元日、寒食、冬至各七日，是此三节最重。上元、夏至、中元、下元、腊各三日，是为次重节。立春、人日、中和节、春分、社、清明、上巳、立夏、端午、初伏、中伏、立秋、七夕、末伏、社、秋分、授衣、重阳、立冬各一日，是为再次重节。"其中授衣节，不知为何日？然似非中秋，又寒食与清明并列，不知如何分别也？

明清时之端阳中秋

《说荟》："嘉靖时有张积中者，江阴人，为礼部书吏。穷困不能归，至五月五日，书吏皆归家度节，令积中在署值日。并酿资数千，以为酒食之费。"是可证明时值端午节，官吏皆休假饮燕。社会可知。

至清则以端午、中秋与岁首并称三节。至时则商贾歇业，百工休假。官吏士民，于前一日即衣冠贺节。端午粽子，中秋月饼，馈遗纷纭。凡钱债至五月节、八月节必清结，谓之节关。而中秋视端午尤重，即乡僻小民，必饮酒食肉，与元旦同。方之往古，惟六朝之冬至，可以彷佛，余则无此盛也。社会风俗推移之不可思议如此。

其他若社腊，若正月初七为人日，社会久已不知。惟上元有灯火，然唐宋时所为"鳌山星桥空中楼阁"之观，久已绝迹。三月三日，士流偶有修禊者，市民已不晓其义。清明节谒墓祭扫而已。久不寒食，故无卖饧者。若打球、秋千、蹴鞠、斗鸡、游戏之举，春日庙会，或有为之者，而不于寒食。独七夕以牛女故实，人尚知之；然晒衣乞巧之举已无。中元节仍有为盂兰会者，小儿剪彩放灯而已。九日登高，亦士流为之，与修禊等。独腊月初八日之腊八粥，社会颇普遍，或盛于宋时腊八粥起宋时，见《梦华录》。也。

卷四十　各种游戏

打球古戏失传之一

打球古名蹴鞠，《史记·仓公传》："处后蹴鞠。"注："打球也。"《汉书·艺文志》有《蹴鞠经》，可见其戏甚古。

按：刘向《别录》："寒食蹴鞠，黄帝所造，以练武士，本兵势也。或云起于战国。"鞠与球同，古人蹴蹋，以为戏也。自汉以来，好此戏、善此戏者甚多，皆不录。述其可考见当时打球情状者。

打球之时节及其规矩

自隋唐以来打球多于春日，而寒食为此者尤多。白居易诗云："蹴球尘不起，泼火雨初晴。"是其证。其详在《岁时伏腊》中。《事物绀珠》云："球，两人对踢为白打，三人角踢为官场。球会曰员社。"故韦庄诗："内官初赐清明火，上相闲分白打钱。"盖打球时以钱为赌也。

至宋打球仍赌物

《紫薇杂记》："熙宁间，神宗与二王打球子，上问二王：'欲赌何物？'徐王曰：'臣不别赌物，若赢时，只告罢了新法。'"是宋时打球，仍赌财物，特胜负规则不详耳。

汉时打球窟室中

《汉书·外戚传》："吕后断夫人手足耳目，使居鞠域中。"师古曰："如蹋鞠之域，谓窟室也。"又，《史记·骠骑传》："而骠骑尚穿域蹋鞠。"徐广曰："穿地营域。"是汉时皆凿地为域，而打球其中。盖以球易他适，追逐为劳，穿地为域，则有限制也。

古球制造之法

扬子《法言》："挽摩也革为鞠。"《史记·霍骠骑传》：《索隐》云："鞠戏以皮为之，中实以毛。"《正义》云："今之打球也。"

按：中实以毛，则轻而易起，外挽以革，则坚实不坏，一球可用数年，且轻重适宜，不惟无走气之嫌，亦无太轻之弊，故抵力足而起落灵敏。当光绪中叶，同学有皖人陈某者，善此技。其球系自制，用棉绒一撮，外以粗棉线缠为圆形，径约二寸余，外不用皮，尤为灵敏。打时有缓有急，缓则呆立如木鸡，平舒左臂或右臂，毫不抑扬；其球上下若掌与地相吸然。如欲过右或左，盖手掌稍用力，即飞落一边。换手打之，而身仍呆立不动。如此久之，忽而冲天，忽而左右，一打一易，至尤急时，则身随球舞蹈作势，球随身旋转飞舞。或穿裤下，或绕臂缠项缠股，不知其球之胡以随身不坠如此也。疑即古蹴鞠之遗法，而今人无述之者。

历代社会风俗事物考

至隋唐有球场与汉异

汉打球在地域中，至隋唐则有球场。《隋唐嘉话》："驸马杨慎至油洒地，以筑球场。"《唐书·刘悟传》："即徙军山东开球场。"韩偓诗："帝宴文思球场。"夫既曰场，必其地宽广平坦，便于蹴鞠，有若今日运动场。观唐僖宗宴于球场，场内必有楼阁，以为观球游戏之所也。

唐大臣皆善于马上击球

《金华子》云："周侍中宝、高中令骈，起家神策打球军将，而击拂之妙，天下知名。李相国领盐铁在江南，春时酒乐方作，乃使人传语曰：'在京国久闻相公打球盛名，如何得一见？'宝乃辍乐命马，驰骤于彩场中，都凭城楼下瞰。见其怀挟星球，挥击应手。"夫球可怀挟，则不甚大；又骑马驰骤，则是击球于马上。马上打球，为后世所无，盖已失传久矣。

至宋有球门

《五灯会元》："石门云：'莫来拦我球门路。'"又，《宋史·礼志》："打球，本军中戏，太宗令有司详定其仪。三月，会鞠大明殿。有司除地，竖木东西为球门，高丈余，首刻金龙，下施石莲花座，加以采缋。左右分朋主之，以承旨二人守门，卫士二人持小红旗唱筹，御龙官锦绣衣持哥舒棒，周卫球场。"

按：此球门架木为之，东西各一，与今日足球场之球门正同，想亦打入门者胜也。故有守门者，有持旗唱筹者，唱筹盖记入门之次数。以多少分甲乙，定胜负。创始于宋欤？自隋唐如是欤？不敢定也。

唐宋有球杖

《酉阳杂俎》："有河北军将常于球场中累钱十余,走马以击鞠杖击之。一击一钱,飞起六七丈。"又云:"以鞠杖击田彭郎折足。"是唐有球杖。《宋史·乐志》:"打球乐队:'四色窄袖罗襦系银带裹顺风脚,簇花幞头,执球杖。"又,《仪卫志》:"球杖金涂银裹。"又,《录异记》:"苏校书善制球杖,外混于众,内潜修真。每有所阙,即以球杖干于人,得酬金以易酒。"

按:以杖打球,唐以前不见。据《录异记》,不惟宫中用杖,社会亦用杖,盖鞠戏又变矣。至以杖击鞠之状,后人亦无从悬揣,只《酉阳杂俎》云:"韦行规少时行城西,日暮风雨忽至,乃下马负一树。见空中有电光相逐如鞠杖。"以是见鞠杖旋转飞舞如空中电光也。又云:"某多力,趯鞠高至半塔。"想见打球之高。至清,以杖打球之法又失。只学校网球,以拍打球,甲乙往来掷打,中隔以网,落地者负。宋之球杖,或亦类是欤?

按:球戏自清以来即失传,鲜有能之者。后学校兴,球战起。其技术规则,皆传自泰西;其器亦购自泰西。而中国固有之蹴鞠法,无能之者。然天下大矣,未必果失传也。大力者登高一呼,必有应者。至中国旧法所制之球,果加研究,必能适用。且工省价廉,亦杜塞漏卮之一也。

弹棋 古戏失传之二

弹棋之戏,古盖未有。《物原》云:"刘向作弹棋。"庾信《象戏赋》注云:"弹棋之制,始自汉成帝。帝好蹴鞠,群臣以为过劳,帝曰:'可用其意同者以为代。'刘向乃作弹棋以献之。"是此戏确起于西汉。刘义庆《世说》谓:"弹棋始自魏宫内,为妆奁戏者。"误也。

棋数及棋局形状

《后汉书·梁冀传》："善弹棋。"注引《艺经》曰："弹棋，两人对局，白黑棋各六枚，先列棋相当，更先弹也。局以石为之。"方五尺，中心高。又，蔡邕《弹棋赋》："丰腹敛边，中隐四企。"是两人对局，各用棋六枚，或黑或白；局必以石者，取其滑而易行，若木则涩也。中心高，故曰丰腹。腹高，故四边下敛而低。隐者隔者，中高故两边子相隔不相见。企者仰视，四边低，故仰望中心也。李义山诗："玉作弹棋局，中心最不平。"必不平者，欲因难见艺也。故魏文帝最擅名。此棋数及棋局之概略也。

弹棋规则胜负及其巧妙

《世说》："魏文帝善弹棋，用手巾角拂之，无不中。有客自云能，帝使为之。客箸葛巾角，低头拂之，妙逾于帝。"是可证两人对弹，以我棋中彼棋则胜。两人皆中，中多者胜，否则负。又，《艺经》云："列棋相对，更先弹之。"是又可证弹时互为后先。如此次甲先弹，再则乙先弹也。然弹局中心隆起，用力猛则超过不能中，缓则难越凸坡，仍不能中。又两边棋子，为中心隐隔，虽相直而不相见，弹中尤难。故蔡赋又云："不迟不疾，如行如留。放一敝六，功无与俦。"皆言其善弹。惟所谓"放一敝六"者，已不能详其故。又，梁简文《弹棋论》，有"完五全六、八反四角"之说，尤不能解。然则其概略虽得，其详细节目，则无从尽得也。

弹棋至宋已失传

中国古艺术，一亡于五胡乱华，再亡于唐末五代之乱。至宋而仅存者，更亡于蒙古。如弹棋小技，唐末犹能，见于李义山之吟咏，乃至宋而失传。《老学庵笔记》云："吕进伯作《考古图》，谓古弹棋局如香炉。"盖谓其中隆起也。李义山诗："玉作弹棋局，中心最不平。"今人多不能解，以进伯说考之，粗可见。然恨其艺之不传也云云。今遍加考索，义山诗能解矣，而蔡赋及梁简文所论，仍不能尽通。则欲复其术无由也。

斗草 古戏失传之三

汉以前亦不见斗草之戏。《物原》云："始于汉武。"《荆楚岁时记》："五月五日，四民并蹋百草，有斗百草之戏。"又，《岁华纪丽》："端午结庐蓄药，斗百草，缠五丝。"在唐时为最盛，《刘宾客嘉话》云："谢灵运美须，临死日施为南海祇洹寺摩诘像须。唐中宗朝，安乐公主五日斗百草，欲广其物，令驰骑取之；又恐为他所得，因剪弃其馀。"由此征之，名为斗草，实所斗不只百草，盖以物罕而类多，为他人所无者为胜。是以刘禹锡诗云："若共吴王斗百草，不知应是欠西施。"昌黎《城南联句》："蘼绳颭娥媻，斗草撷玑珵。"杜牧诗："斗草怜香蕙，簪花间雪梅。"吴融诗："数钱红带结，斗草旧裾盛。"范成大："青枝满地花狼籍，知是儿童斗草来。"司空图："明朝斗草多应喜，剪得灯花自扫眉。"是无论男女儿童皆为之，至宋仍盛。苏辙《夫人阁诗》："寻芳空茂木，斗草得幽兰。"晏几道词："斗草赢多裙欲卸。"周必大诗："陌上花开人斗草，瓮头酒熟客传觞。"惟观各家吟咏，不必五月五日，似为之于春日者多，妇女儿童尤多。壮夫为者似少也。然其详细规则，输赢节目，究以品类多为胜乎？

历代社会风俗事物考

抑以物罕为贵乎？只两人为？抑多人亦可为乎？既名斗草，如谢须非草，附于草上，为草之点缀品乎？抑须径为一草乎？今则茫然矣。

藏钩 占戏失传之四

《辛氏三秦记》："汉昭帝母钩弋夫人，手拳而有国色。先帝宠之。世人藏钩之戏，法此也。"又，《宋书·符瑞志》："汉武赵婕妤，家在河间，生而两手皆拳，不可开。武帝巡幸河间，望气者言，此有奇女子气。召而见之。武帝自披其手，即时申，得一玉钩，由是见幸，号拳夫人。"由是汉世有藏钩之戏。又，周处《风土记》："义阳腊日，为藏钩之戏。分为二曹，以校胜负。若人偶即敌对，人奇即奇人为游附。或属上曹，或属下曹，名为'飞鸟'。以齐二曹人数，一钩藏在数手中，曹人当射知所在。一藏为一筹，三藏为一都。"

按：李义山诗："隔座送钩春酒暖，分曹射覆蜡灯红。"送钩，即送至曹中使藏也。藏在上曹，即下曹射之；在下曹，即上曹射之。二句诗全咏此也。又，《采兰杂志》："古人以每月十九为下九，每值九，置酒为妇人欢，至夜为藏钩诸戏，有忘寐达旦者。"又，《酉阳杂俎》："成式尝于荆州藏钩，每曹五十馀人。"又云："藏钩剩一人，来往于两朋间，谓之饿鸱。"想见古人宴会之乐也。

射钩之巧法

《酉阳杂俎》："举人高映善意驱，十中其九。同曹钩亦知其处。当时疑有他术，访知映言，但意举止辞色，若察囚视盗也。"又，"山人石雯，尤妙打驱，与张又新兄弟夜会，张藏钩于巾襆中，雯曰：'尽张空拳，左眼。'有顷，钩在张君襆头左翅中。"惟所谓钩者，今已不知其形式。藏而射得，其赏罚

·434·

若何？又所谓游附，许射钩否？其细则今更不能知。

格五 古戏失传之五

《汉书·吾丘寿王传》："年少，以善格五召待诏。"苏林曰："博之类，不用箭，但行枭散。"刘德曰："格五，棋行。《簺法》曰：'簺白乘五，至五格不得行，故云格五'"。师古曰："即今戏之簺也。"

按：《庄子·骈拇篇》："问谷奚事，则博簺以游。"注引"吾丘寿王善格五待诏。"即博塞也。是格五之戏，自战国已行。又，《后汉书·梁冀传》："善格五。"注引鲍宏《簺经》云："簺有四采，簺白乘五是也。至五即格，不得行。"又，《说文》："行棋相簺谓之簺。"亦格五也。观师古注，可证格五至唐犹盛行。惟其详较弹棋尤不明了。观各家注，似只行棋，不掷投。而苏林所谓不用箭，但行枭散，《簺经》以簺白乘五为四采，皆莫知其义。又至五而格，胜负如何？亦无及之者。盖其亡尤久也。

博 古戏失传之六

《世本》："桀臣乌曹作博。"是此戏起于夏时，乃至宋而失传。宋李易安《打马图序》云："长行、叶子、博塞、弹棋，世无传者。"是自宋博已失传。故古人所言，有绝对不能解者。盖博之事甚复杂，而历代有改变，又古人所为各经，只详器具，不详规则。故能知其粗迹，不能悉其细目。

博之定名

占博亦用棋，故后人往往谓博即弈。宋·孙奭《孟子》弈秋疏，解"弈"字云："《论语·阳货第十七》：'不有博弈者乎？而解弈为博也'"云云。此实大误。查《论语》博弈，不惟何晏注未以弈为博，即邢昺疏亦只云"博，六著十二棋也。古者乌曹作博，围棋谓之弈"云云。亦未以弈为博。此等误解，皆由博用棋而起。故疑博与弈棋为一事。岂知《左传》曰："弈者，举棋不定，不胜其耦。"《公羊传》："南宫长万与闵公博。"博自博，弈自弈，判然两事。安得以《论语》并举，遂疑为一事乎？

在汉以前皆曰六博，因每人投六箸、行六棋、以箸棋为主而得名也。在汉以后曰"樗蒲"，曰"五木"，以五投为主而得名也。

博具考箸棋、五木

《楚辞》云："琨蔽象棋，有六博些。"王逸注："投六箸，行六棋，故为六博也。蔽簙箸，琨蔽者，以玉饰之也。"又，《说文》："簙局，戏也。六箸十二棋也。"《后汉书》注引《博经》云："用棋十二，六棋白，六棋黑。"故古皆云六博。《战国策》："临淄甚富，其民无不六博、蹋鞠。"《史记·滑稽传》："六博投壶。"《易林》："野鸟山雀，来集六博。"《晋书·张重华传》："六博得枭者胜。"徐陵《玉台新咏序》："争博齐姬，心赏穷于六箸。"似以棋箸为主要具而名之也。

自博变为樗蒲，六博之称较少。多名曰樗蒲。汉马融有《樗蒲赋》，樗蒲者，博之变名。而五木最重，《樗蒲经》云："古者乌曹作博，以五木为子。"《山堂肆考》云："樗蒲以五木为子。"《晋书·刘毅传》："喝五木成卢。"《世说》："桓温厉色掷去五木。"《国史补》："用骰五枚掷之。"李习之集有《五木经》，注云："樗蒲古戏，其投有五，以木为之，故呼为五木。"是以五木为樗蒲主要具而名之也。然则箸也，棋也，五木也，习博之重要具，故缘以得名。兹分述其形象如下。

箸之形象，后又名箭、矢、策、子

《西京杂记》："许博昌善陆博，窦婴好之，相与游处。法用六箸，以竹为之，长六寸。"徐陵《玉台新咏序》："争博齐姬，心赏穷于六箸"是也。亦名曰箭，《列子》："击博楼上，其箭长五寸。其数六。"《汉书·吾丘寿王传》，格五注云："六博之类，不用箭。"是可证博必用箭，箭即箸也。后亦名曰矢，《晋书·胡贵妃传》："尝与帝樗蒲，争矢伤帝指。"《五木经》云："矢百有二十"是也。亦名曰子，《国史补》云："法三分其子，为三百六十。"是子即矢，矢即箭，箭即周秦之箸，名虽变而用则同。盖戏时得若干彩，即投若干箸以为标识。《五木经》云："皆玄曰卢，厥策十六。"注云："十六策者，行马时便以此数矢而隔之。"是可证得卢即投十六矢以为志。又以证《五木经》之策即矢也。

棋之形象

《酉阳杂俎》云："依六博棋形，颇似枕状。"《说苑》："荀息曰：'臣能累十二棋子，加九卵其上。'"《南史·王僧虔传》："臣能累博棋十二不坠。"夫棋上可加卵，其大可知。至晋唐则曰马，《世说》："袁耽投马绝叫。"《国史补》："人执六马。"《五木经》："马策二十，厥色五，凡击马及王采皆又投。"注云："行马，古者人用六棋，故曰行六棋。"此云人执六马，云行马，实一物也。

五木形状

《五木经》云："樗蒲五木判玄白。"注："其投有五，故呼五木。初以木为之，后以牙角。判，半也，合其五投，并上玄下白，故曰玄白判。"又云："厥二作雉，背雉作牛。"注："取二投于白上刻为鸟，背鸟皆刻牛。"《国史补》云："其骰五枚，分上为黑，下为白。黑者刻二为牛，白者刻二为雉。"夫所谓骰五枚者，即五木也，五投也。依《五木经》，雉牛相对，见二牛即不见二雉，见二雉即不见二牛。依《国史补》，不必相对，不相对则可全见。然十采之中，并无二牛二雉同见者，知《五木经》是，《国史补》非也。

博关

以上博具，曰箸、曰箭、曰矢、曰策、曰子，为一物。曰棋、曰马、为一物。曰五木、五投、五骰音头为一物。尚有一物，盖施于局上者曰关，《五木经》云："矢百有二十，设关二，间矢为三。"注云："间，别也，刻木为关，雕饰之每聚四十矢；又马出初关，非王采不出关。"《国史补》云："法三分其子为三百六十，限以两关，人执六马。"关之用不见于他书。《五木经》雉牛注云："雉牛逢敌必斗，虽矢马关亦皆角逐。"以关与马矢并，其重可知。观《经》云："马出初关，非王采不出关。"似关所以防遏行马，非掷得贵采，马行不能出也。

采名考

采名亦曰博齿，《楚辞》："呼五白些。"王逸云："五白，簙齿也。"《晋书·葛洪传》："不知棋局几道，樗蒲齿名。"《列子》："楼上博者，射，明琼。"注："明琼，今之投子。初以木，后饰以玉，故曰琼。"又，鲍宏《博经》："所掷头谓之琼，琼有五采。"头者，骰也，投也。三字音同，故互用也。皆博齿也。《世说》："桓公与袁彦道樗蒲，彦道齿不合。"《宋史·张昭远传》："一掷六齿皆赤。"是可证木之头刻有采名，视采名以定胜负。以其头类齿，故亦曰齿名也。

齿名言人人殊，惟《五木经》及《国史补》相同。且甚详悉。《樗蒲经》云："有雉枭雉犊，为胜负之采。"《博经》云："琼有五采，刻一画者谓之塞，二画者谓之白，三画者谓之黑，一边不刻者五塞之间，谓之五塞。"《山堂肆考》云："有枭、卢、雉犊、塞，为胜负之采，博头有刻枭形者为最胜，卢次之，雉犊又次之，塞最下。"二经之言太略，《肆考》以五采若全刻于五木者，尤误。全黑为卢，自六朝至唐皆如此。卢之反即五白，非刻于枭头。《肆考》以五采当五木，全属想象之词。

《五木经》云："樗蒲五木玄白判，厥二作雉，背雉作牛。"注："以雉犊为彩者，谓其悍戾，逢敌必斗，以求胜也。虽矢马关，亦皆角逐防遏之义也。王采四，卢白雉牛，氓采六，开塞塔秃撅撩。"注："氓，贱也。采义未详。全为王，驳为氓，皆玄曰卢，厥策十六，皆白曰白，厥策八。雉二玄三曰雉，厥策十四。牛二各本皆作三，作三则六投矣，依《国史补》改。白三曰犊。厥策十。雉一牛一。各本皆作二，依《国史补》改。白三曰开，厥策十二。雉如开，厥余皆玄曰塞。厥策十一。雉白各二玄一曰塔。厥策五。牛玄各二白一曰秃，厥策三。白二玄三曰撅。厥策二。"

《国史补》云："其骰五枚，分上为黑下为白，黑者刻二为犊，白者刻二为雉，掷之全黑乃为卢，其彩十六。二雉三黑为雉，其彩十四。二犊三白为犊，其彩十。全白为白，其彩八。四者，贵彩也。开为十二，塞为十一，塔为五，秃为四，枭为二，撅为三。"

二书所言彩名彩数皆同。惟《五木经》以撩为氓采第六，《国史补》以枭为贱彩第五，为小异耳。

其齿名见于汉前者，曰枭，《韩非子》《战国策》言之。曰五白，

《楚辞》言之。尚有一齿，见于《列子》。《列子》："楼上博者，射，明琼张中，反两擒鱼而笑。"注："擒鱼，骰采之名。"汉以前齿名，可考见者只如此。若卢雉等名，皆起于汉以后。汉以前有无不敢定。至擒鱼只《列子》言之，汉以前亦少见。枭与五白，至唐仍存。枭之用，前后虽殊，五白则今古皆贵。以是二者为最久矣。

以上所述者，曰箸、曰棋、曰马、曰关、曰五木、曰骰，皆博具也。曰枭、曰五白、曰擒鱼，汉以前所见之博齿名也。曰卢、白、雉、牛，四贵彩；曰开塞搭秃撅枭，四贱采；汉以后博齿名也。博具既明，然后其戏法可得而述。

对局人数

《公羊·庄十三年》："南宫长万与宋闵公博。"《史记·吴王濞传》："吴太子侍皇太子博，争道，不恭，皇太子引博局提杀之。"《信陵君传》："公子与魏王博。"《博经》："六棋白，六棋黑。"是皆以二人对局也。《楚辞》："分曹并进，遒相迫些。"王逸注云："言分曹列耦，并进技巧，投箸行棋，转相遒迫，使不择行也。"是人可多，但分为两曹，故云列耦也。故《世说》："桓温请袁耽代戏，二人齐叫。袁既掷，桓即不掷。敌家顷刻失数百万。"是仍二人对局。但桓与袁为曹耦，与《楚辞》同也。至东晋末，则可多人共局，《晋书·刘毅传》："在东府聚樗蒲，余人皆得犊，毅后掷得雉，刘裕最后又得卢。"是共局在三人以上。至唐则可五人对局，《五木经》云："马策二十，厥色五。"注："大率戏时，不过五人。"五色者，各辨其所执也。《国史补》所谓"人执六马"也。是共局可五人也。

古得枭则倍赢食子

《楚辞》:"成枭而牟。"注:"牟,倍胜也。"《史记·魏世家》:"王独不见夫博之所以贵枭者,便则食,不便则止矣。"《正义》云:"博头有刻为枭形者,掷得枭合食其子。若不便则余行也。"是得枭则倍赢,可食他人子也。子即箸即矢也。惟《战国策》云:"夫枭棋之所以能为者,以散棋佐之也。"失一枭之不胜五散,亦明矣。又,焦氏《易林》云:"三枭四散,主人胜客。"今皆不能通其义。

然既胜则杀枭

《韩非子》:"齐宣王问匡倩曰:'儒者博乎?'曰:'不也。博贵枭,胜者必杀枭,是杀所贵也。儒者以为害义,故不为也。'"又,《家语》:"儒者不博,为其兼行恶道故也。"

按: 枭为恶鸟,故古人多方杀枭。然博得枭则胜,既胜而杀之。过河拆桥,于义有害;行害义之事是行恶道也,故不为。然枭如何杀?其规则则不能详。

自汉至西晋,仍贵枭。《后汉·张衡传》:"咸以得人为枭。"注:"犹六博得枭胜。"又,《晋书·张重华传》:"谢艾曰:'枭,邀也,六博得枭者胜。今枭鸣牙中,克敌之兆。'"是自汉迄西晋,仍以枭为胜采。

东晋贵卢雉,唐以枭为最贱

《晋书·刘毅传》:"喝五木成卢。"《世说》注引《郭子》:"桓公樗蒲,失数百斛米,求救于袁耽。耽在艰中,便云:'大快。我必作采,卿但大唤。'即脱其衰,丧服。共出门去。既戏,袁形势呼袒，掷必卢雉。二人齐叫，敌家顷刻失数百万。"是是时已以卢雉为上采。盖樗蒲以卢雉为最贵，不贵枭。故自樗蒲兴而卢雉之名大著，枭名遂寂。而呼卢喝雉之声，讫唐尚盛。杜甫诗："咸阳客舍一事无，相与博塞为欢娱。凭陵大叫呼五白，袒跣不肯成枭卢。"韩愈诗："枭卢叱回旋。"以枭与卢并，仍沿古称，诗歌用故事则然耳。实唐时以枭为贱采中之贱者，前采名节已详之矣。

卢、雉、牛、白，四王采等级考

晋、唐贵卢雉，然卢雉二采又孰胜乎？是亦规则之一也。考《南史》："宋武帝与颜师伯樗蒲，帝得雉，大悦。后师伯得卢，帝失色。师伯遽敛子曰：'几得卢。'"是可证卢胜雉，故帝失色也。又，贵采中之牛，较卢雉又孰胜？考《晋书·刘毅传》："后在东府聚樗蒲，大掷一判赢至数百万，余人并黑犊，惟刘裕及毅在后，毅次掷得雉，大喜，褰衣绕床叫曰：'非不能卢，不事此耳。'裕因援五木久之曰：'老兄试为卿答。'既而四子俱黑，一子转跃不定，裕厉声喝之，即成卢焉。"是可证雉不如卢，犊不如雉也。

又，五白在古为最贵，虽枭不如，《楚辞》："成枭而牟，呼五白些。"注："枭二为珉采，牟，胜也。"胜枭必五白，是敌人成枭，故呼五白以求胜敌人。见《朱子集注》，与王逸注异。

盖自六朝以来，卢为最贵，无能上之者。故《南史》："李安人讨晋安王勋，所向克捷，事平，明帝大会新亭楼，劳诸军主。樗蒲官赌，安人五掷皆卢，帝大惊，惊其得采之最上。"可证此时五白绝不能胜卢。又，《五木经》述王采曰："卢、白、雉、牛。"以五白居第二。《国史补》述贵采曰："卢、雉、牛、白。"以五白第王采之末。若证以《刘毅传》及《南史》，则《五木经》非，《国史补》是，何者？毅传明言卢最贵，雉次之，犊又次之，可证犊之下方为五白。若如《五木经》之次序，雉之上尚有五白、有卢，何为大喜乎？此确证也。杜甫云："凭陵大叫呼五白。"用《楚辞》耳，非最上采也。

各项规则考

《国史补》云："三分其子三百六十，限以两关，人执六马，其骰五枚，贵采得连掷，得打马，得过关，余采则否。"《五木经》云："矢即子百有二十，设关二，间矢为三，注：每聚四十矢。凡击马及王采皆又投。注：击马谓打敌人子也，打子得售，王采自专，故皆许重掷。王采累得累掷之，变则止。马出初关叠行，注：谓逢可以叠马，即许叠也。如不要叠，亦得重马。被打着尤苦。非王采不出关，不越坑。注：马出关，亦自专之义也。名为落坑，义在难出。故用王采能出。入坑有谪，注：其所罚随所约，并输合坐。行不择策马，一矢为坑。注：谓矢行，致马落坑也，亦有马不可均融数奇，而入坑者。"

按： 入坑出坑，为《国史补》所未言。注云："名为落坑，义在难出。"故用王采能出云云。于一矢为坑，及矢行致马落坑之义，仍未释明，致令人仍不能了解。盖古戏具以博为最复杂，有五骰，又有箸矢，又有棋马，其行棋行马，投箸投矢，必有与五骰相关联作用，而各书皆不详。故今日虽能将博齿上之采名考究明晰。而其相关联之点，仍不能详悉也。所可悉者，对局时凭陵大叫，喧嚷号呼，数千年如一也。

若据《刘毅传》，初时人皆得犊，毅得雉胜之矣。宋武帝后得卢，又胜刘毅。若今日之掷色子，全凭博齿判输赢，似甚简单。而又有关、有矢、有马，又甚复杂。其关联之点，只得王采，可出关，可又投，可越坑，馀则不能知也。

历代社会风俗事物考

古调博有神，尝以此卜富贵

《晋书》："慕容宝与韩黄李根等樗蒲，誓曰：'世云樗蒲有神，若富贵可期，愿得三卢。'于是三掷尽卢，袒跣大叫。"又，《宋史·张昭远传》："少喜与里中恶少游，一日众祠里神，昭远适至。有以博投授之者，谓曰：'汝他日倘有节钺，试掷以卜之。'昭远一掷，六齿皆赤。"又，李安人五掷皆卢，明帝大惊。刘毅掷得雉大叫，刘裕掷得卢，毅甚不悦。是皆以卢为采王。得之，于身命有关。惟陶侃以为牧猪奴戏，投之江中，毅然不惑。

古谓博主为囊家，今之聚博徒赌者，谓曰局家，古则曰囊家。王得臣《麈史》云："世之纠率樗蒲博者，谓之公子家，亦谓囊家。"《樗蒲经》云："一有赌，两人以上须置囊。合依条检文书了，授钱入囊家。"是古博徒条例，亦与今同也。

双陆 古戏失传之七

《事始》："博陆，采名也。六只骰子皆六。"《朝野佥载》："贝州潘彦好双陆，泛海遇风船破，左手持双陆局，口衔双陆骰子，二日不舍。"是双陆亦有骰子，惟用六与樗蒲异。又，樗蒲尚有马、有箭，双陆则有筹。《集异记》："则天命梁公与张昌宗双陆，公就局，则天曰：'以何赌？'公对曰：'争先三筹，赌昌宗所衣毛裘。'"疑所谓筹，即樗蒲之箸。是盖从博变通而为者。又，宋·洪遵有《谱双·序》云："弈棋象戏，家彻户晓。至双陆打马叶子，视明琼为标的，非图牒无以得仿佛。双陆最近古，号雅戏。以传记考之，获四名：曰握槊，曰长行，曰婆罗塞，曰双陆。盖始于西竺，流于曹魏，盛于梁、陈、魏、齐、隋、唐之间。"

今观其图，局上各列小杵十五枚，白与黑相错，而下有门，疑即樗蒲之关。小杵则所谓马，所谓槊也。而北双陆与南双陆又微不同。

· 444 ·

至所谓打马者，又与双陆不同。李易安有《打马图经》，图较双陆尤复杂，而马以能过函谷关为胜。自宋以后，为之者少。疑今日打马将，是沿其名也。

弈棋古戏仅存之一

《左传·襄二十五年》："今宁子视君不如弈棋，弈者举棋不定，不胜其耦。"注："弈，围棋也。"疏云："《方言》：'围棋谓之弈。自关东齐鲁之间，皆谓之弈。'《说文》：'弈从廾，言竦两手而执之。'棋者所执之子，围而相杀，谓之围棋。不胜其耦者，谓举子下之不定，故不胜也。"

后人以博用棋有白黑，有局有道，而弈棋亦有白黑，有局有道，于是误以博弈为一事。岂知博弈只十二，六白六黑，弈棋则三百，以其多，故能围。若人执六棋，如何能围？甚不同也。《博物志》云："尧作围棋教丹朱。或曰舜作教商均。"《世本》云："桀臣乌曹作赌博围棋。"莫能定其原起。然《左传》已言之，则其戏之古可知。若起于尧舜，至今已四千年。仍守而不失，毫无变易，则可庆也。

古棋局状况及攻守之法

马融《围棋赋》："三尺之局，分为战斗场。先据四道兮，保角依傍。缘边遮列兮，往往相望。"班同《弈旨》云："局必方正，象地则也。道必正直，神明德也。棋有黑白，阴阳分也。骈罗列布，效天文也。四象既陈，行之在人，盖王政也。"又，吴·韦曜《博弈论》："所务不过方罫之间。"方罫者，棋道一纵一横，故成方界形。然则古棋局形状，正与今同，惟稍大耳。

按：今围棋先下四子于四角，白黑相错，谓之四柱。即孟坚所谓"四象既陈"，马融所谓"先据四道"也。此本无关系，故曰

· 445 ·

本不著四柱子。中国必著者，遵古义也。日本虽不著，然前四子亦先据四角。与豫著者等也。中国占戏，只此尚存原状。又所谓"保角依傍、缘边遮列。"古着子法亦与今同。边角易活，易作眼，故争据之。宋·浮山禅师云："肥边易得，瘦肚难求。"亦谓此也。

古今棋局道数及棋子数目考

今棋局纵横各十九道，若汉魏时则十七道。邯郸淳《艺经》曰："棋局纵横各十七道，共二百八十九道。白黑子各一百五十枚。"共三百子。韦曜《论》："枯棋三百，所志一枰之上。"是汉魏时枰为十七道，至唐增为十八道，柳子厚《柳州山水记》："其始登者，得石枰于上，黑肌而赤脉，十有八道，可弈。"是也。至宋时为十九道，比汉时纵横各多二道。《五灯会元》："欧阳文忠请浮山禅师以棋说法，浮山云：'纵横十九路，迷悟几多人？'"是其证。十九道则用子各一百八，共三百六十一子。盖当期之日，故今日弈者算输赢，皆以一百八十起算。山谷诗："枯棋三百共一樽。"仍沿韦曜语也。惟由十七道增至十九道，不知始于何人，尚待考也。

惟棋子有数百之多，故《三国志》记："王粲观人围棋，局坏，粲为覆之。棋者不信，以帊覆局，另以他局为之，不误一道，以著其强记。"若今日善弈者，亦能覆局，然皆由下子时如何布局，如何攻守，无一子不呕心沥血而来。故可覆其子，术浅者不能也。若粲则纯以记忆得之，故罕有也。

古以两眼为活，一眼为死之证

《邺侯外传》云："方若棋局，圆若棋子，动若棋生，静若棋死。"至如何生如何死？古书均不言其故。惟黄山谷诗云："湘东一目诚堪死，天下中分尚可持。"言只得一眼，则棋死也，两眼则生矣。又，马融《围棋赋》："离离马目兮，连连雁行。"马目即双眼也。

打劫

凡围棋争一子可来回相杀，而劫敌人他处，使其不暇顾此，而我得复杀此子者曰劫。此法亦甚古，《晋书》："阮简为开封令，有劫贼外白甚严，简方围棋长啸。吏曰：'劫急。'简曰：'局上劫亦甚急。'"此古亦打劫之证。

受子

凡两人强弱不能相敌，则强者让弱者一子或两子，或三四子。于未戏之先，先使著几子于局上，名曰受子。此例于魏晋时不见，至宋则有之。《荆公诗话》：苏子瞻云："太宗时有贾元者，侍上棋。太宗饶元三子，元常输一路。太宗知其挟诈，谓曰：'此局覆输当搒汝。'既而满局不死不生，太宗曰：'更围一棋，胜，赐汝绯；不胜当投泥中。'既得局平，不胜不负。太宗曰：'我饶汝子，是汝不胜。'命抱投之水。乃呼曰：'臣握中尚有一子。'太宗大笑，赐以绯衣。"

古围棋皆赌物

吴韦曜《弈论》曰："或赌及衣物。"《东坡志林》："张怀民与张昌言围棋，书字一纸，胜者得之，负者出钱五百作饭。"《山堂肆考》："杨大年与西厅参政侍郎弈棋，输纸笔砚三物。墨宣毫适尽，但送纸与端砚。"是自三国时至宋皆赌物，惟所赌亦雅，不似博之纯以财也。

弈棋为诸戏之王

凡戏皆取其热闹，围棋则取其寂静。凡戏皆用气力，围棋独运心思。黄山谷云："心似蛛丝游碧落，身如蜩甲化枯枝。"可谓穷形尽相矣。故晋支公以为"手谈"，王坦之谓为"坐隐"。嗜之者多属幽人；精之者推为国手。石幢花影，占刹偏多；夜雨秋灯，书斋每有。或疏帘清簟，嘿尔旁观；或流水长松，铿然落响。其韵味之冷静幽僻，绝非纨裤市井之所能领略。故欧洲人绝不喜之，扶桑国知其韵味。至古今弈棋故事，多不胜举。只资谈助，无关考核，因并略而不述焉。

象戏 古戏仅存之二

今日之象棋，在古均名象戏。古所谓象棋，皆以象牙为饰，犹象车、象箸、象床也。《说苑》："雍门子谓孟尝君曰：'燕则斗象棋而舞郑女。'"《楚辞》："琨蔽象棋。"皆谓六博棋，加以象饰也。蔡邕《弹棋赋》："列象棋，雕华丽。"则谓弹棋，皆非象戏。象戏之名，始见于干宝《搜神记》。记云："巴邱人家有园，橘大如盎斗，剖之有二叟象戏于其中。"然象戏情形，晋时莫有详者。至周武帝作《象戏经》，后人遂以为武帝创也。

北周时象戏为日月星辰

《北史·王褒传》："武帝作《象经》，命褒注之，引据该洽，甚见称赏。"同时庾子山承旨作《象戏赋》，亦云："臣伏读《象经》。"是武帝创此戏，并著《象经》以为说明也。惟绎庾《赋》，与今象戏，迥不相同。《赋》云："局取诸乾，仍图上玄，月轮新满，日晕重圆。坤以为舆，刚柔卷舒，若方镜而无影，似空城而未居。"是取象于天地日月也。又云："促成文之画，亡灵龟之图，马丽千金之马，符明六甲之符。"是取象于龟马也。又，"从月建而左转，起黄钟而顺行。"是又取象于十二月，顺六律以行也。故宋·李昉《太平御览》云："象戏，周武帝所造，而行棋有日月星辰之目。"与今所为不同。是可证周武之所造，久已失传。

唐象戏略与今同

牛僧孺《玄怪录》："宝应元年，汝南岑顺于吕氏故宅，夜闻鼙鼓声，介胄人报曰：'金象将军传语，与天那贼会战'。顺明烛以观之，夜半后东壁鼠穴，化为城门，有两军列阵相对，部位既定，军师进曰：'天马斜飞度三止，上将横行击四方，辎重直入无回翔，六甲次第不乘行。'于是鼓之，两军俱有一马斜去三尺止。又鼓之，各有步卒，横行一尺。又鼓之，车进。须臾，炮石交下云云。因发掘东壁有古冢，有象戏局。车马俱焉。"

按： 今日象戏，横九道，竖十道，中为黄河。河南北各五道，两家列阵相对，每家有二车列于最下层之两边。次为两马，次为两象，次两士，将居中。其横第三道与马相直者，两边各有一炮。五卒列于第四道。当中一，隔一道左右各一，又隔一道，守边卒各一。牛僧孺所言天马斜飞度三止者，即今所谓马走日字角也。辎重直入无回翔者，即今车走直路也。各有步卒横行一尺者，即今步卒只许行一道也。炮石交下者，即今炮可隔子击物也。此唐与今同者也。其微异者：唐之军师，可发命令，似今日之将，然今日之士，居将左右，似亦可传达命令。不知唐之军师即今将，抑即今之士也？至于今之将，不许出城。唐之将则横行四击，今之将被虏则输。若能横行四击，则不能被虏，此其不同者。抑唐时以军师为主，另有上将乎？又所谓鼓，今亦无之。知今之象戏又与唐微不同矣。

然牛僧孺所言，乃古冢局。古冢既为住宅，总须数百年。则其物为六朝、为隋、为唐，初不定也。至确为唐时者，白居易诗云："鼓应投壶马，兵冲象戏车。"是唐戏有车、有象、有兵，大致与今同，惟鼓为今所无。

宋有七国象戏

晁补之有《广象戏图序》，司马光有《古局象棋图》，其局分七国，王居中。秦居西方，楚韩居南方，东方齐魏，北方燕赵，一国用十一子，用各色为别。可合从，可连横。后又有改为三国者，不知始于何时？余幼时尚见有此戏，今则绝迹矣。

色子戏 古戏仅存之三

此戏创自宋·朱河，后讹为"猪窝"。李易安《打马图序》，所谓"猪窝、簇鬼，鄙俚不堪者"是也。即今之掷色子。朱河则名曰"除红"，有谱。杨维桢有《除红谱序》。除红者，以一红为主，而余三为客，取象于径一围三。据其凡例：凡除红以四骰音头掷之，以四红为主。除一四红，但以余五色计之。自八点以下，皆为罚色。十三色以上，俱为赏色，俱不必赛。自九点以至十二点，俱为赛色。凡赛色点数相同者谓之赶上，赏一帖。凡赛色多一点者，谓之压倒，赏二帖。少二点三点者，止罚一帖。

按：今之掷色子，用三骰，宋则用四骰。今骰子一点及四点皆红色，余皆黑色。宋则四点为红色，余则分五色。今骰除二骰点相同者，余一骰若为一点则罚。若相同之二骰，亦为一点则胜。为六则赏，皆不赛。宋则除四红一骰，计余三骰之点，八以下输，十三以上赢，皆不赛。

今骰自二点至五点皆赛，宋则自九点至十二皆赛。今赛色只赶上即赢，宋则分等级。今骰三骰点相同，名曰报子，皆赢。宋骰四骰点相同，亦赢。惟今骰掷得一二三，名猪尾，二三四名蹭，皆输。三四五，名花三五，四五六，名大顺，皆赢。皆不赛，则除红所无也。盖此戏纯取古六博中之五投变化用之。惟博齿只用两头，此则用六面耳。

牙牌 古戏仅存之四

今之牙牌戏最盛行，曰推牌九，曰打天九，曰顶牛，赌博用之。曰牙牌神术，卜筮用之。而推牌九最盛。豪富之家，至一推数十万，实其戏甚不古，宋始有也。

《诸事音考》云：“宋宣和二年，有臣上疏设牙牌三十二扇，共计二百二十七点。按星辰布列之位，譬天牌二扇，二十四点，象天之二十四气；地牌二扇四点，象地之东西南北；人牌二扇十六点，象人之仁义礼智，发而为恻隐羞恶辞让是非；和牌二扇，八点，象太和元气，流行于八节之间。其他名类，皆合伦理、庶物器用。表上，贮于御库，疑繁未行。至高宗时，始诏如式，颁行天下。”以是证宋以前未有，惟当时只说明造牌意义，至其用法并未分疏。至高宗时，且颁行天下，疑非纯用于戏者。如纯为戏具，下诏颁行，虽荒淫之朝，无此政体也。

斗鸡

斗鸡之戏最古，纪渻子为周宣王养斗鸡，见于《列子》。《左传》：“季郈之鸡斗，季氏介其鸡，郈氏为之金距。”注：“捣芥子播其羽也，或曰以胶沙播之为介鸡。”是等求胜之法，为后来所未睹。《史记·袁盎传》：“盎与闾里相浮沈，斗鸡走狗。”《后汉书·梁冀传》：“好斗鸡走狗。”《唐书·李林甫传》：“在东都为击球斗鸡戏。"《五代史》："王彦章曰：'亚次斗鸡小儿耳。'"是自周迄五代，皆尚此戏。至斗鸡之时，则以清明节为最盛。《东城父老传》："唐明皇在藩邸时，喜民间清明斗鸡。"故韩愈《斗鸡联句》云："天时得清寒，地利喜爽垲。"清明正清寒之时，最宜此戏也。宋元以后，此戏渐稀。今遂绝迹。至臂鹰走狗，历代有之，皆弋猎之事也。

古捕蝉戏

《吕氏春秋》："爝蝉者务在明其火，振其树而已。火不明，振柳何益？"

按： 今之捕蝉者，于黑夜置笼灯树下，而撼其树，蝉受震向灯而飞，因捕之。而周时即如此。行之数千年，此用火捕蝉也。《淮南子》谓之"耀蝉"。

又，《庄子》："仲尼适楚，出于林中。见佝偻者承蜩，犹掇之也。孔子曰：'巧乎！'曰：'吾执臂若槁木之枝，天地之大，万物之多，而唯蜩翼之知，吾不反侧，不以万物易蜩之翼，何为而不得？'"注："以竿黏蝉曰承。"

按： 今日仍有以竿黏蝉者，法以黐胶黏于竿头，或黏鸟，或黏蝉，潜以竿拂之，黏其羽即得。此以竿黏蝉也。

盖自古小儿最爱蝉，《论衡》："充为小儿，与侪伦遨戏。侪伦好掩雀捕蝉，充独不肯。"以小儿爱蝉之故，因常有捕蝉入城市售卖者。《清异录》："唐世京城游手，夏月捕蝉货之。唱曰：'只卖青林乐。'妇妾小儿争买以笼悬窗户间。亦有验其声长短为胜负者，谓之'仙虫社'。"是自周秦迄汉唐，皆以蝉为戏，至于今不改其乐。

卷四十一　家庭状况

食饭次数

《庄子》："适莽苍者，三餐而返，腹犹果然。"是每日三餐之证也。又，《战国策》："士三食不餍，而君鹅鹜有馀食。"三食者，三餐；餍，饱也。故陆游诗："疾行逾百步，健饭每三餐。"三餐者：

——晨餐。《诗》："朝食于株。"《左传》："我姑剪灭此而后朝食。"《世说》："羊孚与谢益寿相好，常早往谢许，未食。俄而食下。"是晨起早餐也。盖古人皆鸡鸣而兴，若至日出，则为宴起。故晨时须饭。彼韩昌黎答东野诗："朝餐动及午，夜吟恒达卯。"状东野之贫困慵懒耳，非朝餐至午始食也。又，《吕氏春秋》云："旦至食。"亦其证也。

——中餐。《汉书·淮南王传》："帝使为《离骚传》，旦受诏，日食时上。"言晨受诏，至日中午饭时，书已成而奏上也。又，《萧望之传》："太官方上昼食。"又，《宋书·江夏王义恭传》："诸王食皆五盏盘，义恭恃宠，常求须果食。日中无竿，音算。得未尝啖。"夫所谓午饭、昼食、日中果食，皆中食也。即《周礼·天官·膳夫》所谓燕食也。燕食者，郑玄云："谓日中与夕食。"又，《五灯会元》："黄山谷晨粥午饭。"是自周至宋,朝食、午食未尝改也。

——晚餐。《战国策》："晚食以当肉。"《南史·齐明帝纪》："帝性俭约,大官进御食,有裹蒸,帝十字画之曰:'可四片破之,馀充晚食。'"又,唐·薛用均《集异记》:"及家螟矣,入门方见其亲与弟妹张灯会食。"又,《唐书·柳玭传》:"戒子孙曰:'先君非速客不二羹胾,夕食龁卜瓠而已。'"又,《说苑》:"越简子曰:'吾门客千人,朝食不足,暮收市征;暮食不足,朝收市征。'"是皆晚食之证。晚食近睡,故柳玭先人只龁卜瓠而止也。又,《五灯会元》:"黄山谷晨粥午饭。"过午即不食,不食晚饭也。佛律也。

古人早起

《内则》:"子事父母,鸡初鸣,咸盥漱。妇事舅姑,鸡初鸣,咸盥漱,以适父母舅姑之所"。又,"男女未冠笄者,鸡初鸣,咸盥漱,昧爽而朝。"又"凡内外,鸡初鸣,咸盥漱,衣服,敛枕簟,洒扫室堂及庭,布席,各从其事。唯孺子早寝晏起,唯所欲。食无时。"又,《文王世子》:"文王之为世子,朝于王季日三,鸡初鸣而衣服,至于寝门外。"是周初皆鸡鸣而起也。至春秋时"赵武晨兴将朝,尚早,坐而假寐。"见于《左传》。"鸡既鸣矣,朝既盈矣。"又,"三岁为妇,靡室劳矣。夙兴夜寐,靡有朝矣。"笺云:朝朝如此。见于《毛诗》。其早起仍与周初同。此等习惯,历六朝迄唐不改。《宋书·后妃传》:"江敩《让婚表》云:'召必以三晡为期,遣必以日出为限,夕不见晚魄,朝不识曙星。'"言公主必日出方令起,故不识曙星。斯可证不为驸马者,皆戴星而起也。又,《玉泉子》:"郑馀庆罢相闲居,一日召郎舍会食,众以郑公望重,平旦皆集。"又,《幽怪录》:"杜陵韦固少孤,思早娶,客有以前清河司马潘明女为议者,来旦期龙兴寺门。旦往，斜月尚明。"

按： 今日京朝官请客早餐，若平明旦者，明也即往，岂不可笑！即有事与友人期明朝相见，亦岂能戴月而往！而唐时不尔者，以社会习惯皆早起也。虽所言皆士大夫家。然士夫如此，农商可知。今无论士人，即乡舍农人，只农忙时，可黎明起。若鸡鸣而起，除元旦一日外，他无有也。此亦民气朝暮之一证也。

晨起为父母进盥洗状况

《礼·内则》："冢子冢妇，鸡初鸣，咸盥漱，适父母、舅姑之所，问衣燠寒，疾痛疴痒，而敬抑搔之。进盥，长者奉水，少者奉槃，请沃盥。盥卒，授巾，问所欲而敬进之。尝而后退。"此成人且有室者之责也。若男未冠女未笄者，亦鸡鸣起，昧爽而朝，问何饮食矣。若已食则退；若未食则佐长者视具。此只赞助长者事亲，而非其专责。若再幼而为孺子，则不必早起，唯所欲也。

古浴身详状

《礼·玉藻》："浴用二巾，上绨下绤。出杅。音零。履蒯席，连用汤。履蒲席，衣布，晞身，乃履，进饮。"

按： 绨精，故用以拭上身；绤粗，故用以拭下身。出杅者，出浴盆也。蒯草涩可刮垢，故履之。连用汤者，再以汤净身也。身净履蒲席，衣布，以俟身燥而进履。凡浴后必渴，故进饮。

古沐浴、靧面、洗足次数

《礼·内则》："五日则燂汤请浴，三日则燂汤请沐。其间面垢，燂潘请靧面，足垢，燂汤请洗。"

· 455 ·

按: 浴,浴身也;沐,沐头上发也。古人留发,上覆以巾,易垢腻。故至三日必沐,沐后当风晞发使干。其详尽在首服中。若浴身,则可少缓,故五日为之。其间者,三日五日之间也。潘者,米汁;煩者,温也。言日日洗面及足,不似沐浴之隔三日五日为之也。

古今沐浴去垢法之变迁

周时洗衣以灰水,《内则》:"衣垢和灰请浣"是也。沐发靧面则以米汁去垢,《内则》:"沐稷而靧粱"是也。至汉仍用米汁,《汉书·外戚传》:"丏沐沐我。"注:"沐,米潘也。"潘即米汁。《左传》:"使疾而遗之潘沐"是也。至晋有澡豆,见于《世说》。然以王敦之贵,尚不识为何物?竟以为饭,倒著水中而饮之,可见世俗尚无此物。至唐陆畅娶贵人女,亦不识澡豆,沃水服之,以为食辣面。见《酉阳杂俎·贬误门》。至宋·王荆公面黑,夫人为置澡豆,荆公不用。是唐宋时洗面,用澡豆者仍少。第古之所谓澡豆,与后世异。王敦以为干饭而饮食之,陆畅则以为食辣面,是唐与晋亦异。然究为何质造成?作何形状?今已不能揣知。又以证石碱之发明最晚。《说文》虽有碱字,皆诂作卤。《本草纲目》始言山东济宁出石碱,可浣衣,盖在明时。至清,遂有鹅胰、猪胰、肥皂等名。去垢之剂遂大备矣。

古家庭妇女嬉戏日期

古人精神最活泼,其男子至岁时伏腊则游戏娱乐。女子亦然,社日停针线,端午斗草,藏钩,既详于时节游戏各门中。乃汉时妇女,每月复有二日为嬉戏确期。汉《焦仲卿妻诗》云:"初七与下九,嬉戏莫相忘。"下九者,据《采兰杂志》云:"九为阳数,古人以二十九日为上九,初九日为中九,十九日为下九。每月下九置酒为妇人之欢,名曰阳会。"盖女子阴也,待阳以成。于是夜为藏钩诸戏,有忘寐达曙者。

据是证每月十九日,为下半月嬉戏之期。前半月嬉戏期,则初七也。七亦阳数,此等取义颇似周人,疑仍周之遗俗。盖妇女终岁炊爨、纺绩、织布、组纴,无日夜不工作,较男子尤勤苦。故于每月择二日具酒食,息劳动,游戏欢娱,以酬其苦。焦仲卿为庐江郡府小吏,并非富贵之家,乃亦如此。足证当时社会皆然,且以见古人调济劳逸之妙用也。

古以牵牛娱小儿

《左传·哀六年》:"鲍子曰:'汝忘君之为孺子牛,而折其齿乎?而背之也。'"注:"孺子,荼也。景公尝衔绳为牛,荼牵之顿地折齿。"

按: 今日家人娱小儿之法,无所不至,而老人为之者少。齐景公生荼之年,约已五十,乃犹衔绳为牛,使小儿牵之,呼叱以为戏。以是见古人活泼气象,至老不息。

汉以来妇女皆学乐

古家家有乐器,不惟男子能奏乐,妇女尤人人能奏乐。故古家庭之乐,迥非后世可比。《史记·万石君传》:"石奋对高祖曰:'家有妹能鼓琴。'"《汉书·杨恽传》:"家本秦也,能为秦声。妇,赵女也,雅善鼓瑟。"《元后传》:"相者言政君当大贵,禁后父名心以为然,教书、学鼓琴。"又,《司马相如传》:"卓王孙有女文君新寡好音,相如以琴心挑之。"夫琴者至高之乐,而最难能,汉时妇女皆能之。观《焦仲卿诗》:"十三学织素,十四学裁衣,十五弹箜篌,十六学诗书。"似学乐为女子一定课程。

是以自魏晋六朝以迄唐宋，士大夫家庭，除本为歌妓外，其夫人姬妾，或弹箜篌，或吹箫，或摩笛，或弹琵琶，见于歌咏及杂记者，不可胜数。自朱熹"女子无才便是德"之说兴，南宋元代尚未受其影响。及至有明，方孝孺、胡广等，本朱熹之说，演而为严气正性。于是家庭音乐不为女子能之，视为不正；即士夫能之，亦目为不材也。而古人活泼性情，节调劳逸之妙用全失。而反响遂生，为孔圣唯一之罪人！

古育婴方法

《礼·内则》："子生，男子悬弧于门左，女子设帨于门右。三月之末，择日，剪发为鬌。"注："鬌，遗发也。"疏："所留不剪也。"又，"子能食，教以右手。今仍教小儿右手使箸。能言，男唯女俞。六年，教之数与四方名。七年，男女不同席，不共食。八年，出入门户及即席饮食，必后长者，始教之让。九年，教之数日。注：朔望六甲。十年，出就外傅，居宿于外。学书计。衣不帛襦裤，注：为太暖伤阴气。礼帅初，温故。朝夕学幼仪，请肄习也简谅。"

按： 周时育婴之法，大致与今同。惟"幼仪"必习，为今日所忽略。盖洒扫应对，古人为小学一定课程。所谓"履端于始，礼慎厥初"也。简谅者，注谓所书篇数，犹今小儿写仿影也。

古贺生儿

《史记·卢绾传》："高祖、卢绾同日生，里中持羊酒贺两家。"又，《世说》："元帝生子，普赐群臣。"此汉晋贺生儿也，至唐尤甚。《摭异记》："明皇何后爱弛，乘间泣曰：'三郎独不念何忠脱紫半臂换斗面，为生日汤饼耶？'"汤饼者，宋《懒真子》云:"长命面也。人家生儿,作汤饼会,祝儿长生也。"

按: 刘禹锡诗云:"忆尔悬弧日,余为座上宾。举箸食汤饼,祝词添麒麟。"又,《唐书》:"李林甫舅姜度生子,手书贺曰:'闻有弄麞之庆。'"故东坡贺人生子诗云:"甚欲去为汤饼客,惟愁错字弄麞书。"用刘禹锡诗及林甫故事也。又,《北史》:"高澄尚冯翊公主,生儿为汤饼之会。"是汤饼之名,六朝已有。

小儿束发状况

《诗》:"总角丱兮。"注:"总束其发,以为两角。"《玉藻》:"童子束发朱锦。"盖古人自幼留发,而发皆上梳,分左右束为两角,使不下披,此式最久,至明皆如此也。不以朱束发,必有服者。

试儿

《颜氏家训》:"江南风俗,生儿一期,为制新衣,盥浴装饰,男则用弓矢纸笔,女则用刀尺针缕,并加饮食之物及珍宝服玩,置之儿前,观其发意所取,以验贪廉愚智,名为试儿。"

按: 此纯为迷信心理,小儿何知,视其物之可喜者取之,自然之理。荀子云:"今以百金与搏黍示小儿,小儿必取搏黍,弃百金。"何者,可爱也。今以不可爱之物与珍玩并陈,则十九必取珍玩,胡能验哉?然此法今仍有行之者,似不详审也。搏黍者,鸟名也。至育儿之法,《玉藻》云:"童子不裘不帛。"《内则》云:"不帛襦裤。"襦裤皆里衣,帛则太暖。注云:"伤阴气。"实有至理。若裘则尤不宜,今富贵人家童子,往往犯此而反不健,致疾因以害儿。

历代社会风俗事物考

古屋内冬日取暖之法

木炭自周时有之，《月令》："草木黄落，乃伐木为炭，冬日即燃以取暖。"《周礼·天官·宫人》："执烛共炉炭。"《左传》："郄子自投于床，废于炉炭，遂卒。"是装炭于炉，可移徙取暖。亦有为灶炽炭者，《吕氏春秋》："卫灵公天寒凿池，宛春谏曰：'天寒，伤民。'公曰：'寒乎？'宛春曰：'公衣狐裘，坐熊席，陬隅有灶，是以不寒。'"又，《左传·昭十年》："初，元公恶寺人柳，欲杀之，及丧，柳炽炭于位，将至，则去之。"是于屋隅筑灶以取暖。又炽炭于坐处，<small>古席地坐。</small>使地温也。汉晋以后，其法益精，又于炭火上罩以薰笼，既可防火险，又可倚以取暖。唐人诗所谓"斜倚薰笼坐到明"是也。又，白居易诗："红泥小火炉。"是取暖而兼烹茶、温酒之用，而皆烧炭。于是晋·羊琇作兽炭，唐·杨国忠作兽炭，洛中子弟作炼炭，以次起矣。

家庭捕鼠之历史　周，猫为野畜

鼠为害于家庭最烈，而古尤甚。古虽王家墙皆板筑，无砖石，易作穴。古无猫，《诗》："麀鹿噳噳，有熊有罴，有猫有虎。"以猫与野兽并列，足证周时猫尚为野畜，未驯为家畜，故蜡祭迎猫。诗曰："穹窒薰鼠。"又曰："洒扫穹窒。"穹窒者，笺云："鼠穴也。"又，《韩非子》云："社鼠熏之则焚木，灌之则涂阤。"足见当时畏鼠之烈。

周以狗捕鼠

古于薰灌之外，则以狗捕鼠。因捕鼠之故，有以相狗为专业者，相其能与否也。《周礼·秋官·犬人》："凡相犬牵犬者属焉。"《吕氏春秋》云："齐有善相狗者，其邻假以买取鼠之狗。期年乃得之。

· 460 ·

畜数年而不取鼠,以告相者。相者曰:'此良狗也,其志在獐麋鹿豕而不在鼠。欲其取鼠也,则楉之。'其邻楉其后足,狗乃取鼠。"又,《庄子·徐无鬼》:"吾常相狗也。"又,《参同契》:"狸犬守鼠。"又,《晋书·刘毅传》:"既能搏兽,又能杀鼠,何损于犬。"是皆古以犬捕鼠之证也。

以狸捕鼠

次则用狸。狸者,狐类。《诗·豳风》:"取彼狐狸,为公子裘"是也。微大于猫,而能食猫。猫见之则不敢动。故猫亦曰狸奴。其皮青黑而作波文,无他色者。《法言》所谓"辩人狸别,其文萃也。"故至今仍以为裘。性尤嗜鸡,乡间名曰鸡豹子。后人因猫亦名狸奴,辄疑狸即猫者,误也。《本草》云:"狸有数种,有斑如猫,而圆头大尾者为猫狸,善窃雉鸡。"旧为野兽,在周时曾驯为家畜,用以捕鼠。《庄子》:"骅骝骐骥,一日千里。捕鼠则不如狸狌。"《韩非子》:"令鸡司夜,使狸捕鼠,皆用其能。"《说苑》:"骐骥騄駬,一日千里。此至疾也。然使之捕鼠,曾不如百钱之狸。"是狸能捕鼠,故有卖者。又,《孔丛子》:"孔子弹琴,见狸作猫者讹字。方捕鼠。"又,《吕氏春秋》:"以狸致鼠,以冰致蝇,虽工不能。"是皆以狸捕鼠之证。惟狸性凶狠,虽能捕鼠,而害亦多,故至汉即不畜之。《淮南子》:"狸执鼠,而不可脱同托于庭者,为搏鸡也。"盖是时驯猫之事,已告成功,故即舍狸。

最后用猫

猫之驯为家畜,不知确始于何时。东方朔云:"飞鸿骅骝,天下之良马,然用以捕鼠于深宫之中,曾不如跛猫。"是西汉时已以猫捕鼠。再证以《淮南子》之不畜狸,必是时驯猫之事已告成功。猫虽勇毅，而性温良，畜之久而无弊，故汉晋时虽甚少，至唐时其族卒大繁，遂为家畜不可离之物。与鸡狗同。而狸复变为野畜。然在魏晋时，殊不多见。如《世说》：魏武爱子仓舒蹙额忧鼠啮其衣。简文帝对客，有大鼠登床。谢虎子上屋薰鼠。苦鼠之事，见于记载者甚多，而不言贵猫。足证此时猫族，孳乳尚未繁。至唐则家有户育，《妆楼记》云："猫一名狸奴，张搏好猫，一曰东守，二曰白凤，三曰紫英，四曰祛愤，五曰锦带，六曰云图，七曰万贯，每视事退至中门，则数十头曳尾延颈，盘接而入。"《唐书·高宗王废后传》："我后为猫，武后为鼠，我当啮其喉。"而韩愈有《猫相乳记》。又俗以猫洗面过耳有客至，见《酉阳杂俎》，尤足征社会皆有，与今日同。

今人家偶无猫，则鼠立猖獗，以是知古鼠祸之烈。乞之其邻。而宋黄山谷《乞猫诗》最驰名。诗云："秋来鼠辈欺猫死，窥瓮翻盆搅夜眠。闻道狸奴将数子，买鱼穿柳聘衔蝉。"又，陆游《赠猫诗》："裹盐迎得小狸奴，尽护山房万卷书。"宋以后吟咏者益多。盖自猫族大繁后，而鼠祸立轻。此亦家庭治安上之一大纪念也。

古妇人见男子则以帐自蔽

《家语》："孔子见南子，隔帏闻环佩璆然。"《风俗通》："泰山太守李张举六孝廉，函封未发，张病物故。夫人于柩前下帷，见六孝廉。"《晋书·谢道韫传》："夫弟献之，常与宾客谈议，词理将屈，道韫遣婢白献之曰：'欲为小郎解围。'乃施青绫步鄣自蔽，申献之前议。"又，"会稽太守刘柳闻其名，请与谈议，道韫素知柳名，亦不自阻。乃簪髻素褥，坐于帐中。柳束修整带，造于别榻。"是自周迄晋，凡妇人见外客，皆以帐自蔽也。乃对家中男子，亦隔以帐，《邺洛鼎岐记》："卢虔后妻元氏，升堂讲老子《道德经》，虔弟元明隔纱帐以听之。"是嫂叔也。

古嫂叔不亲授受则有之，更隔以纱帐，不太拘乎？乃至唐妇人出入，亦拥以帏。《天宝遗事》："宁王有乐妓宠姐善歌而色美，客不能见，李白醉戏曰：'王何惜示于众。'乃设七宝花帐，召宠姐歌于帐后。"又，《物怪录》："犊车入中门，白衣姝一人下车，侍者以帏拥入。"是又惧座上客及门外男子窥见也。

古家庭对于各项禽虫之征验

《西京杂记》："樊将军哙问陆贾曰：'自古人君受命，各有瑞应，信乎？'贾曰：'有之'。夫目瞤即眼跳得酒食，灯火华得钱财，干鹊噪而行人至，蜘蛛集而百事嘉，小既有征，大亦宜然。故目瞤则咒之，火华则拜之，干鹊噪则喂之，蜘蛛集则放之。况天下大宝乎？"又，《酉阳杂俎》："猫洗面过耳有客至。"

按： 猫洗面者，以舌舐其掌使润，再以掌拭面使净。过耳者，拭面时过耳上也。干鹊者盖南方，此本迷信之事，而家庭日所常有。每见猫洗面则曰有客，喜鹊鸣，灯花结，喜蜘蛛下，则曰报喜。惟眼跳则恶之，与汉不同耳。

谓嚏喷为人道之历史

《终风》诗曰："愿言则嚏。"言夫不见礼，愿言我而嚏也。郑康成笺云："今俗人嚏，云人道我。此乃古之遗语也"云云。可证自周迄汉，皆谓嚏喷为人说我也。又，《汉书·艺文志》："杂占十八家，三百一十三卷，内《嚏耳鸣杂占》十六卷。"是嚏可占吉凶也。宋《懒真子》云："俗说以人嚏喷为人说。"是宋时仍有此俗语，至今不息。家庭妇女只要嚏，即云某人说我。以无理俗语，三千年仍旧，可谓久矣。

卷四十二　社会杂事、杂物

古以头戴物历史

《孟子》："斑白者不负戴于道路矣。"斑白者，言须发白黑相间也。负，以背负物，戴，以头戴物也。古敬老，幼者于道路遇老者，必代为负戴也。又，《汉书·朱买臣传》："买臣担束薪，行且诵书，其妻亦负戴相随。"是自周迄汉，皆以头戴物也。

按： 今中国人无以头戴物者，惟高丽有之，凡中国人之以肩挑、以背负者，无不戴之于头。即汲水之桶，挹水之盆，无论男妇，皆惟头是赖。巍巍然不倾不欹，不溢不坠，中国人见之反诧其能，怪其拙，不知我古人尽如此也。然所以能平稳者，赖有一物，荐于头上。又所戴之物，恒至百余斤，亦须有物，护持头骨，使不受创。其物维何？则䆫数也。

䆫数者，据《汉书·东方朔传》："乃覆树上寄生，令朔射之。朔曰：'是䆫数也。'郭舍人曰：'果知朔不能中也。'朔曰：'生肉为脍，干肉为脯，著树为寄生，盆下为䆫数。'"师古曰："䆫数，戴器也。以盆盛物戴于头者，则以䆫数荐之。今卖白团饼人所用者是也。寄生者，芝菌之类。淋潦之日，著树而生，形周圆，似䆫数。"

按：寄生者，夏日大树，雨淋后生耳。色白形圆，中薄，而窭数者或以毡，或以絮，亦轮厚而中薄，置头上高低正平，两物之质不同，而形则如一。头若戴盆，荐于头之上，盆之下，不惟头不受创，且能平稳，故曰盆下为"窭数"。此所覆本是寄生，朔能射其形，不能射其名，初曰窭数，此亦如管辂射枇为梳之类。及舍人说其不中，朔乃提出寄生。若曰非窭数即寄生也。宋·刘敞不明文义，反谓师古说不通，最可笑也。

又，《杨恽传》："鼠不容穴，衔窭数也。"注："盆下之物，有饮食气，故鼠衔之。"据是则以盆盛饭或羹，今以两手举者，汉时尽以头戴。又据师古注："今卖白团饼人所用者。"知唐时仍戴物也。

发辫之历史

中国自古发皆上挽，而夷狄发皆下被。《左传》："有被发而祭于野者。"《论语》："吾其被发左衽矣。"《礼记》："东方曰夷，被发文身；西方曰狄，被发朱身。"是周时夷狄，发皆下垂，被于项领。至汉时稍进化，则编发。《汉书·终军传》："殆将有解编发、削左衽而蒙化者焉。"《西南夷传》："自桐师以东，北至叶榆，名为嶲昆明，编发。"又，《晋书·东夷传》："肃慎氏俗皆编发。"又，《宋史·宗泽传》："见编发者尽诛之。"编发即发辫。是自汉迄辽金，四夷皆发辫。然自五胡乱华，拓跋魏辽金统中国北部，蒙古更进而一统，讫未能将编发之风，改易中国旧式。

自朱明亡，满人入关，满人即肃慎氏之苗裔，不惟将数千年衣冠制度尽行更革，且强迫华人将头发四周薙去，留其中下垂编之，被于背上。此种丑态，甚于髡刑。因不乐从而被杀者，至数千人。而遗民耆老旧臣，因避此祸，窜身海外，隐匿于山陬海澨者，不可胜数，此一变也。及至清末，近三百年，不惟愚民莫知其从来，即卿大夫亦颇忘其固有。后学生赴外国留学，发辫垂垂，外国人嗤之，名曰豚尾。学生归来，始述其丑不可言。于是资政院议决：许国民剪去发辫。然当时虽有诏令，实卿大夫无一剪去者。民国元年（1912年），厉行剪发。凡官吏无一有辫者，然髡者十八九，无定式，此又一变也。

古敬老状况

古最重老，故国家有养老之礼。见于《礼经》者甚详。因之社会亦敬老，《孟子》："斑白者不负戴于道路矣。"言民知礼让，行路时遇老人，无论识与不识，即代为负戴也。又，《汉书·食货志》："入者必持薪樵，轻重相分，斑白不提携。"又，《地理志》："鲁地为周公子所封，其民有圣人之风。地滨洙泗，其民涉渡，幼者扶老而代其任。俗既益薄，长老不自安，与幼少相让。故曰：'鲁道衰，洙泗之间龂龂如也。'"夫至于相让，则有形迹，故曰俗薄。若淳美之时，少者视为当然，老者视为固然，不惊异也。

此等风俗，至汉犹存。故国家时有赐肉、赐帛、赐米、赐絮之诏令。魏晋以降，渐尔稀薄。盖人口日繁，老者益多，不胜其养。而社会之优容老者，虽至今不免也。

汉魏时劫质 今俗曰绑票

《汉书·赵广汉传》："富人苏回为郎，二人劫之。有顷，广汉将吏叩堂户晓贼曰：'京兆尹赵君谢两君，无得杀质。'"又，《魏志·夏侯惇传》："吕布遣将伪降，共执持惇，责以宝货。军中震恐，惇将韩浩乃勒兵屯惇营门，召军吏诸将，皆案甲当部不得动，诸营乃定。遂诣惇所，叱持质者曰：'汝等凶逆，乃敢执劫大将军，复欲望生耶！且吾受命讨贼，宁能以一将军之故而纵汝乎？'因涕泣谓惇曰：'当奈国法何！'促召兵击持质者。持质者惶遽叩头，言：'我但欲迄资用去耳。'浩数责，皆斩之。惇既免，太祖闻之谓浩曰：'卿此可为万世法。'乃著令，自今已后有持质者，当并击，勿顾质。"由是劫质者遂绝。

按：此事裴注引孙盛曰："《光武纪》建武九年，盗劫阴贵人母弟，吏以不得拘质迫盗，盗遂杀之也。然则合击者，即并击。乃古制也。自安、顺已降，政教陵迟，劫质不避王公，而有司莫能遵奉国宪者，浩始复斩之，故魏武嘉焉。"

按：今《后汉书·光武纪》无此事，而《阴皇后传》有九年盗劫杀后母邓氏及弟䜣之语。盖一事也。观此，则后汉之时，王公皆被劫。颇类于今日之津沪。盖劫质勒赎，最盛之时也。不赎则杀质，今名曰撕票。无不与今同。而古人遇此事，不惟禁赎，且质与盗并击，使盗无所得，则源绝矣；若遇劫而赎，是奖盗也。愈奖愈多。若击盗而顾质，是纵盗也；愈纵愈肆。故夏侯惇以大将军之尊而被劫，其部下亦毅然不顾。何者？牺牲少而影响大，不如是不能绝其源。后世法律师其意，亦著令禁赎。然在国家立法，以合击为最优。而在家属私情，则舍质为不忍。故有被劫不敢告官者矣。此盗风之所以益肆也。

古租宅状况

魏晋以前，租宅住者不多见。至六朝则多。《北史·邢邵传》："僦租也小屋与染工为邻。"又，《刘昉传》："使妾赁屋沽酒当垆。"至唐时士大夫僦屋以居者不可胜数，乃有只租一日者。白行简《李娃传》："生至李娃旧宅，门扃钥甚密。生大骇。诘其邻人，曰：'李本租而居，约已周矣。第主自收。姆徒居，不知其处。'生复回宣阳以诘其姨，既至，叩扉食顷，有宦者出曰：'此崔尚书宅，昨者有一人税此院，云迟中表之远来者，未暮去矣。'"

是仅租一日也。故徐积诗云："赁屋为无扬子宅，休官非为武昌鱼。"李洞诗："税房兼得调猿石，租地仍分洛鹤泉。"盖至唐宋，租宅而居，迁徙靡定，其状况已与今同。

暖房

今人移新宅，戚友恒送酒食会饮宅中，名曰："暖房"，亦曰："温锅"。盖以新宅尚未经人住，集多人燕饮其中，以为厌胜。而唐时即有之，唐王建《宫词》云："太仪前日暖房来。"又，《辍耕录》："今之入宅为迁居者，邻里醵金治具过主人饮，谓曰暖屋，亦曰暖房。"是此俗自唐至今，行之已千余年。

历代贷钱利息　周息五厘

其在周时，政府贷钱于民者，息只五厘。《周礼·地官·泉府》："凡民之贷者，以国服为之息。"郑玄曰："以其于国服事之税为息。假令贷万泉，期息五百。"

按：《载师》云："凡任地，国宅官署无征，园廛二十而一。"是国服之息也。郑云："贷万泉钱也期一年息五百。"亦二十取一也，即年息五厘也。

汉普通息二分，急则十分

《史记·货殖传》："庶民农工商贾率亦岁万息二千，百万之家则二十万。"是贷息为二分。盖普通无事，私人与私人借贷如此。"及吴楚兵起，长安中列侯封君。行从军旅，赍贷同贷子钱家。子者，息也。即放债者。子钱家以关东成败未决，莫肯予。惟毋盐氏出捐千金贷，其息十之。三月吴楚平，一岁之中，则毋盐氏息十倍。"是急则可至十分也。至王莽时，凡贷民钱治产业者，既受息岁十一，复取其所赢。又变年息而为月息，令市官贷民钱，收息百月三，是政府贷民钱月息三分也。

中保人为债权者奔走状况

《后汉书·桓谭传》："今富商大贾，多放钱货，中家子弟，为之保役，作中保。趋走与臣仆等勤，收税与封君比入。是以众人慕效，不耕而食。"

按： 今之放债者，亦有中保人。日趋附其门，且有因以起家者，饮食醉饱，犹其余事。证以桓谭所言，今古如出一辙。又，《樊宏传》："年八十余终。其素所假贷人间数百万，遗令焚削文契。"文契者，债权之证。中保所取予。削者，汉用竹简为契也。

汉贫民租地种每年租率

《汉书·食货志》："贫民租富民田种，租十五。"即每亩收十斗，以五斗与地主也。今名曰分种，粮与薪皆分之，然分种者少，纳租者多，租率十之二三，无及半者。是租率古重于今也。

斫莝

莝者，草也。马牛所食之刍秣也。草长必斫之使细短，然后便于应用。《汉书·尹翁归传》："有论罪，输掌畜官，使斫莝，不中程，辄笞。督极者至以铁自刭而死。"又，《世说》："陶侃幼时家极贫，孝廉范逵过宿，时大雪。母湛氏斫柱各半为薪，莝诸荐以为马草。"

按： 荐者，席下所铺草也。铁者，莝草之刀。古罪人尝使斫莝舂米，然有程限，不中程则笞也。

古以磨面为业

周时无论为米为面，皆以碓舂成。后乃以磨为面粉，捷于舂碓数倍。日久遂有以此为业者。《蜀志·许靖传》："少与从弟劭俱知名，而私情不协。劭为郡功曹，排摈靖不得齿叙，以马磨自给。"

按：给者，养也。以马磨自给者，必为人磨五谷，得报酬以自养也。唐吴融《冤债志》："同曲磨家，二牛暴卒。"后世业此者尤多，自机器磨兴，此业渐废。然山僻之邑，仍不绝也。

古有以磨镜生光为专业者

古用铜镜，镜始铸成，固必磨而后生光，然用之久，光仍退。故有以磨镜为专业者。《淮南子》："明镜之始下型，模也。矇然未见形容，及其粉以玄锡，磨以白旃，毡也。鬓眉微毫，可得而察。"唐《聂隐娘传》："忽值磨镜少年至门，女曰：'此可为我夫。'父不敢不从，遂嫁之。其夫但能淬镜，馀无他能。"又，《云溪友议》："有胡生者，家贫，少为磨镜镀钉之业。"是皆以磨镜、淬镜、洗镜为专业。沿街售艺，以自给者也。又，《世说补》："徐孺子事江夏黄公。黄公殁，欲会葬无资以自致，乃以磨镜具自随，所在取直，然后得达。"

按：磨镜具即《淮南子》所谓白旃、玄锡诸物也。玄锡者，水银也。自玻璃镜兴，而铜镜始废。玻璃在古时为至宝，《本草》云："本出颇黎国，故名。"《玄中记》："大秦国有五色玻璃，以红色为贵。"梁《四公记》："扶南人来卖碧颇黎镜，内外皎洁，向日视之，不见其质。"

按：此即今日之玻璃镜也。在六朝时珍异若是。又，《唐书》："贞观十七年，拂菻国遣使贡赤玻璃。"又，《宋史》："大中祥符八年，注辇国贡碧玻璃。"是在宋时，仍视为至宝。迄蒙古混一西域，来者益多。至明代番舶交通，运输愈众，于是以水银涂其背，制为照镜，皎沽精莹，即《四公记》所谓："向日视之，不见其质也。"价廉，物美，于是明清以来，铜镜遂绝迹。

历代养蜂考

蜂能为蜜造蜡，人利赖之。然自周时，不见以畜蜂为业者。有之，自汉始。中国人自古轻实业，汉以前即有之，亦无人纪载也。故数千年来，畜蜂之事，毫不进步。至可慨叹！考《高士传》："姜岐当延熹中，桥玄为汉阳太守，召岐，岐不就，遂隐居，以畜蜂、豕为业。教授者满天下，营业者三百余人。"夫既云教授，则姜岐必创有新法，于蜂之性情、嗜好、居处以及采割分房并防患之法，研究详悉。著为书说，然后可凭以教授。而其书不传，其法遂亡。至晋张华《博物志》云："远方诸山，出蜜蜡处，以木为器，开一小孔，以蜜涂器内外令遍，春月蜂将生育时，捕取两三头著器中，宿夕飞去，寻伴来，经日渐益，遂停其中。"此不知为岐遗法否？其所谓木器，颇类于今日之蜂箱。但此只为分房之一法。姜岐所教授者，当不止此。又，《阴阳变化录》云："蜂每岁三四月，生黑色蜂，名曰将蜂，又名相蜂。相蜂不采花，但能酿蜜。"

按：此即蜂王。《尔雅翼》："蜂以千百数中有大者为王，为蜂群之主。"一群中不能有二王，有二则哄而分出。而张华《博物志》，亦未言及。盖姜岐之教授法，至晋已全亡。然分房之法，讫未失传。五代潘牥《蜂诗》云："今岁分成第几房？刳松为屋蜜为粮。"刳松者，自古蛇鼠最为蜂害，故古人为蜂造屋，皆刳木为之。屋成涂以蜜，备新蜂来为粮。法略与张华同也。

历代社会风俗事物考

明刘基养蜂之详法

《郁离子》云:"灵邱丈人喜养蜂,岁收蜜数百斛,蜡称之。于是富比封君。丈人卒,其子继之。未期月,蜂有举族去者。陶朱公问其故?邻叟曰:'昔者丈人之养蜂,刳木以为蜂之宫,不罅不漏,其置也疏密有行,新旧有次,五五为伍,一人伺之,视其生息,调其暄寒,时其壃发,蕃则纵之析之,寡则与之哀之,不使有二王也。去其蛛蟊蚍蜉,弥其土蜂蝇豹,夏不烈日,冬不凝澌,其取蜜也,分其赢而已矣。不竭其力也,于是故者安,新者息。'"

按:宫不罅漏者,恐蛛、蚁、土蜂等为害也。土蜂大于蜜蜂,不惟食其蜜,并食其子。蕃则析之者,即春日分房也。一房只一王,惟此与《尔雅翼》言之,他书未有也。

盖古人得蜜之法有二:一则畜蜂,一则采野蜂蜜。《博物志》:"远方山郡僻处,出蜜蜡,所著皆绝岩石壁,非攀缘所及。采者于山顶以篮舆自悬下,乃得之。"又,段成式《酉阳杂俎》:"蜀中有竹蜜蜂,好于野竹上结窠。窠与蜜并绀色,甘倍常蜜。"是皆野蜂蜜也。贾岛诗:"凿石养蜂休买蜜。"亦致野蜂也。

今仍有野蜂,惟家蜂蜜色黄,野蜂蜜色白。白蜜为古所未有,古记载皆言蜜为绀色。即崖蜜野蜜亦未有言白色者。今河北密云、昌平、阜平、缘山诸邑,所产蜜皆白色,而皆野蜂蜜。其白如脂,其味含各种花香,较黄蜜尤佳。而家蜂无白者,不知其故也。又,今北平市上所有蜜皆白者,白可搀糖霜,黄则不便。故密云、古北口等处所产白蜜,尽为北平市收去。至其出卖,则每十两不过二三两真蜜而已。

今西法兴,以木箱养蜂,蜜则随酿随采,故其味甚薄。若中国法,一年只春时采蜜一次,故其味之甘浓,胜洋蜂数倍。酿之久与不久故也。西洋人从未尝过此味厚之蜜,反以为伪。又,蜜过夏则结晶,味尤甘。而西洋人尤以为伪，真可笑也。

糖之历史

古味甘食料曰饴、曰饧、曰蜂蜜，皆液质而色黄。惟蔗糖则白似霜，甜似蜜，不液而沙，取携便而洁白可喜。于饴蜜而外，别有风味，真食品中无上之宝也。然唐以前无之，唐以前所谓糖，皆饴饧。扬子《方言》："饧谓之糖。"《说文》："糖，饴也。"是其证。至六朝笮蔗汁为糖，《齐民要术》云："笮蔗汁如饴饧，名之曰糖。"是仍与饧无异。又云："煎而曝之，既凝而冰破如砖，食之，入口消释，时人谓之石蜜。"是六朝时已有冰糖，仍无沙糖。考《北史·真腊国传》："饮食多酥酪沙糖。"史书此者，以沙糖为中国所无。又考《唐书·摩揭陀国传》："贞观二十一年，始遣使者自通于天子，太宗遣使取熬糖法，即诏扬州上诸蔗，拃瀋即榨汁如其剂，色味愈西域远甚。"又，《老学庵笔记》："闻人茂德言，沙糖中国本无之，唐太宗时外国贡至，问其使人此何物？云：'以甘蔗汁煎。'用其法煎成，与外国者等。"唐以前书传，凡言糖者皆糒也。据此是沙糖始于唐初。或曰：《易林》有"饭皆沙糖"之语，岂知"糖"乃"糠"之讹，宋本不如此也。汉焉有沙糖哉？然唐初所谓沙糖者，尽红沙糖也，尚无白糖霜。此有确证，宋王灼《糖霜谱》云："唐大历间，有僧号邹和尚者，不知从来，跨白驴登伞山，结茅以居。须盐米薪菜之属，即书付纸系钱遣驴负至市，人知为邹也，取平直，挂物于鞍，纵驴归。一日驴犯山下黄氏蔗田，黄请偿于邹。邹曰：'汝未知窨蔗为糖霜，利当十倍。'试之果信。"如贞观时即有白沙糖，到大历几二百年，此糖霜胡能取十倍利乎？故唐初仍无白糖。

按：《说文》云："窨，地室也。"今谓地窨。藏酒曰窨，窨蔗者必以蔗藏于地窨。蔗受湿蒸，其汁外浸，遇冷而成霜，其白如雪，其甜如蜜。在初发明时，必利十倍。然此法用蔗多而得糖少。至宋时即将红沙糖复熬之，使变为白沙糖，以迄于今。其详尽在王灼及洪迈《糖霜谱》中。实北宋时，糖霜已盛行。东坡《送僧图宝诗》云："冰盘荐琥珀，何似糖霜美？"山谷有《寄糖霜诗》，是其证。

汉冬日艺蔬之法

今日严冬，一切园蔬，皆有鲜者。法掘地数尺深，而覆屋其上，屋北低南高，仰其檐，使能受日光，又恐其受风也。檐之下至地皆为窗，糊以纸，而于窖室内垒墼为炕，炕之上覆土尺余，和以粪，种各蔬，炕之端生煤火，使炕上土皆暖。虽蔓生之黄瓜，亦可结实，与夏日无异。而其法实创始于汉时，《汉书·召信臣传》："太官园种冬生葱韭菜茹，覆以屋庑。昼夜燃蕴火，待温气乃生。信臣皆奏罢之。"是其法发明最早。

乃至魏晋又失传。晋石崇与王恺斗富，冬日恒食韭蓱蘁。王恺百计不得其法，后贿其侍者，云："合麦苗韭根捣之。"因冬月无韭，麦苗可伪韭叶，加以韭根，则有韭味。是可证晋时无以温室艺蔬者，不然，奢侈如石崇等，当有鲜韭矣。尚以麦苗作伪哉！知其法久已失传。

汉织锦法

《西京杂记》："霍光妻遗淳于衍蒲桃锦二十四匹，散花绫二十五匹。绫出巨鹿陈宝光家，宝光妻传其法。霍显召入其第，使作之。机用百二十镊，六十日成一匹，匹值万钱。"

按：此即今日之提花也。提花用多钩为之，即镊也。织锦艺术，在汉已发达若此。

古杀猪后以火燎毛

今杀猪后，割其后腿，用铁条从割口挺入其腹遍搅之，再以口吹气于其腹中，令全身鼓涨，然后缚其口使勿泄气。再以汤洗之，用卷刀刮去其毛，使皮肤雪白。若古则杀豕后，先以火燎其毛，《庄子》云："濡需者，虱也。择疏鬣自以为广宫大囿，奎蹄曲隈，乳间股脚，自以为安宫利处，不知屠者之一旦鼓臂布草操烟火，而已与豕俱焦也。"又，《韩非子》："三虱相与讼，争肥硗之地。一虱过之曰：'若以不患腊之至而毛之燥耶？'"夫曰布草操烟火，曰毛之燥，则既杀而以薪燎其毛也。燎毛之后，其垢污如何去，而古书不详。

至六朝时仍用燎毛之法而去垢，法则详，《齐民要术》："奥音缶，蒸也猪肉法，净燖猪讫，更以热汤遍洗之。毛孔中即有垢出，以草痛揩，如此三遍。疏冷令净。四破于大釜煮之。"

按：《说文》："燖，火熟也，燎其毛也。"既燎更洗以热汤，揩以薪草，去其垢污，然后煮之，法亦善矣！然仍不如今日之洁，今日之法始于何时，则难考也。

自古狐为祟

狐之为祟，自汉魏以来小说家所载，不知凡几，诚怪兽也。而周以前亦不能无有，自《虞初志》亡，周以前社会详情，俱湮没不传。于是狐史亦不详，然时时见于经史。《诗》："为鬼为蜮。"《毛传》："蜮，短狐也。"以狐与鬼并列，其幻可知。又，《庄子》："步仞之丘陵，巨兽无所隐其形，而孽狐为之祥。"祥者，变异之气也。又，《战国策》："狐假虎威。"又，《史记·陈涉世家》："令吴广之近所旁丛祠中，夜篝火，狐鸣曰：'大楚兴，陈胜王。'于是人多指目胜。"足见秦时社会，久以狐为妖，故假狐言以惑人，此周秦之狐祟也。

其见于汉魏者，干宝《搜神记》："董仲舒下帷讲诵，有客来诣，舒知其非常。客又云：'欲雨。'舒曰：'巢居知风，穴居知雨，卿非狐狸，即是鼷鼠。'客化为老狸。"又，《魏志·管辂传》注："辂远邻数患失火，一日有书生宿其家，主人盛设，书生疑之不敢寝。持刀倚积薪假寐，欻有一小物，手中持火，以口吹之。生惊，举刀斫，正断其腰，视之乃一狐。"自此无火患，此狐祟之见于汉魏者也。自晋以后，狐祟之见于传记者汗牛充栋矣。兹皆不录。

古吹火用排

今人家炊饭，冶工冶铁，用风匣扇火，古则用排。《世说》："钟季士先不识嵇康，往诣之。康方大树下锻，向子期为佐鼓排，康扬椎不辍。"

按：排者，吹火器。亦名曰韛。音惫。《玉篇》云："韛，韦囊，可以吹火令炽。"鼓者，盖伸缩韦囊令进气也。然可以水激。《后汉书·杜诗传》："造水排，铸农器。"注云："冶者为排以吹炭，今激水鼓排。"即水碓也。又，《魏志·韩暨传》："为监冶谒者，作水排，利益三倍。"是可证以水激韛，使扇风吹火，亦如水碓水磨，以水激轮，使磨旋转也。不过水排但取其能吹火使炽耳。而省人力，故利三倍。至唐时仍用韛，薛昭《幻影传》云："乃遣崔元亮市汞一斤，入瓦锅，盖一方瓦，叠炭埋锅，韛而焰起。"又，牛峤《灵怪录》："见一革囊，喘若韛囊。"是其证。若今之风匣，不知始于何时？法以木板塞匣内，更以鸡毛粘于板之四周，以塞罅漏，而安双柄于板上，俾通于外，来回拉之，风从口出。凡人家及铁工灶边，无不用之。而排遂少见矣。

卷四十二　社会杂事、杂物

饮茶之历史

周时饮料有六：曰水、浆、醴、凉、医、酏。见于《周官》，浆人所掌。醴者，甜酒；凉者，冰水；医者，梅浆；凉与医即今日之酸梅汤，而镇以冰者也。想当时社会款客联欢，即以此六饮，而不及茶。然周时实有之。《诗》："采荼薪樗。"又，"予所捋荼。"《野客丛书》云："世谓古之荼，即今之茶。不知荼有数种，惟槚茶之荼，为今之茶。"《尔雅·释木》："槚，苦荼也。"注："叶可作羹饮。今呼早采者为茶，晚取者为茗。"《周礼》有掌荼之官。然自周迄秦，社会饮者殊少见。至西汉王褒《僮约》云："烹茶尽具。"又，"武阳买茶。"是西汉人渐有饮者。三国时吴主孙皓，每宴飨饮酒以七升为率。韦曜不能饮，皓密赐茶荈以当酒。然至六朝时，饮者尚少，《世说》："王濛好饮茶，人至辄命饮。士大夫皆患之，云今日有水厄。"又，《洛阳伽蓝记》："齐王肃不食羊肉及酪浆，常食鲫鱼羹，渴饮茗汁。高帝曰：'羊肉何如鱼羹？茗饮何如酪浆？'肃曰：'羊比齐鲁大邦，鱼比邾莒小国，惟茗饮不中，与酪浆作奴。'"夫以饮茶为"水厄"，可证晋时士夫嗜茶者十不有一。以饮茗汁不饮酪浆为可怪，又以证北齐时社会普通皆饮酪浆，仍嗜茶者少也。王肃亦以违众，故逊其词曰："茗为酪奴也。"《清异录》云："茶至唐而始盛。"然自陆羽以前，春日茶发芽，采之而已，烹之而已，与瀹蔬而啜者无异也。及陆羽作《茶经》，创制茶法、烹茶法，于是茶事益精，家置而户有。国家至榷茶税。则当时社会用茶之多可想矣。待至宋制造益精，迭见于欧阳、苏、黄诸诗人歌咏。其状况略与今同。

古扫地苕帚即用黍穰

《左传·襄二十九年》："楚人使公亲禭，乃使巫以桃、茢

477

先祓殡，楚人弗禁，既而悔之。"杜注："苅，黍穰也。"孔疏："《檀弓》云：'君临臣丧，以巫祝桃苅执戈，恶之也。'郑玄云：'桃，鬼所恶；苅，萑苕，可扫不详。君临臣丧，《礼》有此法。'苅是帚，盖以桃为棒也。《毛诗传》曰：'蓷为萑，萑苕谓蓷穗也。'杜云'苅，黍穰'者，今世所谓苕帚者，或用蓷穗，或用黍穰，二者皆可为之也。"

按：蓷者，荻属，陆机《诗》疏："蓷或谓之荻，至秋坚成，则谓之萑。"故其穗可以为帚。黍穰者，黍穗，秋老实落，缚其梢为帚。今北方人家多如此，无以荻苇穗为帚者，而古则兼用之。

古帚之长短与今同

《曲礼》："凡为长者粪之礼，加帚于箕上。"又，《管子·弟子职》："执箕膺揲，箕舌。厥中有帚。"以是证古帚长不过二尺，正与今同。至孔疏所谓以桃为棒，似今日扫院之帚，以木柄缚帚尾，可远扫，亦可高拂也。

魏晋宫殿榜额皆墨书

《世说》："韦仲将能书，魏明帝起殿，欲安榜，使仲将登梯题之。既下，头发皓然。"又，"太极殿始成，时王子敬为谢公长史，谢送版，使王题之。王有不平色，语使云：'可置著门外。'后谢语王云：'题之上殿何若？昔魏朝韦仲将诸人，亦自为也。'王曰：'魏祚所以不长。'乃罢。"

按：题额，后世皆木刻为之。魏晋时有刻石，尚无刻木。故题殿额皆墨书。以是证社会榜额，无不墨书也。

· 478 ·

古待遇乳母之重

汉武帝乳母，赐良田美宅，所言无不听。见褚补《史记·滑稽传》中。是汉人之重视乳母也。韩昌黎有《乳母墓铭》，曰："入韩氏，乳其儿愈，遂老韩氏。"又曰："及见所乳儿愈，举进士第，历官员外郎、河南令，生二男五女。时节庆贺，辄率妇孙列拜进寿。"夫对乳母自称曰儿，称其妻曰妇，子曰孙，其重视乳母等于骨肉。又，《老学庵笔记》："东坡主试，李方叔下第。其乳母年七十，大哭曰：'吾儿遇苏内翰主试不第，他复何望！'遂自缢死。"是亦在李氏养之终身者，故关系若是之切。是唐宋皆重视乳母，不与仆媪等。盖为儿而食其乳以生，其恩不与寻常等，故古人皆厚报之，养之终身，不令其去。今人情凉薄，儿长则视乳母若路人者，非也。

古缣帛之幅广、幅长

《周礼·内宰》"淳制"注云："淳，幅广；制，幅长。天子巡狩，制币丈八尺，淳四觳。同咫，八尺。"疏云："四觳三尺二寸，幅太广，四当为三。古三四积画，故易误。"三觳则二尺四寸也。

按：周用律尺，每尺当清时工部尺八寸二分。周幅广三尺二寸，正清工部尺二尺五寸，若裁尺不过二尺二寸，正与今绸缎之幅广相同。若二尺四寸，只当今裁尺一尺六寸，则太窄矣。疏疑四觳为三觳者，误也。且郑时书四字已不积画，与三字迥不同，有汉碑可证。然则周时帛每端长一丈八尺，幅广三尺二寸，合今尺长一丈四尺余，广二尺四寸余也。

六朝时布帛匹长四十尺，幅广二尺二寸

《宋书·沈庆之传》："年八十，梦得绢两匹，曰：'老子今年不得活，两匹绢，八十尺也。'"由是证六朝时一匹绢四十尺也。又，《通志·赋贡门》："魏天平初，绸绢不依旧式。兴和三年，各颁海内悉以四十尺为度。"是北朝帛长亦四十尺也。至幅广，据《通志》云："魏旧制：绢布皆幅广二尺二寸，长四十尺为一匹。"而南朝幅广则不详，想亦同也。

唐帛匹长仍四十尺，广尺八寸，布幅广亦八寸，长五丈为一端

《通志》："唐武德二年，制绢为匹，布为端，布绢皆阔尺八寸，绢长四丈为匹，布长五丈为端。至开元八年，复申旧制，不得因两不足而加尺。至德宗建中年，复据大历定制，凡尺皆以秬黍为准。"是唐布帛长广始终不变也。

卷四十三　平民仕进

自周至六朝，官人之法，大致以选举。自隋唐迄明清，官人之法，大致以科举。选举者，以德行为先，以材艺为辅。自周秦迄两汉，只能敦品励行，习艺明经，无不脱颖而出。故人人自励，树立声名，乃行之久而弊生。魏晋六朝，尚门第，贵簪缨，而平民受挤。于是变选举而为科举。科举者始于隋，开场命题，较阅文艺。文艺及第，赐进士出身，与以官，谓曰进士科。以文艺为先，以德行为后。然历隋唐五代宋元明清，千余年不废者，以科举比较最为公允，而平民可从此有出路也。故孤寒之士，亦争自琢磨，不能在他途与贵族竞争者，则致力于科举。其选举科举详制，尽在《通考》《通典》中。兹所述者，乃历代平民对于仕进之致力，及社会对于仕进者之感想也。

周时选举以三物

周虽封建，然乡大夫、遂大夫及其所属，又司马、司寇、司徒所属，亦取之平民，非所有官吏尽世袭也。《周礼·地官》："五州为乡，使之相宾。"又曰："以乡三物，事也。教民而宾兴之。一曰六德：智、仁、圣、义、忠、和；二曰六行：孝、友、睦、姻、任、恤；三曰六艺：礼、乐、射、御、书、数。"注："兴，犹举也。教成乡大夫推举其于三事之尤贤者、能者，以饮酒之礼宾之。"兴于太学而授官也。又曰："三年则大比。"是宾兴之礼，三年一举也。后世科举，每三年一次，本《周礼》遗意也。

汉平民仕进之法　有以富得官者

《汉书·张释之传》："以赀同赀为骑郎。"如淳曰："《汉注》：'赀五百万得为常侍郎。'"又，《司马相如传》："以赀为郎。"师古曰："以赀多得为郎也。"又，景帝后二年诏曰："今赀算十以上迺得宦，廉士算不必众。有市籍不得宦，无赀又不得宦，朕甚悯之！赀算四得宦，毋令廉士失职，贪夫长利。"应劭曰："古者疾吏之贪，衣食足知荣辱，限赀十算乃得为吏。十算，十万也。贾人有财，不得为吏，廉士无赀，又不得宦，故减赀四算。"

按：常侍郎官较尊，侍从皇帝，故必有赀五百万方得为。若普通官吏，有家赀十万，即得为也。然廉士有赀十万者少，故减为四万也。是无论何官，必有家赀四万者，方得为也。

盖当时风俗，为官者富人居多，而郎官尤甚，所谓赀郎也。《杨恽传》："郎官故事，令郎出钱市财用，给文书。"又，《史记·田叔列传》："有诏募择卫将军舍人以为郎，将军取舍人富给者，令具鞍马绛衣玉具剑，欲入奏之。后赵禹为选任安、田仁，卫将军见此两人贫，意不平。"是当时郎官俸入不能自给，而郎署公用，又多责之于郎官。贫者尤不办，故张释之曰："久宦减仲之产。"司马相如免官归，家徒四壁。可证汉时京曹年年赔累，与清代同，故喜富人也。

有由郡县吏为大官者

汉时古道犹存，只敦品励行，即可被选为县吏。淮阴侯布衣时，贫无行，不得推择为吏。许靖为许劭所排摈，不得齿叙，是其证。及得为吏，树立声名，自然迁秩。如张敞以乡有秩补太守卒史，察廉为甘泉仓长，鲍宣初为乡啬夫，任安为亭长，是由县吏以次迁擢。陈万年为郡吏察举至县令，赵广汉为郡吏州从事，擢为平准令，是皆由郡吏以次迁擢，而其初皆平民也。以上略述一二人以见例。

有以文学入仕者

孤寒下士，他不能有所作为，惟恃读书为出路。如贾谊，河南守闻其秀才，召置门下。后吴公为廷尉，即荐为博士。又，疏广以好学，征为博士。又，郑崇为郡文学史。梅福为郡文学补南昌尉，是皆以文学起家。自博士有弟子员，弟子能明一经以上者，内则为郎侍，外则为郡掾。如眭弘以明经为议郎，诸葛丰以明经为郡文学，是皆以明经而贵显。自武帝诏举贤良文学之士射策，如董仲舒、公孙弘、严助、马宫、何武，并以射策得贵显。而严助一擢即为中大夫，朱买臣、吾丘寿王、主父偃、终军之属，并以上书得贵显。而朱买臣亦一擢即为中大夫。自此孤寒读书之士，始奋迅起矣。

有以品行得举者

冯唐以孝著为郎中署长，京房、盖宽饶、杜邺、师丹，并以孝廉为郎。而后汉李善，本民家奴，以救主故，即征为太子舍人。自是以后，孝友义侠，蒸为风气。三公及州郡闻名，争相辟举，无不彰显者。故东汉风俗，较西汉尤良。

魏晋六朝尚门第，平民进取难

自魏陈群创九品官人之法，于是州郡皆置中正，以定其选择。六朝皆承用其法，然自魏晋以来，崇尚门第，寒俊之士得上品甚难。《世说》："周伯仁母，本汝南民家女，谓伯仁兄弟曰：'我所以屈节为汝家作妾，为门户计耳。汝若不与吾家亲亲者，吾亦不惜馀年。'伯仁等悉从命，由此李氏在世，得方幅齿遇。"又，"陶侃少时家酷贫，同郡范逵举孝廉，投侃宿。于时冰雪在地，室如悬磬，而逵仆马甚多，侃母既截发易米，斫柱为薪，剉席荐为马秣，人人餍足。明旦去，侃追送百里许，逵感其贤，始荐于张夔、羊晫诸人。后晫为十郡中正，举侃为鄱阳小中正。始得上品。"由是观之，在晋时平民进取，已不易如斯也。若贵族子弟，几见如是哉！

又，《通考》："晋时州有大中正，郡国有小中正，皆掌选举。吏部选人，必下中正。征其人居及父祖官名。"夫征父祖官名，即上门第之证。故《南齐书》云："乡举里选，不核才德，其所进取以官婚胄籍为先。遂令甲族以二十登仕，后门平民以三十试吏。"平民与贵族，不平等若是。又，《北齐书·辛术传》："管库必擢，门阀不遗。"鉴衡之美，一人而已，言不专取门阀也。又，北周《苏绰传》："惩魏齐之失，罢门资之制，察举精慎。"言置门阀不论也。

以尚门阀之故策士时出种种丑态

《通考》："北齐选举，多沿后魏之制，凡州县所举秀才贡士廉良，天子服乘舆，出坐于朝堂中楹而课试之。秀秀才孝孝廉方正各以班草对。字有脱误者，呼起立席后；书有滥劣者，饮墨水一升；文理猛浪者，夺席脱容刀。"盖既尚门阀，则贵游子弟进，而寒士受挤。不论才艺，则纨袴少年多，而诗书之士少。故有如是种种丑态也。

隋唐以来进士科之荣贵

进士科始于隋,而大盛于唐。唐贞观时,有秀才、明经、进士三科,而秀才科尤高。后以举不中第,即反坐其州长,由是废绝,只明经、进士二科。而明经科较易取,故世所贵者,唯进士科。

《摭言》云:"进士科始于隋大业中,盛于贞观。搢绅虽位极人臣,不由进士者,终不为美。其都会谓之举场,通称谓之秀才,投刺谓之乡贡,得第谓之前进士,互相推敬谓之先辈,俱捷谓之同年,有司谓之座主,京兆府考而升者谓之等第,外府不试而贡者,谓之拔解,将试相保,谓之合保,造请权要谓之关节,激扬声价,谓之还往,既捷列名于慈恩寺塔,谓之题名,大宴于曲江,谓之曲江会。"

进士科荣贵之由

在选举时代,终假人力以进取,惟进士及第,则全由考试文艺所致,不假人力。首试以时务策及经义,次试以当代法律条教,及小学中《说文》《字林》,算学中《周髀》《五经算》等书。后更兼试诗赋,虽当时尚有门第馀习及权要声气之弊,而孤寒下士,亦往往得售。在社会心理似进士科全以文学得官。视他途进身之假力于人者,有仙凡之殊,有清浊之异。又,应试得售,今日白衣,明日朱紫。在社会耳目,尤以为荣。故虽乡曲之士,亦父谕其子,兄勉其弟,以读书。

唐新进士曲江大宴之盛况

《摭言》:"新进士曲江大宴,先期牒教坊请奏,上御紫云楼垂帘观焉。公卿家率以是日择婿。倾城纵观,钿车珠幕,栉比而至。既彻馔,则移乐泛舟,都为恒例。"夫新进士大宴,至请皇帝临观，则其郑重可知。又何怪社会以是为荣哉！

　　故进士放榜，谓《登科记》，为千佛名经。见《摭言》。进士及第，以泥金书帖附家信报喜，谓之泥金信。见《开元遗事》。状元及第，谓曰夺锦标。见《今古诗话》。刘禹锡《寄刘侍郎放榜诗》云："礼闱新榜动长安，九陌人人走马看。一日声名遍天下，满城桃李属春官。"孟郊《及第诗》曰："昔日龌龊不足夸，今朝放荡思无涯。春风得意马蹄疾，一日看遍长安花。"又，《纪事诗》云："元和十一年，李凉公榜三十三人，皆取寒素"。时有诗曰："元和天子丙申年，三十三人同得仙。袍似烂银衣似锦，相将白日上青天。"观此三诗，唐时社会之艳羡及第进士，可谓极矣。

唐举人考试规矩及入棘闱情况

　　《纪事诗》云："唐举人试日许烧烛三条，韦承贻题诗于壁云：'褒衣博带满尘埃，独上都堂纳卷回。蓬巷几时闻吉语，棘篱何日免重来。三条烛尽钟初动，九转丹成鼎未开。残月渐低人扰扰，不知谁是谪仙才？'"又，薛能诗云："白莲千朵照廊明，一片升平雅颂声。更报第三条烛尽，南宫风景写难成。"夫曰报三条烛尽，是烛尽不交卷则逾限也。曰钟初动则是晓钟已动也。以是知唐试进士，以一日一夜为限。

唐社会待遇新进士之丑态

　　《玉泉子》："韦保衡常访同人，方坐，李钜新新及第亦继至。保衡以其后，先匿于帏下。既入，曰：'有客乎？'同人曰：'韦保衡秀才，可以出否？'钜新新及第，甚自得意，徐曰：'出也何妨。'保衡竟不出。及韦尚公主为相，钜新方为山北从事焉。"是秀才遇新进士于友人家，即须回避。又，《摭言》云："彭伉、

·486·

湛贲俱袁州宜春人。伉妻又湛姨也。伉举进士及第，湛犹为县吏。妻族为置贺宴，皆官人名士，贲至，命饭于后阁。其妻愤然责之。"是白衣即不得与官人同席宴。"后湛亦一举登第，伉初尝侮湛甚，时伉方跨驴纵游郊郭，忽有家僮驰报，伉闻失声而坠。"是进士及第，可使姻戚之有宿嫌者，惧而堕驴。又，《因话录》："赵琮妻父为钟陵大将，琮以久随计不第，穷悴甚，妻族益相薄。虽妻父母不能不然也。一日军中高会，州郡请之春设者，大将家相率列棚以观。琮妻虽贫，不能勿往。然所服故弊，众以帷隔绝之。设方酣，廉使召大将，既至，曰：'赵琪非汝婿乎？'曰：'然。'曰：'已及第矣。'大将遽持榜归白家人曰：'赵郎及第矣。'妻族大喜。即撤去帷帐，相与同席。以簪服庆遗焉。"是其婿不及第，则以与贫女同席为耻。及既及第，则又以与贫女同席为荣也。然士虽进士及第，终身坎坷者多矣。而社会荣视若是，似一种迷信也。

惟唐考试之法尚疏，不尽公允

《玉泉子》云："翁彦枢苏州人，应进士举，有僧与同乡里，出入故相国裴坦门下。以年耄，虽中门不禁其出入。坦持文柄入贡院，子勋质日议榜于私室。其予夺进退，僧闻之熟矣。归寺而彦枢访焉。僧曰：'公成名须第几人？'彦枢谓僧戏己，谩应曰：'第八人足矣。'即复往裴宅，二子议如初。僧忽张目曰：'侍郎知举耶？郎君知举耶？'即历数其权豪私仇予夺去取之由。全榜人名，不差一人。勋等大惧。问僧所欲？曰：'有乡人翁彦枢，第八人及第足矣。'榜发，彦枢果及第。"又，《摭言》云："高锴知贡举，诫门下不得受请托。及入闱，裴思谦持仇士良宦官关节，非状元及第不可。锴不得已，许之"。又，《广陵记》："王维以公主力为举首。"此皆由考法疏阔，故舞弊易也。

不过，唐时虽通关节，播声气而及第之人仍多名士。倘子弟不文，虽豪宗右族，亦耻之而不为。彼王维虽由关节进，因其文采素为岐王所赏拔，故乐为延誉于公主。即裴思谦由宦竖进身，而状元及第后，宿平康里诗云："银釭斜背解明珰，小语低声唤玉郎。从此不知兰麝贵，夜来新惹御炉香。"此诗驰名千古，故仇士良肯为尽力，非若后世之无所挟，而徒以势力进取。又以证唐世之文章为极盛，苟文采不足，徒凭势力得第，无论何人皆以为辱也。

至宋考试之法始密，不能徇私

唐只制科糊名，进士科皆亮卷，故弊端百出。至宋将试卷糊名，使主试者莫知谁何之文。《通考》云："景德四年，命晁迥知贡举，滕元晏封印卷首。先是雍熙二年殿试糊名，至是用之礼部。迨明道二年，而天下州郡无不用之。而又恐主试者之认识笔迹，则又将试文誊录，以易字体。"《通考》云："景德八年，始置誊录院，凡试卷经弥封官封卷后，付吏录本。监以内侍二人。京官校对讫，复送封印院。始送知贡举，定去取。"自糊名誊录之法兴，于是主试者虽门生故吏，无能为力。《老学庵笔记》云："东坡知贡举，李方叔被黜。其乳母年七十，大哭曰：'吾儿遇苏内翰知贡举，不及第，他复何望？'遂闭门自缢死。"缘方叔为东坡门生，东坡主试，而方叔不第，故以为绝望。岂知试卷自糊名誊录后，虽亲子弟亦无从摸索，其法实已大公。自此以后，凡平民求进取者，只致力于文学，不患不达。故历元明清，行之千年而不改。及清末春秋两闱，竟废誊录而不用。不知此为防弊之唯一良法，幸科举废耳。设沿袭至今，其弊不可胜言矣。

明清以来，平民进取之法，大概有三级：由童子应县试府试，再应学政试，取中者曰生员，即秀才也。由秀才应省乡试，取中者曰举人，第一名曰解元。由举人再应会试，取中者曰贡士，第一名曰会元。贡士经殿试，取列一甲第一名者曰状元。一甲二名曰榜眼。三名曰探花。一甲只三人。次为二甲，皆赐进士出身。次为三甲，赐同进士出身。再分别授以官。凡一省置学政一人，考试童生，甄别秀才。凡举人科、进士科，每三年一举行。举人科曰乡试，合一省秀才试之。进士科曰会试，合天下举人试之。乡试恒在八月，曰秋闱。所谓"槐花黄，举子忙"。故有攀桂、折桂等名也。会试恒在三月，曰春闱。所谓"春风得意马蹄疾"。故有探花、簪花诸故事也。凡秀才每县取中有定额，举人每省取中有定额，大省百余人，小省或不到百人。进士每科有定额，共甲榜不过三百人。而每省复有定额，大省得中二十余人，小省十余人。故虽荒陬僻壤，文化较低者，亦不至脱榜也。此明清以来，平民进取之大略也。

卷四十四　妓

　　古之所谓妓，与后世稍异。《论语》："齐人馈女乐。"《史记·货殖传》："郸邯女子，弹弦跕躧，游媚富贵，遍诸侯之后宫。"汉张禹后堂所蓄，皆妓也。而皆为女乐。故《世说》云："殷仲文劝武帝蓄妓，帝曰：'吾不解声。'"又，魏武遗令："于铜雀台上设匡床、施穗帷，每月朔十五，令诸妓向床前作伎乐。"又，"谢太傅携妓游山，丝竹陶写。"宋萧琳有《听妓诗》，梁简文帝有《听夜妓诗》。又，《十六国春秋》："石虎郑后，原晋仆射郑世达家妓。"《唐书·太平公主传》："供张声妓，与天子等。"《顺宗纪》："贞元十一年，放后宫女妓六百人。"是皆以妓为乐之证。不然，王公贵人及天子宫中所蓄，曰姬妾可矣，胡必名之曰妓，曰妓则声乐也。兹所述者，非贵人家所蓄之妓，乃社会以妓为业者也。

唐时妓女聚居之地及妓院布置之清雅

　　自唐以前，营业之妓，载籍不详。至唐始有详记，而《北里志》则妓史之班马也。志云："平康里入北门东回三曲，即诸妓所居之聚也。妓中有铮铮者，多在南曲、中曲。其循墙一曲，卑琐妓所居，颇为二曲轻斥之。其南曲中者，门前通十字街，初登馆阁者，多于此窃游焉。二曲即巷中居者，皆堂宇宽静，各有三数听事，前后植花卉，或有怪石盆池，左右对设小堂，垂帘茵榻帏幌之类称是。诸妓皆私有所指占，听事皆彩版以记诸帝后忌日。"

按： 记忌日者，例禁歌舞燕宴于忌日也。

假母今之养家之状况与今同

《北里志》："妓之母多假母，原注云：俗呼为"爆炭"，不知其因。亦妓之衰退者为之。无夫。其未甚衰者，悉为诸邸将辈主之。或私蓄侍寝者，亦不以夫礼待。"原注云：多有游惰者，于二曲中为诸娼所豢养，号为庙客。不知所谓。

按： 今曰妓之假母，俗呼为老爆子，盖仍沿唐时"爆炭"之称。爆炭者，言其鞭挞稚妓，威怒爆发如炭之爆也。亦曰鸨母，盖爆之讹。至其所豢之侍寝者，今曰拼头，亦曰靠家。唐"庙客"之称，讫不得其义。

唐妓之来历及受虐情形

《北里志》："诸女自幼丐有，或佣其下里贫家，常有不调之徒，潜为渔猎。亦有良家子，为其家聘之，以求厚赂。误陷其中，无以自脱。初教之歌令而责之，其赋甚急。微涉退怠，则鞭挞备至。皆冒假母姓，咸呼以女弟、女兄，为之行第。"

按： 今日妓女皆由假母买贫家女，自幼调习歌曲；及其稍长，则责其敛钱，稍不如程，则鞭扑交至。今古鸨母，如出一辙。

唐妓捐钱始能出游

《北里志》："诸妓以出里艰难，每南街保唐寺有讲席，多以月之八日，相牵率听焉。皆纳其假母一缗，然后能出里。其于他处，必因人而游，或约人与同行。则为下婢而纳资于假母。故保唐寺每三八日士子极多，盖有期于诸妓也。亦有乐工聚居其侧，或呼召之，立至。每饮率以三镮，继烛即倍之。"

妓从良仍不悛

《北里志·楚儿传》："楚儿字润娘，往往有诗句可传。近以退暮，为万年捕贼官郭锻所纳，置于他所。润姬狂逸特甚，及被拘系，仍未能悛。锻主繁务，又有正室，至润娘馆甚稀。每有旧识，过其所居，多于窗牖相呼，或使人询讯，或以巾笺送遗，锻乃汾阳裔孙，为人异常凶忍，每知必极答辱。润娘虽自痛愤，而不少革。尝一日自曲江与锻行，前后相距数十步，郑光业时为补衮，道与之遇，楚儿出帘招之，光业亦使人传语。锻知之，曳至中衢，击以马筞，声甚冤楚，观者如堵。光业遥视之，甚惊悔，且虑其不任矣。光业明日，特过其居侦之，则楚儿已在临街窗下弄琵琶矣。驻马使人传语，润娘持彩笺送光业诗云：'应是前身有凤冤，不期今世恶姻缘。蛾眉欲碎巨灵掌，鸡肋难胜子路拳。祇拟吓人传铁拳，未应教我踏金莲。曲江昨日君相遇，当下遭他数十鞭。'光业取笔于马上答之，云：'大开眼界莫言冤，毕世甘他也是缘。无计不烦干偃蹇，有门须是疾连拳。据论当道加严筭，便合披缁念法莲。如此兴情殊不减，始知昨日是蒲鞭。'"

按：今日妓女从良者，仍风骚不已。旧习不悛，未几下堂仍操旧业者有之。盖妓女在妓院风狂成性，乍入人家，有如牢狱，难以久安。乃如润娘者，走笔和答，诗词敏妙，直与文人学士相埒，可谓大雅不群矣。乃以所适非人之故，不甘寂寞，仍招蜂引蝶，念旧输情，不知己身之已脱籍妓也。甚矣！结习之难忘。

黠妓自高声价以敛钱

《北里志》："天水仙哥，字绛真，住南曲。善谈谑，能歌令，姿容平常，而蕴藉不恶。刘覃登第，年十六七，闻众誉天水，亦不知其妍丑，每辞以他事，重难其来。覃则增缗不已，会天水实有所苦，不赴召，覃殊不信。有户部府吏李全者，能制诸妓。居里中，覃闻召吏至，授以银花榼，径入曲追天水。入兜舆中，至则蓬头垢面，涕泗交下。搴帘一视，即使舁回。"

又，《云仙杂记》："史凤，宣城妓也。待客有差等，最上者有迷香洞，神鸡枕，锁莲镫；次则交红被，传香枕；下则不可见，以闭门羹待之。使人传语曰：'请公梦中来。'冯垂客宣城，罄囊有钱三十万，尽纳之。得至迷香洞。"

按： 天水等伎俩，至今娼妓祖述其法。而纨袴子弟堕其术中者，今古如一。岂不异哉！又，史凤曰："请公梦中来。"谑亦甚矣。若后世必有人痛惩之。而宋时游人，熟视不怪，今古习尚之不同若是。

唐时妓院之危险

自来妓院为危险地，卿士大夫入其中而被劫被辱者，不可胜数。乃唐时竟至杀人，《北里志》："王金吾相国起之子，曾游北曲，遇有醉而后至者，遂避之床下。俄顷，又有仗剑后至者，以为金吾也，因枭其首而掷之曰：'来日更呵殿入朝耶？'遂据其床。金吾获免。"又，"裴晋公尝狎游，为两军力士十余辈凌轹，势甚危窘。公潜遣介召同年胡证尚书，证皂貂金带，突门而入。主人上灯，胡起取铁灯台，摘去枝叶而合其跗，台足。横置膝上，即改令曰：'凡三钟引满一遍，三台酒须尽，不得有滴沥，犯令者一铁跻。'群恶叩首乞命而遁。"

按： 妓院为不名誉之地，在其中虽被杀，亦无声诉者。而被劫被辱者，更暗默不言。犹忆光绪三十年（1904年）冬，有名妓谢珊珊者，寓李铁拐斜街。某贝子往游，貂裘金表玄狐斗篷等物，为恶少劫夺，席卷而去，亦忍痛不言。至妓女为劫贼掠去勒赎，恶少因一语不合，捣毁什物咆哮肆威者，尤众。及三十一年（1905年）巡警部立，警察满街，劫贼既不敢肆行，偶游客发怒，捣毁什物，则妓院立呼警察来处罚。于是妓院治安，始有保障。千余年不改之状况，至此一变。此亦志北里者之一大纪念也。

唐京妓与外妓谨肆不同，然遇贵人皆须行参谒礼

《北里志》："牙娘居曲中，亦流辈翘楚者。性轻率，惟以伤人肌肤为事。故硖州夏侯表中泽相国少子，及第中甲科，宴集因醉戏为牙娘批颊伤面。次日期集师门，同年皆窃视之。表中因厉声曰：'昨日子女牙娘抓破泽面。'同年皆骇然。主司裴公瓒俯首而哂，不能举者久之。"又云："比见东洛诸妓体裁，及诸州饮妓，固不侔矣。然其羞匕箸之态，勤参请之仪，或未能去也。若北里之妓，公卿与举子，其自在一也。朝士金章者，始有参礼。"

按：恶妓风狂，专以打人取乐者，今古皆有。至贵人入妓院，受诸妓参谒，殆唐人独有风俗。若后世贵人冶游者，愈贵则愈讳之。诚以游戏之地，而忽行参礼，得毋施之非其人，行之非其地乎？

唐宋时官妓

以上所述皆私妓，以歌舞自由营业，厌则从良。乃唐宋时又有所谓官妓、营妓，盖一类也。或曰始于管仲，以《管子》有女闾三百之语。或曰始于汉武，以《汉武外传》有置营妓，以惠军吏无室家者之语。此皆不可信。汉魏时军中宴飨之事多矣，不见有妓。

只贵人第内宴飨有之。东晋时士夫放荡极矣,乃见于《世说》者,谢安可游山挟妓,官吏公宴,从不见其呼召官妓。是晋宋时尚无也。故谓营妓始于管子者固无稽,即谓始于汉武者,亦非信史。官妓之有,盖起于唐天宝以后。此有一征,凡唐载记所谓某与官妓狎,某喜营妓某,皆天宝以后人,以前则无有也。

凡官吏宴饮则召官妓侑酒

《摭言》:"杨汝士尚书镇东川,其子知温进士及第,开宴。汝士命营妓,人与红绫一匹。"又,《东皋杂录》:"东坡自钱塘被召过京口,林子京作郡守有会,坐中营妓出牒,郑容求落籍,高莹求从良。"又,《清波杂志》:"东坡在黄冈,每用官妓侑觞,群妓争持纸乞歌词。"是唐宋官吏,祇有宴会,无不召妓。盖其时士风,不似后来之拘执,视声妓丝竹,为固有之事。兼其时官吏多文人学士,妓女之风流文采,又足以副之。故觞咏所至,则湖山生色;歌词传播,则今古蕙香。自蒙古兴,此风渐衰。自洪武起,悬为厉禁。于是古人所恃以舒写劳瘁活泼精神之事,至清末遂铲除无余。而文化之低落随之。出轨之反动以起,则以疏导失宜之故也。

官妓皆由私妓选拔

《本事诗》:"韩滉镇浙西,戎昱为部内刺史,郡有妓善歌,色亦闲妙,昱情属甚厚。滉闻其名,召置籍中,昱不敢留,饯于湖上,为歌词以赠之。且曰:'至彼首歌是词。'既至,韩为开筵,自持杯令歌。果唱戎词曰:'好是春风湖上亭,柳条藤蔓系离情。黄莺住久浑相识,欲别频啼四五声。'曲既终,滉曰:'戎使君于汝寄情耶?'妓竦然起曰:'然。'泪随言下。韩即归之。"

以是证当时官妓,皆由私妓选拔而来。盖一入官籍,即不能自由,且往往受官吏之虐。魏泰《诗话》云:"吕士隆知宣州,好笞官妓。会杭州一妓到,士隆喜之。一日郡妓犯小过,欲笞之。妓曰:'不敢辞,但恐杭妓不安耳。'乃舍之。梅圣俞因作《莫打鸭》诗以戏之。"又,《古今诗话》:"苏子瞻守钱塘,有官妓李秀兰,天性慧黠,善于应对。一日,湖中有宴会,群妓竞集,惟秀兰不至,督之良久方来。子瞻已怒之,坐中一倅怒其晚至,诘之不已。子瞻为作《贺新凉》,使歌以侑酒,倅怒顿止。"观是二事,则官妓受虐之种种情形,可推想矣。

有能脱籍者同辈皆羡之

快雪堂东坡帖云:"杭州营籍周韶,多蓄奇茗,尝与君谟斗,胜之。韶又知作诗,子容过杭,述古饮之,韶泣求落籍。子容曰:'可作一绝。'韶援笔立成曰:'陇上巢空岁月惊,忍看回首自梳翎;开笼若放雪衣女,长念观音般若经。'韶时有服,衣白,一坐嗟叹。遂落籍。同辈皆有诗送之,二人者最善。胡楚云:'淡妆轻素鹤翎红,移入朱阑便不同。应笑西园旧桃李,强匀颜色待东风。'龙靓云:'桃花水流本无尘,一落人间几度春。解佩暂酬交甫意,濯缨还作武陵人。'"固知杭人多惠也。

按:周韶原唱,以鹦鹉自况,故曰陇上。_{产陇西。}曰雪衣女,_{雪衣女,杨妃所蓄鹦鹉,见《外传》。}胡楚以花卉起兴,以桃李自比。其欣慕周韶,悲伤自己不能脱籍之意,溢于言外,读之令人怜。故楚诗尤佳也。然观《东皋杂录》所记,郑容求落籍,高莹求从良,_{见前。}以是证落籍不定从良也,只脱官家羁绊耳。

唐宋名人与官妓之眷恋

凡唐宋名人，不惟宴饮呼妓侑酒，其恋恋寄情于官妓者，亦不讳也。《古今诗话》："元稹廉访浙东，喜官妓刘采春，题诗曰：'因循归未得，不是恋鲈鱼。'"是恋官妓不归也。又，《丽情集》："元稹使蜀，籍妓薛涛有才色，往侍焉。后登翰林，寄以诗。"又云："灼灼，锦城官妓也。御史裴质与之善。裴召还，灼灼每以红绡聚泪为寄。"是既归仍念官妓不舍也。又，《古今诗话》："韩魏公为陕西安抚使，李师中过之。李有诗名，席间为官妓贾爱卿赋诗曰：'愿得貔貅十万兵，犬戎巢穴一时平。归来不用封侯印，只问君王觅爱卿。'"又，《吹剑录》："范文正守饶，喜妓籍中一小鬟，既去，以诗寄魏介曰：'庆朔堂前花自栽，便移官去未曾开。年年常有别离恨，为托春风干当来。'介遂买以遗公。"是见官妓而心欲，虽隔多年，必设法以致之也。又以证韩、范皆名儒，亦不讳此也。又，《词苑丛谈》："周邦彦方在李师师家，道君忽至。邦彦伏床下，备闻道君谑语，乃隐括其事，成《少年游》。他日师师歌之，道君大怒。因迁谪邦彦，押出国门。"是君臣同恋一妓而相妒也。又，《青箱记》："魏仲先与寇莱公同游陕郊僧寺留题，后复行到，公诗已用碧纱笼，仲先诗尘昏满壁。时有从行官妓颇慧，以衣袖拂之。仲先徐曰：'若得时将红袖拂，也应胜似碧纱笼。'莱公大笑。"又，《后山诗话》："司马温公为武定从事，同幕私幸营妓，而公讳之。适会僧庐，王荆公往迫之，妓逾垣去。荆公集句戏之曰：'年去年来来去忙，暂偷闲卧老僧房。惊回一觉游仙梦，又逐流莺过短墙。'"《野客丛书》云："钱文僖公留守西京，梅圣俞、尹师鲁、欧阳公同在幕下。一日宴集，欧与所眷妓后至。钱责妓，妓云：'凉堂午睡，失金钗，犹未见。'钱曰：'若得欧推官一词，当为偿汝。'欧即席成《临江仙》。钱令公库偿钗。"

历代社会风俗事物考

是长官与属以妓为戏,虽游寺亦不离官妓,甚或幽会于僧房也。至其他文人如黄山谷与泸南官妓盼盼相恋,秦少游在蔡州与营妓娄琬甚密,周邦彦在姑苏与营妓岳楚云相恋,更不可胜数也。

唐宋时妓界之文采

《丽情集》:"长安有娼女曹文姬,尤工翰墨,为关中第一,时号书仙。"又,《天宝遗事》:"长安名妓刘国容,有姿色,能吟咏,与进士郭昭述相爱。后昭述授天长尉,与国容相别,诘旦赴任,国容使女仆赍短书云:'欢寝方浓,恨鸡声之断爱;恩情未洽,叹马足以无情。使我劳心,因君减食。再期后会,以结齐眉。'"是妓而富于文词。

《北梦琐言》:"江淮间名妓徐月英,送人诗曰:"惆怅人间万事违,两人同去一人归。生憎平望桥头水,忍照鸳鸯相背飞。'"又,《抒情集》:"韦蟾廉访鄂州,罢任。宾僚盛陈祖席,蟾遂书《文选》句云:'悲莫悲兮生别离,登山临水送将归。'以笺毫授宾从,请续其句。座中皆不能属。有一妓泫然曰:'武昌无限新栽柳,不见杨花扑面飞。'座客无不嘉叹!"是妓而能诗,而武昌妓之续句,为学士大夫所不能者,而妓能之。且出语敏妙,当场刺讥,想当时坐客皆赧颜也。又,楚儿与郑光业见前走笔和答,郑诗尚不如楚儿。即周韶、胡楚之诗,在士夫亦为难能也。

《能改斋漫录》:"杭之西湖有一倅,闲唱少游《满庭芳》,偶误举一韵云:'画角声断斜阳。'妓琴操在侧云:'山抹微云,天连衰草,画角声断谯门。非斜阳也。'倅因戏曰:'尔可改韵否?'琴即改作阳字韵云:'山抹微云,天连衰草,画角声断斜阳。原作谯门。暂停征辔,原作棹。聊共饮原作引离觞。原作尊。多少蓬莱旧侣,原作事。频原作空回首,烟霭茫茫。原作纷纷。孤村里,

· 498 ·

原作斜阳外。寒鸦万原作数点，流水绕空墙。原作孤村。魂伤，原作销魂。当此际，轻分罗带，暗解香囊，原作香囊暗解，罗带轻分。谩赢得秦楼薄幸名狂。原作存。此去何时见也？襟袖上，空有馀香。原作染啼痕。伤心处，长原作高城望断，灯火已昏黄。原作黄昏。'"

试以琴操改韵，与少游原唱较，几不能判其孰为主宾。则琴操之工于填词，其才诚为不可及，故东坡极赏之。《泊宅编》云："杭妓琴操善应对，东坡善之。后因游西湖，戏琴云：'我作长老，尔试参禅。'问云：'何谓湖中景？'答曰：'落霞与孤鹜齐飞，秋水共长天一色。''何谓景中人？'答曰：'裙拖六幅潇湘水，鬓耸巫山一段云。''何谓人中意？'答曰：'随他杨学士，鳖杀鲍参军。如此究竟如何？'坡云：'门前冷落车马稀,老大嫁作商人妇。'琴操大悟，即削发为尼。"

此皆略举一二，以概其余。其他见于载籍者，尚多如烟雾也。盖其时妓女无不知书。其高者能吟咏，通诗歌，可与文人学士相和答。次亦无不通文，故诗词脱手，立可付歌，能定其声，知其意，久之遂习与俱化。以是证古妓界文学，亦高出后世也。

附：

滋溪老人传

　　滋溪老人，姓尚氏，名秉和，字节之，世居行唐县城西南滋河北岸之伏流村。自前明以来，家世无甚贫，亦无甚富，世世耕亦世世读。父中宪公，幼有声于庠序间，乃六应乡举而不第，卒以贡生终老。有二子：长式和，字逊臣；次即秉和。乃纵令游学，曰："是或能成吾志。"

　　初，肄业邑龙泉书院，从安州魏奉宸先生游。岁己丑乡试，逊臣中誊录，分国史馆。人言可叙官，时年少气盛，弃而不顾。继而又赴真定恒阳书院肄业。时桐城吴挚父先生方主讲保定莲池书院，以诗、古文为北方倡。心慕之，乃复游学于保定。逊臣于历史、地理及诸家古文，素所服习，尤擅长制艺。既至莲池，颇为吴先生所赏拔，乃六应乡举，每高荐而不第。最后二科主司拟中者再，仍不第。后乙酉科，取中拔贡生，非所好也，乃绝意进取，只秉和一人在外游学。

　　岁乙亥，丁生母张太宜人忧，遂屏弃制艺，专致力于诗、古文。凡归、方、姚、梅、曾、张，并吴先生所评点诗、古文、诸子、前四史、五代史，或假之于吴先生，或索之同门，日夕移录者数年。由是于班、

· 500 ·

附：滋溪老人传

马、韩、欧，叙事虚实，详略简括，微眇之旨，略得于心。而叹晋、唐以来史传，其叙述每与其人之精神不能相称。后，昌黎能之矣，而不作史；欧阳能之矣，而于《新唐书》只作志，不作传，只《新五代史》为一手所成，班马遗法，赖以复明。外此，则陈陈相因，有若簿籍，未尝不读之而倦也。

光绪壬寅（二十八年，1902年），受知于学使陆伯葵先生，取优贡第四名。是年，举于乡。翊年癸卯成进士，分工部。光绪三十年（1904年），入进士馆学习法政。三十一年（1905年）十二月，巡警部尚书徐公闻名，调入巡警部。三十二年（1906年），补主事。翊年，升员外郎，以军机章京记名。宣统二年（1910年），丁父忧。始，巡警部设立二年，易名民政部，至是又易名内务部，复浮沉部中者十余年。

自通籍后，处京师，出入于各座师之门，凡王公贵人，及当世宰相，莫不亲接其颜色，习见其晋接僚属承奉辇毂之劳，而为时势所拘，皆不克行其志，慨然于崇高富贵者如斯。至四五品以下朝士，能酬应奔走，趋附形势者，即可超迁，否则庸碌不足数也。其烦劳，其情状，自料非屠驱所能堪，而文学者，吾所素习也，始欲以著述自见矣。然不能枵腹为，又不能去通都大邑，以与文人学士远也。东方生云："避世金马门。"扬子雲云："下者禄隐。"遂师其意，如讷如愚，不顾讥笑，博升斗以自溷。乃集《古文讲授谈》十二卷，凡文章家讲求义法，传授心印之言，靡不辑录，而于叙事之法，讲论尤详。盖文章之道，以记事为最难，八家之中已不尽能矣。明、清两朝儒者，尽有文名横绝一世，乃一叙事则蹶足不起，且邻于小说者多矣，则以义法不详，雅俗之辨未审也。独归熙甫、方望溪两氏，能摧伏外道，力扶雅音，故备录其说，以为古文者导。自此书出，

历代社会风俗事物考

河北大儒王晋卿先生，桐城姚仲实、姚叔节诸名士，皆叩门来访，引为同气。

至辛亥革命，国体变更，私忖此变为数千年所未有，蹶然兴曰："是吾有事之日也。"乃搜集传记，存录报章，凡百七十余种，以十年之力，成《辛壬春秋》四十八卷。继又思中国历史，皆详于朝代兴亡、政治得失、文物制度之记载，至于社会风俗之演变、事物风尚之异同、饮食起居之状况，自三代以迄唐、宋，实相不明，一读古书，每多隔阂。初学固病之，即通人、学士，偶有所询，瞠目不能答者多矣。然一物有一物之历史，一事有一事之历史，即细而至于拜跪坐卧，床榻几席，更衣便旋，亦莫不有其历史。因即经史百家，及晋唐宋以来小说，凡人所习焉不察，而于事物之历史有关者，详细辑录，解说原委，连缀成篇，成《历代社会风俗事物考》四十四卷。

时，政府已南迁，则授读于辽东以自给。年已垂垂老矣，老而学《易》，自古如斯，亦不知其所以然也。欲学《易》，先明筮，而古筮法皆亡，乃辑《周易古筮考》十卷，罗古人筮案，以备研寻。象者，学《易》之本，而《左传》《国语》为最古之《易》师，乃著《左传国语易象释》一卷。

汉人说《易》，其重象与春秋人同，然象之不知者，浪用卦变或爻辰以当之。初不敢谓其非，心不能无疑也。初，在莲池时，读《焦氏易林》而爱之。继思即一卦为六十四繇词，必有所以主其词者。无如《易林》所用之象，与汉魏人多不同，故仍不能通其义。久之，阅《蒙》之节云："三夫共妻，莫适为雌，子无名氏，翁不可知。"知《林》词果由象生。又久之，阅《剥》之巽云："三人同行，一人言北，伯仲欲南，少叔不得，中路分道，争斗相贼。"巽，通震，

附：滋溪老人传

由是《易林》言覆象者亦解。又数年，读《大过·九五》曰："老妇得其士夫。"《大过》上兑，而恍然于《易林》遇兑即言老妇之本此也。《大过·九二》曰："女妻"。女妻，少妻也；《九二》，巽体，又恍然于《易林》遇巽即言少齐之本此也。他若《易林》遇艮即言龟，而恍然于《颐》《损》《益》之龟之指互艮。遇《兑》即言月，而恍然《小畜》《归妹》《中孚》之月之指兑。若此者共百馀象，非《易林》之异于汉魏人，乃汉魏人之误解《易》。尤异者，《困》之"有言不信"，以三至上正覆兑相背也。《中孚》之"鹤鸣""子和"，以二至五正覆震艮相对也。凡旧解无不误，亦皆赖《易林》以通。先天卦象，清儒谓为宋以前所无，辟之数百年矣。乃《易林》无不用之。邵子所传一二三四五六七八之先天卦数，及日、月、星、辰、水、火、石、土之八象，清儒尤讥其无理，《易林》亦无不用之。于是著《焦氏易林注》十六卷，《焦氏易诂》十二卷，以正二千年《周易》之误解。

卦气者，卜筮之资，乃必与《时训》相符。初，莫明其故。久之，知七十二候之词，皆由卦象而出。如，《中孚》曰蚯蚓结，上巽为虫，故曰蚯蚓；《中孚》正反巽，相对于中，故曰蚯蚓结。于《复》曰麋角解，震为鹿，故曰麋；艮为角，艮覆在地，则角落矣，故曰麋角解。初，以为偶然耳，既求之，各卦无不皆然，且用正象，覆象、半象靡不精切。凡《易林》所举失传之象，如以艮、巽为鸿雁，以兑为斧，为燕，求之卦气图，往往而在，于《周易》所关至巨，乃著《周易时训卦气图易象考》一卷。

文王演《易》，本因二易之辞，而改《易》旧卦名者，约二十余卦。其旧名略见于宋李过《西谿易说》，乃说之不详。至清，黄宗炎、朱彝尊、马国翰等选考之，于某卦当今之某卦，略得矣，而

503

皆未详其义。又二易繇词，杂见于传记者，其卦名虽异，其取象则同，可考见《周易》之沿革，乃著《连山归藏卦名卦象考》一卷。

《易》理之真解既明，《易》象之亡者复得，于是由汉魏以迄明清，二千年之误解，遂尽行暴露。非前人知慧之不及，乃《易》象失传之太久也，因之及门诸友环请注《易》，乃复成《易》注二十二卷。以其与先儒旧说十七八不同，而又不敢自匿其非也，因名曰《周易尚氏学》。

以二千余年之旧解，今忽谓其多误，以一人之是，谓千百人皆非，无乃骇众？然而《易》象、《易》理，如此则协，如彼则盭，一经道破，明白易知。以天下之大，千百年学士之多，果无一人同我者乎？乃复泛览《易》说，至数百家之多。果得会稽茹敦和（乾隆进士）著《周易大衍》，其发明失传之象，与我同者十有五。如，以《坎》为矢，《震》为鞍，《艮》为床等是也。得归安卞斌（嘉庆进士）著《周易通释》，以《巽》为豕，以《坤》为鱼，以《坎》为矢。其取象与我同者三。得安仁卢兆敖（嘉庆进士）著《周易辑义》，以《乾》为日；以"鸣鹤在阴"之阴为山阴；说"龙战于野云，天地之大德曰生，生生之谓易，故天地不交，则万物不通，以战为交接。"说与余同者三。得黄冈万裕沄（嘉庆举人）著《周易变通解》，谓左氏风行而著于土，山岳则配天，川壅为泽，《震》之《离》亦《离》之《震》，荀爽注《家人》谓《离》《巽》之中有《乾》《坤》；《同人》谓《乾》舍于《离》，同日而居；《坤》舍于《坎》，同月而居。皆明言先天卦位，说与余同者六。得宛平李源（道光举人）著《周易函书补义》，说"西南得朋，乃与类行。朋即类，类即朋，阴以阳为朋；复曰朋来无咎，谓阳来也。阴以阳为类，《颐·六二》曰行失类也；谓往，不遇阳也；说天地变化，草木蕃云；蕃者，掩闭。

说《大过》以《巽》为女妻，以《兑》为老妇；谓《既济》以《离》为东，《坎》为西。"说与我同者九。得江宁沈绍勋著《周易示儿篇》，言《焦氏易林》为言《易》者所不解，其学遂绝。苟有深明象术者，一一诠注，可以发无穷之义蕴，乃注《易林》乾之随、艮之离二卦，皆原本象数。又谓：《左传》"同复于父敬如君所"，及"南国蹴舍其元王中厥目"等辞，皆明言先天卦位。说与我同。此六人者，其说《易》虽不皆善，而各有二三说与余符合，可见真理之在天壤，久而必明。孔子曰：德不孤，必有邻，岂不然乎，乃引以自证焉。独左氏与《易林》所有正覆象，迄无一人用以解《易》者，则余说之赖以证明者，不过百分之五六耳。其有待于后者，尚多也。泛览既久，乃成《易林评议》十二卷。年老健忘，偶有所得，不即书之，转瞬即逝，力矫其病，成《读易偶得录》二卷，《读书偶得录》四卷。《太玄》说《易》与《易林》等重。乃《太玄》筮法，人与人殊，从无论定，乃著《太玄筮法正误》一卷。

凡说《易》之书约有十种。其立说与取象，十七八与先儒不同。其誉我者，王晋卿先生谓："将二千年来，儒者之盲词呓说，一一驳倒，使西汉《易》学复明于世，孟子所谓其功不在禹下。"陈散原先生谓："此书千古绝作。今世竟有此人，著此绝无仅有之书，本朝诸儒见此当有愧色。"其谤我者，谓："郑虞旧注，为历代《易》家所尊重，今忽谓其多疵，岂有清一代，如惠氏父子、张惠言、姚配中诸人之尊崇郑虞者之皆误乎？是则妄诞之甚！"然而我所举之易说、易象，皆《周易》所固有，我不过举《左传》《易林》等书用以证明，以贡献于学者之前耳。至于毁之、誉之，弃之、取之，在其人之功力如何，庸足计乎？

此外，著《查勘明陵记》四卷，《燕京城垣沿革考》一卷，《燕京历代宫殿考》一卷,《灌园馀暇录》六卷,《槐轩见闻录》二卷,《客余随笔》一卷,《文集》四卷,《诗集》四卷,《槐轩说诗》十二卷。二十六年讲学莲池书院,为《毛诗说》二卷。始,吾以《易》象失传,故《易》说多晦,乃浏览《毛诗》新旧各说,其晦黯与《易》同。惜余年老,不获终业,只说《召南》《周南》二篇耳。

老人资性鲁钝,幼读书日不过十余行,讷于言,见事迟滞。今年七十矣,回忆生平所历,如科名,如学问,无不艰苦既久,而后得之。年十八入邑庠,二十一补廪膳生,乃七应乡举始举于乡。成进士时,年已三十三,先母张太宜人殁已三年。又,外祖育堂公,有知人鉴,见余兄弟文,谓:"必腾达,吾当见其成。"乃乡举报捷,先一月而公殁。科第之荣,世俗所重,二老人期望终身,竟不得目睹,以博一笑,此则生平所最痛心者。

及通籍为官,不三年得补主事。又二年,迁员外郎,得京察一等记名军机章京。军机章京,即唐宋之中书舍人,据形势之地,最为清要。乃将任职,而清室鼎革。其为学,当少年精力强壮之时。为制艺所困,不得专致力于诗、古文,乃通籍后始专意为之。而吴先生已殁,乃问法于吴北江、常稷笙、贾佩卿、刘苹西诸同学。凡有所作,无不就正,遂门径粗通。而易学十种,其伏根在二十年前;其考求遗象而成书,则在二十年后。其念兹在兹之艰苦,有非言语所能形容者。盖《易林》既通,以《易林》注《易》;而《易林》未通以前,实以《易》注《易林》,呜呼,困矣!

老人生平足迹所至:昔赴汴应试,值河水大涨,得观黄河威势。民国三年(1914年),奉部檄往热河查避暑山庄古物,因得遍观庄内七十二胜境及园外八大处之名迹,康熙、乾隆两帝之墨迹,徜徉于山水湖石之间者约一年。五年(1916年),从塔宣抚使为参赞,

附：滋溪老人传

遍游张家口、大同、归化城诸边塞。九年（1920年），因赈至汉口，登黄鹄矶、览大江、陟晴川阁、访琴台。复乘江轮至九江，冒雨登匡庐绝顶。北望大江，如长虹挂天；东眺鄱阳湖，波浪春天。十年（1921年），查赈河北，游蓟门百泉，登啸台，访邵子安乐窝，东至黎阳，陟大伾寻禹迹，瞻佛图澄所刻石佛像，高十丈，抚端木子手植桧。十五年（1926年），至蚌埠，驻徐州，登云龙山，访东坡遗迹，拜亚父冢。回至济南，泛大明湖，登历亭，得李北海、杜工部宴处。十八年（1929年），赴沈阳，过碣石、山海关，东望大海，波涛作黑色。平生足迹止此。

老人自幼游佛庙则喜，道院则否，殊不知其所以然。初读佛经，懵不知落处。后阅《五灯会元》，达观禅师云："禅是经纲，经是禅纲，提纲正纲，了禅见经。"乃穷览禅说。久之，知唐宋以来，禅家大师，道齐诸圣，其寥寥数语，能括尽经教精华，其大自在处，已入吾儒圣境。凡吾儒谤佛者，皆不知佛之实际与吾儒同，且不知吾儒中庸之道与佛无异也。盖自唐之王维、白居易、裴休，宋之杨亿、李遵勖、张九成、李邴、冯楫……十数人外，鲜有知此者矣。禅语既会，再读诸经，立知归宿，然仍不能解脱也。十四年（1925年）冬，因时局兀臬不能去怀。偶阅马祖与百丈观野鸭因缘，遂脱然放下。因说偈曰："参得江西过去禅，应无所住得真铨。森罗万象飞飞过，不许些微把眼穿。"因废弃时事，安心著书。后读僧璨《信心铭》曰："大道无难，惟嫌拣择。但莫爱憎，洞然明白"。又曰："才有是非，纷然失心。"凡著书不能无拣择，无是非，于是著书之念亦放下。放下，再放，回思旧梦，尽是云烟，历历数之，真多事也。

右[①]系先君70岁时所写自传。先君生于1870年（同治九年）7月27日，殁于1950年4月10日，享年81岁。写此传时，约为1939年，正当华北沦陷时期。忧国心伤，无以自遣，书此述怀，聊作一生总结。然先君事迹之足可称述者，当不只此。即以著述而论，自传中未经提及者尚多。如，《诸子古训考十八种》《洞林筮案》《郭璞洞林注》《易卦杂说》《槐轩杂著》（易筮）、《卦验集存》《周易导略论》《国学概论》《云烟过眼录》《避暑山庄记》《河北省通志（兵事篇）》等20余种。或自以为零星小品，无足称述；或为70岁后所写，未及完成。

先君自"九一八事变"由东北返京后，即在京寓为生徒讲《易》，院内有老槐二株，因名屋曰"槐轩"。先君于学无所不窥，除著述外，对于方术、医药，无不精通博洽。凡家庭妇孺，以及邻舍老幼，偶患病症，一经诊治，无不手到病除。或劝悬壶以济世，先君未允，北京中医学会遂聘为顾问。又精于鉴赏金石文玩，工于绘事。所绘山水，介乎雲林、子久之间。名画室曰"无声诗室"，自号"石烟道人"。教子骧以画法，因号骧为"小烟"。

元配卢氏早亡，无所出。继配王氏，生子二：长骏，幼殇；次即骧。女三：长兰，适行唐傅氏；次桐云，适长垣焦氏；三女章云，适束鹿李氏。骧工科大学毕业，历任重工业部、建筑工程部工程师。孙沣辅仁大学毕业，供职北京电业局。孙女慧娟，适北平席氏。曾孙四，曾孙女一，具幼读。

1962年3月　尚骧谨记
（尚林　供稿　王文治　点校）

[①] 编者注：本篇原为竖排，以上自传居右，所以称"右"。